들뢰즈 사상의 진화

 아우또노미아총서 4

들뢰즈 사상의 진화
Gilles Deleuze : An Apprenticeship in Philosophy

지은이 마이클 하트
옮긴이 김상운·양창렬

펴낸이 조정환
책임운영 신은주
편집부 김정연
홍보 김하은

펴낸곳 도서출판 갈무리 등록일 1994. 3. 3. 등록번호 제17-0161호
초판 1쇄 2004년 7월 25일
초판 2쇄 2006년 6월 25일

종이 화인페이퍼 출력 경운출력 인쇄 중앙피엔엘·예원프린팅
라미네이팅 금성산업 제본 일진제책

주소 서울 마포구 동교로18길 9-13 [서교동 464-56]
전화 02-325-1485 팩스 02-325-1407
website http://galmuri.co.kr e-mail galmuri94@gmail.com

ISBN 978-89-86114-69-0 04100
도서분류 1. 철학 2. 정치학 3. 사회학 4. 사회사상 5. 인문비평

값 25,000원

이 도서의 국립중앙도서관 출판예정도서목록(CIP)은 서지정보유통지원시스템 홈페이지(http://seoji.nl.go.kr)와 국가자료공동목록시스템(http://www.nl.go.kr/kolisnet)에서 이용하실 수 있습니다.(CIP제어번호:CIP2004001209)

들뢰즈 사상의 진화

|마이클 하트 지음|김상운·양창렬 옮김|

Gilles Deleuze

An Apprenticeship in Philosophy

2004

GILLES DELEUZE;AN APPRENTICESHIP IN PHILOSOPHY by Michael Hardt
Copyright Translation Copyright ⓒ 1993 by the Regents of the University of Minnesota
Korean Translation Copyright ⓒ 2004 by Galmuri Publishing House
Korean edition is licensed by the University of Minnesota Press, Minneapolis, Minnesota, U. S. A. through
GUY HONG AGENCY. All right reserved.

이 책의 한국어판 저작권은 GUY HONG AGENCY를 통해
University of Minnesota Press와의 독점 계약으로 갈무리 출판사에 있습니다.
저작권법에 의해 한국 내에서 보호를 받는 저작물이므로 무단전재와 무단복제를 금합니다.

감사의 글

나의 두 스승인

찰스 알티에리와 안또니오 네그리에게

존경과 애정을 다해 감사를 드린다.

차례

감사의 글 | 5
일러두기 | 12

1부 들뢰즈의 철학사상—철학에서의 도제수업

서론 : 헤겔과 포스트구조주의의 기반들 | 15
예비적 논평 : 초기의 들뢰즈—몇 가지 방법론적 원리들 | 33

1장 베르그송의 존재론 : 존재의 긍정적 운동 | 45
1. 결정과 내활적 차이 | 49
2. 질에서 양으로의 이행에 있어서의 다양체 | 66
3. 존재의 적극적 유출 | 75
4. 생성의 존재, 그리고 현실적인 것의 조직화 | 89

논평 : 들뢰즈와 해석 | 96

2장 니체의 윤리학 : 내활적 역량에서 긍정의 윤리학으로 | 105
1. 적(敵)들의 역설 | 106

Gilles Deleuze
An Apprenticeship in Philosophy

2. 초월적 방법과 부분적 비판 | 112

논평 : '비인격적' 니체에 대한 들뢰즈의 선택 | 117

3. 노예 논리와 내활적 역량 | 119

논평 : 부정성의 부활 | 132

4. 노예 노동과 반란적 비판 | 136

논평 : 노동자의 힘에의 의지와 사회적 종합 | 150

5. 생성의 존재 : 내활적 의지의 윤리적 종합 | 155

6. 존재의 기반으로서의 총체적 비판 | 162

논평 : 들뢰즈의 반헤겔주의의 종결 | 165

7. 파토스와 기쁨 : 긍정적 존재의 실천을 향하여 | 169

3장 스피노자적 실천 : 긍정과 기쁨 | 175

사변

1. 실체와 실재적 구별 : 단독성 | 182

2. 표현적 속성과 형상적 구별 : 일의성 | 190

논평 : 존재론적 사변 | 199

3. 존재의 역량들 | 208

존재론적 표현

4. 속성들의 해석 : 유물론적 존재론의 문제들 | 215

논평 : 사변적 생산과 이론적 실천 | 221

5. 사유의 특권에 대항한 싸움 | 228

논평 : 연구에서 서술로 | 241

역량

6. 참된 것과 적합한 것 | 245

7. 신체는 무엇을 할 수 있는가 | 254

실천

8. 공통 개념들 : 합성가능한 존재의 배치들 | 264

9. 이성의 구성 | 274

논평 : 이론적 실천과 실천적 구성 | 282

10. 조직화의 기예 : 정치적 배치를 향하여 | 289

4장 결론 : 철학에서의 도제수업 | 297

1. 존재론 | 298

2. 긍정 | 303

Gilles Deleuze
An Apprenticeship in Philosophy

3. 실천 | 307

4. 구성 | 311

2부 들뢰즈의 사회사상 – 자본주의와 분열분석

1장 『안티-오이디푸스』 함께 읽기 | 319

1. 욕망하는-기계들 | 320

기계들 | 321

욕망 | 327

기관들 없는 신체 | 330

2. 정신분석과 가족주의 – 신성가족 | 335

표현 대 생산 | 335

해방/혁명 | 345

불분명한 개념들 | 347

3. 야생, 야만, 문명 | 350

접속적 종합, 원시적, 야생적 형성체 | 352

이접적 종합, 제국적—야만적 형성체 | 356

통접적 종합, 문명화된—자본주의적 형성체 | 360

4. 분열분석 입문 | 368

몰적/분자적 | 368

성과 섹슈얼리티 | 369

2장 『천 개의 고원』 읽기 | 371

1. 이중 분절, 내용과 표현—구조주의 비판 | 371

2. 기호계와 언어의 두 가지 용법 | 383

정치 | 385

추상화 | 394

마조히스트 | 396

3. 얼굴의 정치학과 국가 | 398

얼굴성 | 398

사랑 | 404

국가 | 408

4. 생성, 일관성, 합성 | 412

Gilles Deleuze
An Apprenticeship in Philosophy

반-모방 | 416

일관성과 합성 | 421

5. 국가와 전쟁기계의 정치학 | 424

국가와 전쟁기계 | 425

포획과 노동 | 431

지구적 전쟁기계의 공리계들 | 435

6. 국가와 자본주의-내재성의 정치학을 위하여 | 437

내재성, 삶 | 437

사회의 내재성 | 443

공리계들 | 444

국가에 반대하는 자본주의 | 447

참고문헌 | 451

옮긴이 후기 | 457

주요 용어 대조표 | 466

찾아보기 | 469

일러두기

1. 인명이나 지명, 그리고 작품명은 될 수 있는 한 '외래어 표기법'(문교부 고시 제85-11호(1986년 1월 7일))과 이에 근거한 『편수자료』(1987년, 국어연구소 편)를 참조해 표기했으나, 주로 원어에 가깝게 표기하는 것을 원칙으로 삼았다.

2. 원문에서 이탤릭체로 강조된 부분은 고딕으로 표시하였다.

3. 주석의 경우, '옮긴이 주'는 대괄호(예:[옮긴이 주])를 사용하여 밝혀주었으며, 지은이의 주석에는 아무런 표시도 달지 않았다. 또한 독자들의 추가적 독서를 위해 각주에 인용되어 있는 도서 중에서 한글번역본이 있는 참고문헌의 경우 영문을 그대로 표기하고 그 옆에 한글번역본을 표시했다.

4. 단행본, 전집, 정기간행물, 영상·음반·공연물에는 겹낫표(『 』)를, 논문·논설·기고문·단편 등에는 홑낫표(「 」)를, 단체명이나 행사명에는 가랑이표(< >)를 사용했다.

5. 본문에 들어있는 [ ] 안의 내용은 옮긴이가 읽는 이들의 이해를 돕기 위해서 덧붙인 것이다. 단, 지은이가 덧붙였을 경우에는 '-지은이'라고 명기했으며 본문의 ( ) 안의 내용은 원서에 있는 내용이다.

1부

들뢰즈의 철학사상—철학에서의 도제수업

서론: 헤겔과 포스트구조주의의 기반들

예비적 논평: 초기의 들뢰즈—몇 가지 방법론적 원리들

1장 베르그송의 존재론: 존재의 긍정적 운동

2장 니체의 윤리학: 내활적 역량에서 긍정의 윤리학으로

3장 스피노자적 실천: 긍정과 기쁨

4장 결론: 철학에서의 도제수업

서론
헤겔과 포스트구조주의의 기반들

　유럽 대륙의 포스트구조주의는 철학사상과 정치사상의 기반들을 문제삼아 왔다. 아마도 이러한 이론적 단절에 넋이 나간 여러 미국 저자들은 이 운동을 하나의 포스트철학적 문화—거기에서는 철학적 주장들과 정치적 판단들이 어떤 정당화도 끌어들이지 않고, 어떤 기반에도 의존하지 않는다—의 개시로 받아들였다. 하지만 이러한 문제틀은 현대 대륙 이론이 제공한 실제적인 가능성들을 모호하게 만들어버리는 새로운 대립 속에 너무나 쉽게 안착해 버린다. 지지자들과 비방자들 모두의 수중에서, 포스트구조주의는 일련의 영미 논쟁들—모더니스트와 포스트모더니스트, 공동체주의자들(communitarians)과 자유주의자 사이의 논쟁들—속으로 병합되어 버렸으며, 이로 인해 그것은 길을 잃고 그 힘은 쇠약해졌다. 포스트구조주의의 중요성은 일련의 새로운 대립을 제시함으로써 포착될 수 있는 것이 아니다.

오로지 그것이 모더니티 내부에서, 철학적 전통 내부에서, 현재의 사회적 실천의 장(場) 내부에서 제시하는 뉘앙스들과 대안들을 인식함으로써만 포스트구조주의의 중요성은 포착될 수 있는 것이다. 만일 우리가 포스트구조주의 사상의 역사적 발전, 그것이 마주쳤던 복잡한 사회적·이론적 압력들, 그 압력들에 대응하기 위해 그것이 만들어냈던 도구들을 자세히 들여다본다면 우리는 그것의 비판적이며 구축적인(constructive) 역량들[1] 중 몇몇을 다시 포착할 수 있을 것이다. 우리가 발견하듯이 포스트구조주의는 그저 이론적 기반들의 부정을 지향하는 것이 아니라, 오히려 철학적이고 정치적인 연구를 위한 새로운 근거들에 대한 탐구를 지향한다. 포스트구조주의는 단지 정치적이고 철학적인 담론의 전통을 거부하는 것에만 몰두하는 것이 아니라 더 중요하게는 이러한 전통 자체 내부에서 생겨난 대안적 계보들을 분절하고[명확하게 하고] 긍정하는 것과 관련되어 있다.

포스트구조주의의 뿌리들, 그리고 포스트구조주의를 통일시키는 기반은 대부분 단순히 그저(*tout court*) 철학적 전통에 대한 일반적 대립이 아니라 특히 헤겔적 전통에 대한 일반적 대립이다. 1960년대에

---

1. [옮긴이 주] 하트와 네그리의 용어법에서는 construction이나 constitution과 관련된 여러 가지 형용사들이 나온다. 통상 construction은 '구성'으로 번역되며, 이는 데리다의 해체, 즉 탈구성(deconstruction)과 관련지어 살펴볼 수 있다. 그리하여 이 단어의 형용사형인 constructive, constructional, constitutive는 모두 '구성적'이라고 옮겼으나 때로 constructive는 '구축적', '건설적'이라고 옮기기도 했다. 한편 constitution은 '헌법'이라는 뜻 외에 '구성'이라는 뜻도 가지고 있다. 그리하여 이의 형용사형으로 이루어져 있는 constituent power의 경우에는 '제헌권력'으로 옮겼다. 또한 이 책에서는 'power'를 프랑스어 puissance의 번역어로 간주하고 '역량'이라고 옮겼으며 문맥상 pouvoir를 의미할 때에는 '권력'으로 옮겼다. 그리고 니체와 관련해서는 Will to the power 등을 '힘에의 의지'로, dominant power 등으로 쓰일 때에는 '지배권력'으로 옮겼다.

성숙기에 도달한 대륙의 사상가 세대에게 헤겔은 질서와 권위의 형상으로서 적대의 초점 역할을 했다. 들뢰즈는 그의 전 군단(軍團)을 대신해서 이렇게 이야기하고 있다. "내가 무엇보다도 혐오한 것은 헤겔주의와 변증법이었다."[2] 하지만 이러한 적대를 제대로 평가하기 위해서는 이 시기 동안 대륙의 이론 영역에서 헤겔이 어디에나 존재하는[ubiquitous, 편재하는] 인물이었다는 사실을 깨달아야만 한다. 꼬제브, 그람시, 사르트르, 보비오와 같은 다양한 이론가들에 의한 영향력 있는 해석들의 결과, 헤겔은 철학적 사변, 사회 이론, 정치적 실천의 불가피한 중심으로서 이론적 지평을 지배하게 되었다. 1968년에 프랑수아 샤뜰레에게는 모든 철학자들이 헤겔에서[과 함께] 시작해야 하는 것처럼 보였다. "[헤겔은] 우리가 오늘날 여전히 그 핵심부에 머물고 있는 바로 그 지평, 언어, 코드를 결정했다. 이와 같은 사실 때문에 헤겔은 우리들의 플라톤이다. 헤겔은 이론의 — 이데올로기적으로건, 과학적으로건, 긍정적으로건, 부정적으로건 — 이론적 가능성들의 한계를 만드는 사람인 것이다."[3] 대륙의 포스트구조주의에 대한 일체의 설명은 이처럼 일반화된 헤겔주의라는 틀을 그 출발점으로 삼아야 한다.

그렇다면 포스트구조주의의 첫 번째 문제는 어떻게 하면 헤겔적 기반으로부터 빠져나갈 수 있는가 하는 것이다. 하지만 이 문제의 한도[범위]를 이해하기 위해서 우리는 그러한 기획이 특정한 사회적,

---

2. 「미셸 크레쏠(Michel Cressole)에게 보내는 편지」, p. 110. (한국어판: 질 들뢰즈, 「어느 가혹한 비평가에게 보내는 편지」, 『대담』, 김종호 옮김, 솔, 1993, 29쪽)
3. François Châtelet, *Hegel*, p. 2.

역사적 맥락 속에서 마주하고 있는 중요한 제약들을 인식해야만 한다. 샤뜰레는 기묘한 변증법적 방식으로, 헤겔주의에 맞서려고 하는 기획 중에서 유일하게 살아남을 수 있는 기획은 헤겔을 철학의 부정적 기반으로 만드는 것이라고 주장하고 있다. 그의 주장에 따르면, 헤겔을 진지하게 다루고 능동적으로 거부하는 첫 단계를 무시하는 사람들, 단순히 헤겔에게 등을 돌리려고만 하는 사람들은 헤겔적 문제틀을 단순히 반복하는 것으로 끝날 위험을 겪을 것이다. "분명 헤겔주의를 무시하는 오늘날의 많은 철학적 기획들이 있다… 그러한 기획들은 절대적 시작이라는 거짓 의미를 취급하고 있으며, 더군다나 하나의 훌륭한 지지점을 스스로 잃고 있다. 맑스와 니체처럼, 헤겔과 함께 끝내기보다는 헤겔과 함께 시작하는 편이 낫다."4 헤겔주의는 이렇듯 강력한 소용돌이였으며, 그것을 무시하려고 노력하는 사람들은 필연적으로 그 역량에 의해 [소용돌이 속으로] 빨려 들어갈 것이었다. 오로지 반(反)헤겔주의만이 포스트헤겔적 기획이나 심지어 비헤겔적(non-Hegelian) 기획에 필수적인 부정적 지지점을 제공했다.

이런 관점에서 볼 때 질 들뢰즈의 초기 저작들은 포스트구조주의적 사상가들 세대 전체의 본보기이다. 철학사에 대한 그의 초기 연구에서 우리는 당시의 일반화된 반헤겔주의가 강력하게 집중되어 있는 것을 볼 수 있다. 들뢰즈는 엄밀한 철학적 논박을 통해, 샤뜰레가 마땅히 그렇게 해야 한다고 말했던 것처럼, 헤겔과 변증법적 사유에 대

---

4. François Châtelet, 같은 책, p. 4.

해 정면으로 맞서고자 했다. 그가 헤겔주의에 몰두한 것은 헤겔주의의 가치 있는 요소들을 구출해내기 위해서도, '신비로운 외피로부터 합리적 핵심'을 추출해내기 위해서도 아니었다. 오히려 부정적인 변증법적 틀에 대한 총체적 비판 및 거부를 명확하게 하기 위해서, 헤겔적 문제틀 전체로부터의 진정한 자율성 및 이론적 분리를 성취하기 위해서였다. 들뢰즈가 이러한 투쟁에서 동지로서 선택한 철학자들(베르그송, 니체, 스피노자)은, 그가 이 기획을 계속 실현할 수 있도록 해주는 계기적(successive) 단계들을 제공해주는 것처럼 보인다. 하지만 프랑스 포스트구조주의에 대한 최근의 많은 비판자들은 포스트구조주의자들이 헤겔을 이해하지 못했다고, 경솔한 반헤겔주의로 인해 헤겔 사상의 가장 강력한 핵심[목표]을 놓쳤다고 비난해왔다.5 들뢰즈는 이와 관련하여 고려해볼 가장 중요한 사례인데, 그것은 그가 헤겔주의를 가장 집중적이고도 명확하게 공격했기 때문이다. 그럼에도 불구하고 어쩌면 이 문화적·철학적인 패러다임이 너무나도 완강했던 까닭에, 헤겔적 지형과 뿌리째 절단하려는 시도가 즉각 성공을 거둔 것은 아니다. 우리는 들뢰즈가 종종 자신의 기획을 헤겔주의의 전통적 언어로 제기할 뿐만 아니라 전형적인 헤겔적 문제들—존재의 결정, 일자와 다재[하나와 여럿]의 통일 등등—에 입각해서 제기하는 것을 발견한다. 역설적이게도 헤겔을 자신의 사유에 대한 부정적 기반으로 확립하고자 하는 노력 속에서, 들뢰즈는 아주

---

5. 이는, 예컨대, 『헤겔, 니체 그리고 형이상학 비판』(*Hegel, Nietzsche and the Criticism of Metaphysics*)에서 스티븐 홀게이트(Stephen Houlgate)가 하고 있는 주장이다. 우리는 2장 중 "논평: 부정성의 부활"에서 그의 주장들을 다시 자세히 검토할 것이다.

헤겔적인 것으로 보일지도 모른다.

그러므로 헤겔주의를 포스트구조주의의 첫 번째 문제[거리]로 본다면, 반헤겔주의는 신속하게 자신을 두 번째 문제[거리]로 제시한다. 여러 가지 측면에서 볼 때 헤겔주의는 대립을 회복시키는 비상한 능력을 가지고 있기 때문에 가장 힘든 적이다. 대륙의 포스트구조주의가 가져온 단절을 감소시키려고 노력하고 있는 많은 영미권 저자들은 이러한 딜레마를 옳게 강조해왔다. 쥬디스 버틀러는 매우 명확한 용어로 반헤겔주의에 대한 도전을 설명하고 있다. "헤겔과의 '단절'에 대한 언급들은, 단지 헤겔이 '～와(과)의 단절'이라는 바로 그 개념을 변증법의 중심적 교의로 만들었다는 이유만으로도 거의 언제나 불가능한 것이다."6 그렇다면 이러한 관점에서 볼 때, 반헤겔적이라는 것은 변증법적 나선 운동(twist)을 통해 그 어떤 것보다도 더 헤겔적인 입장이 되는 것처럼 보일 수도 있다. 사실상 헤겔에 대한 '타자'가 되려는 노력은 언제나 헤겔 내부에서의 '타자'로 포개질 수 있다고 주장할 수도 있을 것이다. 실제로 이런 식의 논지를 전개하는 저술들이 점차 늘고 있다. 그러한 저술들은 현재의 반헤겔주의자들이 하고 있는 작업이 헤겔적 주체의 역량이나 헤겔적 논리학의 엄밀성과 명료성을 갖추지 못한 채 그저 헤겔적 드라마를 무의식적으로 반복하고 있는 것에 지나지 않는다고 주장하고 있다.7

---

6. Judith Butler, *Subjects of Desire*, p. 184.
7. Judith Butler, *Subjects of Desire*, Stephen Houlgate, *Hegel, Nietzsche and the Criticism of Metaphysics* 이외에, Gillian Rose, *Dialectic of Nihilism* 그리고 John Grumley, *History and Totality : Radical Historicism from Hegel to Foucault*를 참고하기 바란다. 1960년대의 프랑스 사상에서 헤겔적 문제틀로부터의 성공적 단절을 진정으로 인식하고 있는 설명으로서

포스트구조주의의 반헤겔적 기반이 직면하는 이와 같은 회복[회유](recuperation)[8]의 문제는 우리가 이 연구에서 들뢰즈를 선택한 것에 대한 두 번째이자 좀 더 중요한 설명을 제공한다. 비록 수많은 저자들이 우리의 헤겔 비판에 중요한 기여를 해온 것이 사실이지만, 들뢰즈는 자신을 반헤겔주의의 문제들로부터 구해내고, 더 이상 포스트헤겔적이지 않으며 오히려 헤겔의 문제로부터 분리된 사유에 대한 대안적 영역을 구축하는 데 있어서 가장 멀리까지 나아갔던 사람이다. 우리가 들뢰즈를 범례적인 포스트구조주의 사상가로서 제안한 첫 번째 이유가 그가 헤겔주의에 대한 적대를 대표한다는 것이었다면, 이제 두 번째 이유는 헤겔로부터 벗어나 분리된 대안적 영역을 향하는 그와 같은 기획을 확장시켜 나가는 데 있어서 그가 이례적(anomalous)이라는 것이다. 들뢰즈가 독특한 언어사용-역(register) 안에서 그리고 독특한 사상의 평면 위에서 발전시키고 있는 이러한 이행에는 두 가지 중심 요소가 있다. 그것은 바로 비변증법적 부정 개념과 구성적(constitutive) 실천 이론이다. 반복하거니와 우리가 단지 이것들을 헤겔적인 부정 및 실천 개념과 대립시키는 것에 머문다면 우리는 이 요소들을 이해할 수 없다. 우리는 그것들의 뉘앙스를 인식

는 Michael Roth, *Knowing and History : Appropriations of Hegel in Twentieth-Century France*를 참고하라.
8. [옮긴이 주] 여기에서 회복[회유]이라고 한 것은 다음과 같은 이중의 뜻을 갖는다고 할 수 있다. 즉, 반헤겔주의가 만일 헤겔을 '부정함으로써' 그것에 반대하는 전략을 취한다면, 그 부정의 틀을 그대로 유지함으로 인해, 억압된 것(부정된 것) - 헤겔 - 이 '회귀'(회복)할 것이며, 따라서 반헤겔주의는 헤겔주의의 한 종류로 '회유'될 것이다. 그러나 아래에서 우리가 보듯이, 하트는 들뢰즈가 이런 회복[회유]이라는 난점을 넘어선다고 주장한다.

해야 하며 그것들을 대안적 구도에서 제기해야만 한다. 그리하여 새로운 형식으로 이해된 부정과 실천이라는 이 두 가지 주제는, 포스트구조주의가 철학사상과 정치사상에 제공해야 하는 새로운 영역의 기반을 구성하는 동시에 현재의 연구를 위한 영역을 구성한다.

들뢰즈의 기획에서 이 두 중심 요소들이 지닌 일반적 윤곽을 간단하게 검토해보자. 변증법적 사유의 중심부에 놓여있는 부정 개념은 반헤겔적이거나 혹은 포스트헤겔적이라고 주장하는 일체의 이론에 대해 가장 심각하게 도전하는 것처럼 보인다. 쥬디스 버틀러는 "비변증법적 차이는 그것의 다양한 형식들에도 불구하고 '마법'을 상실한 부정의 노동이다"[9]라고 쓰고 있다. 우리가 들뢰즈의 총체적 비판에서 발견하는 비변증법적 부정 개념은 분명 변증법의 마법적 효과를 전혀 포함하고 있지 않다. 변증법적 부정은 언제나 부활의 기적을 향하고 있다. 그것은 "폐기된 것을 보존하고 유지시키는 방식으로 폐기하며, 결과적으로 자신이 폐기된 뒤에도 살아남는"[10] 부정이다. 비변증법적 부정은 더 단순하고 더 절대적이다. 부정은 넘어섬에 대한, 궁극적인 부활에 대한 어떠한 믿음도 갖고 있지 않은 허무주의(nihilism)의 극단적 계기가 된다. 헤겔식 용어를 쓴다면, 그것은 타자의 죽음을 가리킨다. 헤겔은 이것을 순수 죽음으로, '절대군주'(the absolute Lord)로, 부정에 대한 추상적 개념화에 지나지 않는 것으로 간주했다. 하지만 현대 세계에서 부정의 절대적 성격은 무시무시할 정도로 구체적이 되며, 변증법적 부정에 함축된 마법적 부활은 그저

---

9. Judith Butler, 앞의 책, p. 184.
10. Hegel, *Phenomenology of Spirit*, p. 188.

미신에 지나지 않는 것처럼 보인다. 비변증법적 부정은 현재적인 일체의 것이 부정된다는 의미에서가 아니라, 부정되어지는 것이 완전하고도 무제약적인 힘에 의해 공격받는다는 점에서 절대적이다. 한편 들뢰즈와 같은 저자는 이러한 비변증법적 부정 개념을 허무주의의 촉진이 아니라 그저 우리가 살고 있는 세계가 지닌 어떤 요소를 인정하는 것이라고 주장한다. 우리는 이러한 이론적 입장을 '핵 비판'(nuclear criticism)의 장(場)과 관련하여 가늠해볼 수 있다. 하지만 그것은 핵무기가 부정의 위협을 제기한다는 의미에서도, 핵무기가 세계적인 죽음의 공포를 불러일으킨다는 의미에서도 아니다. 이는 단지 주어진 질서를 보존하는, 헤겔주의적 틀의 '상존적 부정'(standing negation)일 뿐이다. 핵폭탄의 부정은 그 현실성에서, 워싱턴의 작전실이 아니라 히로시마의 거리에서, 완전한 파괴의 수행자로서 비변증법적인 것이다. 비변증법적 부정에는 긍정적인 것은 아무것이 없다. 마법적 부활도 없다. 즉 그것은 순수하다. 다른 한편 우리가 철학적 전통으로 눈을 돌리면 우리는 부정에 대한 이러한 근본적 개념화를 로저 베이컨(Roger Bacon)과 같은 스콜라철학자들의 방법론적 제안들 속에서 가늠해볼 수 있다. 순수 부정은 비판에 관한 선(先)비판적 개념화의 첫 번째 계기—*pars destruens, pars construens* (파괴적 부분, 건설적[구성적] 부분)[11]—이다. 그 중요한 특징은 두 비판적 계기들

---

[11] [옮긴이 주] 프랜시스 베이컨은 『노붐 오르가눔(*Novum Organum*) —아리스토텔레스의 논리학서 <오르가논>에 대항하는 것』(1620)에서 모든 공정한 비평은 두 개의 부분을 반드시 지녀야 한다고 주장했다. 하나는 *pars destruens*(파괴적 부분)로 이것은 공격을 하는 것이며, 다른 하나는 *pars construens*(구성적 부분)로 이것은 구성적인 제안을 진일보하게 만드는 것이다. 따라서 하트는 베이컨의 경우를 따라 모든 비판은 일면에서는 파

서론 23

의 순수성과 자율성이다. 부정은 창조를 위한 영역을 깨끗하게 치워 놓는다. 부정은 어떠한 제3의, 종합적 계기도 방해하는 두 개의 쌍으로 이루어진 연속장면(bipartite sequence)이다. 이리하여 우리는 이러한 근원적이고도 비변증법적인 부정을 위한 견고한 지반들을 찾는 시늉을 내 볼 수 있게 된 셈이다. 그것은 현대 전쟁의 파괴적 힘만큼이나 새로운 것이며, 스콜라철학의 선비판적 회의론만큼이나 오래된 것이다.

부정의 근본성으로 인해 들뢰즈는 가장 낮은 질서의 물음들, 말하자면 존재의 본성에 대한 물음들과 씨름하게 되었다. 들뢰즈의 총체적 비판은 그토록 절대적인 파괴를 내포하고 있어서 실재를 가능하게 만드는 것이 무엇인가를 필연적으로 묻게 한다. 다른 한편 우리는 들뢰즈가 헤겔적 존재론을 거부한다고 해서, 그가 비존재론적 사유의 형태로 이끌리는 것은 아니라는 점을 강조해야 한다. 비록 존재(being)의 선(先)구성된(preconstituted) 구조나 실존(existence)의 목적론적 질서를 일절 부정하고 있지만, 들뢰즈는 여전히 존재론적 사변의 가장 높은 평면들 위에서 작업하고 있다. 다시 한번 말하겠지만 헤겔적 존재론을 거부하는 것은 존재론을 그저(tout court) 거부해 버리는 것이 아니다. 대신 들뢰즈는 존재론적 전통 내부에서 대안들을 주장한다. 하지만 다른 한편 우리는 처음부터 이것을 하이데거적인 존

괴를 해야 하고 일면에서는 구성을 해야 한다는 것을 의미하기 위해 이 용어를 사용하고 있다. 사실 하트는 pars를 원래 의미(부분, 몫)에 국한시키지 않고 다양한 방식으로 사용하고 있으므로(일면에서는 파괴 / 일면에서는 구성, 파괴적 계기 / 구성적 계기 등등), 이하에서는 독자의 이해를 돕기 위해 문맥에 맞게 의역해서 병기하도록 한다.

재론으로의 복귀와 구별하는 데 주의를 기울여야 한다. 이렇게 해야 하는 가장 중요한 이유는 들뢰즈가 '무엇이 존재를 가능하게 하는가?'라는 질문에 대해 [답해진 것들 중에서] 오로지 '표면적인' 대답들만을 수용할 것이기 때문이다. 다시 말해서 그는 존재의 깊숙한 혹은 감추어진 기반을 일체 거부하는, 엄밀하게 내재적이며 유물론적인 존재론적 담론에 대해서만 관심을 갖는다. 들뢰즈의 존재에는 베일에 싸여 있는 것도 부정적인 것도 전혀 없다. 들뢰즈의 존재는 세계 속에서 완전히 표현된다. 이러한 의미에서 존재는 표면적이고 적극적이며 충만하다. 들뢰즈는 존재에 대한 일체의 '주지주의적' 설명, 말하자면 어떤 식으로든 존재를 사유(thought)에 종속시키고 사고(thinking)를 존재의 최고 형식으로서 내세우는 일체의 설명을 거부한다.12 철학사 전체를 통틀어 스피노자, 맑스, 니체, 루크레티우스와 같이 이러한 유물론적 존재론에 대한 기획에 기여한 철학자들은 무수히 많다. 우리는 우리의 논의에서 설명에 도움이 되는 참고사항을 제공하기 위해 이들을 언급할 것이다. 하지만 우리는 존재론의 기반으로서 들뢰즈의 구성적 실천 개념에 초점을 맞출 것이다. 비변증법적 *pars destruens*[파괴적 계기]가 지닌 근본적 부정은 존재의 조직화

---

12. 우리는 스피노자의 속성들에 대한 들뢰즈의 해석을 통해, 존재에 대한 '주지주의적' 설명에 대한 거부와 유물론적 존재론의 기초들을 상세히 다룰 것이다(3장 4, 5절 참고). 나는 들뢰즈의 존재론을 하이데거의 존재론과 직접 대비시키지는 않는다. 하지만 나는 이 문제를 제기하는 것이 매우 성과 있는 작업이 될 수 있으며 그 자체로서 완벽한 연구를 해볼 가치가 있다고 생각한다. 여기서는 단지 유용한 지침을 제공하고 또 들뢰즈의 접근법을 정초하기 위한 일반적인 대립선들을 지적하는 데 그치고자 한다. [이에 관해서 안토니오 네그리, 「『천(千)의 고원』에 대하여」, 『탈주의 공간을 위하여』, 서울사회과학연구소편, 푸른숲, 1997, 361~384쪽을 참조하기 바란다. — 옮긴이]

를 정의하는 데 있어서 어떠한 선구성된 질서도 소용이 없음을 강조한다. 실천은 물질적인 *pars construens*[구성적 계기]를 위한 항들을 제공한다. 말하자면 존재의 구성을 가능하게 하는 것이 바로 실천이다. 역량의 본성에 대한 탐구는 들뢰즈로 하여금 유물론적 담론에 실체를 부여할 수 있게 해주었고 실천의 이론을 존재론의 층위로 올려놓을 수 있게 해주었다. 그리하여 존재의 기반은 물체적(corporeal) 평면과 정신적 평면 위에 동시에 놓이게 되었으며, 또한 행동의 복합적인 동학(dynamic) 속에, 신체들의 표면적 상호작용들 속에 놓이게 되었다. 이것은 알튀세르적인 '이론적 실천'이 아니다. 그것은 오히려 일체의 '이론주의적 경향'으로부터 자율적인 개념화, 실천에 관한 보다 실천적인 개념화이며, 원칙적으로는 인식론적 영역보다는 존재론적 영역을 지향하는 '실천적 실천'이다. 존재론적 담론에서 유일하게 이용 가능한 자연은 절대적으로 인공적인 자연 개념이다. 그것은 잡종적(hybrid) 자연이며, 실천 속에서 생산된 자연이다. 2촌뻘 자연보다도 더 촌수가 먼, n촌뻘 자연이다. 존재론에 대한 이러한 접근방식은 무한하게 조형적인(plastic) 사이보그의 세계만큼이나 새로운 것이며 유물론적 철학만큼이나 오래된 것이다. 우리의 전 논의에 걸쳐 중요한 것은 전통적으로 근본적인 용어들, 예컨대 필연, 이성, 자연[본성], 존재와 같은 용어들은, 비록 이 용어들의 초재적인(transcendental)[13]

---

13. [옮긴이 주] transcendental과 짝을 이루는 여러 단어들에 대해 우리는 이 글 전체에 걸쳐 다음과 같은 번역 용례를 만들었다. 즉, 우리는 a priori를 '선험적', a posteriori를 '후험적', transcendent를 '초재적'이라고 옮기며(이것은 immanent, 즉 내재적과 반대된다), transcendental을 '초월적'이라고 옮기고자 한다. 칸트에게 있어서 "낱말 '초월적'(transcendental)은 … 모든 경험을 넘어가는 어떤 것을 의미하는 것이 아니라 모든

고정성이 흔들리기는 했으나, 우리들의 세계에서 어떤 정합성(consistency)과 실체를 획득하고 있기 때문에 여전히 하나의 기반으로서 이바지한다는 점이다. 이제 역사화되고 물질화된 것으로서의 존재는 당대의 상상력의 그리고 당대의 실천적 장(場)의 바깥 테두리에 의해 한계가 정해지게 된다.

나는 들뢰즈 사유의 진화를 독해함으로써, 즉 연속되는 기간 동안 그의 탐구를 이끌고 있는 비판적 물음들의 발전을 뒤따라감으로써, 들뢰즈의 작업에서 이와 같은 비변증법적 부정과 구성적 실천에 대한 개념화들을 정교화할 것이다. 들뢰즈 사유의 진화는, 그가 철학적 경전들 속에서 일련의 저자들에게로 연속해서 관심을 기울이고 그들 각각에게 하나의 특정한 물음을 제기하는 와중에 전개되고 있다. 베

경험에 선행하면서도 (선험적이면서도), 오직 경험 인식을 가능토록 하는 데에만 쓰이도록 정해져 있는 어떤 것을 의미한다"(임마누엘 칸트, 『형이상학 서설』, 부록, 주, IV-373, 한국어판: 임마누엘 칸트, 『실천이성비판』, 백종현 옮김, 아카넷, 2002, 530쪽에서 재인용). 보통 transcendent를 '초월적'이라고 하고 transcendental을 '초월론적', 또는 '초험적'이라고 옮기나 '초재'라는 것이 넘어가 있는 상태를 가리키는 것이라면 '초월'은 그저 넘는다는 것 자체만을 가리킬 뿐이라는 점에서 이렇게 옮겼다. 그러나 이런 번역어의 선택 역시 칸트나 들뢰즈에 관한 이해가 없는 상태에서 한국어로 그냥 받아들이게 될 때에는 문제가 있으므로, '조작적 번역'에 불과하다는 점을 염두에 두기 바란다. 그리고 한 가지 덧붙여야 할 기술적인 문제가 있다. 이 책 2부 전체에 걸쳐 위의 구분들은 잘 들어맞는다. 왜냐하면 하트 본인이 위의 구분에 맞게 단어들을 구별해서 사용하기 때문이다. 그러나 1부에서 하트는 '초재적인'의 의미를 띠는 것도 모조리 transcendental로 쓰고 있다. 당장 우리가 역주를 달고 있는 대상이 되는 단어에서조차 그러하다. 게다가 들뢰즈가 칸트의 초월적 비판을 인정하면서, 그것을 다시 비판하는 맥락에 이르게 되면, 위 용어들은 더더욱 식별하기 어려워진다. 우리는 다만 같은 transcendental이라 할지라도, 그것이 칸트적인 맥락에서 사용되거나, '잠재적'과 교환 가능하게 사용될 경우에는 '초월적'으로, 그와 반대로 '내재적'에 반대되어 쓰일 경우에는 '초재적'으로 옮겨주었다.

르그송에 관한 들뢰즈의 작업은 부정적 존재론에 대한 비판을 제공하며, 그것 대신 작용인과성(efficient causality)[14]과 내부적 인과성 개념에 의존하는, 절대적으로 긍정적인 존재의 운동을 제시한다. 결정

---

14. [옮긴이 주] 하트는 이 책에서 efficient라는 단어를 efficient cause, efficient causality, efficient difference 등과 같은 조합을 통해서 사용하고 있다. 영어에서 이와 비슷한 단어 군들로는 effective, efficacious, effectual 등이 있는데, 가령 effective plan라 하면 '효과를 기대할 수 있는 계획'을 의미하고, effectual plan이라 하면 '매우 효과가 있는 계획'을, efficacious plan은 '효과가 잘 나타나는 계획', efficient plan은 '효율적인 계획'을 의미한다. 따라서 이를 단순히 효율이나 효과라는 측면에서 '효과적인'이나 '유효적인' 등으로 번역하는 것은 그 의미를 제대로 살리지 못한다. efficient는 원인과 연결되면 '어떤 결과를 낳거나 일으키는'이라는 의미가 있어 efficient cause는 통상 '작용인'이라고 번역된다. 이때의 efficient cause는 오늘날의 원인 개념과 가장 근접한 것으로, 이것은 어떤 것을 존재하게 만드는 것 또는 우리가 보고 있는 결과들을 산출해내는 어떤 것이다. 그렇지만 '작용인'이라는 단어가 갖는 뉘앙스의 차이를 우리는 강조해야 한다. 예를 들면 아리스토텔레스에게는 청동으로 동상을 만드는 '예술가'가 작용인일 것이다. 그러나 이 경우 작용인은 질료나 형상과는 구분된다. 즉 그것들에 대해 외적이다. 이것은 하트가 말하는 내부적 인과성과는 모순된다. 그러므로 하트는 아리스토텔레스의 작용인 개념을 전거로 삼지는 않음을 알 수 있다. 하트는 이의 실마리를 이후(55~56쪽)에 제공한다. 그가 말하는 작용인은 중세 스콜라철학 전통의 작용인이다. 예를 들면 토마스 아퀴나스는 아리스토텔레스의 4원인 중에 특히 작용인을 강조한다. 그는 보통 원인이라 함은 곧 작용인을 지칭한다는 식으로 그 단어를 사용한다. 그에게서 작용인이란 자기 자신의 고유한 인식과 자유로운 선택으로부터 그 자신을 목적에로 '움직이게끔' 하는 '의지적 원인'을 지칭한다. 이런 의지적 원인은 자연적 원인과는 구분되는 것으로 창조주에 의해 부여된 인간의 본성이다. 이 단계에서 작용인은 인간에 내재한 '힘', '창조행위'의 수준으로까지 이해될 수 있다. 하트는 아퀴나스의 수준보다 더 나아가, 원인과 결과가 그 존재에 내재하는 것을 작용인으로 이해한다. 하트가 베르그송─들뢰즈에서 읽어내고 있는 작용인은 바로 이러한 내적 원인, 자기 원인에 해당하는 것을 말한다. 이에 덧붙여, 우리는 들뢰즈가 이 단어를 generative(발생적)이라는 의미로 사용한다는 것을 염두에 두면서 위 맥락을 이해하면 되겠다. 요약하면 하트에게 'efficient'라는 단어는 '내부적'과 '발생적'을 동시에 의미한다. 따라서 우리는 철학사에서 이미 굳어진 용어인 efficient cause(causality)를 '작용인'으로 옮기고, 대신 'difference', 'power', 'will'과 결합되어 사용될 때에는 '내부적'과 '발생적'의 의미를 모두 살려서 '내활적'이라고 옮기고자 한다. 이는 당연히 '조작적 번역어'이지만 '유효적'이라는 애매한 단어를 피하기 위함이다. (이런 식의 단어 조합은 하트 외에는 거의 사용되지 않는다.)

의 부정적 운동에 대해 들뢰즈는 분화(differentiation)[15]의 긍정적 운동을 대립시킨다. 일자와 다자[하나와 여럿]의 변증법적 통일에 대해 그는 생성[되기]의 환원할 수 없는 다양체(multiplicity)[16]를 대립시킨다. 하지만 세계의 조직화나 구성에 대한 물음과 생성의 존재(being of becoming)에 대한 물음은 들뢰즈로 하여금 이러한 존재론적 문제들을 윤리학적 용어로 제기하도록 만든다. 니체는 그가 존재론적 사변의 결과들을 윤리학적 지평으로, 힘과 의미와 가치의 장으로 바꾸

---

15. [옮긴이 주] 일반적으로 'difference'는 '차이'로 'differentiation'은 '미분'(微分)으로 'differenciation'은 '분화'로 번역된다. 사실 『베르그송주의』와 그 이전에 씌어진 「베르그송에게서의 차이 개념」 논문에서는 'differentiation'과 'differenciation'의 구별이 강조되지 않고 암시적으로나마 유추해볼 수 있었다. 그러나 『차이와 반복』(한국어판: 『차이와 반복』, 김상환 옮김, 민음사, 2004)에서 들뢰즈는 이 둘을 구별한다. 즉, 미분(differentiation)이란 다양체의 잠재적 내용의 결정을 의미하며, 분화(differenciation)란 특수한 종들과 구성 부분들에서의 다양체의 현실화를 의미한다. 이에 관해서는 Paul Patton, *Deleuze and the political*, Routledge, 2000, p. 38이나 Constantin V. Boundas, 'Deleuze-Bergson : an Ontology of the Virtual', Paul Patton eds., *Deleuze : a Critical Reader*, Blackwell Publishersm, 1996을 보라. 또한 들뢰즈는 『철학이란 무엇인가』(한국어판: 『차이와 반복』, 이정임 옮김, 현대미학사, 1995)에서 다음과 같이 differentiation과 differenciation을 구별하고 있다. "미분이 문제로서의 관념의 잠재적 내용을 결정하는 반면, 분화는 이러한 잠재의 현실화와 해결책의 구성을 표현한다 ⋯ 분화는 차이의 두 번째 부분과 같다. 그리고 대상의 완전무결함(integrity) 또는 통합성(integrality)을 지칭하기 위해 우리는 미/분화(different/ciation)이라는 복잡한 통념을 요구한다"(Deleuze, *What Is Philosophy?*, trans. Hugh Tomlinson and Barabra Habberjam, New York : Columbia University Press, p. 209). 그러나 한편으로 하트가 여기서 다루는 책이 무엇보다 들뢰즈의 초기 저작이고 또한 『차이와 반복』을 전혀 다루지 않으며, 다른 한편으로 그가 differentiation을 현실화, 생의 약동, 창조적 진화, 현실화 등과 나란히 교환 가능하게 사용하고 있기 때문에, 우리는 이 단어가 결국 '분화' 혹은 '차이화'를 지칭하기 위해 쓰였다고 생각한다. 따라서 이 책 전체에 등장하는 differentiation은 모두 분화로 옮긴다.
16. [옮긴이 주] 'multiplicity'는 대체로 '다양체'로 번역하나 문맥에 따라서는 '다양성', '복수성' 등으로 옮기기도 하였다. 한편, 'plurality'는 '다원성'으로, 'diversity'는 '다양함'으로 옮겼으며, 'multitude'는 '다중'으로 번역했다.

어 놓을 수 있도록 해주는데, 여기서 존재의 긍정적 운동은 존재의 긍정이 된다. 니체에게 있어서의 역량[권력]이라는 주제는 베르그송의 존재론을 능동적[active, 작용적] 표현의 윤리학에 연결시키는 이론적 이행 통로를 제공한다. 스피노자는 이와 동일한 이행 통로에 걸쳐 있으며, 그것을 실천으로 확장시킨다. 니체가 사변의 긍정을 제기하는 것처럼, 스피노자는 실천 혹은 기쁨의 긍정을 존재론의 한가운데에서 제기하고 있다. 들뢰즈는 스피노자의 긍정이 실천에 관한 존재론적 개념화라고 주장한다. 즉 스피노자는 실천이 존재를 구성한다고 파악[개념화]한다는 것이다. 스피노자의 실천적 철학이 지닌 선비판적 세계에서 들뢰즈의 사유는 마침내 헤겔적 문제틀로부터의 진정한 자율성을 발견한다.

이러한 철학적 기획으로부터 배워야 할 한 가지 교훈은 적대를 규정하고 있는 뉘앙스들을 강조하라는 것이다. 일단 우리가 더 이상 조잡한 대립들로 문제를 흐려놓지 않고 대신 적대의 특정성을 인식한다면, 우리는 우리의 용어법에 한층 정교한 뉘앙스들을 산출하기 시작할 수 있다. 예컨대 내가 포스트구조주의적 사유의 기반들에 대한 문제를 제기할 때, 나는 정확하게 말해서 포스트구조주의적 사유가 반기반주의(antifoundationalism)라는 특징을 갖는다는 주장에 이의를 제기하려 하는 것이다. 문제를 배타적 대립으로서 제기하는 것은 사실상 적에게 너무 많은 힘을, 너무 많은 이론적 영역을 인정해주는 것이다. 실제로 포스트구조주의는 기반에 대한 어떤 특정한 개념을 비판한다. 하지만 그것은 단지 자신의 목적에 더욱 적합한 또 다른 개념을 긍정하기 위해서이다. 초재적 기반에 맞서 우리는 내재적 기반을 발견한다. 그리고 주어진(given), 목적론적인 기반에 맞서 우리는 유물론적인, 열린 기반을 발견한다.17 인과성에 대한 논의에서도 우리는 유사한 뉘앙스를 만들어야 한다. 들뢰즈의 인과성 비판을 면밀히 관찰할 때, 우리는 목적인과 형상인에 대한 강력한 거부만을 발견하는 것이 아니라 작용인에 대한 똑같이 강력한 긍정 역시 발견하는데, 바로 이것이 들뢰즈의 철학적 기획에 중심적이다. 들뢰즈의 존재론은 인과론적 논증의 전통을 이용하며, 존재의 '능산성'(productivity) 개념과 존재의 '소산성'(producibility) 개념, 다시 말해 존재의 생산할 소질(aptitude)과 존재의 생산될 소질 개념을 모두 발전시킨다. 나는 작용적 인과성이 사실상 차이에 대한 들뢰즈의 담론 전체를 일관되게 설명하는 열쇠를 제공한다는 점을 논증할 것이다. '기반'과 '인과성'을 사용할 때 뉘앙스들은 아마도 질서와 조직화에 대한 구별에 의해 가장 잘 요약될 것이다. 존재의 질서, 진리의 질서, 또는 사회의 질서라는 말로 내가 의도하려는 바는 위로부터 부과되는, 힘

---

17. 일부 저자들은 최근에, 필연적이고 영원한 근본원리 — 이것은 기저에 존재하면서 인식론적, 존재론적 그리고 궁극적으로는 윤리학적 발전들의 표명을 결정한다 — 에 대한 관념론적 개념화를 가리키기 위해 '기반'(foundation)과 '기반주의'(foundationalism)를, 그리고 우리의 현시대의 개입들의 맥락을 형성하는 부식토(腐植土), 더 적절하게는, 지질학적인 침전물이라는 유물론적·역사적 개념을 언급하기 위해 '근간'(grounding)이라는 용어를 사용하기 시작해왔다. 이것이 내가 언급하고 있는 개념적 구별과 유사하더라도, 나는 '기반'(foundation)과 '지반'(ground)이라는 용어가 어느 것이 더 적절한지에 대해서는 유보할 생각이다. '지반'(ground)이 불러일으키는 어원적인 메타포는 예정된, '자연적인' 구조나 질서가 갖는 모든 문제점들을 수반한다. (예를 들어『천 개의 고원』의 「서문: 리좀」에서의 들뢰즈와 가따리의 뿌리구조 비판을 보라.) 게다가 우리 연구의 특정한 맥락에서는, 지반(ground, Grund)이 헤겔주의적 체계에서와 같이 핵심적인 역할을 하기 때문에(예를 들어 *Science of Logic*, pp. 444~478을 보라) 기반(foundation)과 구별되는 어떠한 차이를 회복하는 것은 어려운 노릇이다.

들의 물질적 무대 밖으로부터 부과되는, 필연적이고도 영원한 것으로서 부과되는 구조이다. 다른 한편 나는 조직화라는 말을 아래로부터, 힘들의 내재적 장 내부로부터 오는 우연적인 (철학적 의미에서 우연적인, 즉 비필연적인) 마주침들과 발전들을 조율(coordination)하고 축적하는 것을 가리키기 위해서 사용한다. 다시 말해 나는 조직화를 발전의 청사진이나 전위의 투사된 비전(vision)이 아니라 정합 및 조율의 내재적 창조 혹은 합성(composition)으로 여긴다. 이러한 의미에서 조직화, 즉 창조적 힘들의 합성은 언제나 하나의 기예(art)이다.

이 연구를 통해 우리는 미해결의 문제들을, 그리고 매우 시사적이긴 하지만 아마도 명확하고 엄밀하게 한계가 정해지지 않은 여러 명제들과 마주치게 될 것이다. 하지만 우리가 여기에서 들뢰즈에게 주목하는 것은 단순히 현재의 이론적 문제들에 대한 해답을 찾기 위해서가 아니다. 그보다 중요한 것은 우리가 포스트구조주의의 단절 이후의 연구를 위한 새로운 문제틀의 제안들을 연구하기 위해서, 그리고 철학사상과 정치사상의 새로운 지반들을 가능하게 만드는 어떤 영역이 얼마나 단단한가를 시험해보기 위해서 그의 사상을 탐구하는 것이다. 무엇보다도 우리가 들뢰즈에게 요청하는 것은 철학이 갖는 현재의 가능성들을 우리에게 가르쳐 달라는 것이다.

예비적 논평
초기의 들뢰즈 – 몇 가지 방법론적 원리들

1953년에 들뢰즈가 편집한 텍스트 모음집인 『본능과 제도』의 서문에서, 우리는 철학적이고 정치적인 기획의 일반적 윤곽들이 제도 이론으로서 형태를 갖추기 시작하는 것을 본다. '긍정적인 것을 사회적인 것 외부에 놓고(자연적 권리들), 사회적인 것을 부정적인 것 내부에 놓는(계약적 제한) 법률의 이론들과는 반대로, 제도 이론은 사회를 본질적으로 긍정적이고도 창의적인 것으로서(독창적인 만족의 수단들) 제시하기 위해서 부정적인 것을 사회적인 것(필요) 외부에 놓는다.'[1] 제도 이론에 대한 이와 같은 도식적 제시는 들뢰즈의 기획

---

1. *Instincts et institutions*, p. 9. [『제도와 본능』은 깡길렘이 주관하던 Textes et documents philosophiques 총서 중 하나로 Librairie Hachette에서 1953년에 처음 출간되었다. 당시 들뢰즈는 오를레앙 고등학교의 교사였다. 들뢰즈는 텍스트 선집 앞에 '서문'을 붙였는데, 이 '서문'은 들뢰즈가 출간했던 소논문들을 라푸쟈드(David Lapoujade)가 편집해 출간한 *L'île déserte et autres textes : textes et entretiens 1953~1974*, Paris, Éd. Minuit, 2002,

이 지닌 두 가지 근본적인 요소들을 이미 제공해준다. 그것은 '부정적인 것'에 대한 공격이 하나의 정치적 과제라고 지적하고 있으며, 철학의 중심적인 생산적 목적은 순수하게 긍정적이고도 창의적인 사회를 구축(construction)하는 것이라고 설정한다. 우리는 이미 여기에, 강력한 구성(constitution) 개념이 숨어있음을, 근본적으로 민주적인 이론에 대한 암시적 단서가 숨어있음을 인식할 수 있다. 하지만 일반적으로 인정되고 있듯이 이 초기 시점에서 들뢰즈가 '부정적인 것'과 '긍정적인 것'이라는 용어를 사용하는 방법은 약간 애매하며, 그리하여 위의 명제는 그저 기획의 시초적 직관을 제공할 수 있을 뿐이다. 흄에 관한 들뢰즈의 책인 『경험론과 주체성』을, 결사체[결합]와 믿음에 초점을 맞추고 있는 이 책을, 이러한 정치 철학적 기획을 직접적으로 제기하려는 초창기의 시도로 읽으려고 노력해볼 수도 있을 것이다.[2] 그렇지만 들뢰즈 사상의 일반적 발전이 이러한 길을 즉각 따르는 것은 아니다. 이러한 긍정적인 정치적 기획에 도달하기까

---

pp. 24~27에 재수록되어 있다. 이 텍스트는 『경험론과 주체성』의 테제들과 근접해있다. 아래에서, 위 편집본에 실려있는 소논문들의 경우, 수록된 페이지를 병기하도록 하겠다. 한편, 들뢰즈의 용어법에서 짝패를 이루고 있는 단어들의 사용에 유의해야 한다. 여기서는 positive와 affirmative를 '긍정적'으로, negative는 '부정적'으로, passive는 '수동적'으로, active는 '작용적'으로, reactive는 '반작용적'이라고 옮겼다. 또한 active의 경우 문맥상의 의미에 따라 '능동'을 의미하는 경우가 많으므로 독서의 편의를 위해 어떤 경우에는 '작용적'[능동적]이라고 옮기기도 했고 마찬가지로 reactive도 '반작용적'[반동적]이라고 옮겼다. — 옮긴이]

2. 나는 흄에 관한 들뢰즈의 책이 어떤 식으로건 부수적인 것임을 암시하려고 하는 것이 아니다. 나는 특별히 생산적이라고 생각되는 들뢰즈의 작업의 총체를 가로질러 특정한 한 단면을 취했다. 그러나 그것이 결코 그의 작업에 이르는 유일한 길을 의미하는 것은 아니다. 나는 단지 들뢰즈의 작업을 나의 것으로 하기 위해 최선을 다했을 뿐이다.

지 들뢰즈가 외연적인[extensive, 커다란] 존재론적 우회로를 필요로 했다는 것이 명백해질 것이다. 광범위한 파괴의 작동(operation)을 먼저 수행하지 않고서는 이 구축적 기획이 들어설 공간도, 이를 위한 용어도 있을 수 없다. 그리하여 들뢰즈의 초기 저술은 언제나 *pars destruens, pars construens*[일면에서는 파괴, 일면에서는 구성]라는 비판의 형태를 띤다. 이 기간 내내, 들뢰즈 사유의 첨점(cutting edge)에 서 있는 것은 헤겔주의에 대한 끈질기고도 무자비한 포위공격이며, 부정적인 것에 대한 공격이다. 심지어 겨우 스물한 살 때 출간된, 그의 진정한 첫 출간 논문인 「예수에서 부르주아지로」('Du Christ à la bourgeoisie')[3]에서조차, 우리는 이미 반헤겔주의가 그의 사상의 추진력임을 인식할 수 있다. 결국 기독교와 부르주아 사상 간의 엄격한 연속성보다 헤겔을 더 잘 특징짓는 것이 무엇이겠는가? 들뢰즈의 총괄적 기획이 갖는 의미와 궤적에 대한 명료한 관점을 얻기 위해서는 처음부터 이 적대의 용어들을 확립하고 명백히 하는 것이 중요하다. 이 기간에 들뢰즈가 전파한 다양한 슬로건들(*mots d'ordre*)[4] — 부정적인 것의 파괴, 긍정적인 것의 긍정 — 은, 헤겔과의 적대적 대결 속에 확고하게 근거를 두고 있지 않는다면, 충만한 힘과 유의미성을 잃게 된다. 들뢰즈 자신이 니체를 독해하면서 주장하고 있는 것처럼 어떤 철학적 기획을 적절히 이해하기 위해서는 그러한 철학적 기획의 주요

---

3. [옮긴이 주] 이 논문은 *Espace*, 1946, pp. 93~106에 실려있다.
4. [옮긴이 주] mots d'ordre는 『천 개의 고원』에서는 '명령어'라는 특별한 개념으로 사용된다. 그러나 이 글 전체에 걸쳐 사용되는 mots d'ordre는 '명령어'보다는 이 말의 원래 의미인 '슬로건'으로 쓰이고 있다.

개념들이 누구를 겨냥하고 있는 것인가를 인식해야만 한다.5 그렇다면 이것은 들뢰즈를 독해하기 위한 우리의 첫 번째 방법론적 원리를 구성한다. 즉 주요한 적대의 대상과 용어[항]들을 인식하라.

하지만 들뢰즈의 우회는 하나의 공격일 뿐만 아니라 새로운 영역의 확립이기도 하다. 긍정적인 정치적 기획에 대한 초기의 직관은 우리가 따라가게 될 — 베르그송에서 니체로, 그리고 최종적으로 스피노자에 이르기까지의 — 오랜 이행과정에 의해 개정된다. 들뢰즈는 윤리학에 관한, 그리고 사회적 조직화에 관한 긍정적 이론을 확립하기 위해 긍정적 존재론을 필요로 한다. 서양 철학사를 관통하는 이 오랜 이행과정에서 들뢰즈는 형이상학적 성찰의 가장 높은 평면들 위에 다채로운 대건축물을 축조하는데, 이는 그의 저술 전체의 폭을 지탱하고 채워주고 있다. 초기 저술에서조차 우리는 철학으로부터 멀어지려는 욕망을, 자신의 훈련과정과 전공분야로부터 벗어나 다른 분야들 — 생물학, 심리학, 예술, 수학, 정치학, 문학 — 을 다루고자 하는 욕망을 명백히 인식할 수 있다. 많은 사람들이 들뢰즈의 저술을 서양의 철학적 사유에 대한 거부라고, 따라서 포스트철학적이거나 혹은 포스트모던적 담론의 명제라고 독해한다. 정말로 들뢰즈 자신은 그와 같은 해석에 실체를 부여할 수 있는 무수한 진술들을 제공한다.6 하지만 그의 논의들을 자세히 검토해보면 우리는 그의 사상

---

5. *Nietzsche and Philosophy*, p. 8, 162. (한국어판: 질 들뢰즈, 『니체와 철학』, 이경신 옮김, 민음사, 1998, 29쪽, 284쪽)
6. 들뢰즈를 가장 잘 이해한 사람으로 보이는 브라이언 마수미(Brian Massumi)는 이에 관한 적절한 예를 제공해준다. 마수미가 『천 개의 고원』(*A Thousand Plateaus*)의 [영역자] '서문'에서 들뢰즈는 '국가철학'에 반대했다고 주장하는 것은 명백하게 옳다. 그러나

이 서양 철학 전통에 물들어있을 뿐만 아니라, 그가 제시하는 사례들이 '비철학적'인 것처럼 보일 때조차도 그의 입장들이 보여주는 일관성(coherence)과 그의 입장들을 지지하는 설명의 양태가 최고의 논리적, 존재론적 평면들 위에 머물러 있음을 발견한다.7 그러므로 우

마수미―그리고 일반적으로 인정하는 바와 같이 당시의 들뢰즈 역시―는 서양 사상사에서 차지하는 '국가철학'의 중심성과 헤게모니를 지나치게 과장하는 경향이 있다. "'국가철학'은 플라톤 이래로 서양의 형이상학을 특징지어온 구상적인 사고법을 표현하기 위한 다른 말이다"(p. 11). 서양 형이상학은 그런 식의 단조로운 방법으로 특징지어져서는 안 된다. 철학적 전통이라는 것은 그 자체 내부에 근본적으로 대안적 요소를 갖고 있기 때문이다. 이렇게 단순화해 버린 결과, 또한 들뢰즈에게 소중한 대항적 전통의 한계를 과대평가하게 되는 경향성이 발견되기도 한다. 다시 말해서 만약 루크레티우스, 둔스 스코투스, 스피노자 등이 '국가철학'(플라톤, 헤겔 등등)의 현대의 철학적·학술적 헤게모니에 의해 부분적으로 영향력을 잠식당한다는 의미에서 하나의 '소수파'를 형성한다 할지라도, 그럼에도 불구하고 이 '소수파'는 서양 형이상학의 가장 최고의 그리고 가장 핵심적인 계기들의 일부를 구성한다. 내 주장의 요지는, 이러한 대안적 전통의 긴밀성과 막대한 역량을 과소평가하지 말자는 것이다. 어쨌든 '국가철학'에 대한 들뢰즈의 반대는 서양 철학에 대한 반대이다라고 간단히 이해되어서는 안 된다. 오히려 서양 철학의 가장 강력하고 가장 명쾌한 요소들에 대한 긍정이라고 이해되어야 한다. 바로 이러한 혼란 때문에 미국 내에서는 많은 사람들이 들뢰즈를 '포스트모던' 사상가로 잘못 이해하게 되었는지도 모른다.

7. 〈프랑스 철학회〉(The Société française de philosophie)에 들어가기 전에 "La méthode de dramatisation"(「극화의 방법」)이라는 제목의 논문을 발표하자, 들뢰즈가 존경하는 페르디낭 알퀴에(Ferdinand Alquié) 교수는, 들뢰즈가 전적으로 생물학, 심리학, 그리고 기타 다른 학문 분야들에 의존함으로써 철학적 담론의 특정성을 온전히 이해하지 못하게 되었다고 비난했다. 들뢰즈는 이러한 비난에 크게 상심하여, 감정적이면서도 애정이 깃든 답변을 했다. "선생님의 또 다른 비난이 저를 훨씬 더 못 견디게 하고 있습니다. 왜냐하면 저는 전적으로 철학의 특정성을 믿고 있을 뿐만 아니라 저의 이러한 확신은 다른 누구도 아닌 바로 선생님의 영향 덕분이기 때문입니다"(p. 106). 아마도 알퀴에 교수가 잘못 이해한 것은, 들뢰즈의 예증이 '비철학적'인 것처럼 보일지라도, 그의 추론과 설명은 가장 엄밀한 의미에서 순수 철학적이라는 사실이다. [「극화의 방법」은 1967년 1월 28일에 프랑스 철학회 내에서 발표되었고, *Bulletin de la société française de Philosophie*, 61e année, n°3, juillet-septembre, 1967, pp. 89~118로 출간되었다. 그리고 이 글은 다시 *L'île déserte et autres textes*, pp. 131~162에 재수록되어 있다. ― 옮긴이]

리가 들뢰즈의 저술을 서구 형이상학 전통이 지니고 있는 요소들에 대한 공격이나 배반으로 읽으려고 한다면, 들뢰즈의 저술을 [서구 형이상학이라는] 동일한 전통이 지닌 다른 요소들에 대한 긍정으로 이해해야 한다. 다시 말해 우리는 들뢰즈의 저술을 철학적 전통 '외부에 있는' 혹은 그것을 '넘어선' 사상으로, 혹은 심지어 그러한 블록[형이상학적 전통]으로부터 빠져나가는 효과적인 탈주선으로 읽을 수는 없다. 오히려 들뢰즈의 저술을 비록 억제되고 잠복된 채로 머물러 있기는 했지만 그럼에도 불구하고 똑같은 전통 내부에 깊숙하게 심어져 있었던 (비연속적이지만 일관성있는) 사유의 선(線)에 대한 긍정으로 보아야 한다. 들뢰즈는 형이상학의 종말을 선언하지 않는다. 반대로 그는 형이상학적 사유의 가장 일관되고도 투명한 구도[평면]를 재발견하려고 노력한다.8 만약 우리가 어떤 형태의 철학적 탐구에 대한 그의 거부를 강조하고자 원했다면, 우리는 그 진술을 역설적 형태로 제기했어야만 했을 것이고, (알튀세르로부터 한 구절을 따온다면) 들뢰즈는 '철학에 대한 비철학적 이론'을 발전시키고 있다고 말해야 했을 것이다. 여하튼 우리의 연구 과정에서 들뢰즈의 저

---

8. 우리는 이 점을 들뢰즈가 둔스 스코투스와 맺은 관계에서 매우 확실하게 볼 수 있다. "하나의 존재론적 전제—존재(Being)는 일의적이다—외에는 결코 어떤 것도 있을 수 없다. 존재에 단 하나의 목소리만을 부여했던 둔스 스코투스의 존재론을 제외하고는 어떤 존재론도 없다. 우리가 둔스 스코투스를 언급하는 까닭은 그가 일의적인 존재를, 추상화에 투항하지 않으면서, 가장 예민한 지점으로 올려놓는 방법을 알았기 때문이다"(*Différence et répétition*, p. 52). 존재의 일의성이라는 관점에서 들뢰즈는 존재론의 역사가 둔스 스코투스, 스피노자, 그리고 니체의 논의들에 의해 기본적으로 뒷받침되는 것으로 파악한다(같은 책, pp. 52~61). 여기서 또 다시 핵심적인 것은 들뢰즈가 형이상학으로부터 벗어나려고 하는 것이 아니라 그와는 반대로 형이상학의 최고 요점들을 재차 긍정하고 있다는 사실이다.

술과 철학적 전통 내의 다른 입장들 간의 공명에 관한 우리의 지적이 때로 과도한 것으로 보인다면, 그것은 바로 그의 사유가 지닌 마땅히 철학적인 본성을 강조하기 위한 것일 뿐이다. 그러므로 여기서 우리는 우리의 두 번째의 방법론적 원리를 갖게 된다. 즉, 들뢰즈를 철학적으로 독해하라.

철학사를 통한 들뢰즈의 여행은 특이한 형태를 띤다. 비록 들뢰즈의 연구 논문들이 훌륭한 소개서로서 도움이 된다 하더라도 그것들은 한 철학자의 저술에 대한 포괄적인 요약본을 결코 제공하지 않는다. 대신 들뢰즈는 어떤 지점에서 자신의 기획에 긍정적으로 기여할 수 있도록 하기 위해서 한 철학자의 사유 중에서 특정한 측면들을 선택한다. 니체주의자로서 혹은 스피노자주의자로서 그는 니체나 스피노자의 모든 것을 수용하지 않는다. 들뢰즈는 한 철학자가 그가 보기에 틀렸다고 생각되는 주장들을 제시하더라도, 그것들을 비판하지 않고 단지 자신의 논의 밖에 놓아둔다. 그렇다면 들뢰즈는 불충실한 독자라고 말할 수 있겠는가? 분명 아니다. 비록 그의 독해가 부분적이라 하더라도 그것들은 그럼에도 불구하고 매우 엄밀하고 정확한 것이며, 선택된 주제들에 꼼꼼하게 주의를 기울이고 민감하게 반응한다. 들뢰즈는 포괄성이라는 측면에서 잃어버린 것을 초점의 강렬도라는 측면에서 얻어내고 있다. 사실상 들뢰즈의 초기 저술들은 '꼼꼼한 개입'이다—그는 철학사라는 육신에 외과 수술을 하고 있다. 이는 우리를 세 번째 방법론적 원리에 이르게 한다. 들뢰즈의 선택성을 인식하라.

이 철학적 여행의 각 단계들에서 들뢰즈는 이전 단계의 결과들에 의존하고 있으며 이 결과들에 토대를 두고 여기에 특정한 논점을 추가한다. 들뢰즈의 철학 논문들 각각은 매우 특정한 물음을 향하고 있으며, 전체적으로 보았을 때 이러한 철학적 물음들의 발전은 들뢰즈 사유의 진화를 드러낸다. 종종 들뢰즈의 설명은, 그가 그의 이전 연구의 결과들을 당연시하고 다시 반복하지 않기 때문에 불완전한 것처럼 보인다. (예를 들어 앞으로 보겠지만 변증법에 대한 니체의 공격을 지지하는 들뢰즈의 주장들 가운데 다수는 우리가 그 주장들 속에서 부정적인 존재론적 운동에 대한 베르그송의 비판을 읽어내지 않는다면 모호한 것으로 남아있게 된다.) 그러므로 들뢰즈의 초기 저술은 특이한 유형의 철학사를 구축하고 있는 바, 그 속에서 연결고리들은 현실적인 철학적 연대기에 의존하고 있는 것이 아니라 들뢰즈 자신의 사유의 진화에 의존하고 있다. 진화라는 말로써, 나는 단선적이거나 목적론적인 발달을 일컫고자 하는 것이 아니라 이론적인 집대성[집약]의 과정을 일컫고자 한다. 이와 같은 진전에 초점을 맞추는 것은 들뢰즈의 사유 안에 있는 운동을 부각시키는 것이며, 이로부터 나오게 되는 것은 들뢰즈 자신의 철학적 교육과정, 즉 철학에 있어서의 도제수업이다. 이러한 교육적 여행의 행로들은, 존재론에서 윤리학과 정치학에 이르기까지 들뢰즈를 인도하고 있는, 베르그송-니체-스피노자로 이어지는, 대항-역사적인[역사를 거스르는] 발전 과정을 설명하는 데 도움이 된다.9 그러므로 우리는 마지막 방법론

---

9. 들뢰즈의 작업에 친숙해져 있는 독자들은 내가 제안한 진화의 순서(베르그송-니체-스피노자)에 대해 의문을 품을 수도 있을 것이다. 들뢰즈의 『베르그송주의』(1966)는 『니체와 철학』(1962) 이후에 나타났기 때문이다. 그러나 우리는 초기 논문인 「베르그송에

적 원리를 설정할 수 있게 되었다. 들뢰즈의 사상을 하나의 진화로서 독해하라.

우리가 들뢰즈의 초기 저작을 역사적 관점에서 볼 때, 즉 진화로서 볼 때, 가장 놀라운 사실은 그가 그의 첫 책을 다소 젊었을 때 썼으며(『경험론과 주체성』이 출간된 1953년에 그는 28세였다), 그 이후 8년이 지나서야 다음 책을 출판했다는 사실이다. 어떤 작가들에게 있어서 8년은 그렇게 긴 단절로 보이지 않을 수도 있을 것이다. 하지만 1962년 이후로 매년 한 권의 책을 지속적으로 출판한 들뢰즈에게 있어서 8년은 엄청난 간극을 의미한다. "그것은 내 인생에 있어서 구멍과도 같다. 그것은 8년의 구멍인 것이다. 내가 인생에 있어서 흥미롭다고 발견하는 것은 바로 그것, 때로는 극적이기도 하고 때로는 그렇지 않기도 한, 인생에 뚫린 구멍들, 공백들이다. … 운동이 일어나는 것은 어쩌면 그러한 구멍들 속에서이다."10 들뢰즈의 지적 삶에 있어서 이 8년의 구멍은 사실은 운동의 기간을, 철학적 접근방법을 극적으로 새롭게 방향 잡히게 하는 것을 나타낸다. 이 기간 동안

게서의 차이 개념」(1956)에서 볼 수 있듯이, 들뢰즈의 베르그송 독해의 대부분은 들뢰즈가 니체로 향하기 전부터 이미 잘 정립되어 있었다는 것을 알 수 있다. 좀 더 중요한 것은 들뢰즈의 베르그송 독해가 니체 연구에서 그가 해결하려고 애쓴 질문들을 논리적으로 진일보하게 만들었다는 것을 발견할 수 있다는 점이다. 그리고 다음으로, 니체 독해는 그로 하여금 스피노자를 연구하게 만든 질문들을 드러낸다. 이것이 바로 내가 존재의 논리학에서 윤리학으로, 그리고 마지막으로는 존재의 정치학으로 나아가면서 추적하려고 했던 궤적인 것이다. 그러므로 나는 진화적 추이라는 나의 명제를 저자들에 관한 들뢰즈의 고찰이 지닌 역사적 순서는 물론이고 그의 사유에 의해 더듬어 올라가는 논리적 전진과정(progression) 모두에 토대를 두고 정당화할 것이다.
10. "Signes et événements", p. 18. (한국어판: 『철학에 관하여』, 『대담』, 김종호 옮김, 솔, 1993, 147쪽)

사실상 그는 바로 그의 초기 연구를 특징짓고 있는 흄-베르그송 축에서 그의 연구를 성숙기에 다다르게 한 니체-스피노자라는 정체성으로 움직인다. 들뢰즈의 지적 삶에 있어서의 이러한 구멍을 독해해내기 위해서 우리는 이러한 새로운-방향으로-향하기[재정향]가 무엇을 의미하는지, 그것이 어떠한 새로운 가능성들을 들뢰즈에게 제공하는지, 또 그것이 들뢰즈 사유의 진화를 어떻게 특징짓고 있는지를 이해하기 위해 노력해야 한다.

들뢰즈 자신의 철학적 훈련의 진화에 대해 이렇게 초점을 맞추는 것은 내가 이하의 연구에서 들뢰즈의 초기 저술들만을 배타적으로 다루기로 결정한 이유를 가장 잘 설명해준다. 이러한 [초기] 저술들에서 들뢰즈는, 그의 경력의 전 궤적에 걸쳐서 그에게 이바지할 기술적인 어휘와 개념적 기반을 발전시킨다. 후기 저술의 입장들은, 우리가 그것을 이러한 초기 탐구의 맥락 속에 위치시키지 않을 때 모호하고 심지어 지탱시키기조차 힘든 것으로 나타날 수 있다. 참으로 그의 성숙기 저술―주요한 독자적 철학 텍스트들(『차이와 반복』, 『의미의 논리』), 펠릭스 가따리와의 합작품들, 영화 연구서들, 그리고 가장 나중의 저술들―이라고 부를 수 있을 것들 속에 있는 가장 눈부신 혁신들 가운데 몇 가지는 대체로, 강렬하고도 독립적인 연구가 이루어진 바로 이 형성기에 발전된 일군의 문제들을 재작업해 놓은 것이다. 들뢰즈의 목소리가 갖는 심오한 독창성은 아마도, 이 기간 동안 그가 자기 세대의 대다수와 동일한 경로를 따라가지 않았다는 사실에 기인할 것이다.[11] 이 기간은 들뢰즈의 지하 연구(subterranean research) 기간이다. 그는 이 기간 동안 공개적인 프랑스 문화 논쟁들이 지닌 세상의 이목을 끄는 입장과 진부한 문구들 밖에서, 새로운 길을 다듬고 있었다. 아마도 그가 이후에 그렇게도 심대한 충격과 함께 표면에 떠오를 수 있었던 것도 이 기간이 있었기 때문일 것이다. 만약에 미셸 푸코의 짐작대로, 정말로 이러한 차이가 우리 세기를 특징짓게 된다면, 만약에 우리 시대가 정말로 들뢰즈적이라면,12 이 초기 연구는, 즉 지하실의 들뢰즈는 이 새로운 패러다임을 가능하게 만든 형성적 발전들에 대한 열쇠를 쥐고 있는 셈이다.

---

11. 굳이 꼼꼼히 살펴보지 않더라도, 들뢰즈의 동세대인들로부터 출현했던 거의 모든 주요한 프랑스 철학의 목소리와 들뢰즈의 차이는 들뢰즈의 일대기가 지닌 가장 일반적인 사실들, 특히 들뢰즈가 결코 행하지 않았던 것들에 의해 살펴질 수 있다. 말하자면 그는 결코 프랑스 공산당의 당원인 적이 없었다. 또 그는 배타적인 "고등사범학교"에 다닌 적도 없었고 결코 마르틴 하이데거의 작업에 매혹을 당한 적도 없었다.
12. [옮긴이 주] 푸코는, 들뢰즈의 『의미의 논리』(*Logique du sens*)와 『차이와 반복』(*Différence et répétition*)에 대한 서평으로 씌어진 논문 「철학 극장」("Theatrum philosophicum", 1970)에서 다음과 같이 말한 적이 있다. "나는 이 저작들이 … 우리 주위에서 놀라운 반향을 불러일으키면서 계속해서 회자될 것이며, 아마도 언젠가 이 세기는 들뢰즈의 세기로 알려질 것이라고 믿는다"(한국어판: 「철학 극장」, 『들뢰즈의 푸코』, 권영숙·조형근 옮김, 새길, 1995, 205쪽).

1
베르그송의 존재론
존재의 긍정적 운동

 사람들은 앙리 베르그송의 저술에서 심리학이나 지각현상학을 발견할 수 있다고 기대할지 모르겠다. 그러므로 들뢰즈가 중요하게 생각하는 것이 존재론─시간에 뿌리박은 존재의 절대적으로 긍정적인 논리학─이라는 사실은 처음에 이상하게 보일 것이다. 하지만 이미 주목했듯이 들뢰즈는 긍정적인 기획에로 직접 돌입하지 않고 오히려 처음에는 비판적이고 공격적인 계기를 통해 접근하고 있다. "베르그송이 본질적으로 자신의 선배들을 비난하고 있는 것은…"[1] 들뢰즈는 베르그송을 지배적인 철학 전통에 대항한 논객으로 독해하고 있으며, 베르그송의 선배들이 지닌 과오들은 헤겔의 논리학에서 가장 집중된 형태를 띠고 있다는 것을 발견한다. 베르그송은 몇몇 철

---

1. "La conception de la différence chez Bergson", p. 79.

학적 주장들을 비판하고 있지만, 이러한 각각의 비판들의 이면에서 들뢰즈는 극단적이고 과장된 위치를 차지하고 있는 헤겔을 발견한다. 들뢰즈는 헤겔에 대한 직접적인 적대가 베르그송 사상의 주요한 추동력이라고 주장하지 않는다. 그러나 그의 베르그송 독해는 헤겔에 대한 공격을 비판적 칼날(critical edge)로써 계속 보유하고 있다. 들뢰즈의 해석에서 베르그송은 존재론적 전통으로부터 유래하는 존재에 관한 핵심적 기준들—단순성, 실재성, 완전성, 통일성, 다양체 등등—에 대해 도전하는 것이 아니라, 오히려 이러한 기준들을 진지하게 다루기 위해 설정된 존재론적 운동에 초점을 맞춘다. '차이'는 존재론적 운동에 대한 이러한 논의에서 중심적 역할을 하는 베르그송의 용어이다. 여기서 우리는 특별히 주의를 기울여야 한다. 왜냐하면 (1956년이라는 초기에 정식화된) 들뢰즈의 베르그송 해석은 포스트구조주의에 대한 하나의 이론적 시금석을 구성하고 있는, 프랑스 사상에 있어서의 차이에 관한 오랜 논의의 맨 앞자리에 있기 때문이다. 여기서 우리는 그 용어에 대한 하나의 특수하고 엄밀한 용법을 발견한다. 들뢰즈의 독해에서, 베르그송의 차이는 실재적 존재에 있어서의 질(質)들의 정적인 대조, 즉 퀴디타스(*quidditas*)[2]를 우선적

---

2. [옮긴이 주] *quid*는 what을, *quidditas*는 whatness를 의미한다. 그러므로 *quidditas*는 어떤 것이 '~이다'라고 할 때 그 ~임을 뜻하는—따라서 본질(essence)과 거의 동의어로 쓰이는—말로, 굳이 우리말로 옮기면 '무엇임'이 될 것이다. 그래서 혹자는 이를 하성(何性)이라고 옮기기도 하나 원뜻을 파악하는 데 오히려 장애가 될 수 있다고 생각되어 여기서는 굳이 번역하지 않고 라틴어를 음차하는 방식을 취했다. 들뢰즈는 『차이와 반복』에서 이 '퀴디타스'의 구별을 명제의 모델을 통해 해명한다. 들뢰즈에 의하면 이름이나 명제는 동일한 것을 지칭할 때에도 동일한 의미를 가지지 않으며, 그 상이한 의미들 간의 구별(예컨대, 아침 별-저녁 별, 이스라엘-야곱, 평면-휨)은 실재적 구별이지만

으로 참조하지 않는다. 오히려 차이는 존재의 실제적 동학을 표식한다. 즉 차이는 존재의 근저에 있는 운동이다. 그리하여 베르그송의 차이는 우선적으로 존재의 공간적 차원이 아닌 존재의 시간적 차원에 관계한다. 그러므로 베르그송의 차이 개념을 탐구할 때 들뢰즈가 설정한 핵심적 과제는 이중적(twofold)이다. 첫째, 그는 존재론적 전통에 대한 베르그송의 비판을 이용하여 헤겔의 변증법과 특히 존재의 부정적 논리학이 갖는 취약점을, 즉 [헤겔의 변증법과 존재의 부정적 논리학이] 차이에 대한 잘못된 개념화라는 것을 드러내야 한다. 이러한 공격은 헤겔 논리학에 있어서의 두 근본적 계기들을, 즉 존재의 결정 그리고 일자와 다자의 변증법을 겨냥하고 있다. 둘째, 그는 베르그송이 말하는 차이 속에서의 존재의 긍정적 운동을 정교하게 만듦으로써, 이 운동이 어떻게 존재론에 대한 하나의 실행 가능한(viable) 대안을 제공하는가를 보여주어야 한다. 헤겔 논리학에 대한 공격적 계기야말로 생산적 계기를 위한 기반을 마련해준다.

하지만 들뢰즈의 베르그송에 대한 저술은 들뢰즈 사상의 진화를 연구하는 데 있어서 골칫거리인 동시에 절호의 기회를 제공한다. 왜냐하면 그것은 분리된 두 기간에 이루어졌기 때문이다. 첫 번째는 1950년대 중반에 이루어졌으며 두 번째는 1960년대 중반에 이루어

수적이거나 존재론적 구별이 아닌 형상적·질적 구별이다. 이것이 곧 '퀴디타스적 구별' — 들뢰즈는 본질적 구별이라는 말을 쓰기도 한다 — 로서, 스피노자에게 있어 속성들은 "형상적으로는 구별되지만 존재론적으로는 하나인 지칭대상으로서의 존재에 관계[귀속]되는 여러 의미', '유일하고 동일한 지칭대상과도 같은 실체에 관계되는 질적으로 상이한 의미들처럼 작동한다"(Gilles Deleuze, *Différence et répitition*, PUF, 1968, pp. 53~61 참조). 이러한 내용은 질 들뢰즈, 『스피노자와 표현의 문제』, 이진경·권순모 옮김, 인간사랑, 2003, 54쪽에 있는 역주 39에서 따왔다.

졌다. 첫 번째 시기의 주요 결과물은 「베르그송에게서의 차이 개념」 ("La conception de la différence chez Bergson")이라는 제목이 붙은 논문인데, 이 논문은 1956년 『베르그송 연구』(Les études bergsoniennes)에 포함되어 출판되었다. 하지만 이 논문은 적어도 그보다 2년 전에 씌어진 것이었으며 1954년 5월에 <베르그송 학회>(Association des amies de Bergson)에 발표된 바 있다[3]. 이 초기 논문은 매우 밀도 있게 서술되어 있으며 들뢰즈의 베르그송 독해의 요점을 포함하고 있다. 이 기간에 들뢰즈는 베르그송 관련 텍스트를 두 가지 더 출판하였는데, 어느 것도 초기 논문 내용을 실질적으로 수정하고 있지 않다. 이 둘 가운데 첫 번째는 메를로-뽕티가 편집한 모음집인 『유명한 철학자들』(Les philosophes célèbres)(1956)에 실린 베르그송에 대한 한 장이며, 두 번째 것은 베르그송 텍스트 선집인 『기억과 삶』(Mémoire et vie, 1957)[4] 이다. 베르그송 연구의 두 번째 시기의 결과물은 1966년에 출간이 된 『베르그송주의』(Bergsonism)이다. 이 짧은 책은 초기 논문에서 제시된 논의 가운데 많은 부분을 다루고 있으나 초점의 변화를 보여주고 있으며 애초의 해석에 몇 가지 아주 흥미로운 추가적 내용들을 제공한다. 이 추가적 내용들은 중간의 몇 년 간에 걸친, 강렬한 니체 [연구] 시기의 영향을 보여준다. 그러므로 베르그송 연구의 이 두 국면은 들뢰즈의 초기 기획이 어느 방향을 향하고 있는가를 이해할 수 있는

---

3. [옮긴이 주] 이 글은 *L'île déserte et autres textes*, pp. 43~72에 원문이 재수록되어 있으며, John Mullarkey가 편집한 『새로운 베르그송』(*The New Bergson*, Manchester and New York : Manchester University Press, 1999)에 영역본이 실려있다.
4. [옮긴이 주] 앙리 베르그송, 『베르그송의 생명과 정신의 형이상학』, 송영진 편역, 서광사, 2001은 들뢰즈의 이 텍스트 선집을 주 번역본으로 한 편역본이다.

절호의 기회를 제공한다. 왜냐하면 그 두 국면은 니체에 대한 저술[5] 뿐 아니라, 들뢰즈의 주장처럼 그 기획의 중요한 새롭게-방향잡기의 현장일 수도 있을 장기간의 출판 공백, 즉 '8년의 구멍'에도 걸터앉아있기 때문이다.

1. 결정과 내활적 차이

베르그송에 대한 들뢰즈의 초기 독해는 부정적 결정 과정에 대한 공격에 토대를 두고 있다. 현대 철학의 곳곳에서 이 문제와 관련하여 출현하는 유령이 있다. 그것은 헤겔의 스피노자 독해와 비판이다. 헤겔은 스피노자의 편지들 가운데에서 한 구절을 따온 다음에 이 구절을 다시 스피노자에 반하여 설정함으로써, 그것을 자신의 논리학의 중심적 격언으로 만든다. "모든 결정은 부정이다"(Omins determinatio est negatio).[6] 이 구절은 헤겔을 대신하여 결정의 과정과 결정성(deter-

---

5. *Nietzsche et la philosophie*, PUF, 1962. (한국어판 : 질 들뢰즈, 『니체와 철학』, 이경신 옮김, 민음사, 1998)
6. *Science of Logic*, p. 113. 헤겔은 분명 스피노자가 야르흐 엘레스(Jarig Jelles)에게 보낸 '편지 50'에서 인용하고 있는 듯 하다. 원문을 보자. '*Quia ergo figura non aliud, quàm determinatio, & determinatio negatio est ; non poterit, ut dictum, aliud quid, quàm negatio, esse.*' 헤겔이 자신의 목적을 위해 그것을 단순화시키기 위해 인용에 변경을 가한 것은 그다지 심각한 문제가 아니다. 그러나 해석상에 있어서 헤겔은 인용문에서 스피노자가 의도한 본 뜻을 완전히 왜곡하고 있다. 스피노자의 '부정주의'(negativism)에 대한 헤겔의 오독을 광범하게 분석한 것으로는, Pierre Macherey, *Hegel ou spinoza*, p. 141(한국어판 : 피에르 마슈레, 『헤겔 또는 스피노자』, 진태원 옮김, 이제이북스, 2004)이하를 보라. [Samuel Shirley는 위의 '*Quia ergo figura non aliud, quàm determinatio, & determinatio negatio est ; non poterit, ut dictum, aliud quid, quàm negatio, esse.*'를 다음과 같이 영역하고 있다. 'So since figure

mineteness)의 상태를 묘사하고 있다. 『논리학』은 단순한 직접성에 있어서의 순수 존재에서 시작한다. 하지만 이 단순한 존재는 어떠한 질도, 어떠한 차이도 갖지 않는다. 그것은 텅 비어있으며 그것의 대립물인 무와 같다. 무와의 차이를 드러내기 위해서, 존재는 무를 능동적으로[actively, 적극적으로] 부정할 필요가 있다. 결정적 존재는 이러한 대립을 포섭한다. 그리고 그것[결정적 존재]의 핵심부에 있는 존재와 무의 이러한 차이는 그것의 실재성을 구성하는 실재적 차이들과 질들의 기반을 규정한다. 부정은 이와 같은 결정성의 상태를 두 가지 의미[방향]에서 규정하고 있다. 그것은 질들의 유한성에 기초한 정적인 대조이며, 차이들의 적대에 기반을 둔 역동적 투쟁이다.7 첫 번째 의미에서 결정성은 부정을 내포하는데, 이것은 질들이 제한되며 그리하여 자기 자신들 이외의 것과 대조되거나 자기 자신들을 수동적으로 부정하기 때문이다(붉음이 초록과 노랑 등등을 부정한다는 의미에서 말이다). 하지만 두 번째 의미에서는, 결정성에 생명을 불어넣는 능동적 부정이 있는데, 그것은 결정적인 것들이 서로에 대해 인과적으로 상호작용하기 때문이다. 어떤 것의 현존은 다른 어떤 것의 능동적[작용적] 부정이다. 그러므로 심지어 결정성의 상태조차도 본질적으로 하나의 부정적 운동이다. 결정의 부정적 운동에 대한

---

is nothing but determination, and determination is negation, figure can be nothing other than negation, as has been said'("Spinoza : the Letters", trans Samuel Shirley, Hackett Publishing Company, Inc., 1995, p. 260). 우리말로 옮기면, '따라서 형상은 결정에 불과하고, 결정은 부정이므로, 내가 말했듯이, 형상은 부정에 불과할 수 있다'가 된다. Ch. Appuhn은 determinatio를 limitation이라고 옮기고 있는데(Spinoza, *Œuvres* 4, Paris, Garnier Frères, 1966, p. 284), 이는 부적합하게 보인다. — 옮긴이]

7. Charles Taylor, *Hegel*, Cambridge University Press, Cambridge, 1975, pp. 233~37을 보라.

이와 같은 주장은 스피노자에 관한 헤겔의 비판의 핵심이기도 하다. 스피노자의 존재는 절대적으로 긍정적이기 때문에, 다시 말하자면 스피노자에게 있어서 순수 존재는 무(無)를 능동적으로 부정하지 않으며 부정적 운동을 통해 나아가지 않기 때문에, 순수 존재는 무의 실재적 현존을 규정할 수 있는 근본적 차이를 결여하고 있다. 헤겔이 보기에 스피노자의 존재론이나 그와 유사한 어떠한 긍정적(positive, affirmative) 존재론도 추상적이고 비차이적인(indifferent) 것으로 남을 수밖에 없다. '그와 같이 [완전과 긍정으로] 인식된 실재는 모든 부정이 사라졌다고 생각되었을 때에도 여전히 살아남는다고 가정된다. 하지만 그렇게 하는 것은 모든 결정성을 폐지하는 것이다.'[8] 부정은 단지 수동적으로 '사라졌다고 생각되어서는' 안 되며 능동적[작용적]으로 대결하여 실제로 부정해야 한다고 헤겔은 주장한다. 이것이 결정의 과정이 하는 역할이다. 결과적으로, 최종적으로, 불가피하게 스피노자의 존재는 스피노자 자신이 헤겔의 낭만적 상상력 속에서 그러하듯이, 그것의 대립물인 무와 다른 것으로 간주되지 않기 때문에 무로 용해된다. '그의 죽음의 원인은 그를 그토록 오랫동안 괴롭게 만들었던 폐결핵이었다. 이러한 사실은 모든 특수성과 개별성이 하나의 실체 속에서 소멸한다는 그의 철학 체계와 조화를 이루고 있다'[9] 스피노자에 반한 이러한 논쟁은 부정의 존재론적 운동을 위한 헤겔의 가장 강력한 논점의 하나를 이루고 있다. 즉 부정을 통해 결정되지 않은 존재는 비차이적이고[아무런 차이가 없고] 추상적인 것

---

8. *Science of Logic*, p. 112.
9. Hegel, *Lectures on the History of Philosophy*, p. 257.

으로 남아있을 것이다. 그리고 마침내 그것은 자신의 대립물과 상이한[차이나는] 것으로 여겨지지 않기 때문에, 무(無) 속으로 사라져 버릴 것이다. 차이를 인식하려고 한다면, 존재의 특수성과 개별성을 특징짓는 실재적 차이를 인식하고자 한다면, 우선 존재의 부정적 운동을 인식해야 한다고 헤겔은 주장한다. 그렇지 않으면 우리는 '비우주론'(acosmism) 속에서, 순수하고 긍정적인 존재론의 비차이(indifference) 속에서 스피노자와 함께 소멸해야만 할 것이다.

베르그송에 대한 들뢰즈의 초기 독해는 존재의 결정이 부정에 의해 특징지어져야 한다는 헤겔적 정식을 수용하고 있는 것처럼 보인다. 들뢰즈는 그 정식에 도전하기보다는 오히려 존재론적 결정의 과정 그 자체가 존재의 실재적 기초를 완전히 무너뜨린다고 비난한다. 그는 결정의 부정적 운동에 의해 구성된 차이는 차이에 대한 거짓 개념(false notion)이라고 주장한다. 따라서 [존재론적] 결정의 과정은 존재의 실체적 본성을 파괴하며, 이와 동시에 실재적 존재의 구체성과 특정성을 포착하는 데도 실패한다. 여기서 우리는 결정에 대한 거부와 더불어, 들뢰즈의 초기 연구에는 반헤겔적 접근과 부정의 변증법에 대한 반작용[반발]이 있음을 인식할 수 있다. 하지만 이 과정에서 들뢰즈의 비판적 방법은 흥미로운 형식을 띠고 있다. 그는 변증법을 직접 공격하지 않는다. 대신 그는 제3의 철학적 입장을 끌어들여 그것을 베르그송과 변증법 사이에 위치시킨다. 들뢰즈는 이처럼 가까운 적(proximate enemy)에게 이 적이 지닌 불충분함을 나타내는 특정한 결함을 퍼부어댄다. 그리고 나서 그는 계속해서, 근본적인 적인 헤겔이 [가까운 적이 지녔던] 이 결함을 극단적으로 수행했음을 보여준다. 들뢰즈는 베르그송 연구에서는 가까운 적으로 기계론과 플라톤주의를 끌어들이고 니체 연구에서는 칸트를 끌어들인다. 이러한 가까운 적들을 처음에 다루는 것이 지닌 장점은, 변증법으로까지 확장될 수 있는 공격을 수행할 공통 지반(common ground)을 그들이 계속해서 제공한다는 것이다. 정말로 들뢰즈의 사유가 진화해 감에 따라 우리는 그가 헤겔적 입장을 진지하게 다룰 수 있는 공통의 영역을 발견하는 데 점차 더 큰 곤란을 겪게 됨을 알게 될 것이다. 하지만 더욱 중요하게는, 이러한 삼각구도의 방법, 초기 저술에서조차 들뢰즈가 대립에 대해 문제적(problematic) 관계를 가지고 있다는 것을 우리에게 보여준다. 들뢰즈가 변증법을 근본적 적으로 여기고 공격하고 있다는 것은 분명하다. 하지만 이러한 방법은 그에게 헤겔과 관련하여 비스듬한[비켜 서 있는 듯한] 자세를 취할 수 있게 해주며, 그로 인해 그는 직접적 대립 속에 서 있을 필요가 없는 것이다.

베르그송처럼 기계론자들은 존재의 차이들의 경험적 진화를 이론화하기 위해 노력한다. 하지만 그렇게 하는 과정에서 기계론은 존재의 실체적, 필연적 질(質)을 파괴한다. 기계론에 대한 들뢰즈의 베르그송식 도전은 다음과 같은 흥미로운 명제의 형식을 취하고 있다. 즉 존재가 필연적이기 위해서는 [존재는] 미결정적이어야 한다. 존재론적 결정에 대한 이러한 논의는 차이의 본성에 대한 분석에 의존한다. 결정의 과정에 의해 제시되는 차이의 형식은 언제나 존재에 외부적인 것으로 남아있으며, 그렇기 때문에 존재에 대해 본질적이고 필연적인 기반을 제공하지 못한다고 들뢰즈는 주장한다. 이러한 것들이 들뢰즈가 기계론의 단순한 결정을 비판하기 위해 사용하는 용어들이다. "베르그송은 생생하게 살아있는(vital) 차이란 내부적 차이임을 보여준다. 하지만 내부적 차이는 또한 단순한 결정으로서 파악될 수 없다. 즉 결정은 우연적일 수 있다. 적어도 결정은 단지 원인, 목적 혹은 우연을 통해서만 그것의 존재를 유지할 수 있으며[elle ne peut tenir son être que d'une cause, d'une fin ou d'un hasard — 지은이]], 따라서 결정은 존속적 외면성을 함축한다."10 실재의 진화를 추적하려는 과정 속에서 존재의 기계론적 결정은 존재의 필연성을 파괴한다. 결정의 외부적 차이는 언제나 (원인, 목적, 우연으로서의) '타자'에 의존한다. 그리하여 그것은 존재에 우연적인 질[성질]을 도입한다. 다시 말해 결정은 실체적 내면성(substantial interiority)이 아니라 단지 존속적 외면성(subsistent exteriority)11만을 함축할 뿐이다.

하지만 곧바로 우리는 들뢰즈의 설명이 당황스러운 것임을 발견한다. 사실상 들뢰즈는 여기서 전통적인 존재론적 문제틀의 용어들을 역전시켜 놓았다. 그는 어떻게 존재가 결정성(determinacy)을 획득할 수 있는지, 어떻게 존재가 그것의 차이를 유지시킬 수 있는지를 묻지 않는다. 오히려 그는 어떻게 차이가 '자신의 존재를 유지시킬 수 있는가'(peut tenir son être)를 묻고 있다. 들뢰즈는 차이에 근원적으로 새로운 역할을 부여한다. 차이는 존재를 정초한다. 말하자면 차이는 존재에게 존재의 필연성, 실체성을 제공한다. 차이가 수행해야 하는 존

---

10. "La conception de la différence chez Bergson", p. 92.
11. [옮긴이 주] 'subsistent'는 sub-sister라는 어원적 분리에서 알 수 있듯이 보통 '무엇의 밑에 존속한다'는 의미로 사용된다. 이와 대구를 이루는 것이 insister이다. in-sister는 '주장하다'라는 뜻도 있고 '내부에 있다'(in-sister)라는 뜻도 포함하고 있다. 따라서 보통 subsistent는 '존속적'이라고 하며, insistent는 '내속적'이라고 옮긴다.

재론적으로 근본적인 역할을 인식하지 못한다면 우리는 내부적 차이를 외부적 차이보다 우위에 두는 이러한 논의를 이해할 수 없다. 나는 인과성의 존재론적 중심성과 존재의 능산성(productivity)에 대한 스콜라철학적 개념화를 참고할 때 들뢰즈의 설명을 가장 잘 이해할 수 있을 것이라고 제안하는 바이다.12 여러 측면에서 들뢰즈는 베르그송의 존재론을 스콜라철학으로 독해하고 있는데,13 이러한 스콜라철학에서는 차이에 관한 논의가 인과성에 관한 담론으로 대체된다. 결정은 '단지 원인, 목적 혹은 우연을 통해서만 자신의 존재를 유지할

---

12. (로저 베이컨과 둔스 스코투스에서 윌리엄 오캄 그리고 훨씬 뒤의 프란시스코 수아레즈에 이르는) 스콜라철학자들의 연구작업은 인과성과 존재의 능산성에 대해 중심적인 존재론적 중요성을 부여한다. 내가 들뢰즈의 연구와 관련해서 가장 중요하게 파악하는 것은, 그들이 존재를 위해 정초한 존재론적 추론의 스콜라적인 방식과 기준이다. 존재의 역량, 필연성, 완전성, 실체성, 일의성은 모두 인과적 논의들을 통해서 형성된 것이다. 신적인 본질은 생산적 능력이다. 그것은 최초의 원인으로서, 만물의 작용인으로서 존재한다(오캄은 신은 만물의 유효하면서도 직접적인 원인이라고 덧붙인다). 에띠엔느 질송(Etienne Gilson)은 둔스 스코투스와 관련해서, 스콜라철학적 존재론의 토대에서 '인과성'과 '소산성'(producibility) 즉, 생산할 수 있고 생산될 수 있는 성질은 존재의 상호보완적인 재산들이라고 설명하고 있다(*La philosophie au Moyen age*, p. 595). 이러한 존재론적 논의의 과정에서, 스콜라철학자들은 인과성의 원리들을 정교화하고 진술하는 데 세심한 주의를 기울인다. 원리들 중 일부는 우리의 논의에서 각별히 유용한 것으로 판명될 것이다. (1) 하나의 결과는 그것의 원인보다 더 많은 완전성과 실체를 가질 수 없다. (2) 하나의 사물은 그것 외부에 다른 어떤 것의 필연적인 원인이 될 수 없다. 마지막으로 작용인이 신의 존재를 증명하는 데 근본적인 것인 반면, 스콜라철학자들은 일반적으로 아리스토텔레스로부터 물려받은 원인의 네 가지 구별(질료인, 형상인, 작용인, 목적인)을 실재적 원인으로서 — 그들이 비록 각 구별들의 의미를 심각하게 바꾼다 할지라도 — 유지하고 있다. 원인의 유형들(genres)에 대한 세밀한 분석으로는, Francisco Suàrez, *Disputaciounes metafísicas*, Disputación XII, Sectión III을 보라.
13. 물론 스콜라주의(특히 둔스 스코투스)에 대한 들뢰즈의 관심과 아리스토텔레스에 대한 베르그송의 광범한 지식처럼, 베르그송에 대한 들뢰즈의 연구에서 스콜라주의적인 공명(共鳴)을 발견한다고 해서 놀랄 일은 못된다. 베르그송은 아리스토텔레스에서의 공간 개념에 대해 라틴어로 논문을 썼다.

수 있다'는 주장을 존재의 기반으로서 부적실한 인과성에 대한 세 가지 개념화 — (1) 물질적 원인: 외부적 효과[결과]를 낳는, 순전히 물리적인 원인; (2) 목적인: 효과를 생산함에 있어 목적이나 목표를 가리키는 원인; (3) 우연적[우유적] 원인: 자신의 효과에 대해 완전히 우발적인 관계를 맺고 있는 원인 — 에 대한 공격으로서 해석하기 위해서 본론으로부터 아주 멀리까지 벗어날 필요는 없다. 각각의 경우에 핵심이 되는 것은 원인이 그 효과에 대해 여전히 외부적이며, 따라서 단지 존재의 가능성만을 유지시킬 뿐이라는 것이다. 존재가 필연적이기 위해서는 근본적인 존재론적 원인이 그 효과에 내부적이어야만 한다. 이러한 내부적 원인이 바로 작용인(efficient cause)이다. 작용인은 스콜라철학의 존재론적 기반들에서 중심적 역할을 한다. 더군다나, 바로 이것이 지닌 내부적 본성 때문에, 존재를 실체로서, 자기 원인(*causa sui*)으로서 유지시킬 수 있는 것은 작용인뿐이다.[14] 그러므

---

14. 스피노자에게서 우리는 존재와 인과성의 이와 같은 스콜라적 관계에 대한 두 가지 중요한 변용을 발견한다. (1) 신은 원인이 없는 최초 원인인 것이 아니라, 자기 원인, 즉 causa sui이다. (2) 작용인들만이 실재적 원인으로서 허용된다. 스피노자는 첫 번째 변용을 데카르트로부터 물려받는다. 그리고 에띠엔느 질송은 스콜라적 교리의 이와 같은 변용이 어떻게 해서, 이탈이라기보다는, 인과성과 실재적 존재의 긴밀한 관계성을 강화하는 데 기여하는 스콜라적 추론의 정제(精製)인가를 분명하게 설명하고 있다. 모든 것이 원인을 갖는다면, 신도 원인을 갖는다. 신이 원인을 갖지 않는다면, 모든 것이 원인을 갖는다고 말할 수 없으며, 따라서 신의 현존을 인과성의 원리에 의해 증명할 수 없게 된다. 이것이 바로, 왜 데카르트의 증명이, 원인을 갖지 않는 최초 원인에 대한 증명이 않고, 자기 원인인 최초 원인에 대한 증명인가 하는 이유이다. 순수 행동의 스콜라적 신을 설명하기 위해 그는 이후에 스피노자에 의해 포착될 자기 원인인 신을 차용한다(*Discours de la méthode*, Gilson edition, p. 327). 스피노자에게서 발견하는 두 번째 변용, 즉 형상인과 목적인에 대한 거부는 데카르트에 반(反)하여 방향 맞추어진 것이다. 『에티카』 1장, pp. 34~36 (한국어판: 스피노자, 『에티카』, 강영계 옮김, 서광사, 1990)과 부록을 참고하라. [스피노자의 저술들을 참조함에 있어서 약어들에 대한

로 우리는 베르그송적 맥락에서, 내활적 차이(efficient difference)란 존재의 내부적 동력이 되는 차이라고 말할 수 있을 것이다. 즉 내활적 차이는 존재의 필연성과 실재적 실체성을 유지시킨다. 이러한 내부적인 생산적 동학을 통해, 내활적 차이의 존재는 자기 원인(*causa sui*)인 것이다. 기계론에서 말하는 결정은 이러한 역할을 수행할 수 없다. 기계론의 결정은 외부적, 물질적 인과성에 의해 구성되기 때문이다. 여기서 우리는 들뢰즈의 논의가 분명 그저 인과성에 대한 비판이 아니라 그보다는 오히려 내부적, 작용적이라는 개념을 옹호하면서 원인에 대한 외부적 개념화를 거부하는 것이라는 점을 강조해야 한다.

기계론 비판과 함께 결정의 외부적 차이를 공격하는 용어들을 펼쳐놓은 후에 들뢰즈는 공격을 정밀하게 하기 위해서 두 번째의 가장 가까운 적인 플라톤과 대결한다. 들뢰즈는 플라톤이 베르그송과 함께 차이의 철학을 구성하려는 기획을 공유하고 있다는 것을 인정한다.15 그러나 들뢰즈가 플라톤에게서 문제시하고 있는 것은 목적성(finality)의 원리이다. 다시 한번 비판은 존재론적 기준들을 척도로 한 채, 차이의 외부적 본성에 초점을 맞춘다. 베르그송에게 있어서 차이는 내부적 동력— 이를 베르그송은 직관(intuition)이라고 부른다—에 의해 추동되는 것이다. 반면 플라톤에게 있어서 이 역할은 목적성으로부터 오는 외부적 영감(inspiration)에 의해서만 수행된다. 즉 사물(the thing)의 차이는 사물이 이정표로 삼고 있는 것, 즉 선(the Good)에 의해서만 설명될 수 있다.16 이를 인과적 담론으로 번

설명을 보려면, 이 책 1부 3장의 각주 11을 참고하라. — 옮긴이]
15. "La conception de la différence chez Bergson", p. 95.

역하면 우리는 플라톤이 존재를 목적인 위에 정초하려고 하고 있다고 말할 수 있다. 비록 베르그송이 플라톤처럼 기능과 목적에 입각해서 실재의 마디(articulation)를 인식하고 있기는 하지만 베르그송에게 있어서는 차이와 사물 사이에는, 원인과 효과 사이에는 아무런 분리도 없다. "사물과 그 사물에 상응하는 목적은 사실상 하나의 동일한 것이다. … 더 이상 어떤 목적에 대해 이야기할 여지가 없다. 차이가 사물 그 자체가 되었을 때, 그 사물이 그것의 차이를 어떤 목적으로부터 얻게 된다고 더 이상 말할 수 없다."[17] 다시 한번 차이에 관한 논의는 인과적인 존재론적 논의와 완전히 일치한다. 즉 베르그송의 내활적 차이는 플라톤의 목적론적 차이와 대조된다. 기계론의 경우가 그러했듯이 논의에 있어서의 열쇠는 차이가 실체적 본성을 유지시켜야 하는 필요에, 그것의 존재론적 중심성에 달려있다. 베르그송은 차이를 내부적 동학에 의해 뒷받침되는 자기 원인으로서 제시하고 있다. 반면 플라톤의 차이는 목적성이라는 외부적 지지에 의존할 수밖에 없다. 그러므로 플라톤적 차이는 존재를 그것의 실체성과 필연성에 있어서 뒷받침할 수 없다.

기계론 및 플라톤주의의 결함들에 대한 이와 같은 설명은 우리에게 들뢰즈가 그렇게도 중요하다고 생각하는, '본성의 차이들'과 '정도의 차이들'에 대한 베르그송식 구별을 이해하는 수단을 제공한다. "베르그송이 본질적으로 그의 선배들을 비난하고 있는 것은 실재적인 본성의 차이들을 보지 못한 점이다. … 본성의 차이들이 존재하는

---

16. 같은 글, p. 95.
17. 같은 글, p. 96.

곳에서 그들은 오로지 정도의 차이들만을 인식했다."18 이따금 들뢰즈와 베르그송은 이 용어들을 마치 질적인 차이와 양적인 차이를 구별하기 위해 사용하고 있는 것처럼 보인다. 하지만 특히 철학사에서 이러한 개념화의 독창성을 압도적으로 주장하고 있는 것을 생각해보면, 이러한 해석은 부적절한 것임이 판명된다. 우리는 다시 한번 스콜라철학의 인과론적 논의의 전통을 참고할 때 훨씬 명확한 관점을 획득하게 된다. '본성의 차이들'은 스콜라철학의 자기에 의한 원인들(*causae per se*)에 상응하는, 필연성과 실체를 내포하는 차이들로서 나타난다. 한편 '정도의 차이들'은 우연들을, 우연에 의한 원인들(*causae per accidens*)을 내포하는 차이이다.19 "내부적 차이를 그 자체로서, 순수한 내부적 차이로서 생각하는 것, 차이의 순수한 개념에 도달하는 것, 차이를 절대적인 것에로 올려놓는 것, 이것이 베르그송의 노력이 갖는 의미이다."20 기계론과 플라톤주의는 차이를 사고하는 데 성공하고 있기는 하지만, 단지 우발적인 (*per accidens*, 우연에 의한) 차이들에 도달할 뿐이다. 내부적 차이에 대한 베르그송의 개념화는 우리들로 하여금 실체적인 (*per se*, 자기에 의한) 차이를 인식할 수 있도록 이끌어준다.

하지만 헤겔주의는 이러한 비판들 각각의 밑바닥에서 우리가 발견하게 되는 근본적 과녁이다. 헤겔은 차이의 외면성(exteriority)을

---

18. 같은 글, p. 79.
19. 둔스 스코투스는 본질적으로 정해지는 자기에 의한 원인들과 우연적으로 정해지는 우연에 의한 원인들 간의 기본적인 구분을 정의내리고 있다. *Philosphical Writings*, p. 40을 보라.
20. "La conception de la différence chez Bergson", p. 90.

그 극단으로 밀고 가는 사람이다. "베르그송의 텍스트들에 기초하여 우리는 심지어 베르그송이 헤겔적 유형의 변증법에 대해 제기했을 법한 이의들을 예상해볼 수도 있을 것이다. 그는 플라톤의 변증법보다 헤겔적 변증법으로부터 훨씬 더 멀어져 있다."21 플라톤의 목적성을 비판하는 것에서 시작해 들뢰즈가 헤겔에서의 목적인 및 목적론에 대한 공격에 착수할 것이라고 기대해볼 수도 있을 것이다. 결국 그는 이미 그런 공격을 할 수 있는 무기를 손에 넣고 있었다. 그러나 그는 그렇게 하는 대신 결정의 과정 및 변증법의 기초적인 부정적 운동으로 되돌아간다. 헤겔의 논리학을 정초하는 계기에로 말이다. "베르그송에게서 … 사물은 우선, 즉각적으로 그 자신과 다르다. 헤겔에 의하면 사물은 그것이 우선 자신이 아닌 모든 것과 다르기 때문에 그 자신과 다르다."22 베르그송에게서 사물은 즉각적으로 그 자신과 다르다. 다시 말해서 사물의 차이는 내부적이고 내활적인 생산을 통해 유지된다. 기계론과 플라톤주의가 지닌 공통적인 결함은 그것들 모두가 차이를 외부적 지지물에 의존한다고 파악한다는 점이다. 하지만 그것들 각각은 특정한 외부적 지지물을 분명히 한다(기계론의 경우는 외부적인 물질적 사물, 플라톤의 경우에는 기능 혹은 목적성). 그리하여 각각의 경우 차이의 외면성은 제한되어 있다. 헤겔적 변증법은 외부적 차이를 그 극단까지, 절대적 외면성까지, '줄곧 모순으로까지' 밀고 간다. 변증법은 사물을, 제한 없는 타자, 즉 '자신이 아닌 모든 것'과 다른 것으로서 제시한다. 이것이 절대적 외면성

---

21. 같은 글, p. 96.
22. 같은 글, p. 96.

이다. 결국 우리가 역사적 사실의 문제를 무시한다면, 헤겔은 기계론과 플라톤주의의 결함들을 끌어 모아 외부적 차이를 그 극단으로까지 밀고 감으로써 이것들을 이것들의 순수한 형태 속에서 반복하는 것처럼 보인다.

우리가 변증법이 함축하고 있는 인과성에 초점을 맞출 때 베르그송적 비판은 명백해진다. 『논리학』의 바로 최초의 계기에서부터 ―순수한 존재에서 무, [무에서] 결정적 존재에 이르기까지― 변증법은 어떤 동학에 의해 구성되는데, 이 동학 속에서 원인은 그 효과에 완전히 외부적이다. 이것이 모순의 변증법이 지닌 본질이다. 대립물 속에서의 매개 과정은 필연적으로 외부적 인과성에 의존하게 된다. 그렇기 때문에 헤겔의 존재의 논리학은 스콜라철학적인 반응에 대해 취약한 것이다. 외부적 원인에 근거한 존재의 개념화는 존재의 필연성이나 실체성을 유지할 수 없다. 왜냐하면 자신의 효과에 외부적인 원인은 필연적일 수 없기 때문이다. 변증법적 존재를 근거짓는 연속적인 외부적 매개들은 자기에 의한 원인들(causae per se)을 구성할 수 없으며 오히려 우연에 의한 원인들(causae per accidens)로서 인식되어야 한다. 그러므로 이러한 외부적인 인과적 운동의 우발성 때문에, 변증법에서의 존재는 '존속적 외면성'의 극단적 경우이다. 그렇다면 헤겔의 변증법적 매개라는 개념에 대해 베르그송이 행한 공격의 핵심은, 헤겔의 변증법적 매개 개념이 존재를 필연적이고 실체적인 것으로 유지할 수 없다는 것이다.

헤겔 변증법은 기계론 및 플라톤주의처럼 존재에 우연을 도입할 뿐 아니라 존재의 구체성과 단독성(singularity)[23]을 포착하지도 못한다. "이제 베르그송이 플라톤주의에 대해 제기할 수 있었던 반대가 그것이 여전히 외부적인 차이의 개념화에 머물러 있다는 것이었다면, 그가 모순의 변증법에 대해 한 반대는 그것이 단지 추상적이기만 한 차이의 개념화에 머무르고 있다는 것이다."[24] 이처럼 한 단계 더 나아간 공격의 논리는 즉각적으로 명백하지는 않다. 그것을 뒷받침하는 것이 절대적으로 외부적이라는 조건으로부터 변증법적 차이에서의 차이가 단지 추상적인 것에 불과할 뿐이라는 것이 어떻게 뒤따라 나올까? 들뢰즈는 외부적 지각(perception)의 논리에 대한 베르그송의 말을 인용함으로써 이 주장을 뒷받침한다. "구체적 실재에 대해서는 결코 동시에 대립되는 두 견해를 가질 수 없으며, 따라서 [구체적 실재에 대해서는] 두 적대적인 개념을 포섭하지 못한다. … (두 모순되는 개념들의) 이러한 조합은 정도의 다양함도, 형태의 다양성도 나타낼 수 없다. 그것은 이거나 아니거나 둘 중의 하나이다(It is or it is not)."[25] 다시 한번 논의는 인과성에 입각해서 바라보았을 때 가장 명

---

23. [옮긴이 주] 들뢰즈의[에 관한] 글에서는 singularity나 the singular라는 표현이 많이 나온다. 이 용어는 단독성, 특이성, 단수성 등으로 옮겨져 왔는데, 특이성이라는 번역어는 사실 수학적인 표현에는 적합하지만 철학적이거나 정치적인 맥락에서 볼 때 적합하지 않다. 그래서 어떤 이는 이를 '독자성'으로 옮기기도 하고 가라타니 고진의 경우는 '단독성'이라는 표현을 사용하기도 한다. 한편 『천 개의 고원』의 번역자는 이를 독자성(獨自性)과 발음의 동일성과 의미의 유사성을 유지하면서도 단독성의 의미도 담은 한자 신조어인 '독자성'(獨子性)을 번역어로 삼고 있다. 사실 singular는 보통 다수(plural)에 대립되는 '개체적인'(individual) 대상이나 인물과 관련된 것이다. 그런데 개별이나 특수가 일반에 포섭되는 일반의 한 사례라고 한다면, singular는 개별적이지만 일반에 포섭되지 않는 예외적인 것을 의미한다. 그런 의미에서 이 글에서는 자칫하면 키에르케고르 식의 내용에 빠져들 함정이 있기는 하지만 그래도 '단독성'을 가장 부합한 단어라고 판단하여 이를 사용했다.

24. 앞의 글, pp. 96~97.

백히 이해된다. 첫째로, 베르그송은 대립물들의 변증법이 두 용어[항]의 단순한 '조합'(combination)일 뿐이며 종합이 아니라고 주장하며, 그 이유는 그 용어들이 서로에게 완전히 외부적인 것으로 머물러 있으며 그렇기 때문에 하나의 일관되고 필연적이며 인과적 연쇄를 형성할 수 없기 때문이라고 주장한다. 이러한 비판은 외부적 원인은 필연적일 수 없다는 원리에 의해 다시 한번 뒷받침된다. 둘째로 베르그송은 추상적 개념들의 이러한 조합의 결과는 구체적이고 실재적인 무언가를 생산할 수 없다고 주장한다. 이 주장은 또 다른 근본적인 인과성의 원리에 기초하고 있다. 효과는 그것의 원인보다 더 많은 실재성이나 완전성을 내포할 수 없다. 그러므로 헤겔적인 변증법적 종합 개념에 대한 베르그송의 공격의 핵심은, 그것[변증법적 종합]의 결과가 우발적이고도 추상적인 상태에 머물 수밖에 없다는 것이다.

지금까지 우리는 들뢰즈의 베르그송 연구의 첫 번째 국면에서, 특히 「베르그송에게서의 차이 개념」이라는 초기 논문에서 제시되듯이, 헤겔의 부정적인 존재론적 운동에 대한 들뢰즈의 베르그송식 공격을 살펴보았다. 들뢰즈는 차이에 존재론적으로 근본적인 역할을 부여했으며, 이러한 역할을 충족시킬 수 있는 [개념들의] 능력에 토대를 두고 차이에 관한 다양한 개념들을 가치평가할 수 있는 척도를 구성했다. 우리는 차이에 관한 들뢰즈의 논의가, 그것의 핵심에 있는 존재론적 요구들 때문에 스콜라철학의 인과성 담론을 계속 참고할 때에야 명백히 이해된다는 것을 살펴보았다. 베르그송의 내부적 차이는

---

25. 같은 글, pp. 96~97. 『사유와 운동자』(*La Pensée et le Mouvant*) pp. 198, 207에서 재인용.

작용적 인과성으로 나타나면서, 본성의 차이들, 말하자면 실체를 그 필연성과 실재성에서 지지하고 있는 차이들을 포착한다. 가장 가까운 적들인 기계론과 플라톤주의가 제시하는 외부적 차이는 존재가 필연적임을 지지할 수 없는 정도의 차이들만을 담지할 수 있다. 끝으로 헤겔적 변증법은 절대적으로 외부적인 부정적 운동을 가지고 있기에 본성의 차이도 정도의 차이도 포착할 수 없다. 변증법의 존재는 우발적일뿐 아니라 추상적인 채로 머문다. "정도도 뉘앙스도 담지할 수 없는 것, 바로 그것이 추상이다."26 변증법적 결정이라는 부정적 운동은 실재적 차이의 기초를 확립하고자 꾀하는 도중에 실제로는 일체의 차이를 무시해 버린다. 들뢰즈는 결정에 대한 헤겔의 논의를 완전히 뒤집어 놓았다. 헤겔은 스피노자의 적극적 운동이 추상적이고 비차이적인[차이가 없는] 것으로 머물러 있다는 혐의에 기초를 두고 결정의 부정적 운동을 제안한다. 하지만 이제 들뢰즈는 고전적인 존재론적 논증을 기초로 하여 추상화라는 혐의를 헤겔에게로 돌려놓고 있으며, 변증법적 결정이 차이를 무시한다고 주장한다. "우리는 차이를 결정이라는 게임으로 대체시켜 놓았다."27 헤겔에 대한 적

---

26. 앞의 글, p. 97. 들뢰즈의 논의는 철학적 전통 — 플라톤주의와 아리스토텔레스주의 사이의 악화되는 더욱 근본적인 적대로서 역사적으로 드러나는 — 에서의 근본적인 분리를 함축적으로 제시한다. 한편에서 헤겔은 플라톤의 존재론적 오류들을 물려받아 그것들을 그 극한까지 끌고 감으로써 악화시킨다. 다른 한편에서 스콜라철학자들과 베르그송은 계속해서 존재에 관한 아리스토텔레스의 논리를 완성시킨다. 따라서 여기에서 철학사에 대해 거칠게 요약해보자면, 다음과 같이 두 축을 생각해볼 수 있을 것이다. 즉 플라톤에서 헤겔에 이르는 하나의 축과 아리스토텔레스에서 스콜라철학과 베르그송에 이르는 전혀 다른 방향으로 위치지어진 또 다른 축.

27. 같은 글, p. 96.

대적 기획은 명백히 이러한 논의의 추동력이다. 들뢰즈가 "생생하게 살아있는 차이는 결정이 아닐 뿐만 아니라 오히려 그 반대일 것이다. 이 중에서 선택을 하라면 그것은 미결정 그 자체일 것이다"28라고 주장할 때, 이러한 개념들이 '누구에 반하고' 있는 것인가는 아주 분명하다. 베르그송의 차이를 묘사하기 위해서 '미결정'(indetermination)이라는 용어를 받아들이는 것은 무엇보다도 우선 변증법의 부정적 운동에 대한 논박으로서 독해되어야만 한다. 여기서 우리는 이 초기 논문이 들뢰즈가 헤겔적 변증법을 직접적으로, 자신의 용어를 사용해 공격하고 있는 유일한 경우이며 어쩌면 그렇기 때문에 그의 가장 강력한 비판이라는 것에 주목해야 한다. 나중에 니체에 대한 저술에서나 혹은 『차이와 반복』에서, 베르그송 연구의 두 번째 국면에서 들뢰즈가 변증법을 다시 공격할 때 그는 언제나 변증법의 외삽(extrapolation)이나 파생물을 다루고 있다.

하지만 이러한 직접적인 적대적 기반은 이미 중대한 문제를 제기한다. 변증법에 대한 근본적 대립은 우리로 하여금 베르그송적 존재를 헤겔적 의미에서의 '미결정적'인 것으로서 독해하도록 강요한다. 하지만 나중에 우리는 결정적 존재의 상태의 여러 속성들—질, 유한성(finitude), 실재성—에 대한 헤겔의 주장들이 베르그송의 내부적 차이의 존재에 의해서 똑같이 주장된다는 것을 발견하게 될 것이다.29 들뢰즈는 이러한 잘못된 인상을 바로잡을 필요를 느낀다. 그리

---

28. 같은 글, p. 92.
29. 이 점에서 베르그송과 헤겔 사이의 실재 적대는 존재의 상태들에 대한 진술(결정성과 차이)에 있기보다는 오히려 그것들을 획득하기 위해 의도하는 과정(결정과 분화)에 있

하여 우리에게 베르그송적인 '미결정'을 비합리성이나 추상과 혼동하지 말아야 한다고 경고하고 있다. "[베르그송이] 결정에 대해 이야기할 때, 그는 우리에게 이성을 포기할 것을 요구하는 것이 아니라, 스스로를 만드는 과정에 있는 사물의 진정한 이성에 도달할 것을, 철학적 이성(이것은 결정이 아니라 차이이다)에 도달할 것을 요구하는 것이다."[30] 사실 우리는 베르그송의 '미결정'이 헤겔의 '결정'과 아무런 관련이 없으며, 오히려 그것은 실재적 존재의 창조성과 독창성 관념과, 즉 '*l'imprévisible*', 예측불가능성의 관념과 관련된다는 것을 발견할 것이다. 베르그송의 용어는 헤겔의 용어에 일치하지도, 대립하지도 않는다. 우리는 베르그송의 긍정적 존재론을 다시 자세히 살펴보게 될 것이다. 지금으로서는 들뢰즈의 논의의 적대적 기반의 힘과 그 최초의 결과를 인식하는 것으로 충분하다.

2. 질에서 양으로의 이행에 있어서의 다양체

1960년대 중엽, 들뢰즈가 다시 베르그송으로 돌아가 『베르그송주

는 것처럼 보인다. 이 추론의 길을 따라가다 보면, 우리는 베르그송이 헤겔의 목적들을 채택해서 그 의미들을 바꾸고 있다고 말할 수 있을 것이다. 그러나 획득된 상태로부터 과정을 구별해내려는 이와 같은 시도는 헤겔과 베르그송 둘 다를 왜곡하는 것이다. 우리가 일찍이 주목한 바 있듯이, 헤겔에 있어서 결정성의 상태는 부정의 과정에 의해 기초지어질 뿐만 아니라 이러한 역동의 끊임없는 운동에 의해서도 구성된다. 마찬가지로 베르그송의 차이는 정적인 퀴디타스뿐만 아니라 시간 속에서의 끊임없는 운동에도 주목한다. 헤겔과 베르그송 모두, 상태와 과정 사이에서는 어떠한 효과적인 구별도 만들어질 수 없다는 시간의 철학을 제시한다.

30. "Bergson", p. 299.

의』를 집필할 때, 그는 초기 논의들 가운데 많은 것들을 다시 다루었다. 하지만 논쟁의 기반은 약간 변했다. 분석은 여전히 결정의 부정적 운동에 대한 공격을 포함하고 있지만, 이제 비판의 중심 초점은 일자와 다자의 문제를 향하고 있다. 그렇지만 이처럼 새롭게-방향을-잡기는 결코 초기 분석으로부터 이탈했다는 것을 표식하는 것이 아니라 그저 하나의 진전을 의미하는 것일 뿐이다. 우리는 들뢰즈가 단지 헤겔의 『논리학』에서 「존재론」 편에 대한 독해를 진행하던 중, 결정적 존재를 다루는 2장에서 일자와 다자의 변증법적 관계를 통한 대자존재(being-for-self)의 구축을 다룬 3장으로 이동하고 있는 것이라고 상상할 수 있다. 베르그송의 입장에 대한 들뢰즈의 설명에 동력을 제공하는 것은 여전히 헤겔의 존재론적 문제틀에 대한 반대이다. 들뢰즈는 자기의 베르길리우스(Virgil)인 베르그송을 옆에 가까이 두고서, 단지 헤겔의 존재의 논리에로 한 단계 더 깊숙이 내려간 것과도 같다.[31]

그러므로 들뢰즈가 『베르그송주의』에서 일자와 다자의 문제에 접근할 때, 변증법적 해결에 대한 그의 비판이 그가 이전에 결정의 변

---

31. [옮긴이 주] 버질(Virgil)은 고대 로마의 시인인 '베르길리우스'(Vergilius Maro, Publius)를 영어로 표기할 때 쓰는 이름이다. 『아이네이스』, 『에클로가에』, 『농경시』 등을 쓴 그는 문자 그대로 시성(詩聖)의 대접을 받았다. 여기에서 하트가 들뢰즈의 베르길리우스라 한 것은 단테의 『신곡』을 떠올리게 하는 구절이다. 단테는 『신곡』에서 자신이 서른세 살이 되던 해의 성스러운 금요일 전날밤 길을 잃고 어두운 숲 속을 헤매며 번민의 하룻밤을 보낸 뒤, 빛이 비치는 언덕 위로 다가가려 했으나 세 마리의 야수가 길을 가로막아 올라갈 수 없었다. 바로 그때 베르길리우스가 나타나 그를 구해주고 길을 인도한다. 그는 먼저 단테를 지옥으로, 다음에는 연옥의 산으로 안내하고는 꼭대기에서 단테와 작별하고 베아뜨리체에게 그의 앞길을 맡긴다. 하트는 이러한 단테와 베르길리우스의 관계를, 들뢰즈와 베르그송의 관계로 해석하면서 비유적으로 표현하고 있다.

증법적 과정에 대해 행한 비판과 매우 유사하다는 것은 놀랄 만한 일이 아니다. "철학에는 일자와 다자를 결합하는 이론이 많이 있다. 그 이론들은 일반 관념들을 가지고서 실재[적인 것]를 재구성하고자 한다는 공통점을 가지고 있다."[32] 들뢰즈는 이처럼 일반화하는 부정적 운동의 두 가지 사례를 일반화하여 우리에게 제공하고 있다. "자아(Self)는 하나이고(정립), 또한 그것은 여럿이며(반정립), 그런 다음 그것은 다자의 통일이다(종합)라는 말을 우리는 듣고 있다. 혹은 일자는 이미 다자라는 말을 듣게 되거나, 존재는 비-존재로 옮겨가며 생성을 낳는다는 말을 듣는다."[33] 들뢰즈는 결정에 대한 초기의 공격으로부터 세 가지의 논거를 그의 무기고에 준비해 두고 있다. (1) 모순은 차이에 대한 오독이다. 실재로부터의 추상인, 일반적이고도 부정확한 용어들을 설정함으로써만 이러한 오독에 이르게 된다. 존재 일반, 비존재 일반, 일자 일반, 다자 일반. 이러한 용어들은 너무 크고 너무 추상적이어서 실재의 특정성과 단독성을 포착할 수 없다. 이 용어들은 너무 크게 재단되어 있다. 베르그송이 '헐렁헐렁한 옷'[34]이라고 말한 것처럼, 이 용어들은 실재에 느슨하게 입혀져 있는 것이

---

32. *Bergsonism*, pp. 43~44. (한국어판: 질 들뢰즈, 『베르그송주의』, 김재인 옮김, 문학과 지성사, 1996, 58쪽. "우리는 일과 다를 결합시키는 많은 철학 이론을 알고 있다. 그 이론들은 일반 관념들을 가지고서 실재를 재구성하고자 한다는 공통점을 갖고 있다.") [이하에서 한국어판이 있는 경우 쪽수를 같이 병기하되 한국어판과 하트의 인용문에서 차이가 있다고 느껴질 때에는 한국어판의 내용을 각주에 병기한다. — 옮긴이]
33. 같은 책, p. 44. (한국어판, 『베르그송주의』, 58쪽. "우리는 다음과 같은 애기를 듣는다. '자아'는 하나이다(정립) ; 그리고 그것은 다수이다(반정립). ; 그렇다면 그것은 다양의 통일이다(종합 명제). 또는 다음과 같은 애기를 듣는다. : '일'은 이미 다이며, '존재'는 비존재가 되고 생성을 낳는다.")
34. 같은 책, p. 44. (한국어판, 『베르그송주의』, 58쪽, '헐렁거리는 의복')

다. (2) 변증법의 부정적 운동은 존재의 실재적 관계들을 더럽힌다. "베르그송은 변증법에 대해 거짓 운동, 즉 추상적 개념의 운동이라고 비판하는데, 변증법은 부정확함에 의해서만 한 대립물에서 다른 대립물로 나아간다는 것이다."35 앞에서도 발견했듯이 존재의 거짓 운동과 실재적 운동에 대한 논쟁들은 인과적 존재론의 논증들에 그 기반을 두고 있다. 모순의 변증법은 단지 우연에 의한 원인들만을 함축할 수 있을 뿐이다. (3) 끝으로, 변증법적 종합은 대립되는 추상적 개념들을 결합함으로써 실재의 평면을 포착할 수 없다.

"너무 크거나 너무 일반적인 개념의 불충분함(inadequacy)을 그에 못지않게 크고 일반적인 대립 개념에 도움을 청함으로써 보상할 때 자신이 실재에 이를 수 있다고 믿는 변증법이 무슨 가치가 있단 말인가? 구체적인 것(the concrete)은 한 개념의 불충분함을 그 대립물의 불충분함과 결합한다고 해서 얻어질 수 있는 것이 결코 아니다. 단독적인 것(the singular)은 하나의 일반성을 또 다른 일반성을 가지고서 교정한다고 해서 얻어질 수 있는 것이 결코 아니다."36

이미 언급한 바와 같이, 효과가 효과의 원인보다 더 많은 실재성

---

35. 같은 책, p. 44. (한국어판, 『베르그송주의』, 59쪽)
36. 같은 책, p. 44 . (한국어판, 『베르그송주의』, 58~59쪽. "너무 크거나 너무 일반적인 개념의 불충분함을 그에 못지않게 크고 일반적인 대립 개념에 도움을 청함으로써 보상할 때 자신이 실재에 이를 수 있다고 믿는 변증법이 무슨 가치가 있단 말인가? 우리는 한 개념의 불충분함과 그 대립 개념의 불충분함을 결합시켜서는 결코 구체물에 이르지 못할 것이다 ; 우리는 하나의 일반성을 다른 일반성을 가지고서 교정함으로써 특수한(singulier) 것에 이르지는 못한다.") [여기에서 inadequacy는 부적실함을 의미하기 보다는, insuiffisance의 번역어이므로 한국어판처럼 불충분함이라고 옮긴다. – 옮긴이]

을 포함할 수 없다는 원리는, 변증법적 종합의 역량이 추상에서 실재로, 일반성에서 단독성으로 이행할 수 있다는 것을 부인한다.

하지만 변증법에 대한 들뢰즈의 성격규정을 평가하려면, 우리는 여기에서 잠시 멈추어 서야 한다. "'자아'는 하나이고(정립), 또한 그것은 여럿이며(반정립), 그런 다음 그것은 다자의 통일이다(종합)." 분명 헤겔이 일자와 다자를 다루는 방식은 이보다는 훨씬 복잡하다. 들뢰즈는 단지 허수아비를 세워놓고 있는 것일 뿐인가? 헤겔주의자라면 들뢰즈의 [변증법에 대한] 성격규정이 일자와 다자를 명제로 표현하고 있기 때문에 '불충분한 형식'으로 제시되어 있다고 반대할 만도 하다. "이러한 진리는 생성으로서 있는 것이지 명제 속에서 불변적 통일의 성격을 갖게 되는 존재로서 있는 것이 아니다. 즉 [진리는 오로지 생성으로서] 과정 즉 밀어냄(repulsion)과 당김(attraction)으로서만 포착되고 표현되어질 수 있다."[37] 이것은 분명히 들뢰즈의 엉터리 변증법에 관해 정당한 근거를 갖춘 고소인 것이다. 그렇지만 앞서 다른 곳에서 살펴본 것처럼, 들뢰즈가 [변증법에 대해] 가지고 있는 주된 혐의는 변증법이 존재를 역동성이나 과정에 입각해서 인식하는 데 실패하고 있다는 것이 아니라 변증법의 운동이 거짓 운동이라는 것이다. 그렇다면 들뢰즈의 공격이 갖는 타당성을 가늠하기 위해 헤겔의 논의가 지닌 복잡성으로 과감히 돌진해보자. 헤겔에게 일자와 다자의 운동은 결정의 운동에 비해 한층 더 높은 수준의 매개를 재현하며, 존재의 질에서 양으로의 논리적 이행을 구성하고 있다.

---

37. *Science of Logic*, p. 172.

이전의 발전의 결과물인 결정적 존재는 대-일자-존재(being-for-one)라는 추상적이고 가정된[설정된] 통일성으로 바뀐다. 이러한 일자는 밀어냄과 당김의 변증법적 과정을 통해 양의 영역으로 진입하는데, 그것은 자기-관계의 복잡한 운동에 있어서는 내부적인 동시에 외부적이다.

"무한히—부정의 부정이라고 가정된 것처럼 무한히—자기-관련된 [자기와 관련된] 것으로서의 일자(the one)는 매개이다. 이 매개 속에서 일자는 자신의 절대적 (즉 추상적) 타자성(여럿 the many)으로서의 자신의 자기(self)를 자기 자신으로부터 밀어낸다. 그리고 자기 자신을 이러한 비-존재와 부정적으로 관련시킴에 있어서, 즉 그것은 지양함에 있어서 단지 자기-관계일 뿐이다. 그리고 일자는 오로지 이러한 생성일 뿐이며, 이 생성 속에서 그것은 더 이상 시초를 갖는 것으로서 결정되지 않으며, 더 이상 하나의 즉각적, 긍정적 존재로서 가정[단정]되지 않으며, 또한 결과로서도, 자기를 일자, 즉 똑같이 즉각적이고 배타적인 일자로서 스스로를 회복시킨 것으로서도 가정[단정]되지 않는다. 그것은 어떤 과정이냐 하면, 그것을 완전히, 단지 지양된 것으로서만 단정하고 포함하는 과정이다."[38]

무한히 자기-관련된 일자, 즉 하나의 가정된[단정된] 미결정은 그것의 추상적이고 다양한(multiple) 타자와의, 그것의 비존재와의 연관 속에 진입한다. 그리고 이러한 대립의 지양을 통해, 우리는 일자의 생성을, 즉 실현된 이념성(ideality)의 생성을 얻게 된다.

---

38. 같은 책, p. 177.

부정적인 존재론적 운동에 대한 들뢰즈의 비난을 이러한 구절에 아주 쉽게 적용할 할 수 있다. 일자가 그 대립물로, 그 비존재로 나아가는 시초적(initial) 운동은 전적으로 외부적이며, 오로지 우연한 관계만을 함축할 수 있다. 더구나 항들(헤겔은 그것들을 '절대적'이라고 부른다) 사이의 이 운동은 결정적 종합에 도달할 것을 주장한다. "일자는… 일자 속에서 단정된[가정된], 실현된 이념성이다. 그것은 밀어냄의 매개를 통한 당김이다. 그리고 그것은 자신과 이 매개를 자신의 결정으로서 포함한다."39 추상적 매개라는 단순한 사실은 실재적 결정으로 귀결된다. 앞에서 본 것처럼 들뢰즈는 외부적 매개가 우연한 관계를 함축한다고 비난하는 것과 마찬가지로 모순의 변증법이 실재적 종합의 역량이라고 하는 것을 거부한다. 추상적 용어에[항]들의 '조합'(combining)과 '결합'(joining)은 실재적, 구체적 결과를 지닐 수 없다. 우리는 헤겔이 사용하는 바로 그 용어들이 부정확하다는 비난을 이러한 두 가지 공격에 덧붙일 수 있다. 이를 주장하기 위해 들뢰즈는 플라톤과 플라톤의 비유, 즉 실재의 마디를 따라 적당한 곳에서 고기를 자르기 위해 주의를 기울이는 훌륭한 요리사의 비유를 불러들인다.40 헤겔적 용어법은 실재적 존재의 특정성과 단독성에 대한 면밀한 관심을 결여하고 있다. 헤겔은 플라톤의 훌륭한 재능과 비교했을 때 조심성 없는 변증법적 푸주한처럼 보인다. 실재적 존재에서 통일성과 다양체의 단독적 개념화에 도달하기 위해서, 우리는 플라톤식으로 '어떤 존재, 어떤 통일성, 어떤 다원성인가?'라는 질문

---

39. 같은 책, p. 174.
40. *Bergsonism*, p. 45(한국어판, 『베르그송주의』, 59~60쪽)와 "Bergson", p. 295를 보라.

에서 시작해야 한다. "베르그송이 변증법이나 대립자의 일반 개념('일자'와 '다자')에 반대하며 주장하는 것은 다양체에 대한 섬세한 지각이고, '무엇'과 '얼마나'에 대한 섬세한 지각이며, 그가 '뉘앙스' 또는 잠재태의 수(nombre en puissance)라고 부르는 것에 대한 섬세한 지각이다."[41]

그렇다면 들뢰즈가, 베르그송 연구의 두 번째 국면에서, 결정의 문제에서는 일자와 다자의 문제로 초점을 바꾸고, 질에 관한 논의에서는 질에서 양으로의 이행에 초점을 맞춤으로써, 얻은 것은 과연 무엇일까? 언제나처럼 헤겔은 논의에서 논란이 되고 있는 것에 대해 아주 분명한 태도를 보인다. 다양체를 우선시하는 고대 원자론자들 사이에서 일자와 다자에 관한 개념화가 지닌 약점들을 기술하면서 헤겔은 암시적인 유비를 제공하고 있다. "분자와 입자들을 다루고 있는 물리학은 원자 때문에, 즉 개념(the Notion)이 완전히 결여된 극단적인 외부성의 원리 때문에 고통을 당한다. 이는 개인들의 특수 의지에서 출발하는 국가 이론의 경우가 그런 것과 똑같다."[42] 질에서 양으로의 이행은 존재론적 문제의 중심부에서 정치적 문제를 드러낸다. 판돈[논란거리]이 상당히 큰 셈이다. 헤겔에게 있어서, 일자와 다자의 관계는 사회적 조직화의 이론을 위한 (유비적) 기반임이, 정치

---

41. 같은 책, p. 45. (한국어판, 『베르그송주의』, 61쪽. 베르그송이 변증법이나 대립자의 일반 개념('일'과 '다')에 반대하며 주장하는 것은 다양성에 대한 섬세한 지각이며, '무엇'과 '어떻게'에 대한 섬세한 지각이며, 그가 '뉘앙스' 또는 잠재태의 수라고 부르는 것에 대한 섬세한 지각이다.) [한국어판, 『베르그송주의』의 옮긴이는 'combien'을 'comment'(어떻게)로 잘못 옮기고 있다. – 옮긴이]]
42. *Science of Logic*, p. 167.

학을 위한 존재론적 토대[기초]라는 것이 분명하다. 그러므로 일자와 다자의 변증법적 통일을 공격하는 것은 사회의 형성(formation)에 있어서 국가의 우선성을 공격하는 것이며, 사회의 실재적 다원성을 주장하는 것이다. 여기서 우리는 들뢰즈의 '8년의 구멍'에서 일어났던 운동의 흔적들을 발견하기 시작한다. 헤겔 논리학에 대한 공격에서, 『대논리학』 1부 1권의 「존재론」 2장에서부터 3장에 이르는 헤겔식 논리학에 대해 공격하면서 나타난 경미한 초점의 변화로 인해 들뢰즈는 존재론을 정치의 영역에 이르게 한다.

이 새로운 공격이 특별히 가져온 결과는 다양체(multiplicity)에 관한 새로운 개념화이다. "다양체라는 개념은 우리로 하여금 '일자와 다자'에 입각해서 생각하는 것을 피하게 해준다."[43] 바로 이곳이 들뢰즈가 자신이 선호하는, 적들에 관한 삼각형식 짜임새(configuration)를 확립하려고 애쓰는 지점인 것이다. 그것은 우리가 두 유형의 다양체가 있음을 발견하기 때문이다. 가까운 적은 리만(G. B. R. Rieman)과 아인쉬타인이다. 이 사상가들은 다양체를 생각해낼 수 있다. 하지만 단지 정도의 차이만을 포착할 수 있는, 수적이고 양적인 다양체만을 생각해낼 수 있다.[44] 반면 베르그송은 본성의 차이에 기반을 둔 질적인 다양체를 깨닫는다. 리만과 아인쉬타인의 다양체 ─ 외면성의 다양체 ─ 는 '질서'의 다양체이다. 반면 베르그송의 내면적인 다양체는 '조직화'의 다양체이다.[45] 물론 헤겔적 변증법은 세 번째의 극

---

43. *Bergsonism*, p. 43. (한국어판, 『베르그송주의』, 59쪽. "다양성의 개념은 우리로 하여금 '일'과 '다'의 견지에서 생각하는 것을 피하게 해준다.")
44. 같은 책, p. 32~34. (한국어판, 『베르그송주의』, 46~48쪽)

단적인 입장을 차지하는데, 이것은 본성의 차이도 정도의 차이도 인식하지 못하기 때문에 다양체를 전혀 사고할 수 없다. 하지만 가장 가까운 적들의 배치로 인해 들뢰즈의 베르그송은 헤겔적 영토에서 떨어져 나올 수 있다. "베르그송에게서 문제는 다자를 일자에 대립시키는 것이 아니라 두 가지 유형의 다양체를 구별하는 것이다."[46] 우리는 이하에서 이러한 긍정적인 다양체의 기획을 분석하는 일로 돌아갈 것이다. 하지만 지금은 비판으로부터 결과된 기획의 정치적 작업틀이 지닌 명확성을 인식하는 것이 중요하다. 말하자면 들뢰즈는 질서의 다원론에 반대하여 조직화의 다원론을 지지하는 입장을 창안했다. 그리고 이것은 일자와 다자의 통일에 대한 헤겔의 국가철학으로부터 훨씬 더 떨어져 있는 것이다.

3. 존재의 적극적 유출

이제 헤겔적 변증법을 겨냥하고 있는 공격적 운동에서 들뢰즈가 베르그송에게 발견하고 있는 긍정적 대안으로 나아가 보자. 대안의 용어들은 이미 비판에 의해 주어져 있다. 긍정적·내부적 운동을 통해 존재는 그 단독성과 특정성에서 질적으로 규정되고 구체화되어야 한다. 이러한 질의 문제는 들뢰즈의 베르그송 연구의 두 시기들에 공

---

45. 같은 책, p. 38. (한국어판, 『베르그송주의』, 48쪽)
46. 같은 책, p. 39. (한국어판, 『베르그송주의』, 49쪽. "베르그송에게 중요한 것은 '다양[여럿]'과 '단일[하나]'을 대립시키는 것이 아니라, 그와는 반대로 두 유형의 다양성을 구별하는 것이었다.")

통적인 것이다. 하지만 우리가 보았듯이 들뢰즈의 관심이 두 번째 시기에 질에서 양으로의 이행 문제로 옮아간 이후 베르그송의 대안적인 존재의 논리학은 통일과 다양체의 문제를 다루어야만 한다. 우리는 베르그송의 입장을 전통적인 존재론적 용어 속에서 가늠하려고 노력함으로써 그의 입장에 접근하기 시작할 수 있다. 결국 우리는 베르그송에게서 순수 존재에 관한 개념화를 발견한다. 잠재[the virtual, 잠재적인 것]는 존재의 단순성이며, 그 자체에 있어서 순수 회상(*le souvenir pur*)이다. 하지만 순수한 존재, 잠재적인 존재는 추상적이고 비차이적인(indifferent) 존재가 아니다. 그것은 또한 그 자신이 아닌 것과의 관계 속에 진입하지도 않는다. 그것은 분화[차이화]의 내부적 과정을 통해 질적 규정을 받으며 실재적이다. "차이는 결정이 아니다. 그것은 생명과의 이러한 본질적 연관에 있어서, 하나의 분화이다."47 존재는 즉각적으로, 내부적으로, 그 자신과 다르다. 존재는 타자를 바라보거나 매개의 힘을 찾기 위해 그 자신의 바깥을 바라보지도 않는다. 왜냐하면 존재의 차이는 그것의 바로 핵심부에서, "생명이 자기 내부에서 담지하고 있는 내적인 폭발력'으로부터 생겨나기 때문이다."48 존재에 생명을 불어넣는 생의 약동[*élan vital*, 생명의 도

---

47. "La conception de la différence chez Bergson", p. 93.
48. 같은 곳. 우리는 이 '생명이 그 안에 지니고 있는 폭발적인 내부의 힘'으로 다시 돌아올 것이다. 왜냐하면 이 개념은 여기에서는 불명확하기 때문이다. 들뢰즈는 종종 이와 동일한 맥락에서 베르그송적 직관을 불러온다. 그러나 그 개념은 우리에게 상황을 명확하게 설명해주지 않는다. 하지만 우리는 이 대목에서 이 모호한 개념이 존재의 마디의 동학으로서의 베르그송의 체계에서 중심적인 논점을 구성한다는 사실에 주의를 기울여야 한다. 바로 이 점에서 니체 철학에서 힘에의 의지(will to power)와 스피노자에서의 코나투스(conatus)가 들뢰즈의 이후 연구들에서 중요한 역할을 맡게 되는 것이다.

약은, 다시 말해 분화의 생생하게 살아있는 과정은 존재의 실재적 실존과 순수한 본질을 연결시킨다. "잠재성은 자기 자신을 분열시키는 가운데 실현되는 바로 그런 방식으로 실존하며, 따라서 자기 자신을 실현하기 위해서 자기 자신을 분열시킬 수밖에 없다. 분화는 자기 자신을 현실화하는 잠재성의 운동이다."[49] 그러므로 베르그송은 존재의 두 가지 개념을 설정한다. 잠재적 존재는, 무한하고 단순하다는 점에서 순수하고 초월적인(transcendental) 존재이다. 현실화된 존재는, 차이가 나고 질적으로 규정되며 제한된다는 점에서 실재적 존재이다. 우리는 들뢰즈가 베르그송의 독창성의 중심(locus)으로서 존재론적 운동에 어떻게 초점을 맞추고 있는가를 이미 보았다. 그렇다면 들뢰즈의 베르그송 독해에서 중심적인 구축적 과제는 잠재[적인 것]와 현실[적인 것] 사이에서의 존재의 긍정적 운동을 정교화하는 것이다. 그것[이 운동]은 존재의 필연성을 떠받치며 존재에게 같음과 차이를, 통일과 다양체를 제공한다.

존재론적 운동에 대한 이러한 논의는 시간과 공간의, 지속과 물질의 근본적 차이에 대한 베르그송의 주장에 의존하고 있다.[50] 공간은 정도

---

49. 같은 곳.
50. 헤겔은 결정적 존재(Dasein)가 어원학적으로 거기에-있음(being there), 어느 특정한 공간에 위치한 존재를 의미한다고 설명한다. 그러나 헤겔은 계속해서 여기에서 공간 개념은 적절하지 않다고 설명한다(*Science of Logic*, p. 110). 독일어의 어원에 의미를 부여하고 이를 토대로 들뢰즈의 용어법을 설명하는 것은 구미가 당기는 일이다. 결정적 존재 즉, Dasein은 공간과 관련되고 정도의 차이들을 나타낸다. 반면 분화의 '미결정된' 존재는 시간과 관련되며 본성의 차이들을 나타낸다. 그러나 우리가 이미 보았듯이 들뢰즈는 변증법의 헤겔적 Dasein이 본성 및 정도의 차이들을 포함한다고 보지 않는다. 헤겔적 존재는 여전히 하나의 추상이다.

의 차이만을 내포할 수 있고, 그렇기 때문에 양적인 변주(variation)만을 제시할 수 있을 뿐이다. 시간은 본성의 차이를 포함하며, 그렇기 때문에 실체의 진정한 매개자이다. "그 자신의 측면에서 모든 본성상의 차이들을 떠맡거나 감당하는 '경향'이 있는 지속(왜냐하면 지속은 자기 자신에 따라 질적으로 변이하는 능력을 타고 났기 때문이다)과 정도의 차이만을 제공하는 공간(왜냐하면 공간은 양적인 동질성이기 때문이다) 사이에 분할이 생겨난다."51 지속은 그 안에서 우리가 우선적인 존재론적 운동을 발견할 수 있는 영역이다. 이것은 지속이 본성의 차이들로 이루어져 있으므로, 지속은 그 자신과 질적으로 다를 수 있기 때문이다. 정도의 차이들만을 포함하는 공간, 혹은 물질은 양태적 운동의 영역이다. 왜냐하면 공간은 그 자신과 다를 수 없으며 단지 반복할 수만 있기 때문이다. "베르그송이 말한 모든 것은 언제나 다음으로 되돌아온다. 지속은 그 자신과 다른 것이다. 반대로 물질은 그 자신과 다르지 않은 것, 반복하는 것이다."52 여기서 가정되고 있는 존재론적 기준은 자기(自己)와의 차이, 즉 내부적 차이이다. 다시 한번 논의는 존재의 인과적 기반들을 단순히 옮겨다 놓은 것처럼 보인다. 자기 자신의 원인, 즉 *causa sui*인 실체는 자기 자신과는 다른 실체가 된다. 들뢰즈는 지속과 물질의 구분을 정확히 실체

---

51. *Bergsonism*, p. 31. 수정해서 인용함. (한국어판, 『베르그송주의』, 37~38쪽. "그 분할은, 그 자신의 측면에서 모든 본성상의 차이들을 떠맡거나 감당하는 '경향이 있는' 지속(왜냐하면 그것은 자기 자신에 따라 질적으로 변화하는 능력을 타고났기 때문이다)과 단지 정도상의 차이만을 제공하는 공간(왜냐하면 그것은 양적인 동질성이기 때문이다)과의 사이에서 발생한다.")
52. "La conception de la défférence chez Bergson", p. 88.

-양태 관계의 전통적 용어들로 규정한다. "지속은 능산적 자연(*natura naturans*)과 같고, 물질은 소산적 자연(*natura naturata*)과 같다."53 하지만 왜 지속은 자기 자신과 다를 수 있고 물질은 그럴 수 없는가? 이에 대한 설명은 베르그송의 차이에 관한 우리의 최초 관찰들로부터 나온다. 베르그송에게서 차이에 대한 논의는 퀴디타스나 상태를 구별하는 것을 향하지 않는다. 베르그송의 논의는 본질에 관한 위치선정(location)을 향하는 것이 아니라 오히려 시간 속에서 본질적 운동, 과정을 명료하게 하는 것을 지향한다. 베르그송 연구의 두 번째 국면에서, 들뢰즈는 지속과 물질의 이러한 구분을 두 가지 뚜렷이 구별되는(distinct) 유형의 다양체로 확장시킨다. 공간은 외면성의 다양체를, 양적인 분화의 수적인 다양체를, 질서의 다양체를 드러낸다. 순수한 지속은 내부적 다양체를, 질적인 분화의 다질성을, 조직화의 다양체를 제시한다.54 게다가 들뢰즈는 지속의 영역이 공간보다 더 심대한 다양체를 제공할 뿐만 아니라 더 심대한 통일성 역시 제기하고 있음을 주장한다. 결국 공간의 양태적 본성은 공간에 대해 고유한 통일성을 제공하지 않는다. 그러므로 존재의 본질적 본성을 실체적 통일성으로서 인식하기 위해서 우리는 존재를 시간에 입각해서 사고해야만 한다. "단 하나의, 보편적이며 비인격적인, 유일한 시간(Time)."55

이제 베르그송 및 들뢰즈와 더불어 우리는 지속에 확고히 기반하

---

53. *Bergsonism*, p. 93, 일부를 수정해서 인용함. (한국어판, 『베르그송주의』, 129쪽)
54. 같은 책, p. 38. (한국어판, 『베르그송주의』, 48쪽)
55. 같은 책, p. 78. (한국어판, 『베르그송주의』, 108쪽. "하나이고 보편적이고 비인격적인 유일한 '시간'"(*un seul Temps, un, universel, impersonnel*))

고 있는 하나의 존재론적 관점을 채택했다. 하지만 여전히 우리는 잠재[적인 것]와 현실[적인 것]이 어떻게 소통하는지를 살펴볼 필요가 있다. 베르그송의 논의는 현실[적인 것] 안에서의 잠재[적인 것]의 펼침(unfolding) — 이는 들뢰즈가 분화의 과정 혹은 현실화의 과정이라고 부르는 것이다 — 을 분석할 때 아주 강력한 힘을 발휘한다. 이와 관련하여 베르그송은 존재의 유출(emanation)에 관한 철학자이며, [이 점에 있어서] 플라톤적 공명이 매우 강력하다. 바로 이러한 맥락에서 들뢰즈는 베르그송이 매우 소중히 여기는 플라톤적 구절에 주목한다. 거기에서 그는 철학자를 '자연적 마디를 따라 칼질을 하는'56 훌륭한 요리사와 비교한다.57 자연의 실재적 차이들에서 존재의 윤곽(contour)을 인식하는 것이 바로 철학자의 과제이다. 왜냐하면 분화의 과정이 생명의 기초적 운동이기 때문이다. 생의 약동은 정확히 이러한 용어들로 제시된다. "언제나 문제가 되는 것은, 현실화되고 있는 잠재성, 분화되고 있는 단순성, 나누어지고 있는 총체성이다. '분리와 양분에 의해', '이분법'에 의해 나아가는 것이 바로 생명의 본질이다."58 잠재성, 단순성, 총체성으로서의 순수 존재는 분화 과정을 통해, 자연의 차이의 결(lines)을 따라 구분하고 자르는 과정

---

56. "Bergson", p. 295.
57. [옮긴이 주] "재단과 훌륭한 요리사에 관한 플라톤의 메타포—베르그송이 매우 좋아하는—에, 훌륭한 재단사와 치수에 맞는 옷을 원용하는 베르그송의 메타포가 대응한다"(한국어판, 『베르그송주의』, 59~60쪽). 참고로 플라톤의 메타포는 변증술을 특징짓는 모음과 나눔의 과정에 대해 처음으로 기술하는 『파이드로스』(265e1-3)에 등장한다. '[나눔은 모음과는] 반대로 서투른 푸주한이 하듯 조각내지 말고 자연의 마디들을 따르는 종에 따라 자를 수 있는 것이다.'
58. *Bergsonism*, p. 94. (한국어판, 『베르그송주의』, 131쪽)

을 통해 유출되고 현실화된다. 이것이 바로 분화가 질과 양의 존재론적 기준들을 다루는 방식이다. 통일로서의 잠재적 존재는 그것의 실재적인 다양한(multiple) 차이들을 전개하고 드러낸다. 그렇지만 우리는 플라톤주의와의 유사성을 과장하지 않도록 주의해야 한다. 베르그송적 현실화에 대한 들뢰즈의 묘사를 플라톤적 유출로부터 구분하는, 적어도 두 가지 측면이 있다. 첫째 들뢰즈는 '잠재적 전체'(the virtual Whole)가 존재의 타락이 아니라고—그것은 잠재[인 것]에서의 관념[적인 것]의 제한이나 모사가 아니라고—주장한다. 오히려 그 대신 베르그송의 현실화는 세계의 현실성과 다양체의 긍정적 생산이다. "분화가 결코 부정이 아니라 창조이며 차이가 결코 부정적이지 않고 본질적으로 긍정적이고 창조적이라는 점을 보기 위해서는, 현실적 항들을 생산하는 운동 속에 그것들을 복위시키고, 그 현실적 항들로 현실화되는 잠재성과 그것들을 관계짓는 것으로 충분하기 때문이다."59 둘째 앞에서 보았듯이, 들뢰즈는 베르그송의 존재론적 운동이, '생명이 그 자신 속에 담지하고 있는 내적인 폭발력'에 의해 추동되는, 존재의 절대적으로 내재적이면서도 내활적인(efficient) 생산에 의지하고 있다고 주장한다. 질서의 힘으로서의 플라톤적 궁극 목적론이 들어설 자리는 여지는 전혀 없다. 그렇다면 이러한 맥락에서 우리는 베르그송의 존재론적 운동을, 플라톤적 이념의 질서로부터 자유로운, 존재의 창조적 유출로 이해할 수 있다.60

그러나 들뢰즈가 아주 분명히 하듯이, 베르그송이 말하는 존재의

---

59. 같은 책, p. 103.
60. 같은 책, pp. 105~106. (한국어판, 『베르그송주의』, 146~149쪽)

유출을 정확하게 이해하려면 우리는 그것을 공간 속에서의 분화로서가 아니라 시간 속에서의 '현실화'로서 개념화해야 한다. (여기서 논의되는 *actuel*의 우선적인 프랑스어 의미가 '동시대적인'(*contemporary*)이라는 사실에 크게 의존하고 있음을 주목하기 바란다.) 베르그송의 기억 이론이 작용하기 시작하는 것은 바로 이곳에서이다. 베르그송은 과거 속에서 순수 존재를 발견한다. '순수하고, 잠재적이고, 무감동하고, 무기력하고 즉자적인(*in itself*) 회상.'[61] 과거의 통일성으로부터 현재의 다양체로 나아가는 창조적 운동이 현실화의 과정이다. 베르그송의 존재의 유출을 시간 속에 위치시킴으로써 들뢰즈는 베르그송의 용어법이 갖는 힘을 증명할 수 있게 되는데, 그것은 존재론적 운동에 대한 베르그송의 개념화와 다른 사람들의 개념화 사이에 있는 중요한 차이를 드러낸다. 이 논의는 매우 복잡한 논증을 구성하는 용어들을 수수께끼식으로 배열하는 것을 통해 제시된다. 이 논의의 일반적 목적은 가능[적인 것의] 개념에 대한 타당한 비판을 제공하는 것이다. 들뢰즈는 베르그송적인 존재의 유출, 즉 분화는 가능[적인 것]과 실재[적인 것]의 관계로서가 아니라, 잠재[적인 것]와 현실[적인 것]의 관계로서 개념화되어야만 한다고 주장한다.[62] 이러한 두 쌍(잠

---

61. 같은 책, p. 71. (한국어판, 『베르그송주의』, 98쪽)
62. 가능적인 것에 대한 이러한 비판은 1950년대의 베르그송 연구의 초기에 이미 나타난다. 하지만 이때에는 그는 실재[적인 것]와 현실[적인 것]이 아니라, 가능[적인 것]과 잠재[적인 것] 사이만을 구별했을 뿐이다("Bergson", pp. 288~289). 완전한 정식은, 두 번째의 베르그송 연구시기에서야 나타난다. 그리고 「극화의 방법」("La méthode de dramatisation", pp. 78~79)과 『차이와 반복』(*Différence et Répétition*, pp. 269~276)에서 정확하게 동일한 용어로 반복된다. 가능[적인 것]에 대한 비판은 데카르트에 방향이 맞추어지는데, 『스피노자와 표현의 문제』(*Expressionism in Philosophy : Spinoza*, pp. 30~31,

재적-현실적, 가능적-실재적)을 설정한 후에, 들뢰즈는 계속해서, 각 쌍의 초재적 항[잠재적-가능적]은 대립 쌍의 내재적 항[현실적-실재적]에 적극적으로 연관된다는 점에 주목한다. 가능[적인 것]은 비록 현실적일 수는 있지만 결코 실재적이지는 않다. 반면 잠재[적인 것]는 현실적일 수는 없지만 그럼에도 불구하고 실재적이다. 다시 말해서 동시대적 (현실적) 가능성들 가운데 몇 가지는 미래에 실현될 수 있다. 반면에 잠재성들은 언제나 (과거 속에서, 기억 속에서) 실재적이며, 또한 현재 속에서 현실화될 수 있다. 들뢰즈는 잠재성의 상태들을 정의하기 위해서 프루스트를 불러들인다. '현실적이지 않은 실재, 추상적이지 않은 이상(ideal).'[63] 요점은, 잠재[적인 것]는 실재적이고 가능[적인 것]은 그렇지 않다는 것이다. 이것이, 존재의 운동은 가능-실재 관계가 아니라 잠재-현실 관계에 의해 이해되어야 한다는 주장에 대한 들뢰즈의 논거이다. 이러한 평가를 이해하기 위해서, 우리는 다시 한번 스콜라철학적 존재론의 인과적 논증들을 참조할 필요가 있다. 우리가 앞서 불러낼 기회를 가졌던 인과성의 근본원리는, 효과는 그것의 원인보다 더 많은 실재성을 가질 수 없다는 것이다. 잠재[적인 것]로부터 현실[적인 것]로의 존재론적 운동은, 잠재[적인 것]가 현실[적인 것]과 똑같이 실재적이므로, 이 원리와 일치

38~39, 122~126)에서는 약간 다른 형태를 취한다. 우리는 나중에 이 구절들을 다시 살펴볼 것이다. [*Spinoza et le problème de l'expression*(1968)은 Martin Joughin에 의해 *Expressionism in Philosophy : Spinoza*로 영역되었으며, 이진경 · 권순모에 의해『스피노자와 표현의 문제』(인간사랑, 2003)로 번역되었다. 원문에는 영어 번역본 제목을 따라『철학에서의 표현주의: 스피노자』로 표기되어 있으나 이 책에서는 인지의 통일을 위해 원제를 그대로 따라『스피노자와 표현의 문제』로 옮긴다. - 옮긴이]

63. *Bergsonism*, p. 96. (한국어판, 『베르그송주의』, 135쪽)

한다. 하지만 가능[적인 것]으로부터 실재[적인 것]로의 진행은 명백히 이 원리를 위반하고 있으며,64 이를 근거로, 그것은 존재론적 운동의 모델로서 거부되어야만 한다. 비록 들뢰즈가 스콜라학파를 명시적으로 참조하고 있지는 않지만, 설명의 방식과 논의의 바로 그 용어들이 완전히 스콜라철학적이라는 것에 주목해야 하겠다. 잠재적이라는 말은 이상적(ideal)이거나 초월적인 것을 묘사하기 위한 스콜라철학적 용어이다. 스콜라철학에서 말하는 잠재적 신은 결코 추상적이거나 가능적이지 않다. 그것은 *ens realissimum*, 즉 가장 실재적인 존재자이다. 끝으로 현실화는, 우리에게 이미 잘 알려진 바 있는, 잠재태에서 현실태로의 아리스토텔레스적인 이행을 묘사하기 위한 스콜라철학적 방법이다.65 이 맥락에서 베르그송의 용법은 더욱더 흥미롭게 된다. 베르그송의 '현실화'는 아리스토텔레스적 의미를 유지하고 있으며, 그 의미에 현대 프랑스어 용법에 의해 암시되고 있는 시간적 차원을 보태고 있다. 베르그송의 경우, 잠재성에서 현실태로 이행하는 것은 오로지 지속 안에서만 일어난다.

이 수수께끼 같은 용어군 속에서 ─ 가능[적인 것]을 거부하고, '실

---

64. [옮긴이 주] 왜냐하면 실재는 가능적인 것보다 더 많은 실재성을 가지는데, 이 경우 결과(실재)가 원인(가능적인 것)보다 더 많은 실재성을 갖게 되므로, 인과성의 근본원리를 위배하게 된다.
65. 여기에서의 내 요지는 들뢰즈가 자신의 논의를 스콜라학파로부터 이끌어내었다는 것을 증명하려는 것이 아니다. 그럼에도 불구하고 우리는 스콜라철학적 공명을 베르그송이나 아리스토텔레스에 대한 그의 관심 탓으로 돌릴 수 있다. 그러나 중요한 것은, 우리가 들뢰즈의 논의에서 이러한 요점을 훨씬 더 명확하게 이해할 수 있으려면, 스콜라철학의 논의들이나 또는 그와 동일한 이해관계를 갖는 논의들을 염두에 두어야 한다는 것이다.

현'보다는 '현실화'를 옹호함으로써 — 들뢰즈에게 가장 중요한 관건은 존재의 유출이 갖는 바로 그 본성과 존재의 유출을 이끌어가는 원리이다. 들뢰즈는 추가적인 용어의 배치를 통해 이러한 가치평가(evaluation)를 정교화하고 있다. 실현의 과정은 두 가지 규칙 — 닮음(resemblance)과 제한 — 에 의해 인도된다. 반대로 현실화의 과정은 차이와 창조에 의해 인도된다. 들뢰즈의 설명에 의하면 최초의 관점에서부터 실재[적인 것]는 그것이 실현하는 가능[적인 것]의 이미지 안에 있는 것으로 (그리하여 그것과 닮은 것으로) 간주된다. "그것[실재적인 것]은 다만 실존 또는 실재성을 덧붙여 갖고 있을 뿐인데, 이 점은 개념의 관점에서 가능[적인 것]과 실재[적인 것] 사이에는 아무런 차이가 없다고 말함으로써 번역될 수 있다."66 더구나 모든 가능성들이 실현될 수는 없기 때문에, 가능적인 것의 영역은 실재적인 것의 영역보다 크기 때문에, 어떠한 가능성들이 실재성으로 '이행'하는가를 정하는 제한의 과정이 있어야만 한다. 그리하여 들뢰즈는 가능-실재의 쌍에서 일종의 선형성성(preformism, 先形成性)을 발견한다. 말하자면 모든 실재는 이미 가능[적인 것] 속에 주어져 있거나 정해져 있다. 실재는 가능[적인 것]의 '사이비-현실성'(pseudo-actuality) 속에 선재(先在)하며, 닮음에 의해 인도되는 제한을 통해서만 유출된다.67 그러므로 (개념의 관점에서 볼 때) 가능[적인 것]과

---

66. *Bergsonism*, p. 97. 강조는 인용자. (한국어판, 『베르그송주의』, 135쪽. "실재는 다만 실존 또는 실재성을 덧붙여 갖고 있을 뿐인데, 이 점은 개념의 관점에서 가능성과 실재 사이에는 차이가 존재하지 않는다고 말함으로써 번역될 수 있다.")
67. 같은 책, p. 98. (한국어판, 『베르그송주의』, 136쪽)

실재[적인 것] 사이에 아무런 차이도 없기 때문에, 실재의 상(像)은 가능[적인 것] 속에 이미 주어져 있기 때문에, 실현의 이행과정은 창조일 수 없다.

반면 잠재[적인 것]가 현실적이 되기 위해서는, 잠재[적인 것]가 자기 자신의 현실화 용어[항]들을 창조해야만 한다. "그 이유는 간단하다. 실재[적인 것]는 그것이 실현시키는 가능[적인 것]의 이미지 및 유사성에서 존재하는 반면 현실[적인 것]은 그것이 구체화시키는 잠재[적인 것]와 유사하지 않다."[68] 잠재[적인 것]와 현실[적인 것]의 차이는 바로 현실화의 과정이 하나의 창조여야 함을 요구한다는 점이다. 존재의 현실화 과정은 그것의 형태를 미리 규정하는 어떠한 선형성된 질서도 갖지 않는다. 그러므로 그 과정은 하나의 창조적 진화, 즉 분화를 통한 현실적 존재의 다양체의 독창적 생산이어야만 한다. 우리는 이 복잡한 논의를 형상인의 운동(가능-실재)에 대한 비판과 작용인의 운동(잠재적-현실적)에 대한 긍정으로서 부분적으로 이해할 수 있다. 하지만 우리가 문제를 존재의 일관성을 결정하는 원리에 입각해서 제기한다면, 즉 질서의 비판과 조직화의 긍정으로서 제기한다면, 논의의 관건이 보다 명확하게 드러난다. 앞서 우리는 '질서의 다양체'와 '조직화의 다양체'[69]에 관한 들뢰즈의 구분을 언급한 바 있다. 가능[적인 것]의 실현은 분명 질서의 다양체, 정적인

---

68. 같은 책, p. 97. (한국어판, 『베르그송주의』, 136쪽. "그 이유는 단순하다: 실재는 그것이 실현시키는 가능성의 이미지 및 유사성에 존재하는 반면, 현실성은 그것이 구체화시키는 잠재성과 유사하지 않다.")
69. 같은 책, p. 38. (한국어판, 『베르그송주의』, 48쪽)

다양체를 낳는다. 왜냐하면 모든 실재적 존재는 가능[적인 것]의 '사이비-현실성' 속에 미리 주어져 있거나 미리 결정되어 있기 때문이다. 반면 잠재[적인 것]의 현실화는 역동적 다양체를 제시하는데, 그 속에서 분화의 과정은 현실적 존재의 독창적인 배열(arrangement) 혹은 일관성을 창조한다. 이것이 조직화의 다양체이다. 질서의 다양체는 선형성(先形成)되며 정적이라는 점에서 '결정적'이다. 조직화의 다양체는 창조적이면서 독창적이라는 점에서 '미결정적'이다. 조직화는 언제나 예측할 수 없는 것이다.70 질서의 청사진을 갖지 않은, 조직화의 창조적 과정은 언제나 하나의 기예이다.

우리는 들뢰즈가 존재의 베르그송적 현실화를 역동적이고 독창적인 유출로서, 플라톤적 궁극 목적론(목적인)과 가능[적인 것]의 실현(형상인) 모두가 가지고 있는 질서 정연한 속박들로부터 자유로운 창조적 진화로서 제시한다고 설명한 바 있다. 하지만 이러한 정식화는 논의 속에 내내 내재해 있던 중요한 문제를 회피한다. 어떤 결정된 질서나 선형성성이 없다면, 과연 무엇이 베르그송적 존재에서 지속적으로 새롭고 독창적인 존재를, 합성(composition)의 새로운 평면을 형성할 수 있는 창조적 메커니즘을 구성하는가? 베르그송적 조직

---

70. 우리는 여기에서 마침내 베르그송이 사용한 '결정적' 그리고 '미결정적'이라는 용어의 의미를 이해할 수 있게 된다. 이것들은 헤겔적 맥락에서 제기된다면 완전히 다른 의미를 갖게 된다. 그러나 이 두 용어의 언어사용역(register) 사이의 격차는 이때까지 제대로 처리되지 못한 심각한 논점을 제기한다. 어떤 의미에서 들뢰즈의 존재는 존재가 필연적이고 질적이며 단독적이고 현실적이라는 점에서 '결정적'임에 틀림없다. 그러나 또 다른 의미에서 들뢰즈의 존재는 존재가 우연적이고 창조적이라는 점에서 '미결정적'임에 틀림없다. 들뢰즈가 가장 소중히 다루는 몇 가지 용어들—예측불가능한(imprévisible), 비시대적(intempestif), 그리고 사건(événement)과 같은—은 바로 이 점을 강조한다.

화의 기초는 무엇인가? 바로 이 점에서 사람들은 헤겔적 역습을 감행할 수도 있을 것이다. 우리가 스피노자에 대한 헤겔의 비판으로 되돌아간다면, 우리는 베르그송의 입장에도 역시 적용되는 압력을 인식할 수 있다. 헤겔은 결국 스피노자가 말하는 존재의 긍정적 운동을 회복불가능한 유출론으로 특징짓고 있다.

"유출의 동양적 개념에서, 절대자는 스스로를 비추는 빛이다. 오로지 그것만이 스스로를 비출 뿐 아니라 유출한다. 그것[빛]의 유출은 희미하지 않은 명백함(clarity)과 거리를 둔다. 연속적인 생산[산출]은 선행하는 것들로부터 생겨나며, 그 선행하는 것들에 비해 덜 완벽하다. 유출의 과정은 일시적 사건(happening)으로 간주될 뿐이며, 생성은 점진적 상실로 간주될 뿐이다. 그리하여 존재는 점점 더 그 자신을 어둡게 만든다. 그리고 밤, 부정적인 것은 계열들의 최종적인 항이다. 이 항은 최초의 빛으로 돌아가지 않는다."[71]

분명히 들뢰즈의 운동은 스피노자의 운동과 마찬가지로, '자기-속으로의-반성'(reflection-into-self)을 결여하고 있는데, 헤겔은 여기에서 바로 이것이 누락되어 있는 요소라고 분명히 밝힌다. 하지만 앞에서 본 것처럼, 베르그송은 '연속적인 생산[산출]'이 '그다지 완벽한 것은' 아니라고 주장한다. 운동은 '점진적인 상실'이 아니다. 오히려 생의 약동에 의해 구성되는 분화는 새롭고도 [처음과] 똑같이 완벽한 마디를 낳는 창조적 과정이다. 베르그송은 스피노자적 방식으로, 현

---

71. *Science of Logic*, pp. 538~539.

실성은 완벽성이라고 충분히 대답할 수 있었을 것이다. 그러나 헤겔의 공격은 내재적이고 창조적인 메커니즘을 가지고 있는 이러한 베르그송적 주장[외침]을 후퇴시키기 위한 압력으로서 기능한다. 헤겔은 긍정적인 존재론적 (유출로서의) 운동이 존재의 생성을 설명할 수 있다는 것을 인식하고 있다. 하지만 그는 '어떻게 그것이 생성의 존재를 설명할 수 있는가?'라고 묻는다. 게다가 물리학과 정치학에 대한 헤겔의 유비는 심각한 정치적 도전으로 돌아온다. 고대의 원자론자들과 마찬가지로 들뢰즈와 베르그송은 통일성 속에 있는 다양체의 선형성성을 거부한다. 그들은 국가의 질서를 거부하고 대신 조직화의 다양체가 지닌 독창성과 자유를 주장한다. 헤겔적 관점에서 볼 때 이는 국가를 시민들의 개인적 의지에 기초지우려고 시도하는 것만큼이나 미친 짓이다. 질서(궁극 목적론의 질서, 가능[적인 것]의 질서, 변증법의 질서)에 대한 공격은 조직적인 역동성 — 현실[적인 것]의 조직화, 다양체의 조직화 — 을 위한 공간과 필요성 둘 다를 창조한다. 이에 답하는 것이 베르그송에 대한 들뢰즈의 독해에서 제기되는 마지막 과제이다.

4. 생성의 존재, 그리고 현실적인 것의 조직화

창조적 조직화(creative organization)라는 질문은 심각한 문제를 제기한다. 그리고 마침내 이는 베르그송의 사유가 들뢰즈에게 불충분한 것으로 판명되는 것처럼 보이는 지점이다. 현실적 조직화(actual organization)에 대한 필요는 들뢰즈가 베르그송 연구의 두 번째 국면으로 이동해 감에 따라 그가 질(質)의 문제에서 질과 양 사이의 이행으로 초점을 옮겨감에 따라, 훨씬 더 중요한 것으로 다가온다. 지금까지의 분석에서 우리는 베르그송이 통일성에서 다양체로의 유출적 이동을 묘사하는 데, 즉 분화나 현실화의 과정을 묘사하는 데 매우 효과적이었다는 것을 보아왔다. 하지만 이제 우리는 다양체에서 통일성으로, 즉 정반대 방향으로 [움직이는] 보완적인 조직화 운동이 필요하다는 것을 발견한다. 불행하게도 이러한 조직화 운동은 베르그송의 사상에는 거의 부재하다. 그럼에도 불구하고 들뢰즈의 독해가 시사하고 있는 것처럼 베르그송에게서 이러한 필요에 대한 해답을 발견할 수도 있는 몇몇 지점이 있다. 들뢰즈는 현실적인 것의 수렴적(convergent) 운동이 있음을 시사하듯이 보인다. "실재[적인 것]는 자연적 마디들이나 본성상의 차이들에 따라 잘라지는[se découpe] 것일 뿐 아니라 그것은 또한 똑같은 이상적이거나 잠재적인 지점으로 수렴되는 길을 따라 다시 교차하는(se recouper) 것이기도 하다."[72] 현실적 다양체를 잠재적 통일성과 연결시키는 이와 같은 르꾸쁘망(recoupement) 또는 교차의 과정은 정확히 무엇인가?[73] 들뢰즈는 이 점

---

[72]. *Bergsonism*, p. 29. (한국어판, 『베르그송주의』, 34쪽. "자연적 마디들이나 본성상의 차이들에 따라 윤곽이 드러나는(se découper) 것뿐 아니라 이상적이거나 잠재적인 동일 지점으로 수렴되는 길을 따라 다시 마주치는(se recouper) 것 역시도 실재이다.") [se découper를 '윤곽이 드러나는'으로 옮기기보다는, 자연적 마디를 따라 '재단하는' 요리사(철학자) 혹은 '분화', '발산'의 의미와 연관시켜 '잘라지는'이라고 옮기는 것이 타당할 것 같다. — 옮긴이]]
[73]. [옮긴이 주] 영어에서 recoup는 (손해를) 되찾다, (건강활력 등을) 회복하다, 보상[변상]하다, 벌충하다, [법] 공제하다라는 의미가 있으며, 명사형인 recoupment는 '공제, 보상,

을 폭넓게 다루고 있지 않다. 하지만 위의 구절을 이해하기 위해서는 르꾸쁘망을 새로운 잠재적 통일점을 조직하는 창조적인 과정으로서 독해해서는 안 되는 것처럼 보인다. 그보다는 단지 자연적 마디들의 결들을 따라 본래의 출발점에로까지 거슬러 추적하는 과정으로서 독해해야 할 것 같다. 르꾸쁘망은 존재가 일의적이라는 스콜라철학적 원리를 표현하는 베르그송적 방식이다. 우리는 존재가 언제 어디서나 동일한 방식으로 말해진다는 것을 입증할 수 있다. 그것은 바로 모든 실재성이 수렴적 길을 따라 하나의 유일한 잠재적 지점으로까지 거슬러 추적될 수 있는 것이기 때문이다. 이러한 일의성의 이론은 존재의 유비 이론에 대립하는 것이다. 지금 우리에게 중요한 것은 일의성이 단지 잠재적 평면 위에서만 존재의 일반적 동등성과 공통성을 함축한다는 것이다.[74] 반면 우리가 필요로 하는 것은 두 평면들 사이의 소통 수단이다. 위의 인용구는 통일성이 오로지 잠재[적인 것]의 평면 위에서만 나타난다는 것을 암시한다. 실제로 우리는 이를

변상' 등을 뜻한다. 그러나 프랑스어 recoupment는 (위로 올라갈수록 돌을 들여쌓아) 벽의 두께를 얇게 하기, (선이나 면의) 교차, (비유적 의미로) 겹침, 일치, 공통점, (공통점에 의한) 사실 확인 등의 의미를 가진다. 그리고 동사형인 se recouper는 (선 따위가) 서로 교차하다, (증언이나 정보 따위가) 서로 일치하다의 의미를 지닌다. 여기서 recoupment는 프랑스어를 그대로 사용한 것으로 '교차하기, 겹치기' 등의 의미로 옮길 수 있겠으나 지은이의 의도를 그대로 살리기 위해서 원음을 차용하여 표기하는 방식을 택했다.

74. 둔스 스코투스에서의 형상적 구별의 역할은, 통일성과 다양체, 일반[적인 것과 개별[적인 것]을 두 개의 분리된 평면들[구도들] 위에서 매개하는 것이다. Gilson, *La philosophie au Moyen Age*, pp. 599 이하를 보라. 들뢰즈는 *Expressionism in Philosophy : Spinoza*, pp. 63~65에서 둔스 스코투스의 형상적 구별을 비판하기 위해 스피노자의 실재적 구별이라는 개념을 사용할 것이다.

베르그송의 저술에서 종종 발견하곤 한다. 이와는 반대로 이 시점에서 들뢰즈의 논의에 요구되는 것은 현실적인 다양체의 조직화에 관한 메커니즘인 것이다.

우리는 베르그송이 말하는 기억의 두 가지 운동들 속에서 잠재[적인 것]와 현실[적인 것] 사이의 소통에 관한 또 하나의 사례를 발견한다. 과거를 향한 포함적인(inclusive) 운동 속에서 팽창하고 확장하는 '회상-기억'과 특수화(particularization)의 과정으로서 미래를 향해 집중하는 '수축-기억'.75 다시 말해 뒤를 돌아다볼 때 우리는 보편[적인 것](회상-기억)을 발견하게 되고, 앞을 내다볼 때 우리는 개별[적인 것](수축-기억)을 발견하게 된다. 반대로 현실[적인 것]의 창조적 조직화를 위해 필요한 것은, 새로운 통일을 만들 수 있는 미래를 향해 지향된, 확장적이고 포함적인 운동일 것이다. 하지만 베르그송은 운동의 시간적 방향을 계속해서 강조한다. 잠재[적인 것]의 통일은 오로지 과거에만 머문다. 그리고 우리는 결코 그러한 지점을 향해 실제로 뒤로 움직일 수 없다. "우리는 현재에서 과거로, 지각에서 회상으로 가는 것이 아니라, 과거에서 현재로, 회상에서 지각으로 간다."76 이러한 용어들 속에서, 현실적인 것의 조직화는 지각으로부터 새로운 '회상'으로 나아가는 운동이어야 하는 바, 그것은 실재적 조직화의 공통 지점으로서의 미래 기억(일종의 전미래[futur antérieur] 또는 문법적 의미에서의 미래 완료)이 될 것이다.

들뢰즈는 『베르그송주의』의 마지막 페이지들에서 조직화와 사회

---

75. *Bergsonism*, p. 52. (한국어판, 『베르그송주의』, 68쪽)
76. 같은 책, p. 63. (한국어판, 『베르그송주의』, 86쪽)

화의 문제를 진지하게 다루기 위해 최선을 다하고 있다.77 자신의 주요 저술 다수에서(예를 들어 니체 연구와 스피노자 연구 양자 속에서), 들뢰즈는 미래의 연구에로 나아가는 길을 가리키고 있는, 가장 밀도 있고 난해한 논의를 마지막 페이지들에서 제시하고 있다. 『베르그송주의』의 이 마지막 절에서 들뢰즈는 창조성에 대한 인간의 능력(capacity), 분화 혹은 현실화의 과정을 통제하고 자연의 '평면' 혹은 '구도'를 뛰어넘을 수 있는 재능(capability)을 설명하기 위해서 노력한다. "인간은 마침내는 능산적 자연(natura naturans)을 표현하기 위해서 평면들을 뒤섞을 수 있으며, 자기 자신의 평면과 자기 자신의 조건을 뛰어넘을 수 있다."78 하지만 이러한 인간의 자유와 창조성에 대한 설명[의 의미]은 [그 뜻이] 즉각적으로 명확하지 않다. 분명히 사회는 인간 지성의 기초 위에 형성되지만 들뢰즈는 지성과 사회 사이에는 어떤 직접적 운동도 존재하지 않으며, 대신 사회는 보다 직접적으로 '비합리적인 요인들'의 결과라는 것에 주목한다. 들뢰즈는 의무와 신의 창조에로 이끄는 힘들로서, '잠재적 본능'과 '우화-형성 기능'(la fonction fabulatrice)을 동일시한다. 하지만 이러한 힘들은 인간의 창조적 역량을 설명할 수 없다.79

---

77. 같은 책, pp. 106~12. (『베르그송주의』, 150~160쪽)
78. 같은 책, p. 107. (한국어판, 『베르그송주의』, 151쪽. "인간은 그와는 반대로 마침내는 능산적 '자연'을 표현하기 위해서, 평면들을 뒤섞고 자기의 고유한 조건으로서의 그 자신의 고유한 평면을 넘어설 수 있다.") [영어본에서는 불어 원문의 brouiller를 burn[태우다]으로 옮기고 있는데, 이것은 brouiller와 brûler를 혼동한 것에서 기인한 명백한 오역이다. 한국어판의 '뒤섞다'가 맞다. 따라서 한국어판의 번역용어를 사용했다 – 옮긴이]
79. 바로 이 지점에서 들뢰즈는, 베르그송적 우화(fabulation)에서 의무의 설명과 인간 창조성의 부정만을 발견한다. 들뢰즈는 일부 후기 저작들, 특히 영화 이론에 관한 서적들에

문제를 해결하기 위해서 우리는 뒤로 돌아가서 인간의 지성과 사회화 사이에 존재하는 간극을 분석해보아야 한다. " … 지성과 사회 사이의 틈에서 나타나는 것, 그것은 도대체 무엇인가? 우리는 '그것은 직관이다'라고 대답할 수 없다."[80] 직관은 '생명이 그 자신 속에 담지하고 있는 내적 폭발력'으로, 이는 앞서 우리가 존재의 긍정적 동학이라고 하여 주목했던 것과 동일한 것이다. 하지만 이제 이 개념은 보다 분명하게 충족될 수 있다. 더 정확히 말하면 들뢰즈는 바로 뒤에 지성(intelligence)과 사회성(sociability) 사이의 간극을 메우는 것이 직관의 기원, 즉 창조적 감정(emotion)이라고 덧붙인다.[81] 사회성이 창조적 감정을 통해 시원적으로[처음] 생산된다고 하는 것은 우리를 다시 베르그송이 말하는 기억 안에서의 통일의 평면으로 돌려보낸다. 하지만 그것은 이번에는 새로운 기억이다. "그리고 만일 정확히 말해 한 번에 모든 수준들을 현실화시키고, 인간을 창조자로 만들기 위해 인간에게 고유하고 창조의 전(全) 운동에 적실한 평면 또는 수준에서 인간을 해방시키는 우주적 '기억'이 아니라면, 이 창조적 감정이란 무엇이란 말인가?"[82] 우주적 기억과 더불어, 들뢰즈는

서, 그는 '우화-형성'과 '우화역기'(confabulation)를 더욱 긍정적으로 재해석한다. 실제로 안또니오 네그리와의 최근의 대담에서 들뢰즈는 사회적 구성이라는 개념을 발전시키려면 이 베르그송적 개념으로 돌아가야 한다고 제안하고 있다. "유토피아는 좋은 개념이 아닙니다. 대중과 예술에게는 오히려 공통적으로 '우화역기'의 요소가 있습니다. 우리는 베르그송의 '우화역기' 개념을 취해 그것에 정치적 의미를 부여해야 합니다" ("Le devenir révolutionnaire et les créations politiques", p. 105, 한국어판, 「통제와 생성」, 『대담』, 193쪽).

80. *Bergsonism*, p. 109. (한국어판, 『베르그송주의』, 155쪽. "무엇이 지성-사회의 간극에 삽입되게 되는가? 우리는 '그것은 직관이다'라고 답할 수 없다.")
81. 같은 책, p. 110. (한국어판, 『베르그송주의』, 155쪽)

'특권적인 영혼들'[83]이 누릴 수 있는 그리고 열린 사회, 창조자들의 사회의 디자인을 추적할 수 있는 신비주의적인 베르그송적 사회성에 도달하게 되었다. 우주적 기억의 현현체(incarnation)는 "한 영혼에서 다른 영혼으로, '간혹 가다'가, 닫힌 사막들을 가로질러 가며 도약한다."[84] 여기서 우리가 가지고 있는 것은 확실히 산꼭대기에서의 짜라투스트라의 목소리의 희미한 메아리처럼 들린다. 창조적 파토스, 생산적 감정, 자연과 인간 존재의 평면을 초월하는 능동적 창조자들의 공동체. 그러나 베르그송의 사회 이론에 대한 이러한 개략적인 설명이 시사적이긴 하지만, 이 마지막 부분에서 그것은 모호하고 발전되지 않은 채 남아있다. 더구나 베르그송에 대한 들뢰즈의 나머지 작업은 이 이론을 뒷받침하는 데 이바지하지 않는다. 결국 우리가 이러한 주장들에 실재적 일관성과 견고한 토대를 제공하려면 들뢰즈의 니체를 언급해야만 한다.[85]

『베르그송주의』의 마지막 절은 베르그송 연구의 두 번째 국면에

---

82. 같은 책, p. 111. 수정해서 인용함. (한국어판, 『베르그송주의』, 155쪽)
83. 같은 책, p. 111. (한국어판, 『베르그송주의』, 158쪽)
84. 같은 책, p. 111. (한국어판, 『베르그송주의』, 158쪽)
85. 『베르그송주의』의 바로 이 마지막 절 때문에 프랑스의 베르그송 연구 학회원들은 격노했다. 나중에 '논평'에서 우리는 『베르그송 연구』(Les études bergsoniennes)에서 마들렌느 바르텔레미-마돌르(Madeleine Barthélemy-Madaule)가 행한 비평을 고찰해볼 것인데, 그녀는 바로 이 구절에 초점을 맞추어서 "베르그송은 니체가 아니다"(p. 120)라며 이의를 제기했다. 아마도 독자들은 들뢰즈 사상에 대한 나의 재구성적 발전에 의문을 달며, 왜 『베르그송주의』가 니체적 테마들과 완전하게 혼용되지 못했으며 그것들을 초월하지 못했는가라고 그 이유를 물을지도 모르겠다. 이에 대한 대답은 '베르그송은 니체가 아니다'라는 마들렌느의 응수와 일치해야만 할 것이다. 비록 들뢰즈의 해석적 전략이 고도의 선택성을 포함하고 있다 할지라도, 그는 결코 하나의 학설을 억지 해석하여 다른 학설에 따르게 하지는 않을 것이다.

서 가장 주목할 만한 긍정적 논증으로서, 첫 번째 국면에서는 나타나지 않는다. 그리고 그것은 헤겔에 대한 공격에서 우리가 주목했던 질의 문제틀로부터 질에서 양으로의 이행이라는 문제틀로의 전환과 완전히 일치한다. 이러한 두 베르그송 연구 사이의 두 번의 전환은 들뢰즈의 '8년의 구멍'에서 일어나는 운동의 한 가지 측면을 분명히 보여준다. 사실상 들뢰즈는 존재론적인 것을 사회적인 것과 윤리적인 것에 도달하게 해야 한다는 압력을 느끼고 있다.『베르그송주의』에서 들뢰즈는 이러한 압력을 어느 정도 진지하게 다루는 데 성공한다. 하지만 더욱 중요한 것은 이처럼 새롭게 방향을 잡는 것이 들뢰즈의 사유에서 니체의 필요성을, 니체의 도래를 선언한다는 점이다. 니체는 들뢰즈에게 생성의 실재적 존재와 현실적 다수성의 적극적 조직화를 탐구할 수단을 제공한다. 게다가 논리의 평면에서 가치의 평면으로 영역을 옮김으로써, 니체는 들뢰즈가 베르그송 연구를 통해 발전시켰던 긍정적 존재론을 긍정적 윤리학으로 번역할 수 있게 해준다.

논평: 들뢰즈와 해석

니체로 향하기 전에, 잠시 들뢰즈의 베르그송 독해에 대한 두 가지 비판을 살펴보기로 하자. 그것들은 우리가 들뢰즈의 해석적 전략의 특징들을 명확히 하는 데 도움이 될 것이다. 이 책 처음부터 우리는 들뢰즈 저술이 지닌 특이함 때문에 일련의 방법론적 원리들을 염두에 두고 있어야 한다고 언급한 바 있다. 들뢰즈의 저술을 그렇게도 유별나게 만드는 한 가지 측면은, 그가 자신의 철학적 연구들 각각에서 자신의 비전(vision)에 초점을 맞추어 이것을 정의할 수 있는 매우 특정한 물음을 던지고 있다는 것이다. 베르그송 연구들에서 우리는 들뢰즈가 주로 변증법의 부정적인 존재론적 운동에 대한 적실한 비판을 발전시키고 존재의 긍정적이고 창조적인 운동이라는 대안적 논리를 정교화하는 것에 관심을 두고 있다는 것을 발견했다. 들뢰즈의 협소한 초점 속에 포함된 선택은 몇몇 들뢰즈의 독자들을 혼란에 빠뜨리는 것처럼 보이며, 다른 몇몇 독자들을 짜증나게 만드는 것처럼 보인다. 「새로운 베르그송주의」("The New Bergsonism")를 쓴 길리안 로즈(Gillian Rose)와 「베르그송을 읽자」("Lire Bergson")를 쓴 마들렌느 바르텔레미-마돌르(Madeleine Barthélemy-Madaule)의 비판은 이러한 문제의 두 가지 사례를 우리에게 제공한다. 이 비판들 속에서 우리는 해석의 어려움을 초래하는 들뢰즈 독해의 두 방법을 발견할 수 있다. 첫째 들뢰즈의 선택성을 인식하지 못함으로써 이 저자들은 들뢰즈의 입장들을 들뢰즈가 다루고 있는 철학자들의 입장과 뒤섞고 있다. 둘째 들뢰즈 사유의 진화과정을 무시함으로써 그들은 그의 다양한 작업들을 이끌어나가고 있는 상이한 기획들을 [서로] 혼동하고 있다. 게다가 이 두 비판가들 사이에 있는 관점의 다양성은, 베르그송 해석의 영어권 전통과 프랑스적 전통 사이에 있는 간극 때문에 생기는 편차를 잘 밝혀줄 것이다.

 (『니힐리즘의 변증법』 6장인) 「새로운 베르그송주의」 전체에서 로즈는 베르그송의 저술과 들뢰즈의 해석을, 마치 그것들이 완전한 연속체를 구성하고 있는 양 독해하고 있다. 그녀는 『베르그송주의』

에 대한 자신의 간략한 논의를 이러한 혼란을 극명하게 보여주는 애매모호한 특성 부여와 함께 결론내리고 있다. "들뢰즈의 독해에서, 베르그송은 자연철학을 만들어내고 있는데, 그것은 생의 약동이 '인간'의 기억 속에서 '그 자신을 의식하게 되는' 시점에서 최고조에 달한다."[86] 이러한 주장을 뒷받침하기 위해, 그녀는 『베르그송주의』의 마지막 페이지를 인용하고 있다.[87] 하지만 그것은 그녀가 주장하는 것의 후반부 중 일부만을 지지해줄 뿐, 전반부는 전혀 지지해주지 못하고 있다. 들뢰즈는 이 구절에서 자연철학을 언급하고 있지 않을 뿐만 아니라 그는 그 앞 페이지들에서 내내,[88] 베르그송이 우리가 어떻게 자연의 구도[평면]를 뛰어넘어, 인간적 조건을 넘어선 새로운 인간적 자연을 창조할 수 있는가를 보여주고 있다고 주장한다. 여기서 들뢰즈는 주로 베르그송의 후기 저술인 『도덕과 종교의 두 가지 원천』(1932)에 의존하고 있다. 로즈는 자연철학이라는 관념을 들뢰즈가 아니라 베르그송의 가장 초기 저술인 『의식에 직접 주어진 것들에 관한 시론』(1889)[89]에서 이끌어내고 있는데, 그녀는 이 책을 콩트의 작업과 일관성이 있는 것으로서 독해하고 있다.[90] (따라서 이러한 혼동에 덧붙여서 우리는 베르그송의 초기 저술과 후기 저술을 구분하는 데 실패하고 있는, 베르그송에 대한 완전히 비역사적 독해를

---

86. Rose, *Dialectic of Nihilism*, p. 101.
87. *Bergsonism*, p. 112.
88. 같은 책, pp. 106~112.
89. [옮긴이 주] 한국어판: 앙리 베르그송, 『의식에 직접 주어진 것들에 관한 시론』, 최화 옮김, 아카넷, 2001.
90. Rose, *Dialectic of Nihilism*, p. 98.

발견한다.) 하지만 여기서 중심적 논점은 베르그송의 사유가 자연철학을 구성하느냐 구성하지 않느냐 하는 것이 아니다. 오히려 핵심은 이러한 측면이 들뢰즈 기획의 일부를 형성하지 않는다는 것이다. 즉 이것은 들뢰즈가 베르그송으로부터 가져오는 것이 아니라는 것이다.

우리는 해석의 유사한 문제를 프랑스의 베르그송 전문가인 마들렌느 바르텔레미-마돌르가 쓴 글에서 찾아볼 수 있다. 흥미로운 것은, 그녀의 독해에 있어서 『베르그송주의』의 동일한 페이지가 그녀에게 가장 큰 짜증을 불러일으킨다는 것이다. 하지만 그녀의 반발은 로즈와는 완전히 상이한 관점에서 나온다. 왜냐하면 그녀는 베르그송에 대한 영미(英美)의 실증주의적 독해보다는 프랑스의 정신주의적(유심론적) 독해에 기반하고 있기 때문이다. 바르텔레미-마돌르가 우선적으로 반대하고 있는 것은, 들뢰즈가 『도덕과 종교의 두 원천』[91]을, 실제로는 그것이 베르그송 사상의 심원한 종교적 성격을 증명하고 있음에도 불구하고, 니체적이고 반(反)인간주의적 텍스트로 독해하려 하고 있다는 것이다. "'인간적 조건을 뛰어 넘기'의 과정은 —사실상 베르그송에게 있어서 그것은 철학의 사명이다— '비인간적' 혹은 '초인간적'인 것에 의해 정식화될 수 없다. … 여하튼, 이러한 해석에서 우리가 얻게 되는 주요한 결론은, 베르그송은 니체가 아니라는 것이다."[92] 바르텔레미-마돌르는 매우 신중한 베르그송 독해가이다. 그리고 어느 정도까지는 그녀의 비판을 수용할 필요가 있다.

---

91. [옮긴이 주] 한국어판: 앙리 베르그송, 『도덕과 종교의 두 원천』, 송영진 옮김, 서광사, 1998.
92. Madeleine Barthélemy-Madaule, "Lire Bergson", pp. 86, 120.

정말로 베르그송은 니체가 아니다. 우리의 목적을 위해서 본다면, 이 두 철학자를 같은 글에서 하나로 묶어 놓으려는 들뢰즈의 (아마도 부자연스럽고 성공적이지 못한) 시도는 니체 연구시기가 그의 사상에 미친 중요한 영향과 베르그송적 틀을 벗어날 필요를 가리키고 있는 것이다. 하지만 우리가 바르텔레미-마돌르와 싸울 때 문제가 되는 주요 쟁점은 한 명의 철학자를 어떻게 해석할 것인가이다. 바르텔레미-마돌르는 우선적으로 들뢰즈의 선택의 원리에 대해 반발하고 있다. "어떤 독트린을 해석하는 것은 그 독트린 전체의 모든 용어들에 대한 설명을 전제로 한다. 이 경우는 내가 보기에 그렇지 못하므로, 나는 들뢰즈씨가 베르그송주의를 자신의 연구의 제목으로 사용하고 있는 데에 관해 이의를 제기하는 것이다."[93] 그러므로 들뢰즈를 독해함에 있어 우리가 로즈와 바르텔레미-마돌르 두 사람에게서 발견하는 첫 번째 유형의 문제는 들뢰즈의 선택성을 인식하거나 수용하지 못하는 데서 오는 것이다. 즉 들뢰즈가 인용하는 출처를 혼동하거나 그가 연구하는 철학자에 대한 그의 관계를 혼동하는 데서 오는 것이다.

두 번째 유형의 문제는 들뢰즈의 기획을 오독한 데서, 즉 들뢰즈의 진화과정을 인식하지 못한 데서 온다. 이 문제는 주로 로즈의 비판에서 생겨난다. 로즈가 사법주의(juridicism)나 포스트구조주의에 대한 그녀의 일반적 주제와 관련하여 들뢰즈의 저술과 대결하려고 할 때 『베르그송주의』를 골라 읽는다는 것은 분명 이상한 일이다. 들

---

93. 같은 글, p. 120.

뢰즈의 철학사에 대한 다른 연구들(칸트, 흄, 니체, 혹은 스피노자 연구들) 중 그 어떤 것도 그녀의 과제에 보다 적합했을 것이다. 앞에서 본 것처럼 베르그송에 대한 들뢰즈의 탐구는 우선적으로 존재론적 쟁점들에 초점이 맞추어져 있다. 비록 그것이 윤리학의 문제에 가볍게 손을 대어 보기는 하지만, 법에 관한 논의를 할 수 있는 어떤 견고한 토대도 제공하지 않는다. 그러므로 이를 염두에 둔다면 로즈가 직접 들뢰즈의 베르그송에 대해 글을 쓰는 데 어려움을 겪는 것은 놀라운 일이 아니다. 사실상 그녀는 21페이지 가운데 2페이지도 안 되는 분량만을 『베르그송주의』에 바치고 있는 것이다.[94] 이 글의 서문은 베르그송의 『의식의 직접적 소여에 관한 시론』을 콩트 및 실증주의와 관련하여 독해한 내용이다. 이 글 뒤에는 들뢰즈의 『차이와 반복』에 대해 독해한 내용과 더불어 니체와 둔스 스코투스의 글을 약간 추가시키고 있다. 로즈는 반복해서 들뢰즈의 새로운 베르그송주의가 갖는 의도를 '존재론적 부정의'를 정초하기 위한 시도라고 부르고 있다.[95] 그녀는 이러한 주장을 『차이와 반복』의 한 구절을 인용하면서 입증하고 있는데, 이 구절에서 들뢰즈는 둔스 스코투스, 니체, 스피노자에게 있어서의 존재의 일의성에 대해 논의하고 있다. "일의적 존재는 유목적 분배(nomadic distribution)인 동시에 왕관을 쓴 아나키이다."[96] 여기서 문제는 아주 간단하다. 인용된 구절에서, 들뢰즈는 베르그송을 다루고 있지도 않고 정의를 다루고 있지도 않

---

94. Rose, *Dialectic of Nihilism*, pp. 99~100.
95. 같은 책, pp. 99, 104, 108.
96. Deleuze, *Différence et Répétition*, p. 55. Rose, *Dialectic of Nihilism*, p. 99에서 재인용.

다. 나는, 들뢰즈가 베르그송을 다루고 있는 것에서 일의적 존재의 개념에 대한 암시를 발견할 수 있다고 주장했다. 하지만 그것은 둔스 스코투스-스피노자-니체라는 연결고리를 직접 베르그송에게로 옮겨놓을 수 있다는 것을 의미하는 것이 아니다. 이것은 단순한 방법론적 이슈이다. 그렇지만 더욱 중요한 것은 이 구절이 로즈의 전체 논의가 타당하지 않음을 드러낸다는 점이다. 일의적 존재는 '왕관을 쓴 아나키'라는 진술을 직접적으로 정치적인 진술로서 혹은 심지어 정의에 대한 진술로까지 독해하는 것은 어리석은 짓이다. 그러한 주장은 존재론에서 정치학으로 이르는 복잡한 발전을 붕괴시키려 시도하고 있으며, 그와 같은 발전이 단지 하나의 해결만을 허용한다고 가정하려 하고 있다. (바로 이렇게 해서 로즈는 스코투스의 윤리학을 들뢰즈에게 귀속시키는 대목에까지 이를 수 있는 것이다.[97] 추측컨대, 존재의 일의적 개념화에 일치하는 윤리학은 단지 하나만 있을 수 있다는 믿음을 가지고 말이다.) 기껏해야 일의성은 우리에게, 그것이 존재론적 동등성(equality)과 참여[participation, 분유]에 대해 갖는 함축을 통해, 정치학에 대한 직관을 제공할 뿐이다. 이 동등성은 들뢰즈의 설명에서는, 존재의 아나키에 '왕관을 씌우는' 것이다.[98] 하지만 이러한 직관이 들뢰즈 사유에 있어서 정의(正義)에 대한 참다운 개념화를 낳게 하기 위해서는, 결국 존재론에서 정치학으로 나아가게 하기 위해서는 적어도 두 개의 중요한 국면을 더 거쳐야 할 필요가 있다고 나는 주장하고자 한다. 첫째 우리는 니체 연구에서 발전

---

97. Rose, 같은 책, p. 107.
98. Deleuze, *Différence et Répétition*, p. 55.

된, 내활적 역량(자신의 현시에 내부적인 힘)이라는 개념화를 살펴보아야 한다. 왜냐하면 그것은 법과 사법주의(juridicism)에 대한 공격의 기초를 놓고 있기 때문이다.[99] 둘째 우리는 스피노자 연구를 살펴보아야 한다. 거기에서 우리는 공통 개념들(common notions)에 대한, 사회적으로 구성적인 실천에 대한, 그리고 권리에 대한 탐구를 발견하는데, 이로써 들뢰즈는 법에 대한 적극적 대안을 정교화할 수 있는 것이다. 정의(*jus*) 대 법(*lex*). 이것이야말로 법률주의(legalism)와 사법주의(juridicism)에 반(反)한 들뢰즈의 입장을 훨씬 더 적절히 정식화하는 것이다.

---

[99] 이러한 점에서 핵심적인 구절은 니체와 관련해 칼리클레스(Callicles)가 법에 대해 행한 공격에 대한 들뢰즈의 서술이다. "그[니체]는 힘을 그것이 할 수 있는 것에서 분리시키는 모든 것을 법이라고 부른다. 그래서 그 점에서 법은 약자들의 강자들에 대한 승리를 표현한다. 니체는 작용에 대한 반작용의 승리라고 덧붙인다. 사실상 힘을 분리시키는 모든 것은 반작용적이고, 또 그것이 할 수 있는 것에서 분리된 힘의 상태도 반작용적이다. 그와 반대로 자신의 능력 끝까지 갈 수 있는 모든 힘은 작용적[능동적]이다. 힘이 끝까지 가는 것은 법이 아니라, 법의 반대이기조차 하다"(*Nietzsche and Philosophy*, pp. 58~59, 한국어판, 『니체와 철학』, 116~117쪽). 이렇게 해서 니체의 역량 개념은 강력한 반(反)사법주의로 읽힐 수 있다. 우리는 나중에 이 구절로 다시 돌아올 것이다. 스피노자에서의 정의(*jus*)와 법(*lex*) 사이의 구별에 관한 설명은, 안토니오 네그리, *The Savage Anomaly*, p. 96 이하(한국어판: 안토니오 네그리, 『야만적 별종』, 윤수종 옮김, 푸른숲, 1997, 228쪽 이하)를 보라.

2

니체의 윤리학
내활적 역량에서 긍정의 윤리학으로

들뢰즈의 니체 연구를 제대로 평가하기 위해서는 이를 들뢰즈 자신의 기획이 발전해가는 맥락 속에 위치시켜야 한다. 『니체와 철학』은 들뢰즈의 지적 삶에 있어서의 '8년의 구멍'의 구체적 결과물이다. 이 기간은 그의 다작(多作)의 이력을 볼 때 가장 긴 공백이었다. 하지만 들뢰즈에 의하면 그와 같은 공백은 비활동을 가리키는 것이 아니다. 반대로 "운동이 일어나는 것은 어쩌면 그러한 구멍들 속에서이다."[1] 그렇다면 니체에 대한 그 저술은 아마도 우리에게 들뢰즈의 초기 연구에 생명을 불어넣고 있는 운동을 독해하는 열쇠를 제공해 줄 것이다. 이러한 니체 연구는 1장에서 우리가 논의한 바 있는 베르그송 연구의 두 국면들 사이에 있는 중요한 차이점들을 낳게 한 개

---

1. "Signes et événements", p. 18. (한국어판, 「철학에 관하여」, 『대담』, 147쪽)

입이다. 우리는 이러한 새로운 방향잡기를 다음과 같이 요약할 수 있다. 베르그송의 긍정적, 논리적 역동주의(dynamism)가 새로운 지평인 힘들의 장(場)에로 들어섰는 바, 여기서 일체의 논리적 쟁점들은 이제 의미와 가치라는 용어로서 제기된다. 이러한 새로운 지형 위에서 온갖 종류의 새로운 모습들(figures)이 즉각 솟아나온다. 가장 중요한 것은 베르그송적인 논리학적 논의의 핵심이 역량의 본성에 대한 분석으로 변형된다는 것이다. 역량에 관한 분석은 들뢰즈의 니체 연구에 있어서의 근본적인 이행―역량의 존재론적 기반으로부터 존재의 윤리학적 창조로의 이행―을 위한 기반을 제공한다. 끝으로 우리는 니체 연구를 그 이전의 베르그송 연구와 관련하여 소급적으로만 언급할 것이 아니라 뒤이어 나오는 스피노자 연구와 관련해서도 앞당겨 언급해야 하겠다. 앞으로 보게 되겠지만 들뢰즈는 니체의 사유 틀 안에서 윤리학적 지평을 건설하고 있으며, 이는 뒤이은 스피노자적 실천에 대한 탐구를 가능하게 (또는 진정 필연적으로) 만드는 질문들을 밝혀준다.

1. 적(敵)들의 역설

베르그송 연구에서처럼 니체 연구에서도 들뢰즈의 분석은 헤겔에 대한 적대에 의해 추동된다. 하지만 이제 앞(1장 1절)에서도 논의한 바 있었던 들뢰즈의 삼각구도 만들기(triangulation) 전략은 보다 복잡하고도 모호한 것이 된다. 『니체와 철학』이 비록 헤겔에 반대하는 들뢰즈의 가장 거친 수사법 가운데 몇 가지를 포함하고 있기는 하지만, 논쟁의 초점은 이미 중요한 방식들에서 헤겔로부터 멀어지고 있다. 베르그송 연구에서처럼 들뢰즈는 니체의 입장에 보다 가까우며 니체의 관심사 가운데 일부를 공유하고 있는 다른 적대자들을 끌어들여 헤겔로부터 상당한 거리를 유지한다. 들뢰즈는 헤겔의 영역으로 내려가 싸우기를 거부한다. 다시 한번 우리는 헤겔이 가까운 적대자들의 과오들을 물려받고 있으며, 그 과오들을, 일종의 부정적 n제곱으로서, 그 극한으로 밀고 가는 것을 발견한다.

하지만 들뢰즈의 입장이 갖는 모호성들은 모두 적대와 대립에 대해 그가 발전시키고 있는 개념화와 관련된 것들이다. 들뢰즈는 적을 선택하고 적과 관련을 맺는 가장 좋은 방법에 관하여 겉보기에는 모순적인 암시를 하고 있는 듯 보인다. 몇몇 구절에서 우리는 들뢰즈가 헤겔에 대한 근본적 적대를 니체 독해에서 절박하고도 중요한 요소로서 간주하는 것을 발견한다. "사람들이 니체 저작 전체가 누구에 반대해서 주요 개념들을 이끌어나가고 있는지 보지 못한다면, 그의 저작 전부를 잘못 이해하게 된다. 헤겔의 테마들은 니체 저작 속에서 대항해 싸워야 할 적으로서 존재한다."[2] "반헤겔주의가 공격의 칼날처럼 니체 저작을 가로지르고 있다."[3] 끝으로 니체의 철학은 "절대적 반(反)변증법"[4]을 형성한다. 이러한 구절들에서 헤겔과 직접적으로 대결하

---

2. *Nietzsche and Philosophy*, p. 162. (한국어판, 『니체와 철학』, 284쪽. '사람들이 니체 저작 전체가 누구에 반대해서 주요 개념들을 이끌어나가고 있는지 보지 못한다면, 그의 저작 전부를 잘못 이해하게 된다. 헤겔의 테마들은 니체 저작 속에서 그것이 투쟁하는 것으로서 존재한다.')
3. 같은 책, p. 8. (한국어판, 『니체와 철학』, 30쪽)

는 것이 필요하다는 것은 아주 분명하게 나타난다. 그렇지만 다른 구절들에서 들뢰즈는 헤겔과 맺는 관계를 바꾸어 놓는다. 말하자면 그는 그 관계가 가지고 있는 이항적(binary) 성격을 파괴한다. 베르그송 연구들에서 발견한 것과 동일한 유형의 삼각구도를 가지고서 말이다.

"니체가 칸트에 대해 맺는 관계는 맑스가 헤겔에 대해 맺는 관계와 같다. 맑스에게서 변증법이 그러하듯이, 니체에게는 비판을 두 발로 서게 하는 것이 문제이다. … 변증법은 본래의 칸트적 형태의 비판에서 오는 것이다. 만약 비판 그 자체가 처음부터 물구나무 서 있었던 것이 아니었다면, 변증법을 다시 발로 서게 만들거나 혹은 어떤 형태로라도 변증법을 '할' 필요는 전혀 없었을 것이다."[5]

이 구절에 비추어 볼 때 니체의 진정한 관심사는 헤겔이 아닌 듯 싶다. 변증법은 거짓 문제를 구성한다는 것이다. 그 대신 니체는 칸트를 그의 가장 가까운 적으로 진지하게 다루고 있다. 이러한 두 가지 태도는 하나의 역설을 형성한다. 니체의 우선적 적대감은 가장 가까운 적인 칸트에 대한 것인가 아니면 궁극의 적인 헤겔에 대한 것인가? 들뢰즈는 스킬라(Scylla)와 카리브디스(Charybdis) 사이를 항해해야 한다[진퇴양난에 처해 있다].[6] 니체를 궁극적인 반헤겔주의자

---

4. 같은 책, p. 195. (한국어판, 『니체와 철학』, 334쪽)
5. 같은 책, p. 89. (한국어판, 『니체와 철학』, 164~165쪽. "칸트와 관련한 니체는 헤겔과 관련한 맑스와 마찬가지이다. 맑스에게서 변증법이 그렇듯이, 니체에게서는 비판을 두 발로 서게 하는 것이 문제이다 … 변증법은 칸트의 비판 그 자체에서 생겨났다. 우선 비판 자체가 거꾸로 서 있는 한, 변증법을 두 발로 세울 필요가 결코 없었을 것이며, 변증법을 할 어떤 방식에 대한 필요도 결코 없었을 것이다.")

로서 제시하는 것은 실재적 위험을 드러낸다. [그렇게 할 경우] 니체는 부정과 반작용[반동]7과 원한(ressentiment)의 입장 속에 나타나게 된

---

6. [옮긴이 주] 스킬라(Scylla / Skylla)는 그리스 신화에서 '끔찍한 곤경의 반'을 의미하며, 그 나머지 반이 카리브디스(Charybdis)이다. 스킬라는 소용돌이 괴물인 카리브디스와 해협을 사이에 두고 대결, 하루 세 번 거대한 소용돌이를 만들어 자신이 살고 있는 해역에 배가 접근하면 긴 목을 늘려서 사람을 한 사람씩 물어 간다고 한다. 결국 스킬라와 카리브디스가 너무 가까운 곳에 살기 때문에 사람들은 둘 사이를 무사히 항해할 수 없었다. 이에 따라 고대에는 우리가 '진퇴양난'에 처해 있다고 하는 것처럼, '스킬라와 카리브디스 사이에 갇히다'라는 표현을 썼다. 이에 관한 이야기는 호메로스의 『오디세이아』 12권과 제임스 조이스가 쓴 『율리시즈』에도 등장한다.

7. [옮긴이 주] action과 reaction이라는 두 대립적 명사를 우리말로 옮기는 것은 쉽지 않다. 이 때문에 이 명사의 프랑스어 어원인 agir와 réagir, 그리고 형용사인 active와 reactive의 번역에도 마찬가지의 어려움이 생겨난다. 동사 agir(act)는 '행동하다, 영향을 끼치다, 작용하다' 등으로, 명사 action은 '행동, 작용' 등으로, 형용사 active는 '능동적, 적극적, 행동적' 등으로 번역이 가능하다. 하지만 여기에서는 단어 사용의 일관성을 위해 action과 reaction은 각각 '작용'과 '반작용'으로 번역했으며, action이 의미상 reaction과 무관하게 사용될 때에는 '행동'으로, act가 명사로 사용될 때에는 의미구분을 위해 '행위'로 번역했다. 간헐적으로 나오는 conduct 역시 '행위'로 번역했다. '작용'과 '반작용'이라는 용어는 사실 힘의 물리적인 영역에 적합한 것으로 생각되며, 영향력을 서로 주고받는다는 의미가 부각된다는 점에서 번역어로 선택될 때 장점을 가지게 된다. 그러나 인간의 행동 영역에서 이런 번역어를 사용하게 되면 사실 다소 어색하다. 한편, 이 책에서는 active와 reactive를 각각 '적극적'과 '반응적'으로 옮긴 『니체와 철학』의 한국어판과는 달리 언어의 일관성을 위해 '작용적'과 '반작용적'으로 번역했으며, '반작용적'이라고 할 때에는 가급적 '반동적'이라는 번역어를 병기해 두었다. 그러나 '반동적'이라고 하는 것은 우리말에서 사실 정치적인 냄새가 너무 강하게 나서 그다지 권장하고 싶지 않다. 또한 active가 passive와 짝을 이룰 때에도 가급적 active는 '작용적'이라고 하고 옆에 '능동적'이라는 번역어를 병기해 두었고 passive는 '수동적'이라고 하였다. 그러나 이는 오해를 불러일으킬 수 있다. 왜냐하면 reactive와 passive는 사실 의미가 다르기 때문이다. 들뢰즈가 말하듯이 니체에게 "passive(수동적)는 비-작용적(non-active)을 뜻하지 않는다. 비-작용적, 그것은 반작용적이다. 그러나 수동적은 영향을 받지 않는다는 것을 뜻한다. 수동적인 것은 단지 영향을 받지 않는 한에서의 반작용이다. 수동적은 반작용의 승리, 영향받기를 중단할 때 그것이 소위 원한이 되는 그 순간을 가리킨다"(한국어판, 『니체와 철학』, 212쪽 참조 번역어 수정함). 이 때문에 니체는 허무주의(니힐리즘)를 크게 세 가지로 구분하는 것이다. 고차적 가치를 추구함으로써 삶을 평가절하하는 허무주의인 '부정적 허무주의'(negative nihilism), 고차적 가치들을 추구함으로써 삶을 평가절하하는 것이

다. 더구나 절대적 대립은 (헤겔적 틀 속에서) 새로운 변증법적 과정의 개시를 함축하는 것처럼 보인다. 하지만 그 대신 단지 (칸트와 같은) 가까운 적에 대해서만 초점을 맞추고 반헤겔주의를 근본적인 추동력으로서 인식하지 않을 경우 "우리는 니체의 저작 전부를 잘못 이해하게 될 것이다."[8]

『비극의 탄생』에 대한 들뢰즈의 독해를 살펴봄으로써 우리는 들뢰즈가 이러한 적의 문제를 어떻게 취급하고 있는가에 대한 예비적 개념을 얻을 수 있다. 들뢰즈는 이 초기 텍스트가 디오니소스/아폴론 반정립에 기초한 '반쯤은 변증법적인' 논증을 제시한다는 것을 발견한다.[9] 들뢰즈는 이 이율배반적 쌍을 두 방향에서 해소해가는 니체 사상의 진화과정에 입각해 이 문제를 훌륭하게 설명하고 있다. 두 방향 가운데 하나는 더욱 심대한 대립(디오니소스/소크라테스, 혹은 나중에는 디오니소스/예수)을 향하는 것이고, 다른 하나는 상호보완성(디오니소스/아리아드네)을 향한 것이다.[10] 두 번째 쌍인 상호보완성의 쌍에서, 적은 완전히 사라졌으며 관계는 상호 긍정의 관계이다. 이 쌍은 생산적이긴 하지만, 니체에게 그의 적들을 공격할 무기를 제공하지 않기 때문에 그 자체로 충분할 수는 없다. 첫 번째 쌍은 무기를 구성하긴 하지만, 문제있는 방식으로 구성한다. 들뢰즈에 의하

아니라 고차적 가치 그 자체를 평가절하하는 허무주의인 '반작용적[반동적] 허무주의'(reactive nihilism), '만사가 공허하고, 모든 것은 과거로 사라졌다'고 외치는 '수동적 허무주의'(passive nihilism)가 바로 그것이다(한국어판,『니체와 철학』, 261~274쪽 참조).
8. *Nitzsche and Philosophy*, p. 162. (한국어판,『니체와 철학』, 284쪽)
9. 같은 책, p. 13. (한국어판,『니체와 철학』, 40쪽)
10. 같은 책, p. 14. (한국어판,『니체와 철학』, 41~42쪽)

면 니체는 처음에 디오니소스의 실재적인 적을 아폴로에서 소크라테스로 변경한다. 하지만 이는 불충분한 것임이 드러난다. 왜냐하면 "소크라테스는 너무 그리스적이기 때문이다. 시초에는 분명성에 의해서 그는 다소 아폴론적이었다가 결국에 약간은 디오니소스적이다."11 소크라테스가 그저 가장 가까운 적에 지나지 않는다는 것이 드러날 때, 니체는 예수에게서 근본적인 적을 발견한다. 하지만 여기서 안티크리스트와 그것이 함축하는 대립 및 부정을 가지고 새로운 변증법을 시작하게 되는 위험을 가지고 있는 것처럼 보일 수도 있다. 들뢰즈는 그렇지 않다고 주장한다. "디오니소스와 예수 혹은 짜라투스트라와 예수 사이의 대립은 변증법적 대립이 아니라, 변증법 그 자체와의 대립이다."12 이 비변증법적 부정은 정확히 무엇이며, 변증법적 부정과의 차이를 특징짓는 것은 무엇인가? 우리는 이 질문에 대답을 제공할 수단을 아직은 가지고 있지 않다. 하지만 그 질문 자체는 들뢰즈의 독해에 대해 톤과 과제를 설정한다. 그 대답은 니체의 총체적 비판에서 발견되어야 할 것이다. 그것[총체적 비판]은 완전히 파괴적인 부정을 구성해야 하며, 그리하여 조금이라도 남기지 않고 그 힘을 발휘해야 하며, 그 적이 무엇 하나라도 회복할 수 있게 해서는 안 된다. 그것은 절대적인 공격이어야 하며, 용서를 해서도, 포로를 붙잡아서도, 그리고 아무리 좋은 물건이라도 약탈을 해서도 안 된다. 그것은 어떠한 부활도 없는 적의 죽음을 표식해야 한다. 이것은 들뢰즈의 니체 독해가 발전시켜야만 하는 근본적인 비변증법적 부정이다.

---

11. 같은 곳. (한국어판, 『니체와 철학』, 41쪽)
12. 같은 책, p. 17. (한국어판, 『니체와 철학』, 46쪽)

2. 초월적 방법과 부분적 비판

칸트가 철학에 대해 행한 엄청난 공헌은 내재적 비판을 총체적이면서도 동시에 긍정적인 것으로 파악했다는 것이다. 하지만 칸트는 이 기획[내재적 비판]을 실행에 옮기지 못했다. 그리하여 들뢰즈에 따르면 니체의 역할은 칸트의 오류들을 바로잡고 칸트의 기획을 구해내는 것이다.[13] 칸트의 비판이 지닌 우선적인 결함은 초월적 철학(transcendental philosophy) 자체가 지닌 결함이다. 다시 말해 감각적인 것(the sensible)을 넘어서는 영역에 관한 칸트의 발견은 비판적 힘들에 대한 도피처로서, 그리고 비판적 역량들에 대한 한계부여로서 효과적으로 기능하는, 비판의 경계 밖에 있는 지역의 창조이다. 이와는 반대로 총체적 비판은 유물론적이고 일원론적인 관점을 요구한다. 이러한 관점 속에서 전체적으로 통일된 지평은 비판이 가지고 있는 탐구에, 안정을 깨뜨리는 탐구에 열려있으며 노출되어 있다. 그러므로 비판이 부분적 비판으로 남아있어야 한다고 요구하는 (혹은 허용하는) 것은 초월적 방법 그 자체이다. 이상적 가치들이 초감각적인 것(the suprasensible) 속에서 안전하게 보호된 상태에서, 칸트적 비판은 진리와 도덕 그 자체를 위험에 빠뜨리지 않고서 진리와 도덕에 대한 주장[외침]을 다루는 것으로 나아갈 수 있다. 칸트는 지배적 질서의 기성 가치들에 효과적으로 면죄부를 부여하며, "따라서 총체적 비판은 타협책으로 돌아선다."[14] 칸트의 비판적 이성은 기성의 가치

---

13. 같은 책, p. 89. (한국어판, 『니체와 철학』, 164~165쪽)
14. 같은 책, p. 89 (한국어판, 『니체와 철학』, 166쪽)

들을 강화하고 우리로 하여금 그러한 가치들에 순종하도록 만드는 기능을 한다. "우리가 신, 국가, 부모에게 복종하기를 멈출 때 이성이 나타나서 우리더러 [신, 국가, 부모에게] 계속 복종하라고 설득한다."[15] 그러므로 초월적 평면의 설정 그 자체가, 그리고 그로 인해 결과된 비판의 부분성이 칸트주의를 보수적으로 만든다. 공평무사함을 가장하고서 칸트는 수동적인 국가 공무원으로서, 그람시의 용어를 쓰자면 전통적인 지식인으로서 나타나 지배권력들의 가치들을 합법화시키며 비판적 힘들로부터 그것들을 보호한다. 마침내 칸트의 비판은 너무 공손하며, '비판된 것의 권리들을 겸허하게 승인'[16]하기 때문에 자제된 것이다. 칸트는 근본적인 기성의 가치들에 대해 진지하게 의문을 제기하기에는 너무 점잖고 너무 예의를 차리고 있으며 너무 소심하다. 반면 총체적 비판은 어떠한 자제도 어떠한 권력의 제한도 인정하지 않으며 그렇기 때문에 필연적으로 반란적이다. 총체적 비판은 기성의 가치들과 그 가치들이 지지하고 있는 지배권력들에 대한 철저한 공격이어야만 한다. 비판은 언제나 폭력이다. 이것은 실재적 논란거리가 아니다. 논란거리는 비판이 가지고 있는 파괴적 힘이 어떤 범위와 한계에서 통치(reign)하는가이다.

칸트의 비판은 총체적이 되는 데 실패하고 있을 뿐 아니라 긍정적이 되는 데도 실패하고 있다. 요컨대 총체적이 되는 데 실패하기 때문에 긍정적일 수 있는 가능성도 차단된다. 총체적 지평을 문제삼으

---

15. 같은 책, p. 92. (한국어판, 『니체와 철학』, 171쪽. "우리가 신, 국가, 우리 부모에게 복종하길 그만둘 때, 우리에게 계속 순종적이길 설득하는 이성이 갑자기 나타난다.")
16. 같은 책, p. 89. (한국어판, 『니체와 철학』, 165쪽)

며 이전에 존재한 권력[역량]들을 탈안정화시키는 비판의 부정적이고 파괴적인 계기(pars destruens)는 생산적인 계기(pars construens)가 새로운 역량들을 속박에서 해방시킬 수 있도록 하는 영역이나 또는 새로운 역량들을 창조할 수 있도록 하는 영역을 깨끗이 청소해 놓아야 한다. 파괴는 창조를 위한 길을 열어준다. 그러므로 칸트의 이중적 실패는 실제로는 하나의 실패이다. 이러한 결론은 니체가 가치들에 초점을 맞추는 것에서부터 바로 뒤따라 나오는 것이다. "칸트는 가치의 관점에서 비판의 문제를 제기할 수 없었기 때문에 참된 비판을 수행하지 못했다는 점, 바로 이것이 니체가 작업에 착수하게 된 주요 동기들 가운데 하나였다."[17] 비판의 첫 번째 파괴적 부분의 부분성은 본질적인 기성의 가치들을 계속 살아남게 해주었으며, 따라서 가치-창조적인 역량, 구축적 역량에 필수적인 근거를 깨끗하게 해 놓을 수 없었다. 칸트의 비판이 결여하고 있는 '작용적[능동적] 심급'[18]은 바로, 진실로 입법하는(legislate) 심급이다. 입법한다는 것은 질서를 정당화하고 가치를 보호하는 것이 아니라 정확히 그 반대이다. 말하자면 새로운 가치를 창조하는 것이다.[19] 이와 같은 가치의 비판은 우리로 하여금 이해관계(interest)와 관점의 문제를 고려하도록 만든다. 우리는 절대적 지식과 보편적 가치를 결정하고 정당화하는, 힘들의 평면 외부에 있는 어떠한 초재적 입장도 받아들일 수 없기 때문에, 관점을 내재적 평면에 위치시켜야 하며 그 관점이 어떤 이해관계들

---

17. 같은 책, p. 1. (한국어판, 『니체와 철학』, 15~16쪽)
18. 같은 책, p. 89. (한국어판, 『니체와 철학』, 164쪽. '적극적인 심급')
19. 같은 책, p. 91. (한국어판, 『니체와 철학』, 169쪽)

에 이바지하고 있는가를 분명하게 해야만 한다. 그러므로 총체적 비판의 유일하게 가능한 원칙은 투시주의(perspectivism)이다.[20]

이렇듯 투시주의를 불러들이면서 칸트의 초월적 방법을 공격하는 것은 니체가 플라톤적 관념론에 대해 행한 공격과 긴밀하게 연결되어 있다. 들뢰즈는 철학적 탐구에 생명을 불어넣는 '질문의 형식'에 대해 고찰함으로써 이 문제에 접근한다. 들뢰즈의 주장에 의하면, 플라톤적 탐구에 있어서 중심적인 물음은 '~은 무엇인가?'(*Qu'est-ce que?*)이다. '미(美)란 무엇인가? 정의란 무엇인가? 등등.'[21] 하지만 니체는 중심적 질문을 *Qui?*로 바꾸기를 원한다. '누가(who) 아름다운가?', 아니 그보다는 '어떤 것(Which one)이 아름다운가?' 다시 한번 공격의 초점은 초재적[22] 방법이다. '*Qu'est-ce que?*'는 특히 초재적 질

---

20. 같은 책, p. 90. (한국어판, 『니체와 철학』, 167쪽) [니체에 의하면 perspectivism은 비판적 태도이다. 즉 니체는 세계에 대한 개념적 관점만을 표현할 뿐인 이러한 인식 개념들과 실리적 관점만을 가리키는 지배적 가치들을 관점(perspective)으로 이해하고자 한다. 사실상 인식 개념과 기존의 가치는 인간의 허영심을 드러내 보일 뿐이다. 니체의 이 비판적 태도는 바로 소피스트와 희랍의 회의론자에서 기원을 찾을 수 있다. 보통 '관점주의'로 옮겨지거나 음을 채택한 '퍼스펙티비즘'으로 사용되지만 여기서는 '투시주의'라고 옮긴다. 한편 앞의 베르그송에 관한 장을 비롯해서 이 책 전체에서 하트는 perspective라는 단어를 자주 사용하는데, 여기에서는 그냥 '관점'이라고 옮겼다. – 옮긴이]
21. 같은 책, p. 76. (한국어판, 『니체와 철학』, 143~144쪽)
22. [옮긴이 주] 여기에서는 transcendental을 '초재적'이라고 옮겼다. 들뢰즈는 칸트의 초월 철학이 초감각적인 초월적 평면을 만들면서 비판을 끝까지 밀어붙이지 않는다고 비판하는데, 사실 여기에는 초월이 어느새 초재가 되었다는 비판이 함축되어 있다고 보아야 할 것 같다. 즉, 불완전한 비판은 그것이 비판하고자 하던 대상과 다시 닮게 되는 것이다. 게다가, 지금 논의되는 대목, 즉 "*Qu'est-ce que?*"라는 질문은 초월적 질문이라기보다는 주체와 객체, 나아가 그것의 본질에 대한 물음이기 때문에 당연히 초재적 질문이다. (그렇다고 본질에 대한 물음이 모두 초재적인 것은 아니다. 이에 대해서는 아래의 각주 71을 참조하길 바란다.) 따라서 칸트를 언급할 때는 '초월적'이라는 단어가 쓰이다가, 갑자기 '초재적'이라는 단어로 변환되어 다소 혼동을 초래할 수는 있지만,

문이다. 그것은 위에 서서, 다양한 물질적 사례들(instantiations)에 질서를 부여하는 초감각적인 원리로서 초재적인 이상을 찾으려 한다. '*Qui?*'는 특정한 관점에서 실재적 힘들의 운동에 주목하는 유물론적 질문이다. 결국 이 두 질문은 질문에 대한 답변이 다르기 때문에 상이한[차이나는] 세계를 가리킨다. 들뢰즈는 유물론적 질문을 나중에 '극화의 방법'이라고 부른다. 그리고 그것이 (아마도 헤겔의 저술에서만을 제외하고는) 철학사 전반에 걸쳐 일차적인 탐구 형식이라고 주장한다.23 그러므로 극화의 방법은 투시주의를 이해관계 및 가치에 관한 비판의 일부로서 정교화한 것이다. "'참이란 무엇인가(*qu'est que le vrai*)?'라는 추상적 질문을 제기하는 것으로는 충분하지 않다. 오히려 우리는 '누가 참을 원하는가(*qui veut le vrai*), 언제, 어디서, 어떻게, 그리고 얼마나 많이?'라고 물어야 한다."24 '*Qu'est-ce que?*'라는 질문에서 공격의 대상은 이 물음이 함축하고 있는 초재적 공간, 기성

전체적인 맥락에서 이해해주기 바란다.
23. 이것은 헤겔에 대한 공격에서 들뢰즈가 다소 과도한 것처럼 보이는 한 사례이다. "철학사 전반을 검토해보면서 누구는 '*Qu'est-ce que?*'라는 질문에 앞설 수 있는, 어떤 철학을 헛되이 추구할 수 있을 것이다 … 아마도 헤겔, 어쩌면 유일하게도 헤겔이 바로 그 사람일지 모르겠다. 왜냐하면 그의 변증법—그의 변증법은 공허하고 추상적인 본질의 변증법이다—은 모순의 운동과 분리된 것이 아니기 때문이다"("La méthode de dramatisation", p. 92). 논문 발표에 이은 토론에서, 페르디낭 알끼에는 다음과 같이 들뢰즈를 격렬하게 비난했다. "그렇게 빨리 '*Qu'est-ce que?*'라는 질문을 거부하다니 정말 유감입니다. 또 나는 모두(冒頭)에서 마치 우리를 협박하려는 듯이, 헤겔을 빼고는 어느 철학자도 이 질문을 제기하지 않았다라고 말씀하신 당신의 이야기를 받아들일 수 없습니다"(p. 104). 내가 믿기로, 알끼에는 헤겔이 그렇게 쉽게 선발될 수 없을 뿐더러 또 많은 철학자들(플라톤, 라이프니쯔, 칸트 등등)이 다양한 각도와 다양한 맥락에서 '*Qu'est-ce que?*'라는 질문을 강조해왔었다고 주장하는 것 같다.
24. "La méthode de dramatisation", p. 95.

의 가치들에게 탐구와 비판의 파괴적 역량으로부터의 피난처를 제공하는 초재적 공간이다. 비판으로부터 면제된 이 초재적 공간은 질서의 중심(locus)이다. 우리는 이 논증에서 베르그송적 영감을 명백하게 탐지할 수 있다. '*Qu'est-ce que?*'라는 물음은 두 가지 오류를 함축하고 있기 때문에 여전히 추상적이다. (1) 그것은 운동의 동학[역동]에서보다는 정적인 퀴디타스에서 본질을 구한다. (그러므로 그것은 본성의 차이가 아닌 정도의 차이만을 드러낼 수 있다.) (2) 그것은 형상인이나 목적인(정의와 진리의 형식, 유일한 정의와 유일한 진리의 형식)을 실재에 질서를 부여하는 원칙으로 가정한다. 우리를 의지와 가치의 영역으로 데려가는 '*Qui?*'라는 물음은 존재의 내재적 동학[역동]을, 분화의 내부적, 내활적 힘을 요구한다.

논평: '비인격적' 니체에 대한 들뢰즈의 선택

그렇지만 우리는 '*Qui*(누구)?'라는 물음에 대해 주의해야 한다. 왜냐하면 들뢰즈의 니체에게 있어서 이 물음이 구하는 답은 개별 주체나 집단적 주체 속에서 결코 찾을 수 없을 것이며, 오히려 전(前)주체적 힘이나 의지에서 찾을 수 있을 것이기 때문이다. 이 구절을 영어로 번역할 때 제시되는 어려움은 문제를 명확하게 드러나게 하는 데 도움이 된다. 휴그 톰린슨(Hugh Tomlinson)은, 'who'가 '*qui*'의 번역어로서 기능할 수 없다고 언급한다. 왜냐하면 이렇게 번역하는 것은 탐구를 어떤 인격으로 향하게 만들기 때문이다. 그래서 그는 들뢰즈의 제안에 따라 'qui'를 'which one'(어떤 것)25으로 번역한다. 들뢰즈는 더 나아가 영역판 서문에서 이러한 뉘앙스를 설명하려고 노력한다. "여기서 우리는 모든 '인격주의적'(personalist) 지시체들을 제거해야 한다. … 인 것(the one that …)이라는 것은 한 개체, 한 인격을 가리키는 것이 아니라 차라리 하나의 사건을, 즉 하나의 명제나 현상 속에서 다양한 관계를 맺고 있는 힘들과 이 힘(역량)들을 결정하는 발생적(genetic) 관계를 가리킨다."26 'Qui?'라는 질문의 비인격적 본성에 대한 이와 같은 주장은 'Qu'est-ce que?'라는 질문이 추상적이라는 들뢰즈의 비난을 또 다르게 해명해주고 있다. 비인격적 'Qui?'가 보다 구체적인 이유는, 그것이 특정한 주체들이나 행위자들(agents)의 위치를 정하기 때문이 아니라, 작용적 인과성의 유물론적 영역 위에서 작용하기 때문인 것이다.

인격주의적 지시체들을 채택하지 않고서 니체를 독해하는 것은 종종 힘든 일이다. 니체를 그러한 방식으로 독해하는 오랜 전통이 있어왔을 뿐 아니라, [실제로] 니체를 '인격적으로' 독해하지 않을 수 없는 몇몇 구절들을 인용하는 것도 어려운 일은 아닐 것이다. 여기서 우리는 들뢰즈의 선택성에 관한 아주 분명한 사례를 갖게 된다. 사실 들뢰즈는 니체를 논리적인 용어로 읽기 위해서, 즉 전(前)주체적인 힘들의 장에 생명을 불어넣는 의지와 가치의 논리로서 읽기 위해서,

---

25. *Nietzsche and Philosophy*, p. 207, 각주 3.
26. 같은 책, p. 11. (한국어판: 질르 들뢰즈, 『니체, 철학의 주사위』, 신범순·조영복 옮김, 인간사랑, 1993, 14쪽) [민음사에서 출판된 『니체와 철학』에는 들뢰즈가 영어판에 붙이는 서문이 빠져 있고, 이것은 인간사랑에서 출간된 『니체, 철학의 주사위』에 번역되어 있다. 그러나 여기에 실은 번역은 옮긴이가 새롭게 한 것이다 - 옮긴이])

니체에게 베르그송식의 접근방법을 가지고 간다. '*Qui?*'라는 질문을 할 때마다 우리는 그 대답을 위해 어떤 힘에의 의지에 주목하게 될 것이다.27 들뢰즈의 연구는 베르그송적인 존재의 논리학에서 니체적인 의지의 논리학으로 이동한다. 그러므로 들뢰즈의 선택이 그의 기획이 지니고 있는 범위와 얼마나 일치하고 있는 것인가는 명백하다. '비인격적' 해석 전략은 또한 정치적 선택으로 보일 수도 있다. 사실상 들뢰즈의 독해가 니체 연구에 그렇게도 심대한 영향을 미친 것은 부분적으로 다음과 같은 이유에서이다. 즉 그것은 니체의 개인주의와 반동적 정치학을 운운하는 주장들의 힘—이들은 대부분 '인격주의적' 해석 및 선택을 둘러싸고 집중되어 있다—을 피해가거나 효과적으로 흐트러뜨리는 가운데 니체의 사상을 온전하게 잘 보호했기 때문이다. 하지만 나는 비록 이러한 선택이 들뢰즈에게 필연적인 것일는지 모르지만, 실제로 바로 이 '비인격적' 측면으로 인하여 들뢰즈가 니체 안에서 윤리적, 정치적 광맥을 개발함에 있어 한계를 드러내게 된다는 점을 논증할 것이다.

3. 노예 논리와 내활적 역량

지금까지 우리는 칸트와 플라톤이라는 가장 가까운 적들에 대한 들뢰즈의 니체적 공격을 고찰했다. 근본적인 적인 헤겔에 대한 직접적인 니체적 공격은 처음에는 베르그송적인 형식 속에 나타난다. 베

---

27. 같은 책, p. 53을 참조하라. (한국어판, 『니체와 철학』, 108쪽)

르그송에 대한 저술들에서처럼, 변증법에 대한 들뢰즈의 최초의 비난은 또 다시, 그것[변증법]이 존재에 관한 구체적이고 단독적인 개념화에 도달할 수 없는 부정적 운동에 의해 이끌려 진다는 것이다. 모순과 대립은 오로지 추상적 결과만을 제공할 수 있으며,28 존재의 미묘한 뉘앙스나 존재의 단독성을 알아보지 못하는, 존재에 관한 추상적인 결정으로 나아갈 뿐이다. "헤겔 논리학의 존재는 자기 자신의 대립자 속을 지나가면서 자신을 긍정하는, 순수하고 공허한, 단지 사유된 존재일 뿐이다. 그러나 그 존재는 결코 그 대립자와 다르지 않았다. 그것은 이미 존재했던 것 속을 지나가서는 안 되었다. 헤겔의 존재는 순수하고 단순한 무이다."29 이러한 공격이 갖고 있는 핵심은 헤겔적 존재가 추상적일 뿐이며, 실제로는 그 대립물과 다르지 않다는 것이다. 하지만 들뢰즈는 여기서 그러한 주장들을 위한 어떠한 실질적인 기반도 제공하지 않는다. 그러므로 그러한 주장들은, 우리가 그것들 속에서 결정에 대한 베르그송적 비판을 읽어내지 않는다면, 다소 공허한 것처럼 들릴 것이다. 우리는 베르그송이, 실재에 대한 부정확한 관점에 의해 바라보았을 때 차이는 실재적 차이들로부터의 추상을 통해 단지 대립으로서 여겨질 뿐이라고 주장하는 것을 보았다. 실재적 차이가 '줄곧' 대립으로 가는 것은 아니다. 더구나 '대립자 속을 지나가는' 이 헤겔적 존재에 함축된 운동은 완전히 외부적인 운동, 그러므로 거짓 운동이며, 실재적이고 구체적인 긍정으로 더 이상 다가설 수 없다. 그리하여 헤겔적인 존재론적 운동은 추

---

28. 같은 책, p. 157. (한국어판, 『니체와 철학』, 276쪽)
29. 같은 책, p. 183. (한국어판, 『니체와 철학』, 316쪽)

상적이고 우연적인 것으로 남아있다. 결국 들뢰즈의 니체는 결정의 부정적인 존재론적 운동이 갖는 추상적 성격에 대한 이와 같은 베르그송적 분석을 이미 주어진[당연한] 것으로서 간주하고 있다.

일단 우리가 베르그송적 논증들이 이러한 논의의 기반으로서 기능하고 있다는 것을 인식하고 나면, 들뢰즈가 니체에게서 베르그송적 대안을 발견하는 것은 놀라운 일이 결코 아니다. "부정과 대립과 모순이라는 사변적 요소들을, 니체는 차이라는 실천적 요소로 대체한다."[30] 이는 투쟁의 용어들이 보다 구체적으로 되었다는 것을 우리가 알 수 있다는 것을 제외하고는 바로 베르그송을 상기시킨다. '사변적 요소'는 이제 '실천적 요소'와 대립한다. 사실 들뢰즈의 사유에서 니체의 도래는 베르그송적인 이론 무대를 아주 중요한 기여로 변형시킨다. 말하자면 더 이상 우리가 순수하게 논리적인 범주들(외부적 차이 대 내부적 차이, 부정적인 존재론적 운동 대 긍정적인 존재론적 운동)을 갖지 않는다. 대신 이제 논리학은 의욕(volition)과 가치의 용어들(부정 대 긍정, 내면성 대 외면성)로 제시된다. 힘들의 지평으로의 이러한 이동은 우리가 앞서 베르그송 연구의 두 번째 국면에서 주목했던 들뢰즈 사유의 경향을 표식한다. 가치의 영역으로의 위치전환(transposition)은 존재론에서 윤리학과 정치학으로 나아가는 우리의 궤적의 출발점을 표식한다.

이러한 새로운 영역이 지닌 복잡성과 니체적 변형이 갖는 중요성은, 들뢰즈가 노예 논리에 대한 니체의 논쟁을 다루고 그럼으로써 헤

---

30. 같은 책, p. 9. (한국어판, 『니체와 철학』, 30쪽)

겔적 변증법에 대한 새로운 공격을 발전시키면서 분명해 진다. "니체는 변증법을 평민의 사변으로서, 노예의 사고방식으로서 제시한다. 그리하여 모순의 추상적 사유는 긍정적 차이의 구체적 느낌보다 우세하다."31 이 새로운 지형에서, 우리는 두 개의 철학적 방법을 대표하는 극적 등장인물들을 갖는다. 추상적 사변의 노예 대 구체적 파토스와 실천의 주인. 하지만 우리는 매우 어려운 항로에 진입하고 있으며, 처음부터 들뢰즈 주장의 특정한 핵심초점과 논쟁적 내용을 신중하게 인식해야 한다. 분명 들뢰즈는 『도덕의 계보학』을 헤겔에 대한 가차없는 공격으로서 독해하고 있다. 하지만 어떤 헤겔에 대한 공격인가? 우리가 주인과 노예를 다루고 있으므로, 들뢰즈의 표적은 『정신현상학』이거나 아니면 아마도 『정신현상학』에 대한 꼬제브의 대중화된 판본이라는게 분명한 것 같다. 하지만 우리가 이것을 초점으로 설정할 경우 들뢰즈의 공격은 다소 방향이 빗나간 것처럼 보인다. 쟝 빨(Jean Wahl)은 『니체와 철학』에 대한 매우 신중하고도 지적인 연구에서 이러한 공격이 지닌 약점을 지적한다. "『정신현상학』에는 니체의 비판에 저항할 수 있는 어떤 아주 심오한 내용이 없다는 말인가?"32 들뢰즈의 니체가 『정신현상학』에서의 헤겔의 중심 초점과 직접 맞서고 있는 것이 아니라는 것을 언급한다는 점에서 빨은 분명 옳다. 그런데 이러한 사실은 우리가 아마도 일차적인 표적을 오해했

---

31. 같은 책, p. 10. (한국어판, 『니체와 철학』, 32쪽. "니체는 변증법을 평민의 사변으로, 노예의 사고방식으로 제시한다. 즉 그때 모순의 추상적인 사고가 적극적 차이의 구체적 감정보다 우세하다.")
32. Jean Wahl, "Nietzsche et la philosophie", *Revue de métaphysique et de morale*, no. 3, 1963, p. 364.

음을 가리킨다. 여기서 우리는 앞서의 '예비적 논평'에서 제시했던 첫 번째의 방법론적 원리를 가다듬을 필요가 있다. 논쟁이 '누구에 반(反)하고' 있는 것인가 뿐만 아니라 어떤 특정한 논점에 반(反)하고 있는 것인가도 인식할 필요가 있다.

여기에 제시된 니체적 공격을 헤겔의 『논리학』에 반대하는 논쟁의 연속으로 독해한다면, 니체의 공격에 대한 좀 더 적합한 견해를 얻을 수 있다. 사실 들뢰즈는 베르그송에게서 발전된 논리학적 공격을 받아들였고, 거기에 의지의 문제를 덧붙인다. '누가 부정적인 존재론적 운동을 의지하는가?' 이것은 극화의 방법이다. 베르그송에게서 들뢰즈는 '존재의 부정적 논리학은 무엇인가?'라는 플라톤적 질문을 한다. 하지만 이제 니체와 더불어 그는 의지에 입각해 탐구를 극화함으로써 논의를 보다 구체적으로 만들 수 있다. 하지만 '*Qui?*'라는 질문은 그 대답을 개인이나 집단에서 발견하지 못하며, 심지어 하나의 사회적 계급에서조차도 발견하지 못한다는 것을 유념해야 한다. 오히려 '*Qui?*'는 우리로 하여금 어떤 종류의 힘, 혹은 의지의 특별한 질을 분명하게 만든다. 그렇다면 이러한 극화에서 노예는 '부정적 운동에의 의지'라는 역할을 맡은 등장인물이다. 니체는 노예의 추론법을 자기긍정에 도달하기 위한 거짓 시도라고 제시한다. 다시 한 번 말하겠지만 우리가 비록 자기긍정의 문제를 다루고 있다 하더라도 이러한 논의는 의식의 주체와 아무 상관이 없는 것이다. 오히려 그 논의는 두 명의 등장인물에 입각해서 극화된 가치평가의 논리를 엄격하게 다루고 있다. 노예는 부정적인 가치평가의 논리라는 역할을 맡는다. '너는 사악하다, 그러므로 나는 선량하다.' 주인의 추론법은 그 역이다. '나는 선량하다, 그러므로 너는 사악하다.'[33] 들뢰즈는 두 경우에 있어서 '그러므로'의 상이한 기능에 초점을 맞춤으로써, 이것을 논리적 운동의 문제로 훌륭하게 되돌려 놓고 있다. 주인의 추론법에서 첫 번째 절은 독립적이며, 그러므로 본질적이고 긍정적인 진술을 담지한다. '그러므로'는 단지 하나의 부정적인 상관항(correlate)을 도입하고 있을 뿐이다. 들뢰즈의 서술에서 주인의 논리는 가치평가에 있어서의 일종의 작용적 인과성으로서 나타난다. 효과는 원인에 대해 완전히 내부적이며 논리적 유출을 통해 나타난다. '그러므로'는 내부적 운동의 필연성을 표식한다. 하지만 노예의 추론법에서 '그러므로'는 완전히 상이한 역할을 한다. 그것은 긍정적인 결론에 도달하기 위해서 부정적인 첫 구절을 역전시키려고 한다. 노예의 논리는 두 개의 대립적인 절들을 관련짓게 하기 위해서 '그러므로'라는 논리적 연산자(operator)를 사용해서 완전히 외부적인 운동을 작동시키려고 한다. 만일 우리가 이러한 논리를 인과적 항으로 제기하려고 한다면, 우리는 노예의 '그러므로'가 단지 우연에 의한 원인(*causa per accidens*)만을 표식할 수 있을 뿐이라는 것을 발견한다. 나아가 노예의 두 번째 절은 실재적 긍정이 될 수 없는데, 그것은 효과('나는 선량하다')가 그것의 원인('너는 사악하다')보다 더 많은 완전함이나 실재성을 포함할 수 없기 때문이다. "이것이 노예의 이상한 추론법이다. 노예는 긍정의 외관을 만들기 위해서 두 개의 부정을 필요로 한다."[34] 들뢰즈는 분명 변증법의 부정적 운동에 대한 베르그

---

33. *Nietzsche and Philosophy*, p. 119. (한국어판, 『니체와 철학』, 214쪽)
34. 같은 책, p. 121. (한국어판, 『니체와 철학』, 217~218쪽)

송적인 논리적 비난에 의존하고 있다. 변증법의 결정과 마찬가지로 노예의 긍정은 단지 '존속적 외면성'만을 낳는 거짓 운동이다.

노예 논리에 대한 이와 같은 최초의 니체적 비판은 그것의 기반으로서 베르그송을 되돌아본다. 하지만 (이제 의지와 힘이 역할을 하게 되었으므로) 들뢰즈는 또한 고개를 앞으로 돌려 스피노자를 바라보면서 한층 더 강력한 비판을 발전시킬 수 있다. 부정은 힘들의 장에서 상이한 형태를 띤다. 노예 추론법의 ('그러므로'에 포함되어 있는) 두 번째 부정은 순수하게 논리적인 부정인 반면 첫 번째 부정('너는 사악하다')은 부정적 가치평가(evaluation)이다. 들뢰즈의 설명에 따르면 노예 관점에서 보았을 때 타자에게 주어진 부정적 가치는, 타자가 단지 강하기 때문이 아니라 타자가 그 강함(strength)을 제한하지 않기 때문에 타자에게 부여되는 것이다. 바로 이 점이 들뢰즈가 우선적인 노예 거짓추리(paralogism)를 위치시키는 지점이다. 최초의 가치평가적 부정은 '힘이 스스로 할 수 있는 것에서 분리되는 힘에 관한 허구'[35]에 기초하고 있다. 노예의 논리는 강자의 힘을 또 다른 힘과 대립시킴으로써가 아니라 강자의 힘을 두 개의 부분으로 분할하는 '허구'에 의해서 강자의 힘을 부정한다. 이 허구적 분할은 사악함을 전가(imputation)할 수 있는 공간을 창조한다. 강한 것이 사악한 것이 아니라, 그 강함을 행위(action)로 옮기는 것이 사악한 것이다. 노예의 가치평가적 부정은 역량[권력]의 본성에 대한 거짓 개념화에 토대를 두고 있다. 노예의 주장에 따르면, 역량은 힘들의 장에 외면

---

35. 같은 책, p. 123. (한국어판, 『니체와 철학』, 220쪽)

적이거나 초재적인 능력으로, 이 능력은 활동 속에서 표방[manifest, 표명]될 수도 있고 되지 않을 수도 있다. 이렇듯 역량을 두 개의 부분으로 나누는 것은 '허구적인' 인과관계의 창조를 허용한다. "마치 힘이 구별되고 분리된 원인이었다는 듯이 표방은 힘을 가리키는 효과로 변화한다."[36] 노예는 힘이 단지 형상인으로서만 나타나는 관계를 설정한다—힘은 가능적 표방을 재현한다.[37] 하지만 니체의 주인은, 역량이 오직 행동 속에서[현동적으로](*en acte*)만 실존하며 그것의 표방으로부터 분리되지 않는다고 주장한다. "구체적 힘은 최종 결과까지, 역량이나 욕망의 끝까지 가는 것이다."[38] 주인은 힘과 그것의 표방 사이에서 내부적이고 필연적인 관계를 파악한다.

여기서 들뢰즈의 주장 뒤에 있는 추론은 어떤 것인가? 어떠한 논리로 인해 노예의 역량은 단지 '허구'일 뿐이고, 주인의 역량은 보다 실재적이고 구체적이란 말인가? 분명 이는 단순히 경험적인 관찰로서 해석될 수 없다. 왜냐하면 니체는 노예의 역량이 매우 실재적이

---

36. 같은 책, p. 123. (한국어판, 『니체와 철학』, 221쪽. "사람들은 그 표명을 그들이 구별되고 분리된 원인으로서의 힘에 결부시키는 결과로 만든다.")
37. 이러한 니체적 맥락에서, 들뢰즈는 마치 이것이 인과성 그 자체에 대한 공격이라는 식의 주장을 전개한다. 그러나 이것을 다시 베르그송을 다룬 절에서 이미 발전시켰던 내부적인 원인이라는 개념으로 되돌려 놓는 것은 어려운 일이 아니다. 간단히 말해서 이것은 우리가 이 주장을 인과성에 대한 공격이 아니라 내부적인 원인에 대한 긍정으로 독해하면 더 명확해진다. 더 나아가 나는, 인과성에 대항한 니체의 전반적인 논쟁은 외부적인 원인에 대항한 논쟁 및 내부적인 원인에 대한 긍정으로서 생산적으로 읽힐 수 있다고 주장하는 바이다. 니체의 주장에 대한 예로서는, "The Four Great Errors", *Twilight of the Idols*, pp. 47~54를 보라.
38. 같은 책, p. 53. (한국어판, 『니체와 철학』, 117쪽) [여기에서 p. 53은 p. 59를 잘못 표기한 것이다. — 옮긴이]

며, 참으로 '항상 강자들을 약자들로부터 방어해야만 할'39 정도로 노예의 역량이 역사 속에서 더 우세한 개념이라고 말한 최초의 사람이기 때문이다. 이러한 논증을 이해하기 위해서 우리는 그것을 존재론적 평면에로 다시 끌고 가야 한다.40 앞에서도 언급했듯이 스콜라 철학적 존재론에서 존재의 본질은 존재의 '능산성'과 '소산성'이다. 혹은 스피노자적 용어를 쓴다면 역량이 존재의 본질이다.41 그러므로 노예의 개념화는 외부적 인과관계를 설정함으로써 존재의 역량 속에 우연적 질(質)을 도입한다는 바로 그 이유 때문에 '허구'인 것이다. 주인 논리는 원인에 대해 내부적인, 즉 존재에 대해 내부적인 결과와 표방을 설정함으로써 좀 더 실질적인 역량 개념을 제공한다. 이러한 가치평가는 유물론적 존재 개념에서 도출된다. 서양 철학의 가장 엄밀한 유물론자 가운데 한 명이었던 윌리엄 오캄(William Ockham)은 요점을 다음과 같이 명백하게 표현하고 있다.

"잠재적 실존[ens in potentia]과 현실적 실존[ens in actu]의 구별42은 …

---

39. 같은 책, p. 58. (한국어판, 『니체와 철학』, 115쪽)
40. 들뢰즈는 내활적 역량에 대한 이 논쟁적 명제(proposition)를 가지고 오랜 철학적 전통에 참여하고 있다. 아마도 그 궁극적 근원은 『형이상학』 5권에서 [존재를] 잠재적 존재와 현실적 존재로 나눈 아리스토텔레스의 구별에서 찾아볼 수 있을 것이다. 그러나 이 논의는 오캄에서 맑스에 이르는 유물론적 전통 전반에 걸쳐 다양한 형태로 찾아볼 수 있다. 실제로, 스피노자의 *potestas*와 *potentia* 사이의 구별은 — 이것은 안또니오 네그리의 독해에서 핵심적인 역할을 한다 — 니체의 노예적 역량 및 주인적 역량의 용법과 매우 밀접하게 관련이 있다. 네그리의 스피노자 해석에서의 이 구별에 대한 설명으로는, *The Savage Anomaly*에 부치는 나의 서문, "The Anatomy of power", pp. 11~16을 참조하라(한국어판, 「영역자 서문 : 권력의 해부」, 『야만적 별종』, 37~45쪽).
41. *Ethics*, IP34. (한국어판, 『에티카』, 54쪽, 1부 정리 34. "신의 능력은 신의 본질 자체이다.")

2장 니체의 윤리학 127

우주 안에 있지 않지만 우주 안에 실존할 수 있는 어떤 것이 진정으로 하나의 존재(a being)라는 것을, 혹은 우주 안에 있는 다른 어떤 것이 또한 하나의 존재(a being)라는 것을 의미하는 것이 아니다. 그보다 아리스토텔레스가 '존재'(being)를 가능성(potentiality)과 현실성으로 구분할 때 … 그는 '존재'[임]라는 명칭이, 단지 어떤 사물과 관련된 하나의 사실을 진술하는 명제 속에서, 그리고 가능성의 양태를 포함하는 명제와는 등가를 이루지 않는 명제 속에서, '있다'[is, 이다]라는 동사에 입각해 어떤 사물을 서술하는 것이라는 염두에 두고 있는 것이다. … 그리하여 아리스토텔레스는 같은 곳에서 '존재[임]는, 앎(knowledge)이나 정지(rest)가 그런 것과 마찬가지로, 가능(potential)과 현실(actual)로 구분될 수 있다'고 주장한다. 그런데 그는 어떤 것도 그것이 현실적으로 알고 있거나 정지하고 있지 않다면, 알고 있거나 정지하고 있는 것이 아니라고 단언하고 있다."[43]

오캄의 통찰력은 우리를 곧바로 주인의 역량과 노예의 역량에 관한 들뢰즈의 니체식 구별이 지닌 핵심으로 나아가게 한다. " '있음'(임)이라는 명칭은 … '있다'(이다)라는 동사에 입각해 어떤 사물을 서술하는 것이다"고 말하는 것은 존재의 역량이 필연적으로, 내활적으로 그것의 표방과 연결되어 있다고 말하는 것이며, 존재의 힘은 '그것이 할 수 있는 것'으로부터 분리될 수 없다고 말하는 것이다. 노예의 역량 개념은 존재의 실재적인 실질적 본성을 인식하지 못하

---

42. [옮긴이 주] 영어 원문대로 옮기긴 했지만, 문자 그대로 번역하면, ens in potentia는 '가능성 속의 존재자'(가능적 존재자), ens in actu는 '현실 속의 존재자'(현실적 존재자)가 되어야 한다. 실존을 가리키는 라틴어 existentia는 따로 있다.
43. William Ockham, *Philosophical Writings*, p. 92.

기 때문에, 그리고 가능성 개념을 통해 잠재[적인 것, the potential]와 현실[적인 것, the actual] 간의 분리를 유지하려 하기 때문에 '허구'이다. 노예 역량은 실재적이며 명백히 실존한다. 하지만 그것은 실체의 실재적 표현으로서 실존할 수는 없다. 주인의 역량 개념은 존재를 그것의 현실적 능산성(productivity) 속에서 드러낸다. 다시 말해서 그것은 존재의 본질을 존재의 (단순히 가능적이거나 형상적이지 않은) 현실적이고 내활적인(efficient) 역량으로서 표현한다. 이러한 용어들로 논의의 틀을 잡으면서 우리는 니체의 주장이 역량의 양이 아닌 역량의 질과 관계를 맺고 있다는 것을 알 수 있다. "니체는 가장 강하지 못한 자가 아니라, 그의 힘이 어떻건 그가 할 수 있는 것에서 분리된 자를 약자 혹은 노예라고 부른다."44 역량에 대한 전체 논의는 강함(strength)이나 능력(capacity)과는 아무런 관계가 없으며 본질과 표방 사이의 관계, 역량과 역량이 할 수 있는 것 사이의 관계와 관계가 있다. 역량에 대한 이러한 담론에 니체가 기여하고 있는 것은 가치평가이다. 그는 역량의 표방에 내부적인 역량을 고귀하다고 판단한다.45

역량의 본성에 대한 이러한 분석은 이미 상당히 윤리학을 암시하고 있다. 들뢰즈는, 니체와 칼리클레스에 대한 흥미로운 비교를 통해 역량의 두 가지 유형이 지닌 윤리적, 정치적 함의들을 밝혀낸다.

---

44. *Nietzsche and Philosophy*, p. 61. (한국어판, 『니체와 철학』, 120쪽)
45. 역량의 두 가지 본성들에 대한 이러한 가치평가는 들뢰즈의 니체를 스피노자에 매우 가깝게 접근시키는 하나의 계기이다. "덕과 역량(*potentia*)을 나는 동일한 것으로 이해한다"(*Ethics*, IVD8, 한국어판, 『에티카』, 212쪽, 4부, 정의 8).

"칼리클레스는 자연과 법을 구별하려고 애쓴다. 그는 힘을 그것이 할 수 있는 것에서 분리시키는 모든 것을 법이라고 부른다. 이런 뜻에서 법은 약자들의 강자들에 대한 승리를 표현한다. 니체는 작용에 대한 반작용의 승리라고 덧붙인다. 사실상 힘을 분리시키는 모든 것은 반작용적[반응적]이고, 또 그것이 할 수 있는 것에서 분리된 힘의 상태도 반작용적[반응적]이다. 그와 반대로 자신의 능력 끝까지 갈 수 있는 모든 힘은 작용적[적극적]이다. 모든 힘이 끝까지 가는 것은 법이 아니라, 법의 반대이기조차 하다."[46]

이 구절은 스피노자의 정치적 글쓰기가 갖는 지형과 매우 흡사한 지형을 제시한다. 첫째 스피노자는 역량 = 덕 = 권리라는 등식을 긍정하며, 그러고 나서 정의(jus)를 법(lex)에 대립시킨다. 이러한 공식은 윤리학의 확장으로서, 그리고 실행 가능한(viable) 민주적인 정치학의 기반으로서 스피노자에게 이바지한다. 하지만 들뢰즈의 니체를 독해하고 있는 이 지점에서 우리는 이러한 윤리적이고 정치적인 지형을 정교화하기 위해서 필수적인 실천적이고 구축적인 요소들을 아직 가지고 있지 않다. 우리는 (실질적인 역량 이론이 내포하고 있는 역량 개념에 토대를 두고) 사법주의(juridicism)에 대한 공격에 기여할 수 있는 실질적인 역량 이론을 가지고 있다. 그러나 우리는 아직 이러한 공격을 보충할 수 있는 어떠한 긍정적인 대안도 가지고 있지 않다. 이러한 대안을 충실하게 살찌우기 위해서는 윤리적 실천 개념을 정교화할 수 있게 될 때까지 기다려야만 할 것이다. 그러므로 당

---

46. *Nietzsche and Philosophy*, pp. 58~59. (한국어판, 『니체와 철학』, 116~117쪽)

분간 우리는 역량에 관한 니체적 분석을 오로지 미래의 윤리학 및 정치학을 암시하는 것으로 독해할 수 있을 뿐이다.

주인 역량과 노예 역량에 대한 니체의 구별이 갖는 논리와 가치를 충실하게 하는 데 있어서 우리는 상당한 진전을 이룩했다. 하지만 헤겔의 주인과 노예가 이와 동일한 지형을 걸어다니고 있지 않다는 것은 분명하다. 헤겔의 노예는 의식과 독립에 마음이 가 있다. 그는 자신의 죽음에 너무 마음이 뺏겨 있기 때문에, 자신의 일에 대한 생각에 너무 사로잡혀 있기 때문에 가치의 물음을 제기할 수 없다.[47] 명백히 앞의 논의는 『정신현상학』을 다루고 있는 것이 아니었다. 들뢰즈는 니체적 공격을 헤겔의 주인과 노예에 맞서게 하는 것이 아니라 헤겔의 『논리학』으로부터 생겨난 외삽에 맞서게 한다. 우리는 더 이상 '존재의 변증법적 논리학은 무엇인가?'라고 묻지 않으며 '누가 이러한 논리학을 의지(will)하는가?'라고 묻는다. 이것이 우리로 하여금 주인의 가치평가와 노예의 가치평가로 나아가게 하는, 그리고 두 개의 역량 개념으로 나아가게 하는 추론의 선이다. 그리하여 들뢰즈는 헤겔에 대한 두 번째 순서의 비판을 감행하는데, 이러한 비판은 베르그송적 논리학 위에서 세워지고 스피노자적 정치학을 예견한다. 우리는 헤겔에 관한 들뢰즈의 공격 전술이 다소 변화했다는 것을 지목해야 한다. 비록 수사학이 강화되긴 했지만, 반론은 더 이상 직접 헤

---

47. 마리오 뜨론띠는 헤겔의 주인-노예 변증법이 결여하고 있는 것이 바로 가치의 문제임을 말하고 있다. 바로 이 때문에 맑스는 자신의 노동가치 개념에 도달하기 위해서, 헤겔의 비판과 리카도의 비판을 결합시켜야만 했다(*Operai e capitale*, pp. 133~143). [마리오 뜨론띠가 쓴 *Operai e capitale*의 영역본은 http://www.geocities.com/cordobakaf/tronti workers_capital.html에서 찾아볼 수 있다. – 옮긴이]

겔의 논증에 적용되지 않는다. 그것은 헤겔로부터 생겨난 파생물에, 헤겔의 변증법이 함축하고 있는 것에 마음을 기울인다. 이 새로운 전술은 들뢰즈에게 헤겔적 용어법으로부터 더 많은 자율성을 제공해준다. 사실상 그것은 변증법을 들뢰즈의 (이 경우는, 의미와 가치의) 영역으로 옮겨 놓으며, 그리하여 들뢰즈는 거기서 전투를 수행할 수 있게 된다.

논평: 부정성의 부활

스티븐 홀게이트가 『헤겔, 니체 그리고 형이상학 비판』에서, 노예의 논리에 대한 들뢰즈의 비난에 대해 반응한 것을 막간극 식으로 논평하는 것은 우리가 제시했던 논점이 지닌 중요성의 틀을 파악하는 데 도움을 줄 것이다. 홀게이트의 기획은 프랑스 니체주의자들이 (특히 들뢰즈가) 영향력을 발휘하고 있는 최근의 비난들에 맞서 헤겔을 방어하는 것이며, 또한 충실한 헤겔주의자가 그러는 것처럼, 헤겔이 니체적 비판들로는 논박될 수 없을 뿐만 아니라 현실적으로 니체적 기획을 니체 자신이 했던 것보다 더 훌륭하게 완성해내고 있다는 것을 증명하면서 공격을 무력화시키는 것이다. 그는 들뢰즈의 니체주의에 맞서 두 가지 중심적 반격을 가하고 있다. (1) 그것[들뢰즈의 니체주의]은 결정을 위해서는 헤겔의 부정적 논리학이 필요하다는 것을 통찰하지 못하고 있다. (2) 그것의 자기(self)에 대한 개념화는 진정한 내면성을 성취하기 위한 요구사항들을 만족시키지 못한다. 들뢰즈 작업의 진화와 들뢰즈의 기획의 발전에 대한 우리의 독해를 생각해보면 이 두 가지 논점이 표적을 상당히 벗어났다는 것은 명백하다. 훌게이트는 이렇게 설명하고 있다.

"헤겔의 변증법은 사실상 사물들 사이의 특정한 차이들에 대한 시초적인 외부적 부정에 기초하고 있지 않으며, 따라서 그것은 들뢰즈가 주장하듯 허구적 개념들의 추상적 세계로의 도피를 구성하지 않는다. … 헤겔의 『논리학』에 의하면 한 사물은, 만약 그것이 … 어떤 결정적 특성들을 갖고자 한다면 … 즉자적으로 어떤 다른 것의 부정이어야만 한다. 부정적으로 결정되지 않거나 매개되지 않은 실재적이거나 특정한 어떤 것의 개념이야말로 바로 변증법적 철학이 불가능하다고 보여주고 있는 바이다. 하지만 들뢰즈는 헤겔의 요점을 보지 못하고 있다."[48]

'모든 결정은 부정이다'(*Omnis determinatio est negatio*). 훌게이트는, 결정을 원한다면 부정을 가져야 한다는 것을 우리에게 상기시키고 있다. 들뢰즈는 베르그송 연구들에서 자신도 이 점에 동의한다는 것을 우리에게 보여주었다. 하지만 들뢰즈는 결정을 원하는 사람이 아니다. 우리는 헤겔적 존재에 기반을 부여하고 있는 결정의 부정적 운동이 정의상 완전히 외부적 운동임을 보았다. 더구나 이 운동을 인과적 틀 속에서 고찰했을 때, 우리는 이 외부적 기반이 추상적이라는 점을 발견했으며, 그것은 존재가 실체라는 것을, 자기 원인(*causa sui*)이라는 것을 적합하게 지지할 수 없다는 점을 발견했다. 우리는 들뢰

---

48. Steven Houlgate, *Hegel, Nietzsche and the Criticism of Metaphysics*, p. 7.

즈가 이러한 논증을 『니체와 철학』에서 반복하고 있지 않다는 것을 인정해야 한다. 앞에서 말했듯이 그는 베르그송적 논점을 당연한 것으로 받아들이면서 그 논점 위에서 [자신의 논증을] 세우고 있다. 하지만 이제 우리는 이러한 논증으로 아주 많이 돌아간 바 있기 때문에, 홀게이트가 니체처럼 들뢰즈는 논리학자이자 치밀함의 대가(*doctor subtilis*)인 헤겔에 대해 적합하게 친숙해 있지 않다고 주장할 때— "들뢰즈가 헤겔 논리학의 다소 원대한 요점을 제대로 평가하지 못한 것이 가져온 결과는 무엇일까"[49]—그 주장은 단지 우스꽝스러울 뿐이다. 쟝 발은, 들뢰즈가 헤겔에 대한 억제되지 않은 증오에 굴복하여 때로 수사학적 과장 속에 빠진다고 주장할 때 훨씬 더 정곡을 찌르고 있다.[50]

홀게이트의 두 번째 비난은 들뢰즈의 기획에 대한 [홀게이트의] 마찬가지의 혼동을 보여준다. 그는 들뢰즈의 니체적 비판을 개량주의적 시도, 즉 헤겔의 목적이 아니라 수단을 비판하는 데 만족하고 있는 것처럼 독해하고 있다. 그리하여 홀게이트는, 들뢰즈가 결정을 얻기 위해 애쓰고 있으며 그 결정이 부정을 함축하고 있다고 가정하고 있는 것과 꼭 마찬가지로 들뢰즈가 자기-의식의 내면성—이것 역시 부정을 필요로 한다는 것이 입증된다—을 또 하나의 목표

---

49. 같은 책, p. 8.
50. "확실히 그 저자에게는, 헤겔 철학에 대한 존경과 함께 일종의 분노가 존재한다. 그 분노는 때때로 그로 하여금 통찰력이 뛰어난 글을 쓰게 할 때가 있다. 그러나 또한 어떤 때에는 그를 잘못 인도하는 경우도 있다"("Nietzsche et la philosophie", p. 353). 발이 이러한 위험성에 대해 지적한 것은 확실히 옳다. 들뢰즈의 방어는 그의 비변증법적 적대의 발전에 의존하고 있는데, 그것은 원한이라기보다는 하나의 순수한 공격이 될 것이다.

로 삼고 있다고 가정한다. "그러므로 들뢰즈는 진정한, 구체적인 자기성(selfhood)이 타자의 부정에 입각해서, 또는 타자에 의한 매개에 입각해서 이해될 수 있는 가능성을 인정하지 않는다."51 그리고 [홀게이트는] 한 걸음 더 나아간다. "헤겔과는 반대로, 들뢰즈는 진정한 자기-의식은 자신에 대한 타자의 인정이라는 의식을 필요로 한다고 믿지 않는다."52 홀게이트의 가정에 따르면, 들뢰즈의 기획은 헤겔의 논증을 다듬거나 완성하는 것이다. 하지만 그와 반대로 들뢰즈는 자기-의식이나 자기-의식이 발생시키는 자기(self)와 어떠한 관련도 맺지 않기를 원하고 있다.53 니체와 마찬가지로 들뢰즈는 자기-의식을 힘이 자기 자신에게로 되돌아온 힘의 반성[reflection, 반발력]에 의해 야기된 질병, 원한으로 보고 있다. 그것 대신에 들뢰즈가 찾고 있는 것은 긍정에 토대를 두고 있는 생산적 외면성이다.54 니체의 역량의 두 가지 유형이 가지고 있는 함의를 염두에 두면 이 점을 분명히 알 수 있을 것이다. 끝으로 홀게이트는 우리에게 왜 들뢰즈가 헤겔의 『정신현상학』의 주인과 노예를 직접 다루지 않기로 선택했는지에 관한 한 가지 이유를 보여준다. 그것의 전체 영역이 내면성과 자기-의식의 질병을 촉진시키는 쪽으로 정향되어 있기 때문이다.

---

51. Houlgate, 앞의 책, p. 7.
52. 같은 책, p. 8.
53. *Nietzsche and Philosophy*, pp. 39, 41~42, 80을 참조하라. (한국어판, 『니체와 철학』, 85~87쪽, 89~91쪽, 150~151쪽)
54. 같은 책, p. 36.

4. 노예 노동과 반란적 비판

쟝 발이 주장한 대로, 헤겔의 주인-노예 변증법에는 니체적 비판을 벗어나는 보다 풍부하고 심오한 어떤 것이 있는가? 아니면 반대로 들뢰즈는 이미 우리에게 적합한 니체적 공격을 위한 무기를 제공했는가? 들뢰즈의 니체적 도전을 헤겔 자신의 지형 위에 갖다 놓음으로써 [들뢰즈의 니체적 도전을] 검토해보도록 하자. 헤겔의 노예는 '주인은 사악하다. 그러므로 나는 선량하다'라고 추론하지 않는다. 대신 우리는 헤겔의 노예 추론법을 '나는 죽음을 두려워하며, 노동을 하도록 강요받고 있다, 그러므로 나는 독립적인 자기-의식이다'라고 설정할 수 있다. 이 추론법의 논리는 두 개의 경로를 취하고 있는데, 하나는 주인과 관련되어 있는 암묵적 경로이며, [다른] 하나는 노예의 노동 대상과 관련되어 있는 명시적 경로이다. 그리고 이러한 경로는 노예의 교육을 묘사하기 위한 전진과정으로서 서로 연결된다.

암묵적 경로는 노예가 죽음, 즉 '절대군주'와 대면하고 있다는 사실에 기반을 두고 있다. 이 마주침에서 노예는 자기 자신의 존재에 있어서 견고하고 안정적인 모든 것을 부정당한다. "하지만 이 순수한 보편적 운동, 즉 모든 안정적인 것의 절대적 용해(melting-away)는 자기-의식의 단순하고 본질적인 본성이며, 절대적 부정성이자 이러한 의식 속에 함축[포함]되어 있는 순수한 대자존재이다."[55] 처음 보았

---

55. Hegel, *Phenomenology of Spirit*, §194. (한국어판: 헤겔, 『정신현상학 I』, 임석진 옮김, 지식산업사, 1994, 267~268쪽. "이와 같이 순수한 일반적 운동, 또는 지속적 기반 위에 존재하는 모든 것이 절대적으로 유동화된다는 것이야말로 바로 자기의식의 단순한 궁극적 본질이자 절대적인 부정성이며 또한 지금까지 개진돼 온 의식형태 속에 포함되

을 때는, 암묵적 과정은 다음과 같은 논리를 전개하는 것처럼 보인다. 노예의 최초의 자기-의식, 즉 단순한 대자존재는 죽음 속에서 부정되며 그러고 나서 삶의 긍정으로서, 순수한 대자존재로서 부활된다. 하지만 이와 같은 '모든 안정적인 것의 절대적인 용해'는, 그것이 공격받고 있는 의식의 '본질적 본성'을 보존하기 때문에, 정확히 말해서 절대적 혹은 총체적 부정이 아니라는 것을 염두에 두어야만 우리는 이 구절의 논리를 이해할 수 있다. 노예의 죽음은 헤겔의 목적에 이바지하지 않을 것이다. 그는 노예 속에서 비본질적인 모든 것을 파괴하기를 원했으나 본질의 문턱에서 멈추기를 원한다. 이러한 부분적 공격, 즉 변증법적 부정의 파괴적인 힘에 대한 이와 같은 제약이야말로 보존을 허용해주는 것이다. 그것은 '폐기된 것을 보존하고 유지시키는 방식으로 폐기하는' 부정이다.[56]

이제 우리가 노예의 삶을 긍정하는 것은 (비록 부분적이지만) 죽음과의 대립이라는 것을 받아들인다고 가정하면, 이미 우리는 이 암묵적 과정에 대한 베르그송적 반응을 대담하게 수행할 수 있다. 만약 삶에 생기를 불어넣는 차이가 죽음에 대한 그것[삶]의 대립을 말하는 것이라면, 즉 삶의 차이가 절대적으로 외부적인 것이라면, 삶은 단지 비실체적인 것으로, 운이나 우연[57]의 결과물로, '잔존적 외면성'으로 보일 것이다. 나아가 우리가 죽음 일반을 삶 일반의 모순으로

어 있는 바와 같이 순수한 대자적 존재이기도 하다.")
56. Hegel, 같은 책, §188.
57. [옮긴이 주] 여기에서는 chance와 hazard를 각각 '운'(호기), '우연'으로 구분해서 번역했다. 그러나 이후 하트는 두 단어를 구분하지 않고, hazard 대신 chance를 사용하기 때문에, 앞으로는 chance를 '우연'으로 일괄적으로 번역한다.

설정할 때, 우리는 실재적 삶과 주체성을 정의내리는[규정하는] 차이의 단독성과 구체성에 도달하기에는 너무 부정확하고 추상적인 용어들을 다루고 있다. 사실상 우리는 삶에 헐렁헐렁한 옷을 입히는 셈이다. 삶과 죽음은 이것들의 추상적인 대립 속에서는 차이가 없다(indifferent). 그러므로 노예가 죽음과의 대면을 통해 '원리상' 획득하는 삶의 긍정은 단지 추상적이고 공허할 뿐이다.

하지만 헤겔은 이 도전에 대해 [다음과 같이] 즉시 응답한다. "순수한 대자존재의 이러한 계기는 노예에게 또한 명시적이기도 하다. 왜냐하면 노예는 주인에게서 그것[순수한 대자존재의 계기]을 자신의 대상으로서 실존하게 만들기 때문이다. 게다가 노예의 의식은 단지 원리상으로만 안정적인 모든 것의 용해인 것이 아니다. 노예는 자신이 섬기는 가운데 이것[안정적인 모든 것의 용해]을 현실적으로 산출한다."[58] 여기서 노예는 더 이상 '절대군주'인 추상적 죽음과 마주하지 않는다. 그 대신 노예는 특수한 주인과 대면하며, 노동을 하도록 강요받는다. 이러한 명시적 부정은 점진적 운동 속에서 함께 연결되는 두 가지 형식—노예가 주인과 맺는 관계에 있어서의 형식적 부정과 노예가 자신의 노동과 맺는 관계에 있어서의 현실적 부정—을 취한다. 주인에게서, 노예는 그를 부정하는 독립적인 자기-의식

---

58. Hegel, *Phenomenology of Spirit*, §194. (한국어판, 『정신현상학 I』, 268쪽. "그리하여 바로 이와 같이 순수한 대자적 존재의 계기가 이 노예의식에게도 하나의 사실로서 인지될 수밖에 없으니, 왜냐하면 노예의 의식은 다름 아닌 주인에게서 그러한 계기를 자기의 대상으로 삼고 있기 때문이다. 그뿐만 아니라 또한 노예에게서 대두된 이와 같은 의식은 단지 일반적인 의미의 총체적인 해소를 뜻하는 것이 아니라 바로 그 자신이 사역당하는 가운데 노예가 진정한 의미의 자기 해체를 실현시키는 것이기도 하다.")

과 대면하게 된다. 하지만 노예는 주인으로부터 인정을 받을 수 없다. 그리하여 이러한 대립 형태는 그에게 오로지 '지혜의 단초'를 제공할 수 있을 뿐이다. 두 번째의 명시적 관계는 노예의 본질적 본성을 드러낸다. 말하자면 그것은 노예로 하여금 '자신이 진정으로 무엇인가를 의식'[59]하게 한다. 노예는 자신의 노동의 대상으로서의 사물에 몰두함으로써 자기 자신으로부터 벗어난다. 그는 자기 자신을 잃거나 부정하며 사물 속에서 자기 자신을 발견한다. 마침내 그는 사물을 부정 또는 변형함으로써 자기 자신의 본질적 본성을 회복한다. 그러므로 노예는 자신의 강제된 노동을 통해 특정한 타자에 노동을 가하거나 변형시킴으로써 그 특정한 타자(자신에게서 벗어난 자신의 외관)를 부정한다. 이와 마찬가지로 주인은 자신의 욕망의 대상을 소비함으로써 자기 욕망의 대상을 부정한다. (주인의 욕망과 노예의 노동이라는) 이 두 가지 부정들 사이에 있는 일차적인 차이는 다음과 같은 사실에 있다. 주인의 욕망의 대상은 종속적이고 일시적인 타자로서 나타나며 그렇기 때문에 잠깐의[소멸하는] 만족을 제공할 수 있을 뿐이다. 하지만 노예의 노동의 대상은 노예의 부정에 저항하며, 그리하여 영구적이고 독립적인 것으로 나타난다. "노동은 … 저지당한 욕망, 억제당한 소멸(fleetingness)이다."[60] 죽음과 마찬가지로 주인의 욕망은 그 부정이 너무 철저해서 헤겔의 목적들에 적합하지 않다. 그것은 타자에 대한 총체적 파괴이며 관계성

---

59. 같은 책, §195.
60. 같은 책, §195. (한국어판, 『정신현상학Ⅰ』, 269쪽. "노동은 … 저지당한 욕구이며 동시에 만류되고 억제당한 소멸이다."]

의 종결이다. 하지만 노동은, 헤겔이 두려움 속에서 설정하고 있는 근사죽음(near-death)처럼, 타자의 '본질적 본성'이 살아남아 관계를 영속시킬 수 있도록 하는 '변증법적' 혹은 부분적 부정이다. 우리는 최초의 암시적인 관계성으로부터 최후의 명시적인 관계성까지, 이처럼 전체적으로 복잡한 과정을 노예의 점진적인 교육으로 이해할 수 있다. 첫 번째의 계기, 즉 노예가 죽음과 대면하는 것은 노예의 삶의 고정성을 와해시켜 버리고 노예가 보편자에 집중하도록 만든다.[61] 이러한 교육상의 공포는 노예가 노동을 하도록 준비하게 만든다. 이렇게 준비될 때 두 번째의, 노동의 명시적 계기에서 노예는 그의 참된 자기-실현을 성취할 수 있다. 그는 '자신이 진실로 누구인지를 의식하게' 된다.

우리는 잠시 이 구절에 대한 우리의 독해의 용어들을 명확히 해야 하겠다. 헤겔의 논증에는 추상의 층위 및 언어사용역과 관련하여 상당한 [의미의] 미끄러짐과 모호함이 존재하는데, 그로 인해 그것은 다양한 해석의 여지를 남긴다. 주인과 노예를 정확히 어디에 위치시킬 것인가는 분명하지 않다. 실제 개인들인가? 사회 계급인가? 절대정신(Spirit)의 논리적 운동인가? 분명하지 않은 것은 드라마의 행위자들에게 우리가 귀속시켜야 하는 내용들의 본성이다. 주인-노예의 변증법을 우리는 인격주의적 용어들로 독해해야 하는가 아니면 존재의 비인격적이고 논리적인 드라마로 독해해야 하는가? 헤겔주의자는 즉각 이런 식의 질문 형태에 대해 반대를 하면서, 헤겔의 분석이

---

61. Charles Taylor, *Hegel*, p. 155.

그 상이한 언어사용역들에 걸쳐 있으며, 그것들을 역사적 존재의 운동 속에서 통일시킨다고 주장할지 모른다. 언제나 구현되는 절대정신은 개별적 주체인 동시에 사회역사적 주체이며 존재의 본질이다. 그래서 헤겔의 주장은 인격적 지시체와 비인격적 지시체 사이에서, 그리고 소우주와 대우주 사이에서 안락하게 미끄러진다. 이에 기초해서 많은 해석가들은 인격주의적 독해에 호소하여 주인-노예 관계를 인격적 및 형식적 언어사용역 둘 다에 걸쳐 있는 상호 존경이라는 자유주의적 윤리학의 긍정으로서 제기한다. "인간은 자신의 동료들의 인정을 추구하며 또 그것을 필요로 한다."62 그러나 우리가 다시 그 주장을 주목해보면, 인격주의적 가설이 그 텍스트에 대한 일관된 독해에 어떤 어려움들을 제공하는 것은 확실하다. 주인이라는 용어가 어려움을 제공하는 것은, 결국 이 용어가 간략한 분석 구절들을 위해 인격화된 주형에만 성공적으로 들어맞기 때문이다. 이 구절의 처음 함축적 절반에서, 주인은 자기 역할을 극단적으로 연장하는 것으로 나아간다. 즉 '절대군주'는 죽음이다. 이것은 주인이 인격적 용어들 속에서 독해될 수 없다는 것을 지적해주고 있다. 그러나 텍스트 후반부에서, 노예는 자신의 타자를 자신의 노동대상 속에서 발견한다. 그리고 이런 대상과 상호작용을 통해서 노예는 필연적인 자기-인정[인식]을 획득한다. 만약 우리가 이 절을 또 다른 사람으로부터 인정을 획득하기 위한 인간의 필요로서 독해한다면, 노예가 과연 어

---

62. Taylor, 같은 책, p. 152. 꼬제브의 독해는 아마도 주인과 노예 사이의 대면에 대해 개인주의적으로 해석한 가장 순수한 설명일 것이다. "개별 인간은 개별 인간과 대면한다"(*Introduction to the Reading Hegel*, p. 10).

떻게 그의 노동대상과의 관계를 통해 만족을 느낄 수 있을까? 노동하는 노예는 사물로부터 자신의 반영된 이미지를 얻는다. 그러나 다른 사람이나 인격적 타자에게서는 결코 인정을 얻지 못한다. 정말로 주인 역할에 인격적인 내용을 우리가 부여하지 않고, 주인 역할을 비인격적, 논리적 역할 또는 객관적 타자로서 읽을 때에 우리는 이 구절의 일관성을 유지할 수 있다. 그러나 우리가 노예의 드라마를 인격적 용어들 속에서 독해할 것인가 아니면 비인격적 용어들 속에서 독해할 것인가, 객관적인 세계에서의 인격적인 인간 의식 — 개인적이건 집단적이건 — 의 발달로서 독해할 것인가 아니면 순수하게 논리적인 발달로서 독해해야 할 것인가의 물음은 남는다. 이 두 가지 가능성들을 차례대로 탐구해보도록 하자.

　우리가 텍스트를 엄밀히 논리학적인 관점에서 독해한다면, 주인-노예의 드라마는 부정의 두 가지 형식 사이에 있는 갈등을 잘 설명한다. 주인 부정은 그것의 대상을 철저하게 파괴하고 관계성을 끝장내기 때문에 드라마에서 악당 역할을 맡는다(주인은 자신의 욕망/소비에 있어서 타자의 죽음을 초래한다). 반면 노예 부정은 부분적 파괴를 수행하고 그 대상(그 노동에 있어서 노예)을 영속화하기 때문에 영웅이다. 주인의 부정은 역량을 [발휘하는 데 있어서] 망설이지 않으며 모든 힘을 다해 공격한다. 반면 노예의 부정은 억제의 모델이다. '저지당한 욕망, 억제당한 소멸.' 바로 이것이 들뢰즈의 니체가 마침내 논의에 진입할 수 있는 지점이다. 주인의 부정은 그것의 논리적 결론에까지 이르는 단순히 파괴적인 힘이며, 그것의 표방과 분리될 수 없는 힘이다. 노예의 부정은 '저지당한' 힘이다. 즉, 완전한 표현을 억제당한 힘이다. 이것이 노예의 역량의 본질에 있는 '허구'이다. 니체는 이러한 노예 부정이 자기-의식의 반성적 계기라는 것을, 힘의 내면화(interiorization)라는 것을 인식하고 있다. "작용적[적극적] 힘이 거짓으로 되어 버리고 자기의 작동 조건이 박탈되며, 그것이 할 수 있는 것에서 분리되는 이유가 무엇이건 간에, 그것은 안으로 돌아서면서, 자기 자신에게서 등을 돌린다."[63] 이는 헤겔적 논증과 완전히 일치한다. 변증법으로부터 의기양양하게 출현하는 노예의 본질은 존재의 보편적 본질, 즉 순수한 자기-의식이다. 내면성은 헤겔적 존재의 본질이다. 여기에서 우리는 헤겔과 니체가 동일한 지형에 서 있으나 정확하게 반대 방향으로 행진하고 있는 것을 볼 수 있다. 둘 다 존재의 운동 속에 본질을 위치시키려고 한다. 그러나 헤겔은 자기 자신에게 다시 반영된 힘을 발견한다(자기-의식 혹은 내면성). 그리고 니체는 자신 밖으로 끊임없이 출현하는 힘을 제안한다(힘에의 의지 혹은 외면성). 논의는 다시 한번 역량의 본성에로 되돌아온다. 두 경우 모두 존재의 본질이 역량이라고 해도, 그것들은 역량에 관한 두 개의 서로 다른 개념들인 것이다. 우리의 용어들이 서툴긴 하더라도, 구별은 명확하다. 한편으로는 자신이 할 수 있는 것에서부터 분리된 역량이 있는데, 헤겔적 반영, 오캄의 가능성 속의 존재자(*ens in potentia*), 또는 스피노자의 권력(*potestas*)이 그것이다. 또 한편으로는, 자신의 현시에 내부적인 역량이 있는데, 오캄의 현실 속의 존재자(*ens in*

---

63. *Nietzsche and Philosophy*, pp. 127~128. (한국어판, 『니체와 철학』, 228쪽. "적극적 힘이 왜곡되고 자기의 실행 조건이 박탈되며, 그것이 할 수 있는 것에서 분리되는 이유가 무엇이건 간에, 그것은 안으로 돌아서면서, 자기 자신에게서 등을 돌린다.")

actu)와 스피노자의 역량(potentia)이 그것이다. 우리는 이미 들뢰즈가 논리적 용어들에서 '내활적' 역량 개념을 방어하기 위해서 변경된 스콜라철학적 논증을 사용하고 있다는 것을 보았다. 그러나 여기에서 들뢰즈는 니체의 논증을 쫓아, 내면성의 노예 승리로부터 결과되는—고통, 가책, 죄악과 같은—일련의 부정적인 실천적 효과들을 보여준다.64 다시 한번 우리는 왜 들뢰즈가 헤겔의 주인-노예 변증법을 직접 다루지 않기로 선택했는지 그 이유를 알 수 있게 된다. 즉 그것의 전체 논의가 자기-의식을 향해, 내면성을 향해, 기쁨과 긍정에 대한 반정립적 조건을 향하고 있기 때문이다.

나아가 이처럼 똑같은 논리적 용어들에서, 그리고 완전히 일관된 방식으로 노예의 '교육'은 부분적 부정이 지닌 비판적 방법을 드러낸다. 비판의 첫 계기는 노예가 죽음과 가장 가깝게 대면하는 것, 또는 죽음에 대한 공포이다. 이 계기는 pars destruens[파괴적 계기]이다. 그렇지만 노예의 '본질적 본성'이 보존된다는 점에서 제한된 pars destruens[파괴적 계기]이다. 이러한 대면은 이전의 안정된 상태들의 고정성(fixity)으로부터 노예를 자유롭게 하고자 하며, 노예로 하여금 노예의 노동을 통해 비판의 두 번째 계기인 pars construens[구성적 계기]를 조작하도록 허용한다. 그러나 이 두 번째 계기는 온당히 pars construens[구성적 계기]이지는 않다. 그것은 실제로 생산적인 것이 아니라 오히려 계시적이다. 노예는 이 두 번째 계기 속에서 창조되거나 혹은 실질적으로 변형된 것이 아니라 오히려 '자신이 참으로 무엇인

---

64. 같은 책, pp. 128~131. (한국어판, 『니체와 철학』, 228~234쪽)

지를 의식하게 된다.'65 노동의 이러한 계기에 관한 찰스 테일러의 용어―'상존적 부정'(standing negation)―는 적합하다. 왜냐하면 그것은 여기에 진실로 아무런 진전도 없다는 것을 보여주기 때문이다. 따라서 이러한 논리적 용어들로 제기될 때, 우리는 앞에서 인용했던―칸트적 비판의 오류들이야말로 헤겔적 변증법으로 나아가게 하는 것이라는―들뢰즈의 주장을 마침내 입증할 수 있다. 칸트적 비판처럼 노예의 교육에 의해 묘사된 변증법적 비판은 총체적이지도 긍정적이지도 않다. 변증법적 비판이 지닌 파괴적 부분의 부분성은 정확하게 말해서 생산적 계기 속에서 창조를 대신하고 있는 것, 즉 노예의 '본질적 본성'을 보존한다[여분으로 남겨 놓는다]. 그러나 칸트가 '비판의 긍정성을, 비판된 것[비판받는 자]들의 권리들에 대한 겸허한 승인과 혼동한'66 반면, 이 헤겔적 노예 비판은 비판된 것[비판받은 자]들을 드라마의 영웅으로 만들었다. 이 변증법적 비판의 승리란 노예의 본질적 본성이 살아남는다는 것, 그리하여 부분적이고 '상존적인' 부정들의 안정적인 짜임새(configuration) 속에서 순수한 형태로 드러난다는 것이다. 오로지 주인의 작용적인[적극적인] 부정, 억제되지 않은 공격, 적(敵)의 죽음만이 총체적 비판으로, 따라서 긍정적이고 독창적인 창조를 할 수 있는 기회로 나아가게 할 수 있다. "사멸하고 극복되기를 원하는 인간의 긍정적인 파괴로서의 파괴는 창조자를 큰 소리로 알린다."67 그래서 역량의 두 유

---

65. 같은 책, p. 195. [하트가 인용한 영역본에는 이 문장이 없다. ― 옮긴이]
66. 같은 책, p. 89. (한국어판, 『니체와 철학』, 165쪽)
67. 같은 책, pp. 177~178. (한국어판, 『니체와 철학』, 307쪽. "멸망하고 극복되기를 원하

형들 사이의 차이는 비판의 두 유형들과 직접적으로 관련된다. 니체의 주인 역량은 — 이 안에서 힘은 자신의 현시(표명)에 내부적이다 — 어떠한 제한도 알지 못하며 따라서 총체적 비판을 가동한다. 다른 한편 역량이 자신이 할 수 있는 것에서부터 분리되어 있을 때, 비판을 개시하는 *pars destruens*[파괴적 계기]]는 오직 부분적일 수 있을 뿐이다.

우리는 마치 노예가 논리적 입장을 연기하는 비인격적 힘이었다는 듯이 헤겔의 논증을 독해함으로써 이 모든 것을 발견했다. 그러나 헤겔이 그렇게 하듯이, 만약 우리가 노예의 교육적 여행을 특수한 자기-의식의 발전으로서 강조해야 한다면, 우리는 노예에게 다소 일반적인 인격적 내용들을 채워야만 할 것이다. 비판적 힘들의 맹공격에도 살아남고 발전으로부터 의기양양하게 출현하는 노예의 '본질적 본성'이란 정확히 무엇인가? 헤겔은 우리에게, 노예의 본질은 순수한 자기-의식으로서 내용이 없다는 것과 이 본질이 노예에게 특수한 것이 아니라 바로 존재의 본질이라는 것을 믿게 하려 할 것이다. 그러나 헤겔의 논증이 지닌 일관성은 노예와 그 주인 사이의 변별적인 관계성(differential relationship)에 의존하고 있다. 본질을 규정하고 드러내는 운동은 아무 행위자[배우]와 더불어 전개될 수 있는 것이 아니라 관계성에서의 특정한 위치에 의존한다. 물론 우리는 주인이 이 운동을 구현하지 않는다는 것을 안다. 드라마의 논리가 그 관계성에서 노예의 위치에 의존하기 때문에, 노예의 본질은 예속

는 인간의 적극적 파괴로서의 파괴는 창조자의 예고이다.")

(servitude)을 포함해야 한다.68 비판의 첫 번째 계기(죽음에 대한 공포, 주인에 대한 관계)는 노예가 자신의 활동(activity)에 더욱 몰입하게끔 만든다. 그리고 두 번째 계기(노동)는 그것의 순수한 표현이다. 노예의 노동은, 정확하게 말해서 비판적 교육을 통해 살아남고 정화되는 것이다. 그러나 텍스트는 노예 노동이 창조적인 에너지나 생산적인 힘으로 간주되어질 수 없다는 것을 분명히 하고 있다. 그와는 반대로 노예의 노동은 근본적으로 '상존적인' 관계 속에서 노예의 역할이다.

맑스주의 사상의 전통이 제시한 많은 해석들은 이러한 헤겔적 명제를 (직접적으로건 간접적으로건) 찬양했다. 노동자는 그/녀의 노동이 인간의 본질을 표현하기 때문에 찬사를 받는 위치를 차지하고 있다. 그리하여 노동자 투쟁의 역사는 노동의 본질적 본성을 긍정하기 위해서 노동자의 비본질적 성격을 공격하고 '용해시켜 버리는' 교육적 드라마가 된다. 노동자는 노동이 그/녀의 본질로서 긍정되는 정도만큼만 해방된다. 이것이 바로 노동자의 스타하노프식69 '존엄성'이다. 맑스는 이와 전혀 관계가 없다. 노동을 찬양하는 노래를 부르는 것은 사장들에게나 맡기자. 여기서 문제가 되는 것은 노동자의 실존을 관계 속에서 묘사하는 것이 아니라 이러한 역할이 노동자

---

68. 나는 하나의 주장, 즉 노예의 내용들이 여기에서 본질로 성격 부여받고 있다는 비난에 대항하여 헤겔이 방어될 수 있다는 주장을 상상해본다. 그러나 이 구절을 본질로서의 노동에 대한 하나의 긍정으로서 독해하는 것이 헤겔적 전통에서는 워낙 광범위하게 퍼져 있기 때문에, 내 생각으로는 이 점을 염두에 두는 것이 좋을 듯싶다.
69. [옮긴이 주] Stakhanovete는 표준 생산량 이상을 생산해낸 공로를 인정받아 상금을 받은 소련 산업 노동자를 말한다. 1905년 태어난 러시아 광부 Stakhanov에게서 유래되었다.

의 본질을 구성한다는 명제인 것이다. 맑스는 국가와 관련하여 이와 완전히 유비적인 주장을 한다. "헤겔이 비난을 받는 것은, 그가 근대 국가의 실존을 있는 그대로 묘사하기 때문이 아니라, 있는 그대로의 것을 국가의 본질로 잘못 제시하기 때문이다."[70] 바로 이 점에서 우리는 들뢰즈의 니체와 맑스가 기성의 가치들의 본질을 무제한적으로 공격한다는 점에서 서로 아주 가깝다는 것을 알 수 있다. 둘 다 실재적 본질을 노동이 아니라 힘이라고 인식한다. 역량, 힘에의 의지, 살아있는 노동, 창조로서 말이다.[71] 하지만 그 힘을 해방시키기 위해서, *pars construens*[구성적 계기], 즉 구축적·변형적 힘이 들어설 여지를 제공하기 위해서, 기성 가치들의 본질을 공격하면서 급진적이고 총체적인 비판을, 무제한적 *pars destruens*[파괴적 계기]를 감행해야 한다. 확립된 가치들의 본질을 공격함으로써 말이다. 노동자가 참된 긍정의 지점, 자기-가치화(self-valorization)의 지점에 도달하고자 한다면, 공격은 노동자 자체를 규정하는 '본질'을, 가치들을 겨냥해야 한다. 예속에 대항하여, 노동에 대항하여.[72] 이러한 맥락에서, 니체는 맑스

---

70. Marx, "Critique of Hegel's Philosophy of Right", p. 63.
71. 니체와 맑스는 스피노자의 명제 — 존재의 본질은 역량이다(*Ehtics*, IP34) — 에서 일치를 이룬다. 니체와 맑스가 본질 자체(*essence per se*)를 공격하고 있는 것이 아니라 하나의 본질을 다른 본질로 치환하고 있다는 내 주장의 요점에 대해 반대하는 사람도 있을 것이다. 나는 다음과 같이 주장하는 바이다. 인과성에 대항한 니체의 주장들이 내부적 원인에 찬성하면서 외부적 인과성에 대항하는 주장들로 독해되는 것과 똑같이, 본질에 대한 공격은 본질의 외부적 형식에 대한 공격인 것이다. 힘에의 의지는 존재의 본질이다. 실제로 '본질주의'(essentialism)라는 비난은 맑스와 니체 모두의 문맥에서 뇌관이 제거된다. 정녕 두 사람이 본질 개념에 의존하는 것은 사실이지만, 두 경우 모두 그것[본질]은 역사적, 물질적, 살아있는 본질이자, '본질주의적' 논증들의 논점을 이루는 관념적, 초재적 구조들과는 아무런 상관이 없는 표면적 본질이다.

주의적인 노동자주의의 입장 속에서 나타난다. "자본에 대항하여 투쟁하기 위해 노동계급은 자신이 자본인 한에 있어서 자기 자신에 대항해 투쟁해야만 한다. … 노동에 반한 노동자의 투쟁, 노동자인 한에서의 자기 자신에 반대해서 벌이는 노동자의 투쟁."[73] 노동자가 노동을 공격한다는 것은, 노동자인 한에서의 자기 자신을 공격한다는 것은 니체가 말하는 '사멸하고자 하고 극복되기를 원하는 인간'을 이해하기 위한 훌륭한 수단이다. 그는 자기 자신을 공격하는 가운데 자신의 본질로서 제기되어 왔던 그 관계성을 공격하는 것이다. 오직 이 '본질'이 파괴되고 나서야 그는 진정으로 창조할 수 있다. 헤겔적인 부분적 비판은 기껏해야 그것이 공격하는 것의 본질을 보존하는 개량주의에 지나지 않는다. 그것은 "폐기되는 것을 보존하고 유지하는 방식으로 폐기한다."[74] 총체적 비판은 필연적으로 반란적 비판이다. 그리고 기성의 '본질'에 대한 무제한적 파괴만이 참된 창조를 허용할 수 있다. 들뢰즈의 니체는 레닌이 '반란의 기예'이라고 부른 것의 예언자로서 나타난다.[75]

---

72. '노동거부'는 하나의 슬로건일 뿐만 아니라 1960~70년대 이탈리아 맑스주의의 핵심적인 분석 범주 중의 하나이다. 맑스가 잉여가치를, 착취의 다양한 형태들(지대, 이윤 등등)을 은폐하는 보통명사로서 발견했던 것과 마찬가지로, '노동거부'는 프롤레타리아 저항의 다양한 형식들—그것이 건설적이건 파괴적이건, 개인적이건 집단적이건 간에—을 포함하는 보통명사이다. 외국이민, 대량탈출, 작업중단, 조직적인 파업, 사보타주 등등. 그러나 확실히 해야 할 것은, 노동거부가 생산성이나 창조성을 부정하는 것이 아니라는 것이다. 오히려 그것은 착취의 관계성에 대한 거부인 것이다. 전통적인 표현으로 하자면, 그것은 프롤레타리아 생산력의 긍정이자 자본주의적 생산관계의 거부이다.
73. Mario Tronti, *Operai e capitale*, Einaudi, Turin, 1966, p. 260.
74. Hegel, *Phenomenology*, p. 188.
75. 본질에 대한 공격과 파괴의 기쁨이라는 주제와 관련해서 니체와 레닌의 연결관계는

논평 : 노동자의 힘에의 의지와 사회적 종합

『니체와 철학』은 1968년의 노동자들에 대한 비시대적 찬송가인가? 들뢰즈의 독해를 통해, 우리는 실천적 비판의 역량, 급진성, 창조성에 입각해보았을 때 니체와 맑스 (그리고 심지어 레닌) 사이에 놀랄 만큼 강력한 합류점이 있음을 발견했다. 하지만 우리는 여기에서는 극히 복잡한 측면을 지닌 니체-맑스의 질문에 대면할 준비가 되어 있지 않다. 본 '논평'에서 나는 오로지 그 문제를 다소 간접적으로만 언급해보고자 한다. 그리하여 나는 들뢰즈의 니체적 논증들을 난니 발레스트리니의 소설『우리는 모든 것을 원한다』를 가지고 고찰해보도록 하겠다. 이 소설은, 1960년대 말엽 피아트 공장의 한 노동자에 대한, 그리고 *Potere operaio*(노동자의 권력)라는 정치 운동을 형성함에 있어서 그가 어떻게 연루되게 되는가에 대한 이야기를 자세히 들려주고 있는 단순하면서도 아름다운 이탈리아 소설이다.[76]

아주 심대한 것이다. 레닌이 '반란의 기예'라는 구절을 사용하는 것에 대한 설명에 관해서는 다음을 참조하라. Antonio Negri, *La fabbrica della strategia*, pp. 68 이하.

76. 확실히 매우 많은 갖가지의 논쟁적인 설명들이, 1968년이 어떠했으며, 그리고 어떠해야 했던가에 대하여 다루고 있다. 여기에서『우리는 모든 것을 원한다』(*Vogliamo tutto*)가 우리의 취지에 가장 잘 부합한다고 생각하는 이유는, 내가 찾았던 그 어떤 자료보다도 더 훌륭하게, 행동에 나선 노동자들의 욕구들에 직접적인 표현을 그것이 제공해주고 있기 때문이다. 어쨌든 내가 이것을 68년 사건에 대한 모범적 설명이라고 생각한다고 할지라도, 그것이 전형적이라고 주장하지는 않을 것이다. 나는 또한 들뢰즈의 선택에 의해 규정된 것을 우리가 따르는 것이 니체에 대한 하나의 특정한 독해인 것과 마찬가지로 마리오 뜨론띠와 안또니오 네그리와 같은 저자들에 의해 표현된 이탈리아의 오뻬라이스모(operaismo, 노동자주의) 역시 맑스에 대한 하나의 특정한 해석이라고 주장하는 바이다. 들뢰즈는 푸코에 대한 그의 연구에서 뜨론띠의 저작과의 공명(共鳴)을 발견한다. *Foucault*, p. 144의 각주 28과 p. 150의 각주 45(한국어판,『들뢰즈의 푸코』, 161쪽의 각주 28과 175쪽의 각주 45)를 참조하라.

이 비교에서 우선 나의 관심을 끄는 것은 변화와 창조의 전제조건으로서 기성의 본질 개념에 대한 급진적인[근본적인] 공격이다. 들뢰즈는 니체적인 용어로 종종 이를 '인간'에 대한 공격이라고, 또는 인간을 뛰어넘어 인간 실존의 새로운 용어[항]들과 가치들을 창조하려는 시도 속에 있는 하나의 계기라고 표현한다.77 이는 노동자들의 '노동의 거부'(refusal of work)가 표현하고 있는 것, 실존의 새로운 용어[항]를 창조하기 위해서 노동자들의 기성 본질에 대한 공격이 표현하고 있는 것과 똑같은 개념이다. 노동자들의 거부는 단지 노동에의 거부(refusal *to* work)일 뿐만이 아니라 노동의 거부(refusal *of* work), 즉 특정하게 실존하는 생산관계의 거부이기도 하다. 다시 말해서 노동자들의 노동에 대한 공격, 노동자들의 폭력적인 *pars destruens*[파괴적 계기]는 정확히 노동자들 자신이 가지고 있는 본질을 겨냥한 것이다.

『우리는 모든 것을 원한다』의 1절에서 주인공은 아직 자신의 욕망을 그러한 정치적 용어[항]로 제기할 수 없었다. 그럼에도 불구하고 그가 가장 증오한 것은 바로 자신의 사회적 실존을 규정하는 것이자 그에게 그의 본질이라고 제시되는 것이다. 그러므로 그는 왜 사람들이 노동절에 노동을 찬양하고자 하는지를 이해할 수 없다. "노동의 날을 찬양한다는 것은 얼마나 우스운 일인가? … 나는 노동이 도대체 왜 찬양되어야 하는지를 결코 이해하지 못했다."78 그가 보기에 노동의 기성 가치를 받아들이는 노동자들은 자신들이 할 수 있는 것으로

---

77. *Nietzsche and Philosophy*, pp. 64~65와 *Foucault*, pp. 131~141. (한국어판,『니체와 철학』, 125~128쪽. 한국어판,『들뢰즈의 푸코』)
78. *Vogliamo tutto*, p. 74

부터 폐쇄당하고 봉쇄당한 것이다. 그리고 그들을 위험스럽게 만드는 것은 바로 본질로서의 기성의 가치들을 이렇게 수용하는 것이다. "최소한의 위험한 상상력도 가지고 있지 않은 답답하고 우둔한 사람들. 파시스트만이 우둔한 것이 아니다. PCI(이탈리아 공산당)에 있는 것은 빵과 노동뿐이다. 나는 하나의 'qualunquista'(비이데올로기적, 가치를 가지고 있지 않은 사람)이었으나, 적어도 나는 회복할 수는 있었다. 그러나 그들은 노동을 완전히 받아들이고 있었으며 그들에게는 노동이 전부였다."79 '빵과 노동'을 노동자로서의 자신들이 지닌 본질이라고 받아들이는 사람들은 상상할 수도, 창조할 수도 없다. 그들이 제시하는 위험은 강요된 정체상태의 위험이며, 창조적 역량을 죽여 나가고 있는 위험이자, 기성의 본질을 영속화하는 위험이다. 이러한 맥락에서, 'qualunquista'는 이미 더 나은 입장[위치]에 있다. 가치의 결여, 신념의 결여는 상상력과 창조가 활동할 수 있는 공간을 제공한다. 이러한 입장[위치]에서, 생산관계로서의 노동에 대한 그의 적대의 인식에서 주인공은 점차 노동 그 자체에 대한 더욱 정치적인 공격을 시작한다. 지금까지 우리는 기성의 가치들에 대한 총체적 비판과 더불어, 들뢰즈의 니체라는 지형 위에 있다. 여기에서 우리는 노동을 공격하는, 그러므로 노동자인 한에서의 자신을 공격하는 노동자의 발전된 사례―니체의 '사멸하기를 원하는 인간'의 훌륭한 사례, '최후의 인간' 즉 노동을 전적으로 수용하는 PCI 당원들의 수동성과는 반드시 구별되어야만 하는 작용적[적극적]이고 해방적인

---

79. 같은 책, pp. 85~86.

파괴―를 갖게 되었다.[80]

 그러나 『우리는 모든 것을 원한다』의 주인공은 이 파괴적인 기획을 수행하기 위한 실재적 역량을, 단지 그가 다른 노동자들과의 공통점을 깨닫기 시작할 때에야 획득한다. 화자(the narrative)의 목소리는 범위를 계속해서 점점 더 넓혀간다. 즉 노동자 대중이 그들이 할 수 있는 것과 될 수 있는 것을 깨달아 가기 시작하면서 일인칭 단수에서 일인칭 복수로 바뀌어 간다. "우리들이 생산한 모든 물건, 모든 부는 우리들의 것이다. … 우리들은 모든 것을 원한다. 모든 부, 모든 역량, 그리고 무(無)노동을."[81] 집단적 표현의 확장은 의지의 확장과 조화를 이룬다. 비판의 격렬한 급진성에 토대를 제공하는 것은 정확하게 말해서 집단성의 부이다. "나타나기 시작했던 것은 노동 때문이 아니라, 사장이 나쁘기 때문이 아니라, 자신들이 존재하기 때문에 투쟁하고자 하는 욕망이었다. 솟구쳐 나오기 시작했던 것은 간단히 말해서 권력[역량]을 원하는 요구였다."[82] 집단적 욕망에 관한 인정은 집단적 실천의 발전 및 확장과 나란히 진행되었다. 노동자 파업들은 가두시위와 도시의 대부분 지역에 걸친 격렬한 투쟁으로서 공장 밖으로 흘러넘치기에 이른다. 결국 이 집단적인 파괴적 표현, 이 강렬한 폭력의 계기는 이어지는[후속적인] 기쁨과 창조를 위한 가능성을 연다. "하지만 이제 그들을 움직였던 것은 분노를 훨씬 넘어서 기쁨이었다. 마침내 강해진 것의 기쁨. 이 요구들이, 이 투쟁이, 모든

---

80. *Nietzsche and Philosophy*, p. 174를 참조하라. (한국어판, 『니체와 철학』, 302~303쪽)
81. *Vogliamo tutto*, p. 128.
82. 같은 책, p. 128.

사람의 요구였고, 모든 사람의 투쟁이었다는 사실을 발견하는 것의 기쁨."83 이 부분이 이 소설의 클라이맥스로서, 투쟁이 사장들과 노동에 대한 증오에 의해 이끌려진 *pars destruens*[파괴적 계기]로부터 자신들의 역량을 느끼는 데 있어서 노동자들의 기쁨이라는 *pars construens* [구성적 계기]로 전환되는 지점이다. 바로 이 핵심부에서 투쟁은 부정에서 긍정으로 전환된다. 이것이 '자정'의 시간, 니체적 변이 (transmutation)의 시간이다.84 노동자들이 노동자로서의 자신의 본질에 대해 공격하는 것은 노동자들이 '넘어설' 수 있는 순간에, '노동자'를 넘어서 창조와 기쁨의 지형을 발견할 수 있는 순간에 다다른다.

나는 이러한 노동자들의 변이가 지닌 두 가지 요소들을 강조하고 싶다. 첫째는 전체의 비판적 운동은 집단성이 확장되는 운동과 필연적으로 긴밀하게 결부되어 있다는 것이다. 자신들의 공통성과, 집단적 활동 속에서의 자신들의 표현에 대한 노동자들의 인식은, 욕망의 확장적이고 일관된 신체[몸체]를 합성[조성]하면서, 공간적이거나 사회적인 종합의 형식을 띤다. 노동자들의 신체가 확장되듯이 노동자들의 의지와 역량도 성장한다. 노동자들의 집단성에 내포된 종합은 시간이 아니라 공간 속에서 의지의 영원회귀, 즉 노동자 대중을 비스듬히 관통하는 의지의 회귀이다. 노동자들이 함께 모였기 때문에 노동자들이 강력하다고 말하는 것은 빈약한 정식화일 것이다. 이것은

---

83. 같은 책, p. 171.
84. *Nietzsche and Philosophy*, pp. 171~175. (한국어판, 『니체와 철학』, 297~303쪽) [『니체와 철학』에서 transmutation이라는 용어는 '전환'으로 번역되고 있으나 여기서는 몸과 신체 모두의 변화라는 의미에서 '변이'라는 번역어를 선택했다. - 옮긴이]

부수적인 집단적 선(extrinsic collective goods)을 성취하기 위해서 개별적 희생을 계산한다는 것을 내포한다. 오히려 노동자들의 역량과 그들의 기쁨은 바로 그들이 함께 의지(will)하고 행동한다는 사실에 있는 것이다. 노동자들은 하나의 강력한 배치를 형성한다. 내가 강조하고 싶은 두 번째 요소는 변이가 노동자들의 실천을 통해서 나타났다는 점이다. 노동자들이 자신의 비판을 '현실화'할 때, 공장과 거리에서 행동에 돌입하는 바로 그때, 그들은 기쁨과 창조의 구축적 계기를 성취한다. 노동자들의 '현실화'는 기쁨의 실천이다. 이 두 가지 요소들은 우리에게 들뢰즈의 니체에 대한 우리의 나머지 연구를 위한 용어들을 제공해준다. 니체는 힘들의 실재적 종합을 어떻게 인식했는가, 그리고 이러한 힘들은 실천에 입각해서 어떻게 스스로를 표방하는가?

5. 생성의 존재 : 내활적 의지의 윤리적 종합

들뢰즈는 니체적 종합의 문제에 접근할 때 또 다시 다양체에 대한 긍정과 변증법에 대한 공격으로 되돌아온다. "헤겔은 복수주의[다원주의]를 비웃고 싶었다."[85] 일자와 다자의 변증법은 일자의 통일성 속에서 쉽사리 회유할[치유될] 수 있는, 다양체에 관한 거짓 이미지를 설정한다. 우리는 이러한 비난을 베르그송 연구의 두 번째 국면에

---

85. *Nietzsche and Philosophy*, p. 4. (한국어판, 『니체와 철학』, 22쪽. "헤겔은 복수주의를 웃음거리로 만들길 원했다.")

서 어느 정도 길게 다루었다(이 책의 1장 3절). 이미 보았듯이 이와 관련하여 변증법에 대한 가장 강력한 베르그송적 공격은 진정한 다양체를, 본성의 차이들을 구축하는 것이다. 우리는 들뢰즈의 니체에서도 똑같은 공격을 발견한다. "복수주의는 때로는 변증법적인 것처럼 보인다. 하지만 그것은 변증법의 가장 잔인한 적이자 유일하게 지독한 적이다."[86] 복수주의 또는 다양체는 이것이 통일성으로 환원될 수 없는 것이라는 바로 그 이유 때문에 변증법에게는 그렇게도 위험스러운 것이다. 베르그송의 저술에 대한 분석을 통해, 들뢰즈는 이러한 환원불가능성과 다양체의 유출을 명백하고 논리적인 용어들로 산출하고 있다. 하지만 앞에서 본 것처럼 이 맥락에서 들뢰즈는 다자의 조직화의 보충적 계기를 아주 약한 용어들로 제기하는 데 성공하고 있을 뿐이다. 사실상 다양체의 환원불가능성은 어떠한 조직화 개념도 가로막고 있는 것처럼 보인다. 조직화에 관한 적실한 개념을 제공하지 못했기 때문에 들뢰즈의 베르그송이 헤겔식의 반격에 취약점을 드러내게 만들었다는 것을 우리는 이미 보았다. 바로 이 점에서 니체는 들뢰즈에게 엄청난 전진을 제공하고 있는 것이다.

"놀이에는 주사위 던지기에서와 같은 두 계기가 있다. 던져진 주사위와 다시 떨어지는 주사위."[87] 주사위 던지기의 두 가지 계기는 일자와 다자의 변증법에 대해서 니체의 대안이 갖는 기본적 요소들

---

86. 같은 책, p. 8. (한국어판, 『니체와 철학』, 29쪽. "복수주의는 때때로 변증법적 외관을 갖는다. 그것은 변증법의 가장 잔인한 적이자 지독한 유일한 적이다.")
87. 같은 책, p. 25. (한국어판, 『니체와 철학』, 61쪽. "놀이에는 주사위 놀이에서의 순간들—즉 사람들이 던지는 주사위들과 다시 떨어지는 주사위들—인 두 순간이 있다.")

을 구성한다. 놀이의 첫 번째 계기가 이해하기 더 쉽다. 주사위의 던져짐은 바로 통제의 거부이기 때문에, 우연(chance)과 다양체에 대한 긍정이다. 베르그송 연구에서 보았듯이 이것은 질서의 다양체가 아니다. 이 계기의 가능성 속에는 이미 형성된 것이 일절 없다. 그것은 미결정적이며 예측불가능한 것이다. 이것은 베르그송이 말하는 존재의 창조적 진화(혹은 유출)이며, 니체식 용어로 말하면 존재의 생성이다. 순수한 다양체. 하지만 주사위가 다시 떨어지는 계기는 보다 애매하며 보다 복잡하다. "한번 던져진 주사위는 우연의 긍정이며, 그 주사위들이 떨어지면서 형성하는 조합은 필연의 긍정이다. 존재가 생성에 의해 긍정되고 통일성이 다양체에 의해 긍정되는 것과 정확히 똑같은 의미에서 필연은 우연에 의해 긍정된다."[88] 주사위가 다시 떨어지는 것은 단순히 소여의[주어진 것의], 다양한(multiple) 실재의 필연성에 대한 확정에 불과한 것이 아니다. 만약 그렇다면 그것은 단지 결정론에 불과할 것이고 놀이의 첫 번째 계기를 긍정하기보다는 부정하는 위험을 무릅쓰게 될 것이다. 그게 아니라 주사위가 다시 떨어지는 것은 통일성의 조직화의 계기이다. 그것은 존재의 수동적 계시[드러남]가 아니라 존재의 능동적[적극적] 창조이다. 이를 이해하기 위해서 우리는 주사위 던지기의 은유를 영원회귀와 관련지어 보아야 한다.

---

[88]. 같은 책, p. 26. (한국어판, 『니체와 철학』, 62쪽. "사람들이 한번 던지는 주사위들은 우연의 긍정이고, 그것들이 떨어지면서 형성하는 조합은 필연의 긍정이다. 존재가 생성에 의해서 긍정되는 것과 정확히 같은 의미로, 필연은 우연에 의해서 긍정되며, 하나는 다수에 의해서 긍정된다.")

"다시 떨어지는 주사위들은 필연적으로 주사위 던지기를 한 번 더 하게 하는 수나 운명을 긍정한다 … 영원회귀는 두 번째 계기, 주사위 던지기의 결과, 필연의 긍정, 우연의 모든 부분들을 다시 모으는 수이지만, 또한 첫 번째 계기의 회귀, 주사위 던지기의 반복, 우연 자체의 재생산이자 재긍정이다."[89]

여기서 주사위 던지기라는 은유는 확실히 다소간 억지스런 면이 있다. 하지만 우리는 두 번째 계기를 ─ 어떤 선형성된 질서에 따라서가 아니라 기원적인(original) 조직화에서 ─ 첫 번째 계기에서 창조된 '우연의 모든 부분들'을 끌어 모음으로써 존재를 구성하고 통일성을 구축하는 조직화의 계기로서 인식해야 한다. 주사위의 회귀는 이것이 일관된 전체 속에서 우연의 기원적 요소들을 구성한다는 점에서 주사위 던지기의 긍정이다. (다양체와 생성의) 첫 번째 계기는 (통일성과 존재의) 두 번째 계기를 함축하고 있을 뿐만 아니라 이 두 번째 계기는 또한 첫 번째 계기의 회귀이다. 이 두 계기는 흩어지게 함과 모음의 영구적인 계열들로서, 원심적 계기와 구심적 계기로서, 유출과 구성으로서 서로를 함축하고 있다.

영원회귀에서 존재의 종합의 논리나 존재의 구성의 논리는 무엇인가? 우리는 더 이상 이 문제를 순수하게 논리적 평면 위에서 제기할 수 없다. 니체가 지형을 변형시켜 놓았으므로 우리는 그러한 존재론적 문제들을 오로지 힘과 가치에 입각해서 고찰할 수 있을 뿐이다.

---

89. 같은 책, pp. 27~28. 강조는 인용자. (한국어판, 『니체와 철학』, 66쪽) [한국어판에는 '주사위 던지기의 결과'란 말이 누락되어 있다. – 옮긴이]

"종합은 힘들의 종합, 힘들의 차이의 종합, 힘들의 재생산의 종합이다. 그래서 영원회귀는 힘에의 의지를 자신의 원리로서 가지고 있는 종합이다. '의지'라는 말 때문에 놀라서는 안 된다. 의지가 아니라면 어떤 것(which one, Qui)이 힘과 힘들의 관계를 결정하면서, 힘들의 종합에 있어서 원리의 구실을 할 수 있겠는가?"[90]

처음부터 우리는 의지가 힘과 가치의 지평을 움직이고 이것들의 지평에 생기를 부여하는 동력(dynamic)이라는 것을 보아왔다. 그러므로 종합의 논리는 의지의 논리이다. 힘에의 의지는 생성의 존재, 다양체의 통일 그리고 우연의 필연을 표식하는 종합의 원리이다. 그렇지만 의지가 어떻게 존재에게 기반을 제공하는가? 우리는 우리가 앞서 그렇게도 많이 의존했던 스콜라철학적 지평으로부터 그렇게 멀리 떨어져 있지 않다. 사실 힘에의 의지는 존재의 필연성과 실체성을 정의하는 최초[일차] 원인(primary cause) 역할을 한다는 점에서 영원회귀의 원리인 것이다. 하지만 니체의 지형은 이러한 논리적/존재론적 요점을 윤리학에로 재빨리 변형시킨다. 의지의 영원회귀는 이것이 '선택적 존재론'[91]인 한에 있어서 하나의 윤리학이다.[92] 그것이 선택적인 까닭은, 모든 의지가 회귀하는 것은 아니기 때문이다. 부정은 오로지 한 번만 일어난다. 오로지 긍정만이 회귀한다. 영

---

90. 같은 책, p. 50. (한국어판, 『니체와 철학』, 103쪽)
91. 같은 책, p. 72. (한국어판, 『니체와 철학』, 138쪽)
92. 피에르 클로소프스키(Pierre Klossowski)는 선택적 존재론이라는 이 생각을, 그의 극적인 분석, *Nietzsche et le cercle vicieux*에서의 다양한 선들(lines)을 따라 발전시키고 있다. 특히 "Le cercle vicieux en tant que doctrine sélective"라는 제목이 붙은 장의 pp. 177~249를 보라.

원회귀는 존재로서의 긍정적 의지의 선택이다. 니체에게 있어서 존재는 주어지는 것이 아니다. 존재는 의지되어야 한다. 이러한 의미에서 니체에게서 윤리학은 존재론 앞에 온다. 윤리적 의지는 회귀하는 의지이다. 윤리적 의지는 존재를 의지하는 의지이다. 바로 이 의미에서 영원회귀는 힘들의 시간적 종합인 것이다. 영원회귀는 힘에의 의지가 시간에서의 통일성을 의지하도록 요구한다. 들뢰즈는 영원회귀의 윤리적 선택을 의지를 위한 실천적 규칙이라고 정식화한다. "당신이 무엇을 의지하건 간에, 당신이 역시 그것의 영원회귀를 의지하는 방식으로 그것을 의지하라."[93] 하지만 우리는 여기서, 들뢰즈의 영원회귀 규칙을 독해할 때, '역시'라는 단어를 강조하지 않도록 주의해야 한다는 점에 주목해야 한다. 이 '역시'라는 단어는 사람을 아주 혼동시키기 쉽다. 그 이유는, 영원회귀는 의지로부터 분리된 것이 아니라 그것에 내부적이기 때문이다. "영원회귀는 여기서 어떻게 선택을 수행하는가? 선택하는 것은 바로 영원회귀의 사유(thought)이다. 그것은 의지함(willing)을 전적인 어떤 것으로 만든다."[94] 윤리적 의지는 그것의 회귀에 대해 전적이며 내부적이다. "당신들이 원하는 것을 항상 하라."[95] 존재로서의 영원회귀의 원리는 윤리적 의지처럼 내활적(efficient) 의지이다.

---

93. 같은 책, p. 68. (한국어판, 『니체와 철학』, 132쪽. "네가 의욕하는 것, 그것을 네가 영원회귀를 의욕하는 것과 같은 식으로 원하라.")
94. 같은 책, p. 69. (한국어판, 『니체와 철학』, 133쪽. "여기서 영원회귀가 어떻게 선택하는지 더 살펴보자. 선택하는 것은 바로 영원회귀의 사유이다. 그것은 의욕을 전적인 것으로 만든다.")
95. 같은 곳. *Thus Spoke Zarathustra*, p. 191에서 인용. (한국어판, 『니체와 철학』, 101쪽)

우리는 이제 유효성과 내부성이라는 이 근본적 관념의 아름다운 궤적을 추적할 수 있다. 내활적 차이(사물에 내부적인 차이)의 논리적 중심성에서부터 내활적 역량(그것의 현시에 내부적인 힘)의 존재론적 중심성에 [이르는], 그리고 이제는 영원회귀의 원리인 내활적 의지의 윤리적 중심성에 [이르는 궤적]. 스콜라철학적 논리학은 이 계열들을 안내하는 실타래처럼 관통하면서 이 계열들에게 유물론적·형이상학적 기반을 제공하고 있다. 원인이 그 효과에 내부적이라는 본성이 존재의 필연성, 실체성, 단독성, 일의성을 지탱하고 있다. 이것이 우리가 내활적 의지의 영원회귀를 니체적 존재 철학의 윤리학적 지주로서 이해할 수 있는 방법이다. 우리는 앞서 베르그송에 대한 들뢰즈의 저술에 대한 우리의 분석(1장 3절)에서, 어떻게 '미결정'(indetermination)의 철학이 또한 존재의 철학일 수 있고, 어떻게 우리가 생성과 존재를 모두 가질 수 있는가를 자문해본 바 있었다. 이제 우리는 니체적 해답을 가지고 있다. 주사위 던지기(생성의 계기, 미결정의 계기)의 뒤를 다시 떨어지는 주사위(존재의 선택)가 잇는데, 이는 다시 새로운 주사위 던지기로 이어진다. 존재론적 선택은 마치 영원회귀가 의지의 긍정인 것처럼 주사위 던지기의 미결정을 부정하는 것이 아니라 그것을 강화하고, 긍정한다.

끝으로 순수한 존재는 니체에게 있어서 달성된 상태(achieved state)로서, 목적성으로서 얻어지는 것이다. 그리고 그것은 아리아드네라는 등장인물에서 제시된다. 디오니소스에 대한 아리아드네의 사랑은 영원회귀의 긍정이다. 그것은 이중 긍정이며, 생성의 존재를 그것의 가장 높은 역량에로 올려놓는 것이다. 디오니소스는 긍정의 신이지만 긍정 자체를 긍정하기 위해서 아리아드네를 취한다. "존재의 영원한 긍정이여, 나는 영원히 당신의 긍정입니다."96 디오니소스의 긍정은 생성의 존재를 표식한다. 그러므로 아리아드네는 디오니소스를 자신의 긍정의 대상으로 취하고 있으므로, 존재의 순수한 긍정을 표식한다. 아리아드네의 긍정은 이중 긍정이다(" '예'에 응답하는 '예' ").97 혹은 더 정확히 말해서, 그것은 나선형의, 무한한 긍정, n번째의 역량으로까지 올려진 긍정. 아리아드네의 순수 존재의 창조는 윤리적 행위이며 사랑의 행위이다.

6. 존재의 기반으로서의 총체적 비판

내활적, 긍정적 의지의 이러한 윤리적 지형 위에서, 들뢰즈는 총체적 비판의 드라마를, 마지막으로 한 번, 이제 가치평가에 입각해서 —'변이'로서— 다시 제기한다. 들뢰즈는 이번에는 일신된 칸트적·스콜라철학적 용어들의 조합을 통해 비판을 제시한다. 실제로 변이는 칸트주의에서 스콜라철학으로, 말하자면 지식의 비판에서 존재의 기반으로 나아간다.98 여기에서 또한 우리는 비록 거리를 두고 있고

---

96. 같은 책, p. 187. 『디오니소스의 찬가』(*Dionysian Dithyrambs*)로부터 인용. (한국어판, 『니체와 철학』, 323쪽)
97. "Mystére d'Ariane", p. 15.
98. 쟝 뽈은 들뢰즈가 무에의 의지를 힘에의 의지 일반의 *ratio cognoscendi*[인식 이유]로서 정식화하고, 영원회귀를 *ratio essendi*[존재 이유]로서 긍정하고 있는 점을 높게 평가한다. 그러나 그는 그것이 니체적 맥락에는 다소 부적절함을 발견한다. "니체 사상에 대한 이러한 설명(*exposé*)이 외관상 너무 스콜라적이지는 않는가?"("Nietzsche et la philosphie", p. 378). 뽈이 들뢰즈가 니체의 사상에 외부적인 요소를 끌어들이고 있다고 주목한 것

간접적인 형태에서이긴 하지만 헤겔적 변증법에 대한 들뢰즈의 최종적 공격을 발견한다. 이미 살펴본 바 있듯이 초재적인 심급으로부터 자유로운 비판의 관점이 바로 힘에의 의지이다. 이제 비판의 적대적 계기, *pars destruens*[파괴적 계기]의 역할은 허무주의가 맡게 된다. 들뢰즈는 허무주의가 힘에의 의지의 *ratio cognoscendi*[인식 이유]라고 설명한다. "우리가 실제로 힘에의 의지에 대해 알고 있는 것은 고통과 체형이다."99 들뢰즈는 내면성 및 의식의 기획으로서의 허무주의가 아픔과 고통으로 가득차 있다는 것을 아주 길게 설명하고 있다. 그러나 바로 이 동일한 허무주의가 '현재까지 알려진 혹은 알 수 있었던 모든 가치들'100이 무엇인가를 드러내준다. 우리는 부정적 힘에의 의지의 고통을 통해 우리들 자신과 우리의 현재에 대한 앎[지식]을 획득한다. 그럼에도 불구하고 칸트가 우리에게 가르쳐 주는 바와 같이, 이 앎에는 하나의 피안이 존재한다. "우리는 힘에의 의지를 우리가 그것을 인식하는 것과는 거리를 둔 형태에서 힘에의 의지를 '사유한다.' (그러므로 영원회귀의 사유는 우리의 모든 앎의 법칙을 넘어선

은 확실히 옳다. 그러나 내가 이미 앞에서 밝혔던 것 같은데, 스콜라철학과의 대조는 (역량, 의지, 인과성의 분석에서) 니체 사상의 존재론적 기초를 조명하는 데에 도움을 줄 수 있다. [ratio cognoscendi와 ratio essendi에서 ratio는 중세 철학에서 주로 '근거'(이유), '오성', '개념'의 세 뜻으로 쓰이며, 여기에서는 각각 '존재 근거'(이유), '인식 근거'(이유)로 옮기는 것이 적합하다. 아래에서는 일괄적으로 '존재 이유' / '인식 이유'로 옮긴다. '존재 원리' / '인식 원리'는 '원리'를 가리키는 principium(principe)이란 단어가 따로 있으므로, 번역어로 삼기엔 다소 부적합하다. — 옮긴이]]

99. *Nietzsche and Philosophy*, p. 173. 강조는 인용자. (한국어판, 『니체와 철학』, 300쪽. "우리가 힘에의 의지로부터 인식하는 것은 고통과 체형이다.")
100. 같은 책, p. 172. (한국어판, 『니체와 철학』, 299쪽. "그날까지(jusqu'à ce jour) 알려져 있거나 알려질 수 있는 모든 가치")

다.)"[101] 허무주의 자체는 우리들을 내면성 너머로, 고통 너머로 데려다주는 것이다. 이 비판에서 부정적인 것의 역량은 헤겔적인 '상존적 부정'을 가동[작동]시키지 않는다. 그 대신 이 '완성된' 허무주의는 무에의 작용적[적극적] 의지이다. 즉 '자기-파괴, 작용적[적극적] 파괴'[102]이다. 완성된 허무주의는 두 가지 의미에서 자기-파괴이다. 완성은 허무주의가 자신에게 패배한다는 것을 의미한다. 그러므로 부정적 힘에의 의지의 최종 행위가 스스로를 소멸시킨다는 것을 의미한다. 또한 허무주의의 완성은 구축된 내면성으로서의 '인간'의 종말이다. 그것은 '최후의 인간'의 자살이다.

이 파괴의 극한에는, 자정에는, 초점에는 변형, 즉 앎[지식]에서 창조로, 야만적 부정에서 절대적 긍정으로, 고통스런 내면성에서 기쁜 외면성으로의 변형, 전환이 있다. "입법자가 '학자'를 대신하고, 창조가 앎 자체를 대신하며, 긍정이 온갖 부정들을 대신한다."[103] 긍정, 즉 힘에의 의지의 *pars construens*[구성적 계기]는 *ratio cognoscendi*[인식 이유]를 넘어서 있는 "미지의 기쁨이요, 미지의 행복이요, 미지의 신이다."[104] 허무주의의 작용적[적극적] 완성과 더불어 그리고 긍정 및 창조로의 변이와 더불어, 우리는 마침내 부정성, 내면성 그리고 의식 자체를 끝장내게 된다. 외면성은 존재의 기초를 놓기 위한 조건이다.

---

101. 같은 책, pp. 172~173. (한국어판, 『니체와 철학』, 300쪽)
102. 같은 책, p. 174. (한국어판, 『니체와 철학』, 302쪽)
103. 같은 책, p. 173. (한국어판, 『니체와 철학』, 301쪽. "입법자가 학자를 대신하는 그 순간까지 알려지지 않은 가치들이 파생한다. 창조, 인식 자체의 창조 및 긍정, 알려져 있는 모든 부정의 긍정이 이루어진다.")
104. 같은 책. (한국어판, 『니체와 철학』, 300쪽)

들뢰즈의 설명에 의하면, 힘에의 의지의 *ratio essendi*[존재 이유]는 긍정이다. 이러한 용어들로 인해 들뢰즈는 짜라투스트라의 진술을 존재론적 윤리학으로 다시 정식화할 수 있었다. "나는 허무주의를 힘에의 의지의 *ratio cognoscendi*[인식 이유]로 이용하는 사람을, 그러나 힘에의 의지 속에서 *ratio essendi*[존재 이유]를 — 이 속에서 인간은 극복되고 따라서 허무주의는 패배 당한다 — 발견하는 사람을 사랑한다."[105] 존재는 인식[앎, 지식]보다 일차적이다. 아리아드네처럼, 짜라투스트라는 존재를, 존재의 창조와 긍정을 사랑한다. 외면성, 긍정, 내활적인 힘에의 의지. 이것이 존재를 지지해주는 *ratio*[근거, 까닭, 이유]이며, 이것이 바로 짜라투스트라가 사랑한 것이다.

논평 : 들뢰즈의 반헤겔주의의 종결

이 장 처음에서, 우리는 들뢰즈의 니체 연구의 중심적 목표가 '변증법 그 자체에 대한 대립'[106]이 될, 변증법적 대립에 대한 대안을 완성하는 것이라고 언급했다. 들뢰즈 같은 현대적 반헤겔주의자들을 비판하기 위해 종종 이용되곤 하는 것이 바로 대립을 소생시킬 수 있는 변증법의 능력이다. 쥬디스 버틀러는 『욕망의 주체들』에서 헤겔주의와의 대립이 지닌 문제점을 강력하게 제기하고 있다. "변증법

---

105. 같은 책, p. 174. (한국어판, 『니체와 철학』, 302~303쪽. "나는 허무주의를 권력의지의 인식 이유로 이용하지만, 권력의지 속에서 인간이 극복되는 존재 이유, 따라서 극복된 허무주의를 발견하는 자를 사랑한다.")
106. 같은 책, p. 17. (한국어판, 『니체와 철학』, 46쪽)

을 확실하게 넘어서는 단계로서 포스트-헤겔주의의 마지막 단계를 구성하는 것은 무엇인가? 이러한 입장들은, 그것들이 변증법과 완전히 대립하고 있다는 것을 주장하는 바로 그 순간에도 변증법에 의해 쫓겨다니고 있는 것인가? 이러한 '대립'의 본성은 무엇인가? 그것은 어쩌면 헤겔 자신이 예시해 놓은 형태란 말인가?"[107] 버틀러는 이 질문에 대해 엄밀히 헤겔적인 방식으로 대답한다. "헤겔과의 '단절'을 언급하는 것은 헤겔이 '~와(과)의 단절'이라는 바로 그 개념을 변증법의 중심적 교의로 만들었다는 이유만으로도 거의 언제나 불가능한 것이다."[108] 이러한 관점에서 볼 때, 대립 그 자체는 본질적으로 변증법적이며, 그러므로 '변증법 자체에 대한 대립'은 변증법의 강화 혹은 반복을 의미할 수 있을 뿐이다. 다시 말해서 헤겔주의에 대해 '타자'가 되려는 일체의 노력도 헤겔주의 내에서의 '타자'로서 효과적으로 되살려질 수 있다.

들뢰즈의 니체 독해를 통해 우리는 버틀러의 명제에 대한 적합한 대답을 구성할 수 있는 두 가지 논점을 살펴본 바 있다. 총체적 비판이라는 들뢰즈의 정식화는 두 가지 상이한 유형의 대립이 있다는 것을 보여줌으로써 우리에게 직접적인 대답을 제공한다. 변증법적 대립은 그 적을 '보존하고 유지'하려는 제약당하고 부분적인 공격이다. 그것은 '상존적 부정' 속에서 무한정하게 연장될 수 있는 일종의 저강도 전쟁이다. 사실상 변증법은 부분적 비판을 통해 자기의 선행자의 본질을 약탈하고 개량한다. 그러므로 변증법의 중심 교리인 '~과

---

107. Judith Butler, *Subjects of Desire*, p. 176.
108. [옮긴이 주] Judith Butler, 같은 책, pp. 183~184. 이 책 20쪽 참조

(와)의 단절'은, 접두사 '포스트(post, 이후)'의 성격을 규정하는 연속성을 보존하므로 부분적인 단절이 될 수밖에 없다. 그러나 비변증법적 대립은 제한되지 않은, 야생적 공격을 통해 자신의 적수와의 완전한 단절을 가동[작동]시킨다. 이러한 심오한 대립의 결과는 관계의 회복을 막는 분리이다. 그러므로 이 니체적 입장을, 개량된 헤겔주의 또는 완성된 헤겔주의라는 식으로 마치 이 입장이 헤겔주의에 기반하고 있다는 식으로 '포스트-헤겔주의'라고 부르는 것은 잘못일 것이다. 들뢰즈의 주장은 니체의 총체적 비판이 '포스트-칸트적인' 입장이라는 것이다. 그것은 칸트 자신의 애초 기획의 목표들을 실현하기 위해 칸트의 오류를 수정한다. 칸트의 비판은 기성의 가치들이 초월적 평면 위에서 본질로서 존속하는 것을 허용한다. 이 예외는 칸트의 불완전성의 결과이며, 바로 이것이 니체가 수정한 근본적 오류인 것이다. 그러나 헤겔의 변증법적 비판에서는 본질로 설정된 기성의 가치들이 비판적 드라마의 중심적 주인공으로 제시된다. 니체의 총체적 비판 및 그것의 제한되지 않은 *pars destruens*[파괴적 계기]를 이런 입장의 수정으로 인식하는 것은 불가능하다. 그것은 오직 심대한 파열[단절]로 나타날 수 있을 뿐이다. 이 점에서 우리는 가까운 적들과 근본적인 적들에 대한 관계를 배치하는 데 있어서 들뢰즈가 보여준 배려의 필요성을 명확하게 알 수 있다. 들뢰즈의 니체는 '포스트-칸트적인' 것으로 나타날 수 있으나 [그렇게 나타날 때에도] 오로지 '반헤겔적인' 것으로만 나타날 수 있을 뿐이다. 차이는 수정과 파열 사이에 있다. 사료 편찬의 용어들로 제기하자면 버틀러의 헤겔적 주장은, 철학사에는 연속적인 선들만 있으며, 좀 더 크건 좀 더 작건

간에 정도의 차이만을 가지고 수정되는 것만 있다는 것이다. 그와는 반대로 들뢰즈는, 철학사는 실재적 불연속성들, 본성의 참된 차이들을 포함하며, 불연속성은 헤겔-니체의 관계를 설정하는 유일한 방식이라고 주장한다. "헤겔과 니체의 타협은 결코 있을 수 없다."[109]

하지만 들뢰즈는 우리에게 두 번째 대답을 제공한다. 우리는 들뢰즈 사유의 진화를 통해 나아가면서 들뢰즈가 헤겔주의를 다룰 수 있는 지형이 계속해서 움츠러드는 것을 보아왔으며, 변증법에 대한 공격이 점점 더 간접적으로 되어가는 것을 보아왔다. 일자와 다자에 대한 베르그송적 공격과 주인-노예 관계에 대한 니체적 공격은 헤겔의 담론이 완전히 제거된 평면에서 수행된다. 변증법에 대한 총체적 대립을 발전시켜 가는 들뢰즈의 전략에는 또 하나의 전략이 동반된다. 그것은 변증법에서 떠나는 것, 변증법을 잊는 것이다. 우리는 들뢰즈의 반헤겔주의의 종결에 이르렀다. 예를 들어 『차이와 반복』의 서두에서처럼 비록 변증법에 반대하는 수사가 다시 나타난다고 하더라도 그것은 이 초기의 연구들에서 발전된 주장들을 반복하는 것일 뿐이지 새로운 주장들을 발전시키는 것이 아니다. 변증법에 대한 총체적 대립의 발전은 들뢰즈에게 있어 지적인 치료법이었던 것처럼 보인다. 그것은 헤겔을 몰아내어 주었으며 사유를 위한 자율적 평면을 창출해내었다. 더 이상 반헤겔적인 것이 아니며, 아주 간단히 말해 변증법을 망각한 그런 평면을 말이다.

---

109. *Nietzsche and Philosophy*, p. 195. (한국어판, 『니체와 철학』, 334쪽)

7. 파토스와 기쁨: 긍정적 존재의 실천을 향하여

　기쁨의 철학은 필연적으로 실천의 철학이다. 들뢰즈의 니체 독해 전체를 통해서 우리는 실천이 중심적 역할을 한다는 인상을 받았으나 그 용어들은 결코 명백하게 나타나지는 않는다. 다른 한편 들뢰즈의 니체가 무엇이 아닌지는 매우 명백하다. 그것은 의식의 탐구가 아니다. 그것은 오성의 재편성(reformation)도 지성의 개선도 아니다. 간단히 말해서 그것은 내면성의 구축이 아니라 긍정의 역량을 통한 외면성의 창조이다. 하지만 사유의 외면성과 의지의 외면성은 아직 적합한 성격규정이 아니다. 왜냐하면 니체적 긍정은 또한 물체적(corporeal)이기도 하기 때문이다. 우리는 들뢰즈의 니체에 대한 우리의 독해에 있어서 마지막 항해를 남겨 두고 있다. 의지에서 욕구(appetite) 및 욕망(desire)으로, 외면성에서 실천으로의 항해 말이다.

　들뢰즈는 니체적 외면성을 정교화함으로써 스피노자적 명제를 재발견한다. "힘에의 의지는 변용[촉발]될 수 있는 역량[pouvoir d'être affecté]으로 표방된다."110 스피노자는 신체의 변용될 수 있는 역량과

---

110. 같은 책, p. 62. 수정하여 인용함. (한국어판, 『니체와 철학』, 121쪽. "권력의지는 영향 받을 수 있는 능력(pouvoir)으로 표명되기에 이른다.") Hugh Tomlinson은 '*pouvoir d'être affecté*'를 '변용될 수 있는 능력'(capacity to be affected)이라고 번역한다. '능력'은 매우 빈약한 선택이다. 왜냐하면 '*pouvoir d'être affecté*'는 어떠한 가능성도 포함하고 있지 않기 때문이다. 오히려 그것은 항상 현실적이다. [스피노자가 사용하는 affect(affectus)와 affection(affectio), 그리고 이와 관련하여 파생되는 동사형은 번역하기 쉽지 않은 개념이다. 사람에 따라 affect와 affection을 각각 '변용'과 '감정'(정서)으로, 또는 변용태와 변용으로, 또는 affect만을 '감응'으로 번역하기도 한다. 그러나 들뢰즈의 글을 자세히 읽다 보면 그가 이 용어들을 분별하여 사용하고 있는 것을 알 수 있다. 가령 『스피노자의 철학』(박기순 옮김, 민음사, 1999)에서는 affect를 sentiment와 거의 비슷한 의미로 사용하고 있으며, 1974년 1월 24일 벵센느 대학 강의 내용에서는

그것의 변용할 수 있는 역량 사이의 긍정적 관계를 인식한다(3장 7절 참고). "신체가 더 많은 방식들로 변용된다면, 그것은 더 많은 힘을 가질 것이다."[111] 이러한 스피노자적 개념화의 두 가지 측면은 니체의 작업이라는 맥락 속에서 들뢰즈의 관심을 끈다. 첫째로, 이러한 변용될 수 있는 역량은 가능성을 다루는 것이 아니다. 그것은 언제나 다른 신체들과의 관계 속에서 현실화된다. 둘째로, 이러한 역량은 신체의 수용성(receptivity)을 수동성으로가 아니라 '하나의 변용성[촉발성], 감성, 감각'[112]으로 규정한다. 이러한 개념은 들뢰즈에게 내적 경험을 물체적 외면성의 양태로서 제시하는 방법을 제공한다. 신체의 수용성은 그것의 적극적[작용적]인 외부적 표현과 긴밀히 묶여 있다. 변용성은 신체가 지닌 역량의 속성이다. 따라서 스피노자에게서처럼, 니체에게서 파토스(pathos)는 수동정서들[정념들][113]을 '겪

"따라서 제가 affect라는 단어를 사용할 때 이것은 스피노자의 affectus를 지칭하며, affection을 사용할 때는 affectio를 지칭하는 것입니다"라고 명시적으로 언급하고 있다. 따라서 스피노자가 『에티카』 3부에서 구별하기 시작한 affectio와 affectus는 각각 '변용'과 '정서'(변용태)로 옮겨지는 것이 타당하다. 들뢰즈 또한 이러한 스피노자적인 맥락에서 이들 용어를 사용하고 있으므로, affectio, 즉 affection은 '변용'으로, affectus 즉, affect는 '정서'로 옮겨지는 것이 타당할 것이다. 한편 affect가 동사형으로 사용될 경우에는 각각 '변용[촉발]될 수 있는 역량', '변용[촉발]할 수 있는 역량' 등으로 옮길 수 있다. 이 용어들의 번역어 선택에 관해서는 『스피노자의 철학』(박기순 옮김, 민음사), 『스피노자와 표현의 문제』(이진경·권순모 옮김, 인간사랑), 『천 개의 고원』(김재인 옮김, 새물결)을 비롯하여 들뢰즈의 웹(http://www.webdeleuze.com)에 있는 1974년 1월 24일의 강의를 참고하기 바란다. 이 강의록의 한국어 번역본은 인터넷에서 쉽게 구할 수 있다. — 옮긴이]

111. 같은 책, p. 62. (한국어판, 『니체와 철학』, 122쪽. "물체가 그만큼 더 많은 힘을 가지고 있으면 있을수록 그는 보다 더 많은 방식으로 영향받을 수 있다.")
112. 같은 책, p. 62. (한국어판, 『니체와 철학』, 122~123쪽. "감수성, 감성, 감각")
113. [옮긴이 주] 흔히 passion을 '정념'이라고 번역하지만 이 단어는 원래 수동을 함축하기

는' 신체를 포함하는 것이 아니다. 그와는 반대로 파토스는, 신체의 적극성[activity, 활동성]을, 즉 기쁨인 창조를 표식하는 정서(affects)를 포함하는 것이다.

하지만 기쁨에 관한 실천적 개념화에 도달하기 위해서, 신체들의 변용성이 지닌 역량의 이처럼 풍부한 의미에는 실천 속에 있는 신체의 적극성[활동성]에 대한 정교화가 동반되어야 한다. 『니체와 철학』의 바로 마지막 절은 이 문제에 접근하고 있다.

"차이는 행복하다는 것, 다양체, 생성, 우연은 그 자체로 기쁨의 적합한 대상이라는 것, 오로지 기쁨만이 되돌아온다는 것, 바로 이것이 니체의 실천적 가르침이다. … (스피노자를 제외하고) 루크레티우스 이래 사람들은 결코 철학을 특징짓는 비판적 계획을 그렇게 멀리까지 진전시키지 못했다. 루크레티우스는 영혼의 고통을 폭로했으며, 자신들의 권력을 정립하기 위해서 영혼의 고통을 필요로 하는 자들을 고발했다. 스피노자는 슬픔, 슬픔의 모든 원인, 그 슬픔 가운데서 그들의 권력의 기초를 마련하는 자들을 고발했다. 니체는 원한, 가책, 그것들에게 있어 원리의 구실을 하는 부정의 권력을 고발했다."[114]

기쁨의 실천적 철학의 이러한 역사(루크레티우스, 스피노자, 니체)는 시사하는 바가 크다. 하지만 들뢰즈의 니체에게는 슬픈 수동정서

때문에 스피노자의 맥락에서 논의되기 위해서는, 그리고 특히 데카르트의 정념론과 스피노자의 정념론의 차이를 표현하기 위해서 이를 '수동정서'[정념]라고 병기했다. 이에 관해서는 다니엘 벤사이드, 『저항 - 일반 두더지학에 대한 시론』, 김은주 옮김, 이후, 2003, 24쪽, 각주 11을 참고하기 바란다.

114. 앞의 책, p. 190. (한국어판, 『니체와 철학』, 327쪽)

[정념]에 반(反)하는 실천적 투쟁의 발전을 가로막는 두 가지 요소가 있다. 그 요소들은 우리를 스피노자 연구에로 나아가게 만든다. 우선 니체에 대한 들뢰즈의 '비인격적' 독해는 실천 이론의 발전을 가로막는다. 왜냐하면 그것은 행위자(agent)에 대한 우리의 개념화를 힘들의 상호작용으로 제한시키기 때문이다. 우리가 이미 주목한 것처럼, 들뢰즈가 '*Qui?*'라는 질문을 할 때, 그는 일체의 '인격주의적' 지시체를 피하고 그 대신 특정한 힘에의 의지에 주목한다. 하지만 이 지점에서 우리는 의지뿐만이 아니라 욕구와 욕망에도 주목해야 있다.115 실천적 행위자의 속성들은 어떤 의미에서 '인격주의적'이어야 한다. 실천 이론을 위해서 우리는 개체론적 이론이 필요하지는 않으나 물체적이고 욕망하는 행위자가 필요하다. 이와 관련하여 스피노자가 실천의 행위자, 즉 '개체'(Individual)를 그것의 공통 운동, 공통 행위, 공통 욕망 때문에 인정된 하나의 신체 또는 신체들의 집단으로 정의할 때, 스피노자는 훌륭한 모범을 보여준다.116 스피노자의 행위자처럼 물체적인 행위자는 슬픈 수동정서에 대항한 싸움을 전개시킬 수 있고 기쁨의 실천을 발견할 수 있다. 둘째로, 들뢰즈의 니체 연구

---

115. 나는 여기에서 '의지', '욕구', '욕망'을 스피노자의 규정에 따라 사용하고 있다. 의지는 정신에 관계된 코나투스(conatus)이고, 욕구는 정신과 육체에 관계된 코나투스이다. 욕망은 욕구의 의식을 한데 모은 욕구이다. *Ethics*, IIIP9S를 보라. (한국어판, 『에티카』, 141쪽, 3부, 정리 9의 주석)

116. *Ethics*, IIP13D. "크기가 같거나 다른 물체 두어 개가 다른 여러 물체의 압력을 받아서 서로 접합하거나, 아니면 두어 개의 물체가 같은 속도로 또는 다른 속도로 움직일 경우 자신의 운동을 어떤 일정한 방식으로 전달할 때 우리는 그 물체들이 서로 합일되어 있다고 말하며, 또한 모든 것이 함께 하나의 물체 또는 하나의 개체를 형성한다고 말한다. 그것은 물체의 이러한 합일에 의하여 다른 물체와 구분된다." (한국어판, 『에티카』, 84쪽, 2부, 정리 13의 정의)

는 실천 이론에 도달하지 못하는데, 그 이유는 그것이 공간적이거나 사회적인 종합이라는 개념에 도달하지 못하기 때문이다. 니체적 종합, 즉 영원회귀는 힘에의 의지를 시간 속에 투사하는 시간적인 종합이다. 그러나 스피노자는 우리에게 기쁨의 실천이 사회성(sociality)의 평면 위에서 일어난다는 것을 보여줄 것이다. 예를 들어 스피노자의 공통 개념들은 확장적인 집단성, 사회의 창조를 위한 용어들을 제공해줄 것이며, 그리하여 슬픈 수동정서에 대항한 강력한 무기를 구성할 것이다. 따라서 『니체와 철학』의 마지막 절은 들뢰즈의 진화에서 다음의 항해를 이미 예견하고 있는 것이다. 즉 니체적 긍정에서 스피노자의 실천으로의 항해.

3
스피노자적 실천
긍정과 기쁨

　우리는 들뢰즈의 스피노자 독해가 여타의 철학자들을 다루는 것과는 다른 성격을 지닌다는 점을 즉각 알아차릴 수 있다. 스피노자 앞에서는 일정한 겸양과 조심스러움이 엿보이는데, 다른 곳에서는 이러한 점을 발견할 수 없다. 물론 우리는 들뢰즈가 『스피노자와 표현의 문제』를 그의 박사 논문의 사적(史的) 부분으로서 제시했다는 점을 염두에 두어야 한다.1 하지만 이 사실은 그러한 어조의 변화를 부분적으로만 설명할 수 있을 뿐이다. 우리가 살펴본 것처럼 들뢰즈는 철학사에 대한 그의 탐구들을 매우 단순한 형태로, 즉 어떤 단일한 개념 — 베르그송의 경우에는 존재론적 긍정, 니체의 경우에는 윤리적 긍정 — 을 정교화한 것으로 종종 제시하고 있다. 이 연구들은

---

1. [옮긴이 주] 들뢰즈는 1969년 주 논문인 『차이와 반복』, 부 논문인 『스피노자와 표현의 문제』로 박사학위를 받았다.

깨끗하게 세공된 보석들의 형태를 띠고 있다. 이 연구들은 핵심적 개념을 제시하고, 이 개념으로부터 전체적인 철학적 독트린이 뒤따라 나오게 한다. 이와 비교할 때 스피노자에 관한 들뢰즈의 저술은 거칠게 세공된 것이다. 그것은 발전이 덜 된 통찰들이나 해결되지 않은 문제들로 넘쳐난다. 바로 이러한 이유 때문에 그것은 [다른 것]보다 열린 책인 동시에 일반 대중이 접근하기가 쉽지 않은 책이다.² 『스피노자와 표현의 문제』는 한 묶음의 작업 노트들처럼 보인다. 그리하여 완결된 해석을 제시하기보다는 오히려 발전의 과정 속에서 일련의 해석적 전략을 제시한다. 그러므로 우리가 여기서 뒤따라 갈 이론적 이행 과정들은 필연적으로 복잡할 수밖에 없으며, 종종 지나치게 생략되어 있기도 하다.

"내가 철학사의 규범들을 따라서 가장 진지하게 작업했던 것은 바로 스피노자에 관한 것이었습니다. 하지만 여러분이 그를 읽을 때마다 등 뒤에서 여러분을 떠미는 기류의 효과를, 그가 여러분을 [그 위에] 걸터앉게 만드는 마녀의 빗자루의 효과를 나에게 가장 많이 냈던 사람은 바로 스피노자입니다. 우리는 아직 스피노자를 이해하기 시작하지도 못했습니다. 그리고 나 자신도 다른 사람들과 마찬가지입니다."³

---

2. 이 책이 들뢰즈의 다른 철학사 독해에 비해 독자의 규모가 훨씬 더 적다하더라도, 들뢰즈의 스피노자 해석은 스피노자 연구에 대변혁을 일으켰다. (피에르 마슈레이와 에띠엔느 발리바르에 의해 발전된) 루이 알튀세르의 독해와 함께 들뢰즈의 저작은 지난 30년간의 프랑스의 스피노자 연구들에서 솟아나온, 영향력이 지대한 저작이다. 프랑스의 [스피노자 연구] 전통은 매우 풍부하다. 들뢰즈와 알튀세르주의자들을 제외하고, 이 전통을 구성하고 있는 20세기의 주요 인물들을 몇 명만 살펴보면, 페르디낭 알퀴에, 실뱅 자끄 그리고 마르샬 게루 등이 있다. 우리는 연구를 진행하는 과정에서 그들의 해석들에 의존하는 기회를 풍부하게 가질 것이다.

스피노자는 여전히 수수께끼로 남아있다.
우리의 과제는 들뢰즈의 기획이 발전하고 진화하는 것에 스피노자 독해가 어떻게 기여하는가를 식별하는 것이다. 우리가 처음에 제시한 방법론적 원리들로 돌아가 보자. 우리는 처음부터 들뢰즈의 초창기 사유에 진화 과정이 있다는 것을 가설로 제시했으며, 또한 앞의 두 장에서 이것을 입증했다. 들뢰즈의 사적(史的) 논문은 자신의 지적인 기획이 요구하는 바에 따라 개별 철학자들의 저술에 접근한다. 베르그송과 더불어 들뢰즈는 존재론을 발전시킨다. 니체와 더불어 윤리학을 구성하기 위해서 그러한 존재론을 움직이게 한다. 스피노자와 더불어 그는 이러한 진화에 있어서 한 단계 더 나아가 정치학을 향한다. 그리하여 베르그송적 존재론과 니체적 윤리학의 구조 위에 새로운 날개를 달아준다. 들뢰즈의 진화가 갖는 특수하고 중요한 측면은 [들뢰즈의 진화] 과정이 하나의 이론적 관점을 다른 것과 교환하는 데 골몰하는 것이 아니라 오히려 [들뢰즈의 진화 과정이] 축적과 구성(constitution)의 과정이라는 점이다. 다시 말해서 매 단계, 매번 새로운 탐구 영역은, 선행자[선배]들의 용어를 완전히 포기하거나 부정하는 것이 결코 아니라 오히려 다시 제기하는 구축(construction)이다. 들뢰즈는 자기의 짐을 혼자서 끌고 다닌다. 니체적 윤리학은 가치의 영역으로 옮겨진 베르그송적 존재론이다. 스피노자적 정치학은 실천의 영역으로 옮겨진 베르그송적 존재론과 니체적 윤리학이다. 윤리학에는 존재론이 있기 마련이며, 그리고 다시 정치학에는 윤리학이 있

---

3. *Dialogues*, p. 15.

게 마련이다. 역량에 대한 풍부한 분석과 실천에 대한 개념적 정교화를 통해, 존재에 생명을 불어넣는 원리들이, 윤리학에 그리고 정치적 조직화의 실천적 구성에 생명을 불어넣는 바로 그 원리들과 똑같은 원리라는 점에서 스피노자의 정치학은 존재론적 정치학이다.

하지만 들뢰즈는 스피노자 연구에서 자신이 전에 성취한 결과들을 즉각 뛰어넘어 나아가지 않는다. 오히려 그는 앞으로의 도약을 준비하기 위해 몇 발짝 뒷걸음질친다. 실제로 들뢰즈의 스피노자 독해에서 우리는 진화 과정 전체에 관한 요약을 발견한다. 『에티카』의 처음 두 편에 대한 독해와 대강 일치하는 그의 연구의 전반부에서, 우리는 그가 베르그송 연구에서 다루었던 지형(존재의 충만, 차이의 긍정성, 유출의 문제 등등)을 다시 정교화하고 있음을 발견한다. 『에티카』의 마지막 권[5부]을 다루고 있는 독해의 후반부에서 우리는 니체적 지형(존재의 긍정, 역량과 활동[능동성]의 윤리학 등등)을 재작업하고 확장하는 것을 발견한다. 베르그송과 니체는 스피노자의 주요한 선행자의 자리를 차지하면서 스피노자에게 생명을 불어넣고 있다. 들뢰즈의 전도된 철학사에서 스피노자는, 뒤를 돌아보면서 그 역시 산꼭대기에 홀로 서 있지 않다는 것을 볼 수 있게 되는 것처럼 보인다.[4]

---

4. 니체는 스피노자가 자신의 정신적 동반자였음을 알고 있었다. 니체는 친구인 프란쯔 오버벡(Franz Overbeck)에게 이렇게 썼다. "난 너무나도 놀라고 있다네. 완전히 매혹 당했다네. 난 한 명의 선구자를 가지고 있다네. 선구자를 말일세! 난 스피노자를 거의 모르고 있었다네. 바로 지금 내가 그에게로 돌아서는 것은 '본능'에 의해 고무된 일일세. … 혼자만의 고독, 그것은, 아주 높은 산 위에 올라 있는 것처럼, 종종 숨쉬는 것을 어렵게 만들기도 하고, 피가 솟구치게 만들기도 했다네. 하지만 이제 그것은 적어도 두 명의 고독이라네"(「오버벡에게 보내는 엽서」, 1881년 7월 30일, *The Portable Nietzsche*, p. 92).

들뢰즈의 진화에 초점을 맞춤으로써 우리는 스피노자 연구의 맥락에서 중요한 또 하나의 주제를 인식할 수 있게 된다.『스피노자와 표현의 문제』전반에 걸쳐, 우리는 들뢰즈가 스피노자의 체계를 두 개의 구별된 계기로, 사유의 두 가지 관점으로 다루는 것을 알 수 있다. 하나는 사변적인 것이고 다른 하나는 실천적인 것이다. 들뢰즈의 저작 속에 암시적으로 나타나 있는 사변과 실천의 이러한 구별은 이론적 주장인 동시에 해석적 전략이다. 다시 말해 비록 들뢰즈가 이 구별을 부각시키고 있지는 않지만 우리는 그것이 분명 스피노자 사상의 전통적 주해들에 대한 도전을 구성한다는 것을 알 수 있다. 예를 들어 가장 날카로운 독자들 가운데 한 명인 페르디낭 알퀴에는, 데카르트와는 달리 스피노자는 인간적인 관점에서 출발하여 신적인 관점을 향해 건축해가는 '방법의 철학자'가 아니라 오히려 직접 신의 관점에서 출발하는 '체계의 철학자'라고 주장한다.『에티카』는 그 무엇보다도 우선 방법론적 텍스트라기보다는 체계적인 텍스트이다.[5] 하지만 들뢰즈는『에티카』를 알퀴에가 말하는 두 가지 관점 모두로부터 진행되어가는, 이중의 텍스트로 제시하고 있다.『에티카』의 사변적이고 분석적인 첫 번째 계기는 원심적 방향으로 나아간다. 말하자면 존재의 체계에 생명을 불어넣는 원리들을 발견하고 표현하기 위해 신에서 사물로 나아간다.『에티카』의 실천적이고 종합적인 두 번째 계기는 구심적 방향으로 나아간다. 말하자면 윤리적 방법과 정치적 행동 노선을 주조해 냄으로써 사물에서 신으로 나아간다. 두 계

---

5. Ferdinand Alquié, *Nature et vérité dans la philosophie de Spinoza*, p. 34.

기는 근본적으로 연결되어 있다. 연구의 계기, 즉 *Forschung*(연구)은 제시(presentation)와 실천의 계기, 즉 *Darstellung*(서술)을 위한 지형을 준비한다. 두 계기는 존재의 동일한 지형 위에 걸쳐 있으나 상이한 관점으로부터 그렇다. 우리가 앞으로 보게 되겠지만 스피노자 사상의 이 두 계기를 인식하는 것이 지닌 중요한 결과 중의 하나는, 우리가 스피노자의 주요한 개념들(보편, 절대, 적실, 필연, 합리 등등)을 하나의 관점이나 다른 관점에서 고찰할 때 이 개념들에는 실질적 뉘앙스들이 존재한다는 것이다. 들뢰즈의 이전 작업을 독해하면서 우리는 들뢰즈의 비판적 절차 — *pars destruens, pars construens* (일면에서는 파괴, 일면에서는 구성) — 의 중요성을 충분히 강조했었다. 여기에서 우리에게 제시되는 것도 그와 유사한 절차이지만, 대립과 적대와 파괴의 계기가 바뀌었다. 우리는 『스피노자와 표현의 문제』에서 (데카르트, 라이프니쯔, 스콜라철학에 대한) 들뢰즈적 대립을 여전히 발견한다. 하지만 이러한 대립은 더 이상 근본적 역할을 하지 않는다. 들뢰즈의 스피노자는, 파괴적 계기에 뒤이어 구축적 계기가 오기보다는, 사변적·논리적 탐구에 이어 실천적·윤리적 구성이 뒤따른다. 서술(*Darstellung*)이 연구(*Forschung*)에 뒤따라 나온다. 그렇다면 사변과 실천의 이 두 계기는 근본적으로 연결되어 있지만 — 각각이 자기 자신의 방법과, 생명을 불어넣는 정신을 가지고 있는 채 — 자율적이고도 독특하게 구별되는 것으로 남아있다. "기쁨의 의미는 고유하게 윤리적인 의미로 나타난다. 기쁨과 실천의 관계는 긍정 자체와 사변의 관계와 같다… 순수 긍정의 철학인 『에티카』는 그 긍정에 대응하는 기쁨의 철학이기도 하다."[6] 사변의 긍정과 실천의 기쁨은 『에티카』의 일반적 구도(design)를 형성하고 있는 것을 하나로 엮어내는 두 가닥의 실타래이다.

들뢰즈의 『에티카』 독해에서 우리는 첫 번째 계기로부터 두 번째로, 사변에서 실천으로, 긍정에서 기쁨으로 나아가려는 경향을 계속 느낄 수 있다. 들뢰즈에게 이러한 이행을 행할 수 있도록 만들어주는 촉매제가 바로 역량에 관한 스피노자적 분석이다. 존재론적 영역에서 역량의 구조에 대한 탐구는 특권적인 위치를 차지한다. 왜냐하면 존재의 본질은 존재가 지닌 생산적이고 인과적인 동력이기 때문이다. 자기 원인(Causa sui)은 존재가 실존하고 생산할 수 있는 존재의 역량 속에서 정의된다는 점에서 존재를 지탱하는 본질적 기둥이다. 스피노자와 마찬가지로 들뢰즈에게 있어서 역량, 능산성, 인과성에 대한 모든 논의들은 우리로 하여금 이러한 존재론적 기반을 다시 참조하도록 한다. 하지만 역량에 대한 분석은 우리를 다시 첫 번째 원칙들에로 되돌려 놓는 요소일 뿐만 아니라 또한 새로운 지형에 관한 논의를 서서히 진행시키게 만드는 이행이기도 하다. 니체 연구에서 우리는 역량 내부에 있는 작용적인[적극적인] 것과 반작용적인[반응적인] 것의 구별을 인식함으로써 우리가 존재론적 논의를 윤리학으로 변형시킬 수 있었음을 발견했다. 스피노자 연구에서, 역량을 통과하는 동일한 이행은 보다 풍부하고 보다 광범위한 기능을 얻는다. 여기서 우리는 역량 내부에 있는 구별들의 전 체계를 발견한다. 자발성과 변용성의, 능동(actions)과 수동(passions)의, 기쁨과 슬픔의 구별.

---

6. *Expressionism in Philosophy : Spinoza*, p. 272. 수정해서 인용함. (한국어판, 『스피노자와 표현의 문제』, 368쪽)

이러한 분석은 이론적 틀의 연속성 내부에서 실재적 전환(conversion)을 위한 조건을 준비한다. 역량에 관한 탐구는 사변의 종말과 실천의 시작을 구성한다. 그것은 니체적 변이처럼 자정의 시간에 도착한다. 역량은 사변에서 실천으로 나아가는 중대한 연결고리이자 이행 지점이다. 이러한 이행에 대한 정교화가 우리 연구의 축을 형성할 것이다. 「포이에르바하에 대한 테제」와 『독일 이데올로기』가 맑스의 사상에서 하나의 '단절'을 구성하는 것으로 이야기되듯이 역량에 관한 분석이 스피노자에게서는 전환점으로서 기능한다. 그것은 우리가 세계에 대해 생각하는 것을 멈추고 그것을 창조하기 시작하는 계기이다.

사변

1. 실체와 실재적 구별: 단독성

『에티카』의 서두는 범상하지 않다. 바로 이 처음 구절들 때문에 그렇게도 많은 독자들이 경탄과 경악 속에서, 찬양과 저주 속에서, 『에티카』는 불가능하고 이해할 수 없는 텍스트라고 선언하게 되었다. 신의 관념으로부터, 절대자로부터 출발하는 기획에 착수하는 것이 어떻게 가능하단 말인가? 하지만 이처럼 범상하지 않은 서두도 들뢰즈에게는 문제가 되는 것처럼 보이지 않는다. 반대로 그는 스피노자의 첫걸음에 완전히 마음을 놓고 있는 것처럼 보인다. 메를로-뽕띠와 마찬가지로 들뢰즈는 17세기 사상을 일반적으로 '무한으로부터 사유하는 순진무구한 사고방식'[7]으로 본다. 들뢰즈에게는 무한과 더불어 시작하는 것은 불가능한 것이 아니라 오히려 지극히 자연스러운 일이다. 하지만 이러한 순진무구함을 오독하지 않도록 주의해야 하겠다. 무한(infinite)은 무한정(indefinite)을 의미하지 않는다. 무한한 실체는 미결정적이지 않다. 이것은 들뢰즈의 분석을 규명할 수 있는 최초의 열쇠를 제공하는 것이자, 들뢰즈에 따르면『에티카』의 1부를 정향하고 지배하고 있는 것이다. 무한 안에는, 신의 절대적으로 무한한 본성 안에는, 어떤 종류의 구별이 있는가? 우리는 이러한 문제들 속에서 즉시 베르그송적인 공명을 주목해야 한다. 베르그송주의와 스피노자주의의 연관들은 잘 알려져 있다. 그리고 비록 텍스트 안에서는 직접적인 참조점들을 발견할 수 없지만 들뢰즈가 두 철학자의 공통적 특징에 민감하다는 것은 확실하다.8 그렇지만 들뢰즈는 그 두 독트린을 비범하고도 복잡한 방식으로 하나로 묶는다. 사실상 들뢰즈는『에티카』의 서두를 베르그송에 대한 재독해로 이용한다. 들뢰즈는 신의 존재에 관한 증명 및 실체의 단독성에 관한 증명을, 차이의 긍정적 본성 및 존재의 실재적 기반에 대한 성찰의 연장이라고 제시한다.

물론 스피노자에 있어서 구별의 문제에 접근하기 위해서는 데카

---

7. 같은 책, p. 28. 수정해서 인용함. (한국어판,『스피노자와 표현의 문제』, 38쪽)
8. 레옹 브룅슈빅(Léon Brunschvicg)에게 보낸 한 편지에서 베르그송은 다음과 같이 말하고 있다. "모든 철학자는 두 가지 철학, 즉 그 자신의 철학과 스피노자의 철학을 갖고 있다고 말할 수 있다"(*Ecrits et paroles*, p. 587). 두 철학자들[베르그송과 스피노자]의 공통된 주제들에 대한 예리한 분석은 Sylvain Zac, "Les thèmes spinozistes dans la philosophie de Bergson"에서 나타난다. 또한 Rose-Marie Mossé-Bastide, "Bergson et Spinoza"를 보라. 이 논문은 콜레쥬 드 프랑스 시절의 베르그송의 교육과정에 많이 의존하고 있다. 들뢰즈가 베르그송과 스피노자 양자에게서, 선택적으로 다루지 않은 가장 중요한 주제는, 종교와 신비주의라고 하는 주제이다. 자끄와 모세-바스티드는 이 주제를 스피노자-베르그송 관계의 기본적인 측면으로 간주한다.

르트의 입장을 출발점으로 삼아야 한다. 들뢰즈는 데카르트 철학에서 존재의 세 가지 구별에 주목한다. (1) 두 개의 실체 간의 실재적 구별, (2) 실체와 실체가 함축하는 양태 간의 양태적 구별, (3) 실체와 속성 간의 개념적 구별(*distinction de raison*, 이성성에 의한 구별).9 스피노자적 관점에서 볼 때, 이러한 구별 체계가 갖는 일차적 오류는 실체를 수의 명제로 정의한다는 것이다. 데카르트는 두 개의 실체의 실존을 긍정함으로써 실재적 구별을 수적 구별로 제시한다. 들뢰즈에 따르면 스피노자는 『에티카』 서두에서 두 개의 각도에서 이러한 데카르트적 관념에 도전한다. 첫째, 그는 수적 구별은 결코 실재적이지 않다고 논증하며,10 둘째, 실재적 구별은 결코 수적이지 않다고 논증한다.11 다시 말해서 전통적인 해석에서는 일반적으로 스피노자의 실체를 숫자 일이나 무한과 동일시해왔지만, 들뢰즈는 실체가 수의 영역에서 완전히 벗어난 것이라고 주장한다. 수적 구별은 결코 실재적이지 않다는 스피노자의 첫 번째 증명은 실체의 내부적 인과성에 대한 정의에 의존한다.12 수는 실체적 본성을 가질 수 없다. 왜냐

---

9. *Expressionism in Philosophy : Spinoza*, p. 29. (한국어판, 『스피노자와 표현의 문제』, 40쪽)
10. *Ethics*, IP1~P8. (한국어판, 『에티카』, 16~22쪽, 1부, 정리 1~8)
11. 같은 책, P9~P11. (한국어판, 『에티카』, pp. 22~27, 정리 9~11) 우리는 스피노자의 저작들을 언급하는 데 있어서 다음과 같이 약정된 단축 표시법을 사용할 것이다. A(Axiom, 공리), C(Corollary, 보충), Dem(Demonstration, 증명), D(Definition, 정의), P(Proposition, 정리), S(Scholium, 주석). 로마 숫자는 *Ethics*의 다섯 부분을 언급할 때, 그리고 아라비아 숫자는 정리나 주석을 언급할 때 사용될 것이다. 고로 *Ethics*, IP8S2는 *Ethics*, 1부, 정리 8, 주석 2를 가리키는 것이다. [이 책에서는 무리가 있음을 알면서도 이를 한국어판인 『에티카』를 따라 표기했다. 예를 들어 'Proposition'은 '명제', 'Corollary'는 '파생명제'로 번역하는 것이 적당하나, 여기에서는 각각 '정리'와 '보충'으로 번역했다 - 옮긴이]

하면 수는 제한을 내포하며 그로 인해 외부적 원인을 요구하기 때문이다. "그것의 본성을 지닌 다수의 개체들이 존재할 수 있는 그런 본성을 가진 모든 것은 그것들[다수의 개체들]이 존재할 수 있기 위해서는 필연적으로 외부의 원인을 가져야만 한다."[13] 실체에 대한 정의로부터,[14] 우리는 실체가 외부적 원인을 포함할 수 없다는 것을 안다. 그렇다면 수적 구별은 실체에 속하지 않는다. 또는 다른 말로 하면 수적 구별은 실재적 구별일 수 없다. 그렇지만 '정리9'를 기점으로 스피노자는 반대 방향의 논증을 진행하는데, 실제로는 이것이 좀 더 근본적인 논증이다. 각각의 속성이 동일한 실체에 상응한다는 것을 (즉 수적 구별은 실재적이지 않다는 것을) 보여준 후에, 그는 계속해서 실체는 모든 속성들을 포괄한다(envelop)는 것을 (즉, 실재적 구별은 수적이지 않다는 것을) 증명한다. 이 두 번째 증명은 두 부분으로 이루어진다. 스피노자는 첫째, 사물이 더 많은 실재성을 가질수록 더 많은 속성들을 가져야 한다고 제안한다.[15] 그리고 둘째, 스피노자는 사물이 더 많은 속성들을 가질수록 더 많은 실존을 갖는다고 제안한다.[16] 이 두 논점은 본질적으로 동일한 지반에 걸쳐 있으며, 신에 대한 정의[17]를 실재적 정의로 만드는 데 이바지하고 있다. 절대적으로 무한한 존재(God, *ens realissimum*)[18]는 절대적으로 무한한 속성들[속

---

12. 같은 책, P6C. (한국어판, 『에티카』, 18쪽, 정리 6의 보충)
13. 같은 책, P8S2. (한국어판, 『에티카』, 22쪽, 정리 8의 주석 2)
14. 같은 책, D3. (한국어판, 『에티카』, 13~14쪽, 정의 3)
15. 같은 책, P9. (한국어판, 『에티카』, 22쪽, 정리 9)
16. 같은 책, P11S. (한국어판, 『에티카』, 25~27쪽, 정리 11의 주석)
17. 같은 책, D6. (한국어판, 『에티카』, 14쪽, 정의 6)
18. [옮긴이 주] ens realissimum은 '실재적 존재자'라는 의미이다. 참고로 정의 6의 '절대적

성들의 절대적 무한로 이루어진다. 신은 유일한(unique) 동시에 절대적이다. 바로 이 지점에서 우리가 하나와 무한이라는 두 끝점들이 결합되는 수의 영역을 다루고 있다고 주장하는 것은 터무니없는 일이 될 것이다. 스피노자의 실체는 수의 밖에서 제기된다. 말하자면 실재적 구별은 수적이지 않다.

하지만 실재적 구별의 이와 같은 복잡한 논리적 발전이 들뢰즈에게는 왜 근본적인 것으로 보이는가? 우리는 스피노자가 실체에 관해 논의할 때 '실재적 구별'이라는 용어를 사용하지 않는다는 것을 알아야만 한다. 물론 스피노자가 분명 데카르트와 스콜라철학에서의 이 용어의 사용법에 친숙해 있었지만 말이다. 들뢰즈는 존재와 차이의 근본적 관계를 부각시키기 위해서 이 용어를 도입한다. '실재적 구별'의 이와 같이 부자연스럽고 의도적인 목적을 지닌 사용법 덕택에 우리의 관심은 차이에 대한 들뢰즈의 독창적 개념화에로 끌린다. 데카르트의 실재적 구별은 관계적이다(x와 y 사이에는 구별이 있다). 혹은 더 명확하게 말하면 그것은 전적으로 부정에 기반을 둔 차이의 개념을 제시한다(x는 y와 다르다). 스피노자가 [이것에] 도전을 하는 것은 실재적 구별의 관계적, 혹은 부정적 측면을 제거하기 위해서이다. 실재적 구별을 '~ 사이의 구별' 혹은 '~와(과)의 차이'로서 제기하는 대신 스피노자는 실재적 구별을 그 자체 안에서 확인하고자 한다. (x 안에 구별이 있다. 아니면 오히려 x는 다르다).[19] 다시 한번

으로 무한한 존재자'를 일컫는 라틴어는 ens absolute infinitum이다.
19. 나는 '차이'(difference)와 '구별'(distinction)이라는 용어가 마치 서로 교환될 수 있는 것처럼 사용하고 있는데, 그 까닭은 이 용어들이 들뢰즈의 사고 속에서 동일한 역할을

우리는 여기서 베르그송적 공명들에 귀를 기울여야 한다. "실재적 구별은 일체의 수적인 구별과 분리되어 절대자에 도입된다[절대자 속에서 담지된다]. 그것은 존재에 있어서의 차이를 표현할 수 있게 되고, 그 결과 다른 구별들의 수정을 초래한다."20 이 진술은 들뢰즈의 베르그송에 대한 초기 논문의 한 구절과 놀랄 만한 유사성을 지닌다. "내부적 차이를 그 자체로서 사고하는 것, 순수한 내부적 차이로서 사고하는 것은 순수한 차이 개념에 도달하는 것, 차이를 절대자의 지위로까지 올려놓은 것이다. 바로 이것이 베르그송의 노력이 갖는 의미이다."21 여기서 우리가 공통적으로 발견하는 것은, 존재의 기반(foundation)에 있어서 차이의 존재론적 정초(grounding)와 차이의 중심적인 역할이다. 베르그송과 스피노자 양자에게 있어 차이의 본질적 특성은 한편으로 차이가 내부적 인과성을 갖는다는 것이며, 다른 한편으로는 차이가 절대자로 침잠(immersion)한다는 것이다. 내가 누누이 강조해왔듯이 베르그송적 차이에 대한 들뢰즈의 독해는 생산적인 존재의 개념화에, 유물론적 전통 및 스콜라철학에까지 거슬러 올라갈 수 있는 내부적이고 내활적인 인과적 동력학(dynamic)

떠맡고 있는 것처럼 보이기 때문이다. 그러나 우리는 두 용어들 사이에 중요한 뉘앙스가 식별될 수 있는지에 대해 자문해보아야 할 것이다. 사실상 '구별'의 일반적 용법은 타자의 혹은 외부적인 원인을 내포하고 있으며, 따라서 '구별'은 존재의 단독성을 정의하는 데에 더 적절한 용어가 될 수 있기도 하다. 물론 우리는 두 가지 개별적인 맥락에도 유념해 두어야 한다. 베르그송의 차이의 사용이 본래 생물학 및 기계론에서 유래한 것인 반면, 스피노자의 구별들에 대한 고찰은 처음에는 데카르트와 그 다음에는 스콜라철학과 연관된 것임에 틀림없다.

20. *Expressionism in Philosophy : Spinoza*, p. 39. 수정해서 인용함. (한국어판, 『스피노자와 표현의 문제』, 40쪽)
21. "La conception de la différence chez Bergson", p. 90.

개념에 상당히 의존하고 있다. 이 개념화는 스피노자에게서 그 완전한 의미를 갖게 된다. "스피노자의 존재론은 자기의, 자체 내의, 자신에 의한 원인(cause of itself, in itself, through itself)이라는 개념에 의해 지배된다."[22] 이러한 내부의 인과적 동력학은 존재의 실재적 구별에 생명을 불어넣는 것이다. 이것은 존재를 자체 내에서 지지하는 동시에 실재적 존재를 특징짓는 모든 차이들에 대한 기초를 제공하는 차이, 절대적으로 긍정적인 차이이다. 이 정도로 베르그송의 본성상의 차이와 스피노자의 실재적 구별 사이에는 긍정적 상응[대응]이 있는 것이다. "대립이 아닌 다양성(non opposita sed diversa)이 새로운 논리학의 공식이다. 실재적 구별은 대립도 결핍(privation)도 없는 새로운 부정 개념을 고지(告知)하는 듯했다."[23] 양자의 경우 차이에 대한 특별한 개념화가 대립을 대체한다. 그것은 전적으로 긍정적이며, 외부적 원인도 외부적 매개도 참조하지 않는 차이이다. 말하자면 순수한 차이, 차이 그 자체, 절대적인 것으로까지 상승된 차이이다.

우리는 이 점에 관해 잠시 생각해보아야 한다. 왜냐하면 그 의미가 즉각적으로 자명하지는 않기 때문이다. 수적이지 않은 구별이란 무엇을 의미하는가? 다시 말해서 어떤 것이 절대적으로 무한하고 분할할 수 없는 것일 때, 그것은 어떻게 다를 수 있는가? 다른 어떤 것도 포함하지 않은 차이란 무엇인가? 부정 없이 어떻게 절대적인 것을 개념화할 수 있는가? 이러한 질문들이 제기하는 엄청난 곤란들은 『에티카』의 시작 부분에 나오는 야심찬 과제를 가리키고 있다. "스

---

22. *Expressionism in Philosophy : Spinoza*, p. 162. (한국어판, 『스피노자와 표현의 문제』, 223쪽)
23. 같은 책, p. 60. (『스피노자와 표현의 문제』, 85쪽)

피노자에게는 적극적[긍정적] 무한의 역량과 현실성을 해명하기 위해 어떤 독창적인 개념적 요소의 온갖 자원들이 필요했다."[24] 여기서 우리는 스피노자의 존재의 단독성 원리와 마주친다. 일단 단독성이란 일원론을 범신론의 절대적 적극성[긍정성]과 결합한 것이라고 말할 수 있을지 모른다. 유일한(unique) 실체가 온 세계에 주입되어 생명을 불어넣는다. 이러한 정의가 지닌 문제점은, 그것이 실체에 대한 관념론적 해석의 여지를 남겨두며 무한과 무한정을 혼동하게 만든다는 것이다. 다시 말해서 관념론적 관점에서 볼 때 절대적 실체는 미결정으로 독해될 수 있으며 범신론은 비우주론(acosmism)으로 독해될 수 있다. 하지만 들뢰즈의 독해는 이러한 가능성을 차단한다. 존재는 그것이 유일하며 절대적으로 무한하다는 점에서, 그리고 더욱 중요하게는 그것이 범상치 않다는 점에서 단독적이다. 이것이 『에티카』의 그 불가능한 서두다. 실체로서의 단독적 존재는 그 자신의 외부에 있는 어떤 것'으로부터 구별된' 혹은 그것'과 다른[차이나는]' 것이 아니다. 만약 그렇다면, 우리는 그것을 부분적으로 다른 것을 통해 개념화해야 할 것이고, 이렇게 되면 그것은 실체가 아닐 것이다. 하지만 존재는 아무런 차이가 없는(indifferent) 것이 아니다. 여기서 우리는 실체에 대한 스피노자의 정의의 급진성을 인식할 수 있다. "실체로써 나는 자신 내부에 있는 것, 그리고 자신에 의해 파악되는 것을 의미한다. 즉 그것의 개념을 형성하는 데 다른 것의 개념을 필요로 하지 않는 것을 의미한다."[25] 존재의 구별은 내부로부터 나온다. 자

---

24. 같은 책, p. 28. (한국어판, 『스피노자와 표현의 문제』, 38쪽)
25. *Ethics*, D3. (한국어판, 『에티카』, 13~14쪽, 정의 3)

기 원인(*Causa sui*)은 존재가 무한한 동시에 한정적(definite)임을 의미한다. 즉 존재는 범상치 않은 것이다(*remarkable*). 그렇다면 실재적 구별의 첫 번째 과제는 존재를 단독적인 것으로서 규정하는 것, 그것의 차이를 어떤 다른 것을 참조하거나 의존하지 않고 인식하는 것이다. 실재적이고 수적이지 않은 구별은, 존재가 뚜렷이 구별되고 결정적인 동시에 무한하고 분할될 수 없다는 점에서 존재의 단독성을 규정한다. 들뢰즈에게 단독성은 개별성이나 특수성과는 아무런 관계가 없다. 오히려 그것은 내활적[작용적] 인과성과 내부적 차이의 상관물(correlate)이다. 단독적인 것은 그것이 그 자체 내에서 차이나기[다르기] 때문에 범상치 않은 것이다.

2. 표현적 속성과 형상적 구별 : 일의성

바로 이 지점에서 우리는 들뢰즈의 베르그송적 잠재성에 대한 독해를 스피노자의 실체에 대한 독해와 일치시킬 수 있는 것처럼 보인다. 두 사람 모두 하나의 절대적으로 긍정적이며 내부적인 차이가 생기를 불어넣는 존재에 관한 단독적 개념화를 제시하고 있다는 점에서 그러하다.[26] 하지만 일단 우리가 존재의 단독성이라는 이러한 공

---

[26] 일단 우리가 베르그송과 스피노자에서의 존재의 단독성에 대한 공통된 명제를 제기한다고 해도, 우리는 중요한 차이라고 생각되는 것이 일반적으로 어떤 것인지에 대해 인식하고 있어야 한다. "스피노자의 철학이 필연성의 철학인 반면, 베르그송의 철학은 우연성의 철학이다"(Zac, "Les thèmes spinozistes", p. 126). 자끄와 마찬가지로 철학사를 연구하는 사람들은 누구나 스피노자가 '절대적인 결정론자'인 반면, 베르그송은 '예견할 수 없는 새로움'에 기초한 존재를 구축하고 있다고 지적한다. 그러나 나는 이

통의 지형을 제시하고 나면, 스피노자의 속성에 대한 개념화는 하나의 실재적 출발로서 그리고 하나의 심오한 기여로서 떠오른다. 지금까지 우리는 실재적 구별은 수적인 구별이 아니라는 것을, 혹은 베르그송적 용어를 사용한다면 본성의 차이는 정도의 차이가 아니라는 것을 확고히 했다. 이제 스피노자의 속성에 대한 이론과 더불어 들뢰즈는 이러한 논의를 베르그송을 넘어 확장시킴으로써 실재적 구별이 또한 형상적 구별이라는 점을 보여주고 있다. 속성들의 형상적 구별에 대한 탐구를 통해 들뢰즈는 스피노자의 두 번째 존재론적 원리 — 말하자면 존재의 일의성(univocity) 원리 — 에 도달한다. 존재의 일의성을 이해하기 위해서, 우리는 존재의 발성 능력(vocality), 즉 존재의 표현성에 대한 탐구로부터 시작해야 한다. 들뢰즈의 독해에서 스피노자의 속성들은 존재의 표현들이다. 전통적으로 신의 속성들의 문제는 신의 이름들의 문제와 밀접하게 연루되어 있다. 스피노자는 신의 표현에 있어 속성에 능동적[적극적] 역할을 부여함으로써 이러한 전통을 변형시킨다. "속성은 더 이상 귀속되는 것이 아니라 어떤 의미에서는 '귀속시키는 것'(attributive)이다. 각각의 속성은 하나의 본질을 표현하며 본질을 실체에 귀속시킨다."27 신의 이름에 관한 문제는 신의 표현에 관한 문제들이 된다.

전통적인 대립쌍이 매우 의심스럽다. 스피노자의 저작에서와 마찬가지로, 들뢰즈의 저작에서 우리는 필연성과 우연성, 결정과 창조라는 전통적인 구별이 효과적으로 전복되는 것을 발견한다.

27. *Expressionism in Philosophy : Spinoza*, p. 45. (한국어판, 『스피노자와 표현의 문제』, 62쪽. "속성은 귀속되는 것이 아니라 [본질들을 실체에 귀속시키는] 이를 테면 '귀속자'(attributor)이다. 각각의 속성은 하나의 본질을 표현하고, 그것을 실체에 귀속시킨다.")

들뢰즈는 스피노자의 표현적 속성 이론을 가늠하기 위해서(situate) 신학적 패러다임들을 간단하게 전개한다. 부정 신학들은 일반적으로 신이 세계의 원인이라는 것을 긍정하지만 세계의 본질이 신의 본질이라는 것은 부인한다. 다시 말해서 비록 세계는 신의 표현이지만 신의 본질은 언제나 표현의 본질을 능가하고 초월한다. "감추는 것은 또한 표현한다. 하지만 표현하는 것은 여전히 감춘다."[28] 그러므로 본질이나 실체로서의 신은 부정적으로만, 표현의 우월하고(eminent)[29] 초재적이며 감추어진 원천으로서만 정의될 수 있다. 부정 신학의 신은 표현적이다. 하지만 어떤 본질적 유보를 가지고서 그러하다. 반대로 긍정 신학들은 신을 원인이자 세계의 본질이라고 긍정한다. 하지만 이러한 이론들 사이에는 이 이론들이 신의 긍정성을 긍정하는 방식에서 중요한 구별들이 있다. 들뢰즈는 표현적 신학과 유비적 신학을 구별하는 것이 가장 중요하다는 것을 발견한다. 예를 들어 토마스 아퀴나스적 전통의 경우 신에게 귀속된 질들은 신과 세계의 피조물들 사이의 유비적 관계를 함축하고 있다. 이러한 개념화는 신을 우월한 위치에 올려놓는 동시에 존재의 표현을 다의적(equivocal)으로 만든다. 신과 피조물은 형태에 있어 다르며 그렇기 때문에 동일한 의미에서 이야기되어질 수 없다. 하지만 유비는 정확히 이러한 틈새를 연

---

28. 같은 책, p. 53. (한국어판, 『스피노자와 표현의 문제』, 74쪽. "감추는 것은 또한 [무언가를] 표현하지만, 표현하는 것 역시 [무언가를] 감춘다.")
29. [옮긴이 주] 들뢰즈는 『스피노자와 표현의 문제』를 요약해서 출간한 책인 *Spinoza Philosophie practique*(Paris : les Édition de Minuit, 1981, 한국어판, 『스피노자의 철학』) 중 4장에서 'Éminence'라는 용어와 관련해 설명을 하고 있다. 이 용어는 스피노자의 일의성 테제와 관련하여 중요한 역할을 하고 있다.

결하기 위해 이용된다. 유비는 신과 사물들 사이의 본질적 동일성과 형식적 차이를 화해시키고자 한다. 스피노자의 속성 이론은 이러한 공식을 뒤엎어 버린다. "속성들은 신—속성들은 신의 본질을 구성한다—과 양태 또는 피조물들—이것들은 속성들을 본질적으로 함축한다—사이에 공통되는 형식[형상]들이다."30 유비의 이론과 달리 스피노자의 속성은 형식의 공통성과 본질들의 구별을 제시한다. "스피노자의 방법은 추상적인 것도 유비적인 것도 아니다. 그것은 공통성(community)에 기초한 형식적[형상적] 방법이다."31 하지만 본질에 대한 이러한 스피노자적 구별은 부정 신학의 개념화를 다시 가리키는 것이 되어서는 안 된다. 속성들(표현들)을 통해, 실체(표현자, expressing agent)는 양태들(표현되어지는 것)의 세계에 절대적으로 내재한다. 표현자의 본질과 표현되어지는 것의 본질의 구별은 전자가 후자 속에 내재하는 것을 부인하지 않는다. 신적인 것은 절대적으로 표현되어진다. 어떤 것도 감추어져 있지 않다. 유보(reserve)도 초과(excess)도 없다. 존재의 단독성에 대한 스피노자의 개념화는 이러한 부정 신학의 패러다임에 대해 스피노자가 대립했음을 명백히 보여준다. 내재성은 우월함(eminence)에 대립된다. 범신론은 초재에 대립된다. 스피노자의 신은 아무런 유보 없이, 세계 속에 완전히 표현

---

30. 같은 책, p. 47. (한국어판, 『스피노자와 표현의 문제』, 66쪽. "속성들은, <그들이 그의 본질을 구성하는 신>과 <필연적으로 그들을 함축하는 양태들 혹은 피조물들>에 공통적인 형상들이다.") [한국어판에서는 essentiellement를 '필연적으로'라고 옮기고 있다. — 옮긴이]]
31. 같은 책, p. 48. (한국어판, 『스피노자와 표현의 문제』, 68쪽. "스피노자의 방법은 추상적인 것도 유비적인 것도 아니다. 그것은 형상적 방법이며, 공통성의 방법이다.")

된다. 스피노자적 일원론은 부정적이고 유비적인 일체의 이원론에 반대한다. 이러한 절대적 표현을 허용하는 중심적 요소는 속성들 속에 포함된 형식들의 공통성(commonality)[32]이다.

표현과 유비의 구별은 들뢰즈가 속성과 고유성들(properties)을 구별할 때 더욱 분명해진다. "고유성은 정확히 말해서 속성들이 아니다. 이는 고유성들이 표현적이지 않기 때문이다."[33] 신의 고유성들(전능, 전지, 완전, 등등)은 신의 본성 가운데 어떠한 것도 표현하지 않는다. 고유성들은 침묵한다. 그것들은 우리에게 기호들(signs)로서, 계시로서, 계명으로서 나타난다. 고유성들은 공통 형식을 우리에게 제시하지 못하기 때문에 우리가 본성에 대해 어떤 것도 이해할 수 없게 하는, 우리에게 각인된 개념들이다. 그러므로 들뢰즈는 '신이라는 단어'의 두 가지 의미를 구별한다. 하나는 표현으로서의 속성을 가리키며, 다른 하나는 기호로서의 고유성을 가리킨다. "기호는 언제나 하나의 고유성에 결부된다. 그것은 하나의 계명을 기호화한다. 그리고 그것은 우리의 복종을 근거짓는다. 표현은 언제나 하나의 속성과 관련된다. 그것은 하나의 본질, 즉 하나의 본성을 부정법으로 표현한다. 그것은 우리에게 그것을 인식시킨다."[34] 다시 한번 속성들의 표현은

---

32. [옮긴이 주] 여기에서는 community와 commonality를 모두 '공통성'이라고 옮겼다. 하트는 사실 속성이 실체와 양태간의 공통 형식이 된다는 의미에서의 공통성을 지칭하기 위해 community—communité의 번역어로서—를 몇 번 사용한 이후로는, 줄곧 commonality를 사용하고 있다. 이 책 전체에서 commonality는 나아가 존재들 간의 공통성, 노동자들의 공통성, 공통 개념을 형성하기 위한 양태들 간의 공통성 등을 지칭하기 위해서 사용된다.
33. 앞의 책, p. 50. (한국어판, 『스피노자와 표현의 문제』, 70쪽)
34. 같은 책, p. 57. (한국어판, 『스피노자와 표현의 문제』, 80쪽)

존재의 공통 형식들을 통해서만 발생할 수 있다. 우리는 이러한 개념화를 두 가지 측면에서 볼 수 있다. 한편으로 속성들에 의해 신은 양태들의 세계 안에서 절대적으로 내재적이다(완전히 표현된다). 다른 한편 속성들의 공통 형식들을 통해 양태들은 신적인 실체에 완전히 분유한다. 내재성과 분유는 속성들의 표현이 갖는 두 가지 측면이다. 표현적 속성들에 의해 주어지는 이해와 유비적 고유성들에 의해 부과되어지는 복종을 구별해주는 것은 이러한 분유이다. 기호들의 체계는 우리에게 존재에 대해 아무것도 말해주지 않는다. 침묵하는 기호들과 기호학의 계명들은 존재론을 폐장(閉場)시킨다. 오직 표현만이 존재에 대한 우리의 인식을 열어 놓을 수 있다.[35]

지금까지 우리는 속성들의 표현이라는 기초 위에서, 존재의 공통 형식들을 통해, 부정 신학과 유비적인 긍정 신학을 비판해왔다. 어느 정도까지 공통 형식들에 대한 개념화는 실재적 구별에 의해 함축되어 있는 것이다. 존재의 단독성은 세계 속에서 신의 절대적 내재성을 요구한다. 왜냐하면 만일 신이 절대적으로 내재적이지 않다면 우리는 두 가지 실체를 구별할 필요가 있을 것이기 때문이다. 그렇지만 절대적 내재성은 일의성에 대한 필요조건이긴 하지만 충분조건은 아니다. 속성들은 (내재성으로부터 뒤따르는) 내부적인 공통 형식에

---

35. 표현과 관련된 주제들에 대한 들뢰즈의 주장은 존재론적 지반들 위에서 기호학에 대항하는 하나의 논쟁을 구성한다. 기호들의 체계는 존재를 생산적인 역동성으로서 파악하지 않는다. 그것은 존재를 그것의 인과적 계보학을 통해 이해하는 데 도움을 주지 못한다. '부재하는 원인'—이것은 1960년대의 대부분의 프랑스 구조주의적·기호론적 담론을 떠받치고 있었다—은 적극적인 존재론적 기반을 부정한다. 이와 반대로 표현 이론은 원인을 드러내 보여주려고 하고, 존재의 계보학을 명확히 함으로써 우리를 존재론적 기반으로 데려간다.

의해 특성화될 뿐 아니라 외부적 복수성에 의해서도 성격이 규정된다. 다시 말해서 표현적인 긍정 신학이라는 이러한 이론을 추구하기 위해서는, 각각의 무한한 속성 속에 구현된 형식적[형상적] 공통성을 상이한 속성들 사이의 형상적 구별에 의해 보충할 필요가 있다. 신의 본질은 하나의 속성 안에서 표현될 뿐 아니라 무한한 수의 형상적으로 구별되는 속성들 안에서도 표현된다. 그러므로 이 긍정 신학의 작업틀을 더 좋게 손질하기 위해서 들뢰즈는 스피노자의 속성 이론으로부터 둔스 스코투스에게로까지 거슬러 올라간다.36 "둔스 스코투스는 아마도 긍정 신학의 기획을 가장 멀리까지 가져간 사람일 것이다. 그는 신플라톤주의자들의 부정적 우월성과 토마스주의자들의 의사(擬似)-긍정을 동시에 고발한다."37 둔스 스코투스의 긍정 신학은 형상적 구별38에 의해 특징지어진다. 이 개념은 그가 속성들 사이의

---

36. 둔스 스코투스와 스피노자의 관계에서, 들뢰즈는 철학적 역사서술이라는 보기 드문 진출을 시도한다(*Expressionism in Philosophy : Spinoza*, pp. 63~67, 한국어판, 『스피노자와 표현의 문제』, 88~95쪽). 그가 지적하듯이, 스피노자가 둔스 스코투스를 직접 읽었을 것 같지는 않다. 그러나 후안 데 프라도(Juan de Prado) — 그는 분명히 둔스 스코투스를 읽었다 — 를 통해서 스피노자는 일의성 및 형상적 구별에 관한 스코투스의 설명을 받아들일 수 있었다. 따라서 들뢰즈는 그의 적의 축, 즉 수아레즈-데카르트에 대항하여 둔스 스코투스-스피노자라는 사유의 축을 제시한다. 전선은 (둔스 스코투스와 스피노자의) 일의성, 내재성, 표현 대(對) (수아레즈와 데카르트의) 다의성, 우월함, 유비 사이에 형성된다. 언제나 그렇듯이 철학사에 대한 들뢰즈의 생각은 매우 암시적이다. 하지만 언어학적인 혹은 문헌학적인 관점에서 볼 때에는 완전히 발전된 것은 아니다. 둔스 스코투스에서 나타나는 형상적 구별에 대한 이론을 설명한 것으로는, Etienne Gilson, *La philosophie au Moyen Age*, p. 599 이하를 보라.
37. *Expressionism in Philosophy : Spinoza*, p. 63. (한국어판, 『스피노자와 표현의 문제』, 89쪽)
38. [옮긴이 주] 형상적 구별은 아마도 존재의 일의성이라는 개념보다 오히려 더 스코투스학파를 중세 시대의 다른 학파와 구별지어주는 표식이었다. 그것은 다양하게 해석되어왔다. 신 안에서의 형상적 구별(Op. Ox., I, d. 2, q. 4, a. 5, n. 41~45). 그것은 무한

차이들 및 각각의 속성 내부에 있는 공통성 둘 다를 유지시킬 수 있는 논리적 메커니즘을 제공해준다. 속성들은 형상적으로는 구별되고 존재론적으로는 동일하다. "여기에는 이를테면 두 개의 질서, 한 편의 다원성[plurality, 복수성]이 다른 한편의 단순성과 완전하게 서로 일치하는 형상 이유의 질서와 존재의 질서가 있다."39 형상적으로 구별되는 속성들의 긍정적 표현은, 둔스 스코투스에 대해서와 마찬가지로 스피노자에 대해서도 존재의 일의성 개념화를 구성한다. 일의성이 의미하는 것은 바로, 존재가 언제 어디서나 동일한 목소리로 표현된다는 것이다. 다시 말해서 속성들은 각각 상이한 형상으로, 그러나 동일한 의미로 존재를 표현한다. 그러므로 일의성은 속성들 사이의 형상적 차이를, 그러나 속성들 사이의 실재적이고 절대적인 존재론적 공통성을 함축한다.

그러나 들뢰즈는 스피노자의 일의적 존재 이론이 둔스 스코투스의 그것보다는 훨씬 월등한데, 그 이유는 속성들의 표현성에 대한 스피노자적 개념 때문이라고 조심스럽게 지적하고 있다. 둔스 스코투

한 신적 본질 아래에 존속한다(Op. Ox., I, d. 8, q. 4, a. 3, n. 17. Cf. I, d. 2, q. 7, nn. 43~44). 형상적 구별이라는 개념의 일반적인 의미는 '어떠한 형상적 동일성도 없는 것 간에 형상적 구별이 있다'라는 것이다. 두 사물은 그것들 중 하나가 다른 것의 형상적 개념 안에 포함되지 않을 때 형상적으로 구별된다. 다시 말해 그것은 비-동일성이다. 형상적 구별은 실재적 구분보다는 약한데, 왜냐하면 그것은 현실적인 실존에서의 구별을 수반하지 않기 때문이다. 그러나 그것은 양태적 구별보다는 강한데, 왜냐하면 그것은 두 형상적으로 구별되는 본질들 혹은 퀴디타스들 사이의 구별을 수반하기 때문이다(Op. Ox., I, d. 2, q. 7, n. 44.). 위 설명은 한국어판, 에티엔느 질송,『중세 철학사』, 김기찬 옮김, 현대지성사, 1997, 963쪽, 주63을 옮긴 것이다.

39. 앞의 책, p. 64. (한국어판,『스피노자와 표현의 문제』, 94~95쪽. "거기에는 두 개의 질서로서, 한편의 복수성이 다른 한편의 단순성과 완전하게 서로 화해하는, 형상 이유의 질서와 존재의 질서가 있다.")

스에게 있어서 속성들이라고 불리는 것들, 예를 들어 정의, 선, 지혜 등등은 실제로 단순한 고유성들에 지나지 않는다. 결국 둔스 스코투스는 지나치게 한 명의 신학자로서 남아있기 때문에 신적인 것의 어떤 우월함을 포기하지 못하는 것이다. "왜냐하면 신학적인, 다시 말해 '창조론적인' 관점[퍼스펙티브]이 그로 하여금 일의적 '존재'를 중립적이고 아무런 차이가 없는(*indifférent*) 개념으로 생각하도록 강제했기 때문이다."[40] 둔스 스코투스에게 있어서 창조주인 신(God)은, 그것이 자신의 원인이라는 것과 동일한 의미에서 모든 사물들의 원인인 것이 아니다. 둔스 스코투스의 일의적 존재는 절대적으로 단독적이지 않기 때문에, 그것은 다소 아무런 차이가 없는[무관심한], 다소 비표현적인 채로 남아있다. 그러나 스피노자의 실재적 구별은 일의성을 긍정의 층위까지 올려놓는다. 스피노자적 속성에서, 존재의 표현은 존재의 긍정이다. "속성들은 긍정들이다. 그러나 긍정은 그 본질상 언제나 형상적·현실적·일의적이다. 거기에 속성의 표현성이 놓여있다. 스피노자의 철학은 순수 긍정의 철학이다. 긍정은 『에티카』 전체가 의존하고 있는 사변적 원리이다."[41] 스피노자적 맥락에서 들뢰즈는 긍정에 대해 기원적이고 엄밀한 정의를 부여한다. 긍정은 절대적인 단독성 및 존재의 일의성, 또는 다시 말해서 존재의 완

---

40. 같은 책, p. 67. (한국어판, 『스피노자와 표현의 문제』, 85쪽. "왜냐하면 신학적인, 다시 말해 '창조론적인' 퍼스펙티브가 그로 하여금 일의적 '존재'를 중립적이고 무관[심]한 (indifférent) 개념으로 생각하도록 강제했기 때문이다.")
41. 앞의 책, p. 60. (한국어판, 『스피노자와 표현의 문제』, 91쪽. "속성들은 긍정들이다. 그러나 긍정은 그 본질상 언제나 형상적·현실적·일의적이다 : 그것이 표현적이라는 것은 이런 의미에서이다. 스피노자의 철학은 순수 긍정의 철학이다. 긍정은 『에티카』 전체가 의존하고 있는 사변적 원리이다.")

전한 표현성에 기초하고 있는 하나의 사변적 원리이다. 우리는 여기에서 다시 한번 스피노자에 대한 전형적인 베르그송적 평가를 이해할 수 있다. "스피노자는 우리로 하여금 사변에 있어서 영웅적인 것이 무엇인지를 정확하게 가리켜 준다."[42] 긍정은 순수 철학의 정점, 사변 철학의 정점을, 영웅적인 계기를 구성한다.

논평 : 존재론적 사변

잠시 멈추어 서서 우리가 답사하고 있는 지반을 주의 깊게 살펴보기로 하자. 사실상 들뢰즈는 스피노자적 체계의 처음 두 위대한 단계, 즉 실체와 속성들의 정교화를 사변의 대안적 논리로서 독해했다. 그리고 그것은 헤겔적 전진과정과 대립되는 것이 아니라 그것으로부터 완전히 독립해 있는 것이다. 이러한 개념적 자율성은 어떻게 스피노자가 들뢰즈 작업의 진화에서 하나의 전환점을 나타내고 있는가 뿐만 아니라 어떻게 들뢰즈의 해석이 스피노자 연구에 있어서 혁명을 이루게 되는가를 입증하고 있다. 왜냐하면 대륙의 철학에서 스피노자 연구는 헤겔적 독해의 지배를 오랫동안 받았기 때문이다. 들뢰즈의 니체 연구를 독해하는 과정에서 우리는 들뢰즈가 자신의 사유를 총체적 비판의 이론을 통해 변증법적 지형으로부터 해방시키고 있다고 주장했다. 이 과정은 스피노자에게서 완성된다. 그러나 전체 텍스트에서 헤겔에 대한 언급이 전혀 없긴 하지만, 우리는 헤겔적 존재론과

---

42. Bergson, *Ecrits et paroles*, p. 587.

의 비교를 쉽게 구성해낼 수 있다. 그렇게 함으로써 우리는 들뢰즈의 스피노자적 기반에 의해 부각되어지는 중요한 개념적 자율성을 입증할 수 있다. 사실 헤겔의 스피노자 해석과 비판은 들뢰즈 작업이 지닌 차이들을 돋보이게 하는 데 공헌한다. 헤겔적 관점에서 보았을 때 우리는 스피노자에게서의 실체의 단독성과 속성들의 일의성에 관한 들뢰즈의 독해가 근본적 결별을 구성하고 있음을 인식할 수 있다.

여기서 문제의 요점은 결정에 관한 헤겔적 개념화이다. 헤겔은 스피노자적 실체가 미결정적일 뿐 아니라 모든 결정들이 절대적인 것 속에서 와해된다고 주장한다.[43] 헤겔에 따르면 스피노자 철학에서의 유일하고도 절대적인 존재는 어떠한 타자 혹은 제한과도 연관되지 않기 때문에 결정이나 차이를 위한 기초를 제공할 수 없다. 결정적 존재가 질과 실재성을 얻기 위해서는 그것의 타자를 자기 안에서 부정하고 포섭해야 한다. 단독성에 대한 스피노자적 개념화는 하나의 논리적 불가능성이다. 존재를 단독적인 것으로 규정하는 것은 바로 헤겔을 가장 화나게 만드는 것이며 그가 인정하기를 거부하는 점이다. 그의 주장에 따르면 스피노자 철학은 비우주론이다. 사실 단독성은 헤겔에 대한 실재적 위협이다. 왜냐하면 그것은 변증법의 사변적 기반을 거부하고 있기 때문이다. 이러한 맥락에서 우리는 헤겔로 하여금 스피노자에 관한 다음의 최종 판단을 내리도록 몰고 간 이론적인 요구를 명확하게 이해할 수 있다. "그의 죽음의 원인은 그를 그토록 오랫동안 괴롭게 만들었던 폐결핵이었다. 이러한 사실은 모든 특

---

43. Hegel, *Science of Logic*, p. 536.

수성과 개별성이 하나의 실체 속에서 소멸한다는 그의 철학체계와 조화를 이루고 있다."44 결정이 부정될 때, 스피노자라는 이 철학자도 역시 무(無)로 와해된다.

실재적 구별에 관한 들뢰즈의 독해는 이러한 해석과 날카로운 (대립이 아니라!) 대조를 이룬다. 우리가 논증했듯이 실재적 구별은 존재를 그 자신 안에서 차이나는 것으로서 제시한다. 단독적 존재는 존재 외부에 있는 어떤 것과도 차이나지 않으며 또한 비차이적이지도 [무관(심)하지도] 추상적이지도 않다. 그것은 단순히 범상치 않을 뿐이다. 따라서 단독적 존재와 결정적 존재 사이에 하나의 대립을 설정하는 것은 잘못이 될 것이다. 단독성은 결정인 동시에 결정이 아니다. 다시 말해서 스피노자의 존재, 즉 유일한 실체는 그것이 질적으로 규정된다는 점에서, 차이가 난다는 점에서 결정적이다. 하지만 그것은 제한되어져 있다는 의미에서 결정적인 것은 아니다. 바로 여기서 수에 관한 들뢰즈의 논의가 [일정한] 역할을 한다. 실체가 제한되어지는(즉 수를 갖는) 것이라면 실체는 외부적 원인과 연관되어 있어야만 할 것이다. 하지만 실체는 그와 반대로 절대적으로 무한하며 자기 자신의 원인이다. 자기 원인(*Causa sui*)은 어떤 관념적 의미로도 해석되어질 수 없다. 존재는 자기 자신의 질료인이자 작용인이며, 이러한 계속적인 자기-생산 행위가 존재와 더불어서 세계의 모든 실재적 결정들을 낳는다. '모든 결정은 부정이다'(*Omnis determinatio est negtio*)라고? 분명히 들뢰즈의 스피노자에게는 이러한 등식이 들어설

---

44. Hegel, *Lectures on the History of Philosophy*, p. 257. [이 책의 본문 51쪽과 동일 - 옮김이]

자리는 전혀 없다. 심지어 대립의 지점으로서도 이러한 등식이 들어설 자리가 전혀 없다. 존재는 결코 미결정적이지 않다. 존재는 자신과 더불어 즉각적으로 실재성의 모든 새로움과 물질성을 낳는다. 바로 여기에서 나는, 헤겔적 문제틀에서 바라보는 실재적인 개념적 자율성을 가지고 우리가 들뢰즈 사유의 중요한 진화를 인식할 수 있다는 것을 주장하고자 한다. 앞에서의 베르그송 연구에서 우리는 이 문제와 관련하여 몇 가지 모호함이 있다고 언급했었다. 베르그송과 마찬가지로 들뢰즈는 결정을 반대하고 대신 미결정을 긍정하는 경향이 있다. 미결정이라는 명제는 존재가 외부적인 원인에 의해 제한되거나 제약되지 않도록 해주었다. 이러한 입장이 지닌 두 가지 측면 모두, 즉 결정에 대한 반대 및 미결정의 수용은 문제가 있는 것으로 판명되었다. 실제로 들뢰즈는 결정의 변증법적 과정의 리듬에 반대하는 가운데 이것의 반대[미결정]를 수용하고 있었고, 그 결과 여전히 변증법적 지형에 갇혀 있게 되었다. 그러나 스피노자적 맥락에서 볼 때 우리는 결정과 미결정이 똑같이 부적합한 용어들이라는 것을 확인하게 된다. 단독성은 내부적인 차이를 표식하는 개념이다. 즉 부정의 변증법에 의지하지 않은 채로 절대적으로 무한한 존재를 실재적인 것으로 질적 규정하는 실재적 구별을 표식하는 개념이다. 단독성 개념은 헤겔적인 이론적 지평으로부터의 실재적인 탈구(dislocation)를 구성한다.

 스피노자의 실체에 대한 두 가지 해석들에서 이러한 차이는 속성들에 관한 해석들로 이어지고 발전된다. 상당한 정도까지 속성에 관한 헤겔의 독해는 실체에 대한 해석으로부터 직접 뒤따라 나온다. 실체는 무한한 미결정이기 때문에 속성은 실체에 한계를 부여하고 실체를 결정하는 데 기여한다.45 헤겔은 실체로부터 속성으로의 이론적 운동을 결정의 변증법이 지닌 그림자 이미지라고 생각한다. 이러한 이미지는 이것이 부정의 근본적 역할을 빠뜨리기 때문에 실패할 수밖에 없는 운명에 처해 있다. 속성에 관한 들뢰즈의 독해는 아주 다른 방향으로 움직이며, 이는 다시 실체에 관한 들뢰즈의 상이한 해석에 기초하고 있다. 그의 견해에 의하면 실체는 이미 실재적이며 질적으로 규정된 것이기 때문에 결정의 문제가 들어설 자리는 전혀 없다. 들뢰즈에 따르면 오히려 속성들은 표현의 역할을 수행한다. 속성들을 통해 우리는 존재의 절대적 내재성과 표현성을 인식한다. 더구나 무한하고 동등한 표현들은 존재의 일의성—언제 어디서나 동일한 목소리로 표현된다는 점에서—을 구성한다.

실체의 해석에서 중심적인 논점이 결정이라면, 속성들의 해석은 유출에 초점을 맞춘다. 들뢰즈의 표현 이론은, 스피노자 철학이 '유출의 동양적 개념화'46라는 헤겔의 판단에 대해 효과적으로 도전장을 제출한다. 헤겔에 따르면 스피노자식의 존재의 운동은 일련의 회복불가능한 타락47이다. "유출의 과정은 하나의 우연한 사건으로만 간주될 뿐이며, 생성은 하나의 점진적인 상실로만 간주될 뿐이다."48

---

45. Hegel, *Science of Logic*, p. 537.
46. 같은 책, p. 538.
47. [옮긴이 주] degradation은 통상적으로는 '강등'을, 신학적 관점에서는 '타락'을, 물리·화학적 관점에서는 (유기화합물의) '감성'(憾性)과 (에너지의) '감손'(減損)을 의미한다. 그러나 여기에서는 선별적 분유(participation)에서의 '저질화'의 의미가 강하다. 근거 혹은 원리가 일차적으로 소유하는 것(예컨대 그 자체로서의 '정의')과 분유자들이 이차적·삼차적으로 나누어 갖는 것(정의의 질들) 간의 구별이 바로 그것이다.

들뢰즈는 철학사에서 유출과 내재성의 관계에 관한 확장된 분석의 형태로 이러한 헤겔적 비판에 관해 반응한다. 예측할 수 있듯이 이러한 들뢰즈식의 철학사는 오직 긍정적인 존재론적 과정들만을 고찰함으로써 헤겔적 전통과 변증법적 전통을 완전히 무시한다. 유출의 철학과 내재성의 철학은 바로 이러한 긍정적 운동을 공유하고 있다. 내부적 인과성은 이 두 가지 모두에게 생명을 불어넣는다. "양자의 공통적 특징은 둘 모두 자기 밖으로 나가지 않는다는 것이다. 이것들은 자기 안에 머무르는 가운데 생산한다."49 존재는 단독적이기 때문에, 존재의 생산은 다른 어떤 것도 포함할 수 없다. 그럼에도 불구하고 유출적 원인[유출인]과 내재적 원인[내재인]은 생산하는 방식에서 중요한 차이가 있다. "원인이 내재한다 함은 … 결과 자체가 원인으로부터 유출되어 나오지 않고 원인에 '내재한다'(*immané*)는 것을 말한다. 내재적 원인을 정의하는 것은 그것의 결과가 그 원인 안에 존재한다는 것, 물론 어떤 다른 것으로서 그 원인 안에 존재한다는 것이지만, 어쨌든 그 원인 안에 존재하고 머문다는 것이다."50 그러므로 내재적 원인의 본질과 내재적 원인의 결과의 본질이 갖고 있는

---

48. 앞의 책, p. 539.
49. *Expressionism in Philosophy : Spinoza*, p. 171. (한국어판,『스피노자와 표현의 문제』, 235쪽. "양자의 공통적 특징은 둘 모두 자기 밖으로 나가지 않는다는 것이다 : 생산하기 위해서 그들은 자기 안에 머문다.")
50. 같은 책, p. 172. (한국어판,『스피노자와 표현의 문제』, 236쪽. "결과 자체가 원인으로부터 유출되어 나오지 않고 원인에 '내재'할 때, 그 원인은 내재적이다. 내재적 원인[내재인]을 정의하는 것, 그것은 결과가 그 원인 안에 존재한다는 것, 물론 [자기 자신이 아니라] 타자로서의 그 원인 안에 존재하는 것이지만, 어쨌든 그 안에 존재하고 머문다는 것이다.")

차이는 결코 타락으로 해석될 수 없다. 본질들의 층위에서는, 원인과 결과 사이에 절대적인 존재론적 동등성이 존재한다. 다른 한편 유출적 과정에서는, 원인에 대한 결과의 외부성이 인과적 연쇄에서의 연속적인 타락과 본질들의 비동등성(inequality)을 허용한다.

바로 이 지점에서 우리는 스피노자의 존재론이 유출의 철학이 아니라 내재성의 철학임을 분명히 알 수 있다. 내재성의 본질적인 동등성은 일의적인 존재를 요구한다. "존재는 자체 내에서 동등할 뿐만 아니라 모든 존재들 속에 동등하게 현존하는 것으로 보인다."[51] 내재성은 존재에 있어서 어떠한 형태의 우월성이나 위계성도 부정한다. 속성들의 일의성 원리는 존재가 그것의 모든 형태에서 동등하게 표현되어질 것을 요구한다. 그러므로 일의적인 표현은 유출과 양립할 수 없다. 들뢰즈의 설명이 명확히 하는 바는 스피노자의 존재론, 즉 내재성과 표현의 결합이 분산(dispersion)이라는, 즉 존재의 '점진적 상실'이라는 헤겔적 비판에 영향을 받지 않는다는 점이다. 들뢰즈는 이것을 니콜라스 쿠자누스(Nicolas of Cusa)를 인용하면서 중세 철학의 용어로 다음과 같이 설명한다. "신은 모든 것이 그 안에 있다는 의미에서는 보편적 복합(complication)이고, 그가 모든 것 안에 있다는 의미에서는 보편적 펼침(explication)이다."[52] 들뢰즈에 따르면 스피노자 철학에서 내재성과 표현은, 이 중세적인 개념 쌍, 즉 접다-펼치다(*complicare-explicare*)의 현대판을 드러내준다. 표현이 펼치는 운동 또는 원심적인 운동인 만큼, 표현은 또한 존재를 다시 그것 자체의

---

51. 같은 책, p. 173. (한국어판, 『스피노자와 표현의 문제』, 238쪽)
52. 같은 책, p. 175. (한국어판, 『스피노자와 표현의 문제』, 241쪽)

내부로 모으는, 복합화하는[접는] 운동이거나 구심적인 운동이다. 따라서 들뢰즈의 분석은 스피노자를 존재론적 사변의 대안적 논리학으로 제시할 뿐만 아니라 스피노자에 대한 헤겔적 비판에 응답할 수 있는 용어들을 제공해준다.

지금까지 우리는 『에티카』의 앞부분(대강 IP14까지)에 대한 들뢰즈의 독해를 다루었는데, 이 부분은 압축된 형태로 존재론적 사변의 원리들을 제시하고 있다. 우리는 지금까지 전개되었던 것의 단순성을 명확히 해야 한다. "실체의 논리적 구성(constitution), 즉 전혀 물리적이지 않은 '합성'(composition)."53 『에티카』의 앞부분에서 전개된 이러한 논리적 구성은 두 가지 원리들—단독성과 일의성—로 이루어진다. 우리는 『에티카』의 앞부분에서 스피노자가 신에 대한 정의(D6)가 단순히 명목적인 정의가 아니라 실재적인 정의임을 보여준다고 말함으로써 이와 똑같은 주장을 다른 방법으로 긍정할 수 있다. "이 정의는 우리에게 어떤 본성의 비밀을 내비치는 유일한 것인데, 이 본성이란 절대자의 표현적 본성이다."54 단독적이고 일의적인 것으로서의 절대자의 표현을 통해 스피노자는 신이라는 관념의 논리적 구성을 완성한다. 하지만 만약 우리가 이러한 신학적 용어를 전통적 의미로 독해하게 되면 우리는 분명 실망하게 될 것이다. 일례로 베르그송은 스피노자의 제시가 갖는 순수한 논리적 성격규정에 반응한다. "『에티카』 1부에서 신은 모든 경험의 외부에서 발생하게 된다. 마치 하나의 원이 그것을 전혀 본 적이 없는 기하학자에게 그

---

53. 같은 책, p. 79. (한국어판, 『스피노자와 표현의 문제』, 111쪽)
54. 같은 책, p. 81. (한국어판, 『스피노자와 표현의 문제』, 113쪽)

러한 것과 마찬가지로."55 그러나 스피노자는 어떠한 인습적인 의미로도, 신의 이미지나 관념을 구축하고 있지 않다. 스피노자는 사변의 실재적인 존재론적 원리들을 발견해내기 위해 존재에 천착하는 것이다. 스피노자가 도달한 것은 단순히 근본적인 발생적 원리들, 즉 단독성과 일의성인데, 이것들이 존재의 생산과 구성을 이끈다. 따라서 『에티카』의 앞부분에 가설적인 것이라고는 전혀 없다. 오히려 그것은 존재의 발생적 추이(sequence), 즉 '실체의 계보학'56이다. 신에 관한 정의(D6)의 실재성을 증명하는 원리들은 실체 자체의 삶의 원리들이다. 그것들은 존재의 선험적(a priori) 구성이다.57 들뢰즈가 이 정의는 발생적 정의이다라고 말할 때 그가 의미하는 바는 바로 존재의 원리들이 능동적[작용적]이고 구축적이라는 것이다. 이러한 원리들로부터 존재 자체가 펼쳐진다.

이것이 분석의 바로 이 지점에서 우리가 존재에 대해 (즉 신에 대해) 알고 있는 전부이다. 말하자면 존재는 단독적이며 일의적이다. 사변의 본성 및 한계들에 대한 이러한 긍정에는 논쟁적 요소가 함축되어 있다. 우리가 사변을 통해 배울 수 있는 진리들이란 극소수이며 매우 단순하다. 사변은 세계를 구성하거나 존재를 구축하지 않는다. 사변은 단지 우리에게 존재가 구성되는 근본적인 원리들을 제공해줄

---

55. 1912년의 꼴레쥬 드 프랑스에서 베르그송이 행한 강의의 결과물인, Mossé-Bastide, "Bergson et Spinoza"에서 인용함.
56. Deleuze, "Spinoza et la méthode générale de M. Gueroult", p. 432. [이 글은 원래 게루의 '경이로운' 책, *Spinoza, I, – Dieu (Éthique I)*, Paris, Aubier-Montaigne, 1968에 대한 서평으로, *Revue de métaphysique et de moral*, vol. LXXIV, n°4, octobre-décembre 1969, pp. 426~437에 실렸다. 그리고 *L'île déserte et autres textes*, pp. 202~216에 재수록되어 있다. – 옮긴이]
57. *Expressionism in Philosophy : Spinoza*, p. 81. (한국어판, 『스피노자와 표현의 문제』, 113쪽)

수 있을 뿐이다. 스피노자는 이러한 사실을 명확히 의식하고 있다. 만약 우리가 그의 사변에 대해 더 많은 것을 요구한다면, 우리는 베르그송과 마찬가지로 그의 '얼음으로 만들어진 신'에 대해 실망하지 않을 수 없을 것이다. 스피노자의, 존재의 실재적 구성은 능동성의 또 다른 장, 즉 존재론적 실천 — 이것은 사변의 장으로부터 자율적이다 — 에서 일어난다. 이 점에서 우리는 어째서 스피노자의 사상이 헤겔적 (혹은 어떠한 관념론적) 틀 안에서 회유될 수 없는지 그 이유를 명확히 이해할 수 있다. 존재론적 사변은 생산적이지 않다. 그것은 존재를 구성하지도 않는다. 사변은 단지 존재의 생산적 동학의 윤곽만을 추적할 뿐이다. 우리는 이제 우리의 주의를 돌려 스피노자적 실천의 구성적 본성에 대해 살펴볼 것이다. 그러나 먼저 세 번째이자 마지막 존재론적 원리를 고찰해보아야 한다. 이것은 존재의 역량들에 대한 원리로서, 이것이 없다면 스피노자의 사상은 사변적인 것으로 남아있을 것이며 또 결코 실천 철학으로의 전환을 이루어내지 못할 것이다.

3. 존재의 역량들

 스피노자적인 역량의 원리의 씨앗들은 신의 실존에 관한 후험적 증명들에서 발견될 수 있다. 들뢰즈는 우선 데카르트적인 선험적 증명을 하나의 틀로서 제시함으로써 이러한 증명들에 관한 자신의 논의를 준비한다. 데카르트의 증명은 완전함 혹은 실재성의 양들에 기초하고 있다. 즉 원인은 적어도 그 결과가 가지고 있는 만큼의 실재성을 가져야 한다, 한 관념의 원인은 적어도 그 관념이 객관적 실재성을 가지고 있는 만큼 형상적 실재성을 가져야 한다, 이제 나는 무한히 완전한 존재에 관한 관념을 가지고 있다, 기타 등등. 들뢰즈는 스피노자가 이 데카르트적 증명을 그의 『소론』에서 독창적으로 변형시켜 다루고 있다고 주장한다. 데카르트와 마찬가지로 스피노자도 신의 관념에서 출발한다. 그리고 이 관념의 원인이 실존해야 하며, 그 원인은 그 관념이 객관적으로 포함하고 있는 모든 것을 형상적으로 포함해야만 한다고 주장한다.[58] 하지만 완전함 혹은 실재성의 양들에 대한 데카르트적 공리는 이러한 증명을 뒷받침하기에 충분하지 않다. 스피노자는 데카르트적 공리를 역량의 공리로 대체하는데, 그것은 사고할 수 있는 역량을 실존하거나 활동[작용]할 수 있는 역량과 연결시킨다. "지성은 지성의 대상이 실존하고 활동[작용]하기 위해 갖는 역량보다 더 많은 인식할 수 있는 역량을 갖고 있지 않다. 사고하고 알 수 있는 역량은 이러한 역량에 필연적으로 상관적인 실존 역량보다 더 클 수 없다."[59] 그렇지만 들뢰즈는 『소론』의 이러한 선험적 증명을 스피노자의 발전에 있어서의 중간지점으로서 제시하고 있을 뿐이다.

역량의 공리는 『에티카』에 있는 후험적 증명에서 성숙되어 배열

---

[58] Spinoza, *Short Treatise*, I : 3.
[59] *Expressionism in Philosophy : Spinoza*, p. 86. 수정해서 인용함. (한국어판, 『스피노자와 표현의 문제』, 121쪽. "지성이 인식하기 위해 갖는 역능은 그의 대상들이 실존하고 활동[행위]하기 위해 갖는 역능보다 더 크지 않다 ; 사유 및 인식 역능은 [그것과] 필연적으로 상관적인 실존 역능보다 더 클 수 없다.")

된다. 스피노자는 신이 필연적으로 실존한다는 명제에 관해 세 가지 증명을 제시한다. 하지만 들뢰즈는 우선적으로 세 번째 것에 관심이 있는데, 그것은 이 증명에서 스피노자가 더 이상 신의 관념이나 사고할 수 있는 역량을 통하지 않고 실존할 수 있는 역량에서 직접 시작하기 때문이다. 스피노자의 논증은 다음과 같이 진행된다. (1) 실존[존재]할 수 있다는 것은 역량을 갖는다는 것이다. (2) 절대적으로 무한한 존재가 실존하지 않는데도 유한한 존재들이 실존한다고 하는 것은 터무니없는 말이 될 것이다. 왜냐하면 그것은 유한한 존재들이 [절대적으로 무한한 존재]보다 더 많은 역량을 갖는다고 말하는 것이 될 것이기 때문이다. (3) 그러므로 아무것도 실존하지 않거나 아니면 절대적으로 무한한 존재 역시 실존한다. (4) 우리가 실존하므로, 절대적으로 무한한 존재는 필연적으로 실존한다.60 우리의 목적에 이 증명이 중요한 까닭은 이 증명이 지니고 있는 논리적 일관성이 아니라 오히려 그것이 '실존할 수 있는 역량'을 논리적 기반으로 사용하고 있다는 것에 있다. 스피노자는 역량을 존재의 원리로 만든다.

  역량은 실존 속에서 본질을 드러내는 존재의 본질이다. 스피노자에게 있어서 원인, 역량, 생산, 본질을 하나로 묶는 밀접한 연계는 그의 사변 체계를 역동적 기획으로 만드는 역동적 핵심이다. "역량과 본질의 동일성은, 역량이 언제나 활동[act, 현실태]임을, 혹은 적어도 활동 속에[en acte, 현실태로] 있음을 의미한다."61 신은 자신이 실존

---

60. *Ethics*, IP11D3. (한국어판, 『에티카』, 25쪽, 1부, 정리 11의 증명 3)
61. *Expressionism in Philosophy : Spinoza*, p. 93. (한국어판, 『스피노자와 표현의 문제』, 130쪽.

하는 만큼 생산한다. 많은 주석가들은 스피노자가 역량을 개념화하는 것에서 데카르트와 직접적으로 대립되는 자연주의를, 지오르다노 브루노(Giordano Bruno) 같은 르네상스 사상가들의 저술에 의존하고 있는 자연주의를 발견해왔다. 예를 들어 페르디낭 알뀌에는 이러한 스피노자적 연계가 하나의 능동적[작용적] 원리를 구성한다고 설명한다. "스피노자의 자연은 무엇보다도 자발성이며, 발전의 능동적[적극적] 원리(이다)."[62] 들뢰즈는 스피노자의 자연주의에 대한 이러한 개념화를 받아들인다. 하지만 그에게 그것은 오로지 그림의 반쪽만을 제시해주는 것이다. 사실상 들뢰즈는 르네상스 자연주의에 대한 참조를 두 번째 참조, 즉 현대 유물론(특히 홉스)에 대한 참조로 보충하고 있다. 들뢰즈의 주장에 의하면 스피노자의 역량 개념은 능동[action, 작용]의 원리일 뿐만 아니라 동일한 정도로 변용(affection)의 원리이다. 다시 말해서 역량으로서의 자연의 본질은 생산과 감성(sensibility)을 동등하게 함축하고 있는 것이다. "모든 역량은 그것에 상응하고 그것과 분리될 수 없는 변용[촉발]될 수 있는 역량을 동반한다."[63] 스피노자에게서 역량은 언제나 동등하며 나눌 수 없는 두

"역능(puissance)과 본질의 동일성은 역능이 언제나 현실태(acte)임을, 혹은 적어도 현실태로[en acte, 현동적으로] 있음을 의미한다.")

62. Ferdinand Alquié, *Nature et vérité*, p. 9. 알뀌에는 스피노자의 정의를 데카르트의 과학 및 수학과 르네상스 자연주의의 종합으로서 제시한다.

63. *Expressionism in Philosophy : Spinoza*, p. 93. (한국어판, 『스피노자와 표현의 문제』, 131쪽) [이 책의 1부 2장 각주 110에서 언급했듯이 affect가 동사형으로 사용될 경우에는 각각 '변용[촉발]될 수 있는 역량', '변용[촉발]할 수 있는 역량' 등으로 옮길 수 있다. 따라서 간단하게 '변용될 수 있는 역량'이나 '변용할 수 있는 역량'으로 옮겨진 말들은 모두 '변용' 대신 '촉발'이라는 단어로 대체될 수 있다. – 옮긴이]

측면 — 변용할 수 있는 역량과 변용될 수 있는 역량, 생산과 감성 — 을 갖는다. 그러므로 스피노자는 신에 관한 후험적 증명에 대한 긍정에 또 하나의 측면을 보탤 수 있다. 신은 절대적으로 무한하게 실존할 수 있는 역량을 가질 뿐 아니라, 절대적으로 무한한 수의 방식으로 변용될 수 있는 역량도 갖는다.

이는 들뢰즈가 『니체와 철학』에서 스피노자와 니체 사이의 연결점을 확인하는 바로 그 지점이다.[64] 힘에의 의지는 항상 권력느낌을 수반한다. 더구나 이러한 니체적 파토스는 수동정서를 '겪는' 신체와 연관된 것이 아니다. 오히려 파토스는 능동적인, 생산적인 역할을 한다. 역량-변용성의 스피노자적 쌍은 이러한 니체적 요소들 가운데 몇몇을 반영하고 있다. 변용될 수 있는 역량을 묘사하려는 노력에서 '감성'이라는 용어를 우리가 사용하는 것은 오해를 초래하기 쉽다. 스피노자적 용어체계에서 변용은 그 변용이 내부적 원인에서 결과된 것이냐 아니면 외부적 원인에서 결과된 것이냐에 따라서 능동일 수도, 수동일 수도 있다. 그러므로 한 양태의 실존할 수 있는 역량은 언제나 변용될 수 있는 역량에 상응하며, 이 변용될 수 있는 역량은 "언제나, 외부적 사물에 의해 생산된 변용들(이른바 수동적 변용들)에 의해서든, 그 양태 자신의 본질에 의해 설명되는 변용들(이른바 능동적 변용들)에 의해서든 언제나 채워진다."[65] 니체에게서처럼 스

---

64. *Nietzsche and Philosophy*, p. 62. (한국어판, 『니체와 철학』, 121~122쪽)
65. *Expressionism in Philosophy : Spinoza*, p. 93. 수정해서 인용함. (한국어판, 『스피노자와 표현의 문제』, 131쪽. "외부 사물들에 의해 산출되는 변용들(이른바 수동적 변용들)에 의해서든, 그 자체의 본질에 의해 설명되는 변용들(이른바 능동적 변용들)에 의해서든 언제나 실현된다.")

피노자에게서도 존재의 충만함은 존재가 언제 어디서나, 어떤 초월적이고 형언할 수 없는 유보도 없이 완전하게 표현된다는 것을 의미할 뿐만 아니라, 실존할 수 있는 역량에 상응하는 변용될 수 있는 역량이 능동적 변용과 수동적 변용들로 완전히 채워져 있다는 것 역시 의미한다. 이 두 구별들은 역량의 내부 구조를 식별할 때 우리의 최초의 논평을 구성한다.

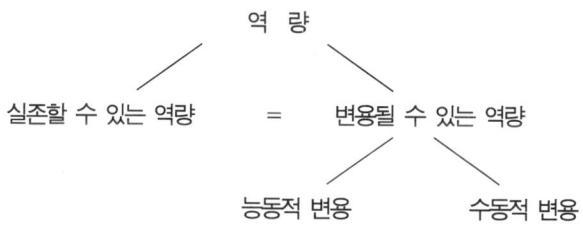

우리는 이 점에서 실존할 수 있는 역량과 변용될 수 있는 역량의 등가성에 대한 스피노자의 제안이 어떻게 우리를 실천적 이론으로 인도할 수 있는지를 이해하기 시작할 수 있다. 역량의 본성을 이해하기 위해서 우리는 역량의 내적인 구조들을 발견해야 한다. 그러나 우리가 등식의 첫째 측면, 즉 실존할 수 있는 역량을 고찰할 때, 역량은 순수한 자발성으로 나타난다. 그것의 구조는 우리에게 불명료하고, 그래서 우리의 분석은 가로막힌다. 그러나 일단 스피노자가 실존할 수 있는 역량과 변용될 수 있는 역량의 등가성을 제안했기 때문에 우리는 눈을 돌려 이러한 등식의 다른 측면을 고찰해볼 수 있다. 여기에서 우리는 진정으로 미분된(differentiated) 구조와, 분석을 위한 풍부한 지형을 발견할 수 있다. 우리가 원인의 문제를 이러한 맥락에

서 제기할 때 우리는 실재적 구별을 발견한다. 우리의 변용될 수 있는 역량은 (내부적으로 야기된) 능동적 변용들과 (외부적으로 야기된) 수동적 변용들로 구성된다. 곧바로 이 구분은 하나의 윤리적이고 궁극적으로는 실천적인 기획의 윤곽을 제시한다. 우리는 어떻게 능동적 변용들을 선호할 수 있는가, 그래서 결국 어떻게 우리의 변용될 수 있는 역량이 수동적 변용들이 아닌 능동적 변용들로써 대부분 채워질 수 있는가? 하지만 여기에서 우리는 이 과제를 다룰 수 없다. 왜냐하면 우리는 아직 역량의 구조에 대해서 아는 바가 너무 적기 때문이다.

그럼에도 불구하고 우리가 주목해야 할 것은, 스피노자의 역량 원리가 항상 자신을 하나의 전환— 사변에서 실천으로, 존재의 분석에서 존재의 구성으로의 전환— 의 원리로서 제시한다는 점이다. 스피노자의 역량은 자정의 시간에, 그리고 니체의 변이의 순간에 무대에 오른다. 이러한 전환이 가능한 것은 역량의 내부적 구조에 대한 스피노자의 분석이 모든 지점에서 인과적 동력학(dynamic)의 문제를 재촉하는 가운데 실천을 통해 우리들 자신과 우리들 세계를 구성함에 있어 우리가 취할 실재적 단계들을 밝혀주기 때문이다. 그렇지만 우리는 성급해서도 안 되고 또 너무 멀리까지 앞서 나가서도 안 된다. 역량의 원리에 대한 스피노자의 제안과 더불어 우리는 단지 존재론적 실천의 발전을 향한 문을 열었을 뿐이다. (혹은 알튀세르가 말한 것처럼 "우리는 길들을 열었다, *nous avons ouvert des voies.*"[66] 오늘날 이

---

66. [옮긴이 주] 이 표현은 알튀세르의 『몽테스키외 : 정치와 역사』의 대미를 장식하는 말이기도 했다(Louis Althusser, *Montesquieu : La politique et l'histoire*, Paris, P.U.F., 1959, p. 123).

러한 지형을 마련하기 위해서는 많은 연구들이 진행되어야 한다. 우리가 전에 확인했던 세 가지 존재론적 원리들—단독성, 일의성, 그리고 역량—로 다시 돌아가 그것들을 존재에 대한 풍부한 사변적인 논리학으로 발전시켜야 한다.

존재론적 표현

4. 속성들의 해석: 유물론적 존재론의 문제들

앞에서 본 것처럼 속성들에 대한 스피노자적 이론은 많은 문제들을 해결한다. 하지만 그것은 또한 많은 다른 문제들을 제기한다. 그것이 제기하는 가장 심각한 곤란들 가운데 하나는 스피노자 사상에 있어서의 관념론적 혹은 주관주의적 경향의 위협이다. 이와 관련하여 들뢰즈에게 가장 중요한 것은 스피노자의 존재론에 관해 철저하게 유물론적인 해석을 유지하는 일이다. (그리고 우리는 이러한 입장을 유지하는 것과 관련하여 몇 가지 긴장들이 존재한다는 것을 보게 될 것이다.) 이러한 논의는 유물론이 들뢰즈의 사상에서 하는 역할을 구체화하는 데 도움이 될 것이다.

유물론을 정신에 대한 신체의 단순한 우선성이나 지성적인 것에 대한 물리적인 것의 단순한 우선성과 결코 혼동해서는 안 된다. 오히려 유물론은 관념론에 대한 교정자로서, 신체에 대한 정신의 우선성

이 책의 한국어판, 『마키아벨리의 고독』, 김석민 옮김, 새길, 1992, 119쪽에는 이 문장이 "그러나 그가 길을 멈추었던 것이다"라고 옮겨져 있는데 이는 명백한 오역이다.

에 대한 부정으로서 철학사에 반복해서 나타나고 있는 것이다. 스피노자는 맑스가 헤겔을 교정했던 것과 똑같이 데카르트를 교정한다. 이러한 유물론적 교정은 우선성의 역전이 아니라 오히려 원리상 물체적인 것과 지성적인 것의 동등성 명제이다. 이렇게 지성의 우선성을 거부하는 것은 존재의 모든 속성들(사유, 연장 등등)에 대해 존재의 우선성을 가리키고 동등하게 강조하기 위한 것이라는 것을 들뢰즈는 명백히 한다. 이러한 관점에서 볼 때 유일하게 참된 존재론은 유물론적이어야만 한다. 다시 말해서 지성에 특권을 부여하는 모든 것은 체계의 존재론적 구조를 전복시킬 것이며, 그리하여 물질뿐만 아니라 존재 그 자체 역시 여하튼 사유에 의존하게 될 것이다. 그리하여 들뢰즈는 물질적 세계에 가치를 부여하기 위해서뿐만 아니라 더 중요하게는 존재론적 관점의 일관성을 보존하기 위해서 존재에 대한 관념론적 설명과 싸우지 않을 수 없음을 발견한다. 지성적인 것과 물체적인 것은 존재의 동등한 표현들이다. 이는 유물론적 존재론의 근본적 원리이다.

스피노자적 체계의 맥락에서 볼 때, 우리는 중심적 논점을 속성에 대한 정의 자체에서 확인해볼 수 있다. "나는 속성이란 지성이 실체에 관하여 그 본질을 구성하고 있다고 지각하는 것으로 이해한다."[67] 즉각 드러나는 문제들 가운데 하나는 이 정의가 다른 속성들에 비해 사유의 속성이 갖는 어떤 우선성을 인정하고 있다는 것이다. 사유는 사유 그 자체를 포함하여 실체의 모든 속성들을 지각하는 수단인 것

---

67. *Ethics*, ID4. 강조는 인용자. (한국어판, 『에티카』, 14쪽, 정의 4)

이다. 속성의 역할을 실증해주는 몇몇 사례들, 예를 들어 시몽 데 브리예스(Simon de Vries)에게 보내는 편지 9에 나오는 사례들은 한층 더 문제적인(problematic) 설명을 제공한다. 이 편지에서 스피노자는 어떻게 속성들에 있어서 '하나의 동일한 것이 두 개의 이름에 의해 지칭될 수' 있는가에 관한 두 가지 사례를 제공한다. 이 두 가지 가운데 첫 번째가 아마도 더 문제적이다. "나는 이스라엘로써 세 번째 조상(the third patriarch)68을 의미한다고 말한다. 나는 야곱으로도 같은 것을 의미한다. 야곱이라는 이름은 그가 자기 형의 발뒤꿈치를 붙잡았기 때문에 생긴 이름이다."69 여기서의 구별은 단지 이름뿐인[명목적인] 것이다. 하지만 이보다 더 중요한 것은 이 차이가 지각된 대상에 있는 것이 아니라 지각하는 주체에 있다는 것이다. 즉 차이는 존재에 직접 있는 것이 아니라 지성에 있는 것이다.

스피노자 연구들에는 속성들에 관한 해석을 놓고 오랜 기간에 걸친 논란이 있다.70 논쟁의 핵심은 한편으로 실체와의 관계에서 본, 그리고 다른 한편으로 지성과의 관계에서 본, 속성들의 위치와 연관된 것이다. 그것은 존재 이유(*ratio essendi*)와 인식 이유(*ratio cognoscendi*)의

---

68. [옮긴이 주] patriarch은 이스라엘인의 세 조상, 즉, 아브라함(Abraham), 이삭(Isaac), 야곱(Jacob)을 가리킨다. 이삭의 아들 야곱은 그중 세 번째이다. 야곱이 이스라엘이라는 이름으로 불리게 된 유래에 대해 구약 창세기는 다음과 같이 전하고 있다. "너는 하느님과 겨루어냈고 사람과도 겨루어 이긴 사람이다. 그러니 다시는 너를 야곱이라 하지 말고 이스라엘이라 하여라."
69. [옮긴이 주] 구약 창세기에 다음과 같이 적혀 있다. "달이 차서 몸을 풀고 보니 쌍둥이였다. 선동이는 살결이 붉은데다가 온몸이 털투성이였다. 그래서 이름을 에사오라 하였다. 후동이는 에사오의 발꿈치를 잡고 나왔다. 그래서 그의 이름을 야곱이라 했다."
70. 마르샬 게루는 이 논쟁의 전체 역사를 소개하고 있다. *Spinoza*, vol. 1, pp. 50, 428~461을 보라. 게루는 분명하게 객관주의적 해석을 유지하고 있다.

우선성에 관한 문제이다. 관념론적이거나 주관주의적인 해석은 속성을 무엇보다 존재의 형식이 아닌 인식[앎, 지식]의 형식으로 규정한다. 『논리학』에서 헤겔이 제시하는 것이 바로 이런 독해 방식의 전통을 낳은 씨앗이다.[71] 앞에서 주목한 것처럼 헤겔은 속성을 실체의 결정 혹은 제한이라고 개념화한다. 이렇게 개념화된 속성들은 지성에 의존하며, '절대자 밖으로 나아간다.'[72] 즉 '실체에 대해 외부적이고 직접적인 것으로서 나타난다.'[73] 마르샬 게루는 이러한 해석에는 스피노자적 존재론의 기반들을 약화시키는 논리적 모순이 있다고 지적한다. 속성들은 지성에 의존할 수 없다. 왜냐하면 지성은 사유의 양태이며, 따라서 존재론적으로 속성들에 뒤따르는 것이기 때문이다. "사실상 지성이 실체에 대해 갖는 관념으로부터 속성들이 따라 나오는 것이라면 지성은 속성들에 앞서는 것이어야 한다. 결과적으로 지성은 속성의 양태임에도 불구하고 지성이 그 속성에 앞서는 것이 되는 것이다. 이는 터무니없는 것이다."[74] 헤겔 자신도 이러한 모순을 인식하고 있다. 하지만 그는 이 모순을 자신의 해석이 갖는 과오라기보다는 스피노자적 체계 내의 오류로서 보는 것 같다.[75] 그렇지만 나는, 여기서 관건이 되고 있는 우선적인 논점이 주관주의적 독해의 논리적 모순이 아니라, 그것이 지성에게 허용하고 있는 우선성이라고

---

71. 게루에 따르면, 헤겔의 해석은 "19세기 초기부터 오늘날까지, 계속해서 공통의 해석을 유지하고 있는 주석자들의 전체 계열에서의 영감(inspiration)"이다(*Spinoza*, vol. 1, p. 466). 또한 같은 책, pp. 462~468을 보라.
72. Hegel, *Science of Logic*, p. 538.
73. 같은 책, p. 537.
74. Martial Gueroult, *Spinoza*, vol. 1, p. 50.
75. Hegel, *Science of Logic*, p. 537.

주장하고자 한다. 반복하거니와 문제는 체계 전체 속에서의 존재 이유(*ratio essendi*)와 인식 이유(*ratio cognoscendi*)의 상대적 중요성이다. 다시 말해서 관건은 유물론적 존재론, 즉 존재를 사유 속에 정초시키지 않는 존재론의 용어들 그 자체인 것이다.

들뢰즈는 스피노자의 속성들에 대한 대안적 독해인 객관주의적, 존재론적 해석을 우리에게 제시한다. 들뢰즈에 따르면 스피노자가 편지 9에서처럼 속성을 단순히 알거나 인식하는 방식으로서 제시할 때, 그는 오로지 속성의 실재적 역할에 대한 부분적이거나 단순화된 설명만을 제공하고 있다.76 속성은 지성에 의존하지 않는다. 반대로 지성은 속성들이 기능하는 가운데 부차적 역할만을 할 따름이다. 재현의 객관적이고 눈에 보이지 않는 작인(作因)으로서 말이다. "형상적으로 구별되는 모든 속성들은 지성에 의해 존재론적으로 하나인 실체로 떠맡겨진다. 그러나 지성은 자신이 파악하는 형상들의 본성을 객관적으로 재생산하기만 할뿐이다."77 다시 말해서 속성들이 실체와 맺고 있는 관계는 이 관계에 관한 지성의 파악보다 선행하며 독립적이다. 지성은 단지 우선적인 존재론적 관계를 객관적이거나 인지적인 용어 속에서 재생산할 따름이다. 존재 이유(*ratio essendi*)는 인

---

76. *Expressionism in Philosophy : Spinoza*, p. 61. (한국어판, 『스피노자와 표현의 문제』, 86~87쪽)
77. 같은 책, p. 65. (한국어판, 『스피노자와 표현의 문제』, 92쪽. "형상적으로 구별되는 모든 속성들은 지성에 의해 존재론적으로 하나인 실체에 관계된다. 그러나 지성은 자신이 포착하는 형상들의 본성을 표상적으로 재생산하기만 할 뿐이다.") [한국어판은 objectivement를 '표상적으로'라고 옮기고 있다. 하트는 속성에 대한 '객관주의적' 해석을 강조하려는 의도를 가지고 있는 바, 우리는 일단 이 단어를 '객관적으로'라고 번역했다. objectivement를 '표상적으로'라고 옮길 경우, re'-présentatitivement(칸트적인 주관적 표상, 혹은 재-현의 의미로서)로 읽혀질 가능성이 크다. – 옮긴이]

식 이유(*ratio cognoscendi*)에 선행한다. 이러한 객관주의적 해석은 체계의 존재론적 완전무결함을 보존하는 데 성공하고, 속성들의 이론에서 지성에 근본적 역할을 부여함으로써 제기되는 모순을 해결한다. 그럼에도 불구하고 우리는 이러한 테제를 어떤 긴장(strain)이 없다면 결코 유지할 수 없다는 것을 인식해야만 한다. 예를 들어 속성들에 관한 정의로 돌아가 보자. "나는 속성이란 지성이 실체에 관하여 그 본질을 구성하고 있다고 지각하는 것으로 이해한다."[78] 객관주의적 해석이 지성에게 근본적인 역할을 부여하지 않는다면 이 '지성이 실체에 관하여 지각하는 것'(*quod intellectus de substantiâ percipit*)을 '어떻게 설명할 수 있을까? (그리고 우리는 라틴어 원문을 참조하는 것이 우리에게 이러한 딜레마에서 빠져나갈 어떠한 출구도 제공하지 않는다는 점에 주목해야만 한다.) 더구나 비록 우리가 속성에 기반을 둘 때 지성이 부차적이라는 것을 받아들인다 할지라도, 지성이 파악하고 있는 형식들의 본성에 관한 '객관적인 재생산'이라고 들뢰즈가 서술하고 있는 것을 어떻게 이해해야 하는가? 이러한 '재생산'은 분명히 표현에 관한 아주 약한 개념화이다.

들뢰즈는 이러한 문제들 때문에 방해받고 있는 것 같지 않다. (아니면 그는 아마도 이 문제들 때문에 길에서 벗어나지 않기로 결심을 했을지도 모른다.) 그리고 그는 이 문제를 깊이 있게 취급하지 않고 있다. 하지만 분명한 것은 들뢰즈가 집요하리만큼 체계의 존재론적 완전무결함을 보존하고, 여타의 속성들에 대한 사유의 우선성에 대

---

78. *Ethics*, ID4, 강조는 인용자. (한국어판, 『에티카』, 14쪽, 정의 4)

항해 싸우기 위해 노력하고 있다는 점이다. 이러한 노력이 텍스트 내의 분명한 진술들에 역행하는 것처럼 보일 때조차도 말이다. 여기서 관건은 스피노자 연구의 영역을 족히 벗어나고 있다. 그리고 오히려 들뢰즈의 철학에서 중심적인 존재론에로의 복귀가 갖는 본성과 들뢰즈의 철학이 다른 동시대의 철학적 입장들에 대해 확연히 보여주고 있는 근본적인 차이점을 가리키고 있다. 들뢰즈의 철학은 관념론적 존재론 전통과 철학에 대한 일체의 비존재론적 접근 양자에 대해 그것이 갖는 차이 속에서 인식되어져야 한다. 그러한 것들 대신 들뢰즈는 속성들에 대한 해석을 통해 유물론적 존재론의 차원을 다루고 있는 것이다.

논평 : 사변적 생산과 이론적 실천

우리는 우리의 관점을 스피노자 해석이라는 특정한 문제를 넘어 확장시킬 때 들뢰즈의 객관주의적 해석이 그를 그 시대의 지적 운동들에 근본적으로 동조하지 않는 사람으로서, 불안정하게 소수파의 이론적 입장을 유지하는 사람으로서 부각시키고 있음을 알 수 있다. '의심의 대가들', 즉 세 쌍인 맑스-니체-프로이트 게릴라들이[79] 1960년대 프랑스에서 누린 지적 헤게모니는, 비록 어느 정도까지는 반헤겔적이긴 하지만 그럼에도 불구하고 (만약 우리가 스피노

---

79. 이 시기 동안의 프랑스 철학의 지배적인 노선들에 대한 분석으로는, Vincent Descombes, *Modern French Philosophy*(한국어판 : 뱅쌍 데꽁브, 『동일자와 타자』, 박성창 옮김, 인간사랑, 1990)를 보라.

자적 논쟁의 지형에로 장소를 옮긴다면) 속성들에 관한 주관주의적 독해의 편에 서 있는 것으로 분류되어야 한다. 이 시기에 프랑스의 지적 무대 전역에서 상이한 진영들로부터 솟구쳐 올랐던 다양한 슬로건들(*mots d'ordre*)은 모두가 다, 지성의, 인식 이유(*ratio cognoscendi*)의 근본적 역할을 주장하고 있다. 예를 들어 '보기'(vision)에 대한, 보이는 것과 보이지 않는 것에 대한 광범위한 담론의 중요성에 대해, 혹은 그보다는 오히려 탐구의 특권적인 장으로서 '해석'에 초점을 맞춘 것에 관해 고찰해보자. 스피노자에게 있어서 객관주의적인 존재론적 사변이라는 입장을 읽어내자는 들뢰즈의 제안은, 이러한 사고의 전반적 흐름에 역행하는 것이다. 사실상 일반적 추세는 들뢰즈의 입장에 대한 강력한 공격을 구성하는 것처럼 보인다.

추상적인 일반화에 빠지지 않기 위해서 맑스에 대한 알튀세르의 독해를 하나의 사례— 아마도 대표적인 사례는 되지 못하겠지만 영향력이 있었던 것만큼은 분명한—로 삼아 간략하게 살펴보자. 알튀세르가 초점을 맞추고 싶어 하는, 그리고 문제를 삼고 싶어 하는 한 가지 요소는 독해라는 행위 그 자체이다. 맑스의 『자본』을 읽는다는 것, 고전 경제학을 읽는다는 것, 자본주의 사회를 읽는다는 것. 알튀세르는 우리가 맑스에게서 지식[인식]에 관한 이론에서 하나의 혁명을 발견하기를 원한다. "우리는 우리가 지식[인식]에 대해 가지고 있는 관념을 완전히 다시 조직해야만 한다. 우리는 즉각적인 보기와 독해라는 반영론의 신화를 포기해야만 하고, 지식[인식]을 생산으로 간주해야 한다."[80] 우리는 지식[인식]을 하나의 생산으로서 이해하려고 하는 알튀세르의 노력에서 두 가지 요소를 구별할 수 있다. 첫째 우리는 지식[인식]의 대상과 실재적 대상 사이에 하나의 구별이 있다는 것을, 또는 스피노자적 사례에서의 알튀세르를 따른다면, 원에 대한 관념과 실제로 실존하는 원 사이에는 하나의 구별이 있다는 것을 파악해야 한다.[81] 하지만 두 번째 단계로서 우리는 이 구별의 중요성이, 두 영역들이 상이한 조건들 아래에 존재한다는 사실에 있다는 것을 깨달아야 한다. 실재 대상이 주어진 것임에 반해, 사고된 대상은 실재성과의 특수한 관계 속에서 생산된 것이다. "의심할 바 없이 실재에-대한-사유와 이 실재 사이에는 하나의 관계가 존재한다. 그러나 그것은 지식[인식]의 관계이다."[82] 인식 이유(*ratio cognoscendi*)의 중심성에 대한 알튀세르의 주장은 현상학적인 사변에 있어 중심적인 특성이다. 현상학자들에 따르면 우리는 실재 사물들을 그것 자체로 살펴보기에 앞서 이러한 사물들이 어떻게 해서 우리의 의식에, 우리의 지성에 제시되어지는가를 살펴보아야 한다. 바로 여기에 스피노자적 속성이 논의의 중심에 다시 등장한다. '지성이 실체에 관하여 지각하는 것'(*quod intellectus de substantiâ percipit*). 알튀세르의 독해 전략은 현상학적 사변 일반과 마찬가지로, 속성에 대한 주관주의적 해석과 완전히 일치한다. 주관주의적 독해는 순수한 사변의, '반영론적'(specular) 사변의 신화를 끝장낸다. 세계에 대한, 사회에 대한, 정치경제학에 대한 순진무구하거나 객관적인 독해란 없다.

---

80. Louis Althusser, *Reading Capital*, p. 24. (한국어판: 루이 알튀세르, 『'자본론'을 읽는다』, 김진엽 옮김, 두레, 1991)
81. 같은 책, p. 40 이하.
82. 같은 책, p. 87.

얼핏 보기에는 이러한 측면에서 하나의 일반적인 지적 운동을 대표하므로 알튀세르는 속성들에 대한 들뢰즈의 객관주의적 독해를 직접적이고도 혹독하게 비판하는 것처럼 보인다. 들뢰즈는 알튀세르가 비난한 바로 이 '반영론적' 역할을 지성에게 부여한다. "지성만이 그것이 파악한 형태들의 본성을 객관적으로 재생산한다."[83] 과연 어떻게 들뢰즈는 반영적, 객관적 지성의 이론을 가능하게 유지할 수 있을까? 전체 프랑스 철학계가 지식의 생산적 본성에 초점을 맞추고 있을 때, 어떻게 들뢰즈는 지성의 파악(apprehension)을 재생산적 역할로 격하시킬 수 있을까? 우리는 분명 여기에서 갈등하는 입장들을 만나게 된다. 들뢰즈의 철학은 현상학이 아니다. 하지만 그 문제를 면밀하게 살펴볼 때 우리는 어떤 측면에서는 알튀세르적 비판이 사실상 들뢰즈의 주장을 직접적으로 다루고 있는 것이 아니라는 점을 발견한다. 우선 들뢰즈는 생산의 중심성을 무시하고 있지 않다. 오히려 그는 속성에 대한 이론 속에서, 지성이라는 함수에 재생산적인 역할을 부여하고 있는데, 왜냐하면 우선적[일차적] 생산은 다른 곳에 있기 때문이다. 우리는 들뢰즈의 다양한 저작들에 대한 독해 전반에 걸쳐, 그의 존재론이 존재는 생산적인 동력이라는 개념화에 기초하고 있다는 점을 강조해왔다. 베르그송 연구에서 우리는 이 개념화를 스콜라철학의 인과적 담론에 연관시켰다. 그리고 스피노자 연구에서는 그것의 기원을 르네상스의 자연주의에로까지 추적해볼 수 있다. 우리는 들뢰즈의 존재론을 바로 이 용어들로 요약할 수 있다. 존재는 직접적

---

83. *Expressionism in Philosophy : Spinoza*, p. 65. (한국어판, 『스피노자와 표현의 문제』, 92쪽)

이고, 무매개적이며 절대적으로 긍정적이라는 관점에서 보았을 때 생산적이다. 인과성 및 차이에 대한 모든 논의는 이러한 기반 위에 기초하고 있다. 이것을 염두에 둘 때, 우리는 지성의 재생산적 역할에 대한 들뢰즈의 입장을 원칙적으로 존재의 생산적 역할에 관한 긍정으로서 해석할 수 있다. 따라서 우리는 우리의 첫 번째의 알튀세르적 비판에 대해, 들뢰즈적 응답을 예비적으로 과감하게 말해볼 수 있다. 인지적(cognitive) 생산을 철학의 중심 무대에 올려놓는 것은, 논리적이고 존재론적인 관점에서 지성에 실제로 선행하는 존재의 근본적인 생산적 동력을 감추는 것이다.

그렇지만 이 최초의 응답은 그러한 비판을 비켜가는 데에 부분적으로만 기여할 뿐이지 그것에 대답하는 것은 아니다. 들뢰즈의 입장을 더욱 타당하게 설명하는 것에 접근하기 위해서는 질문을 사변의 고유 영역 안으로 끌고 와야 한다. 들뢰즈의 사변이 객관적인 표상을 주장하는 것은 사실이다. 하지만 그것은 단지 매우 특정한 지형에만 적용되는 것이다. 사회, 자본, 그리고 그것의 경제는 사변의 적합한 대상들이 아니다. 오히려 들뢰즈에게서 사변은 오로지 존재론적 논점들에 배타적으로 집중되며, 앞에서 주장했듯이 그것은 극소수의 매우 단순한 존재론적 원리들에 도달한다. 현상학적 사변에 맞서 들뢰즈는 순수하게 존재론적 사변을 제기한다. 만약 이 존재론적 사변을 생산으로 인식한다면 그것은 무엇을 의미할 것인가? 우리가 주관주의적 존재론의 입장에 서 있다면, 단독성, 일의성 그리고 역량이 (실재적 대상들로서의) 존재의 원리들이 아니라 오히려 (우리의 지식[인식]의 대상들로서의) 우리의 지적 활동의 생산물이라고 말해야만 할 것이다. 다시 말해서 그것들이 실제로 존재의 원리들이 아니라, 오히려 '지성이 실체에 관하여 지각하는 것'(*quod intellectus de substantiâ percipit*)이라고 말해야만 할 것이다. 이러한 존재의 주관화(subjectivization)는 스피노자적 체계의 존재론적 토대를 완전히 무너뜨릴 것이다. 속성들에 대한 객관주의적 해석은 단순히 사유의 생산적인 역량에 앞서는, 그리고 그에게서 독립적인, 존재의 어떤 원리들이 존재한다고 주장할 뿐이다. 이 원리들은 사변의 장을 구성한다. 따라서 들뢰즈는, 존재론의 특정성을 그것의 특정한 영역 내부에서 보존하기 위해 노력한다. 들뢰즈는 존재론적 사변의 영역의 외부에 놓여있는 것을 경험주의적 용어로 다룬다. 그것은 들뢰즈의 실천에 대한 개념화의 기반이 될 것이다.

그러나 이 두 번째의 들뢰즈적 응답은, 한층 더 나아간 알튀세르의 비판에 여전히 열려있다. 알튀세르에 따르면 지식[인식]에 내포되어 있는 생산을 인정하고 지식과 실재의 구별을 인정하는 것은 모든 유물론을 정의하는 요인이다. "이 점에 유의하지 않는다면, 우리는 사변적인 관념론이나 경험주의적 관념론으로 전락하는 것을 피할 수 없다."[84] 알튀세르의 유물론적이고 현상학적 사변이야말로 바로 그가 그 유명한 이론 내부의 실천(practice within theory)이라는 개념, 즉 '이론적 실천의 이론'을 제안할 수 있도록 해주는 것이다. 반대로 [알튀세르의 입장에서 보면] 속성들에 대한 객관주의적인 해석은 사변의 장에서 실천을 추방해 버린다. 따라서 들뢰즈의 사유는 이 이

---

84. Louis Althusser, *Reading Capital*, p. 87.

론-실천(practico-theoretical) 종합의 어느 쪽에서 보든 간에 하여간 관념론으로 보인다. 사변적인 관념론과 경험주의적 관념론이 하나의 철학 안에 느슨하게 결합되어 있는 것이다. 확실히 실천에 대한 들뢰즈의 개념화는 알튀세르의 기소를 피하지 못한다. "자리를 차지하고 있는 말장난을 폭로하기 위해서는, 실천이라는 단어를 발음하는 것으로 충분하다. 왜냐하면 (경험주의적이거나 관념론적인) 실천은 이데올로기적인 방식으로 이해되었을 때 이론의 거울 이미지, 즉 역-함축(counter-connotation)에 불과하기 때문이다(실천과 이론이라는 '정반대의' 두 쌍이 반영론적 장의 두 항을 구성하고 있다)."[85] 이 관점에서 보면 들뢰즈의 실천은, 사변으로부터 자율적인 것처럼 가장하고 있지만, 사기성이 농후한 단어 놀이에서 객관주의적이고 관념론적인 사변에 대한 고분고분한 반영적 상대자일 뿐이다. 알튀세르가 좋아했던 텍스트들 중의 하나인 「포이에르바하에 관한 테제」에 의거해 우리는 들뢰즈의 철학이 실천적인 역량을 가질 수 없다고, 그것은 단지 세계를 사고하려고 할뿐이지 바꾸려고 하지는 않는다고 비난해야 한다.

실천에 대한 비판과 더불어 우리는 문제의 핵심을 일단 건드려보기는 했다. 하지만 우리는 아직 그것을 더 깊이 고찰하기 위한 용어들을 지배하고 있지는 못하다. 알튀세르의 도전은 현재로서는, 우리의 논의를 정향하고 들뢰즈의 접근법에 의해 표식된 차이를 조명하기 위한 결정적 축으로서 기여할 수 있다. 순수한 존재론 및 절대적

---

85. 같은 책, pp. 57~58.

인 유물론. 이것들은 들뢰즈가 그의 동시대인들의 조류에 맞서 지탱시키고 있는 보충적인 입장들이다.

5. 사유의 특권에 대항한 싸움

　이제 우리는 들뢰즈가 스피노자적 속성들을 어떻게 취급하고 있는가를 보다 깊이 있게 고찰해보아야 하겠다. 속성들에 대한 논의에 있어서 관건은 명백하다. 속성들에 대한 객관주의적 해석은 현상학적 관점으로부터의 비판—그것은 존재론에 대한 관념론적 개념화를 내포하고 있으며, 그러므로 이론적 실천 혹은 실천에 대한 일체의 실재적 개념을 배제시킨다—에 열려있는 것처럼 보인다. 하지만 들뢰즈의 관심은 아주 다른 방향을 가리킨다. 그에 따르면 실재적 위험은 여타의 속성들과 비교했을 때 사유라는 속성에 우선성이 주어진다는 것, 즉 신체와 비교했을 때 정신에 우선성이 주어진다는 것이다. 존재론의 이러한 주지주의적 개념화는 존재의 일의성을 파괴할 뿐만 아니라, 존재에 대한 일체의 물질적, 물체적 개념화를 지성의 영역에 종속시킬 것이다. 이러한 논의는 필연적으로 복잡하다. 그리고 여러 지점에서 들뢰즈의 해석은 스피노자의 텍스트와 관련하여 긴장된 것처럼 보일 것이다. 하지만 이러한 복잡성과 이러한 긴장은 우리에게 단지, 이 점이 들뢰즈의 철학에 있어서 얼마나 중요한 것인가를, 사유의 특권에 대항하여 싸우는 것이 얼마나 중요한 것인가를 가리키고 있을 뿐이다.

들뢰즈는 속성들의 동등성에 대한 이러한 생각을 존재론적 평행론이라는 이론을 통해 절합한다.86 속성들의 평행론에 대한 생각이 존재의 또 다른 원리로서 간주되어서는 안 된다. 오히려, 그것은 단지 존재의 일의성 개념의 논리적 확장 내지는 발전이다. 존재를 언제, 어디서나 동일한 방식으로 말할 수 있다면, 속성들은 동등한 표현들이어야 한다. 다시 말해서 만약 위에서 볼 때, 일의성이 전체의 절대적 균일성[uniformity, 단일형식성]으로 나타난다면, 아래에서 볼 때, 그것은 모든 구성 부분들의 동등한 분유로서 나타난다. 우리는 들뢰즈의 존재론적 평행론을 구성하는 세 가지 요소를 확인할 수 있다: 자율성, 동등성, 통일성.

속성들의 자율성은 무엇보다도, 신체에 대한 정신의 우위성에 대한 데카르트적 개념화에 대한 거부로서 이해되어야 한다. 스피노자는 데카르트에 반대하여 정신이 신체를 통제하지도, 신체로 인해 고통을 겪지도 않을뿐더러, 이와 비슷하게 신체도 정신을 통제하지도, 정신으로 인해 고통을 겪지도 않는다고 주장한다. 속성들 간에는 실재적 분리가 존재한다. 그리하여 스피노자는 정신을 '정신적인 자동

---

86. '평행론'은 스피노자의 용어가 아니다. 그것은 오히려 라이프니쯔의 해석에 의해 소개되었다. 많은 사람들이 이 용어를 스피노자의 사고에 적용하는 것은 적절치 못하다고 주장해왔다. 예를 들면 실뱅 자끄는 '평행론'이라는 용어를 스피노자적 속성들 간의 관계를 기술하는 데 사용하는 것을 반대한다. "그것은 정신적인 것과 생리적인 것 사이의 일치나 병행이 아니다. 또한 그것은 항-대-항(term-to-term)의 일치도, 총체적인 것의 일치도 아니다"(*L'idée de vie*, pp. 97~97). 자끄는 속성들이 평행적이지 않으며, 설령 다른 관점에서 볼 때에도 속성들은 사실상 동일한 것이라고 주장한다. 이러한 이유로, 들뢰즈가 일치의 동등성을 주장하지 않고 원리의 동등성을 주장한 것은 중요하다. 이러한 뉘앙스를 가정하면, 자끄의 반대가 들뢰즈의 해석을 올바르게 다루었는지는 확실하지 않다.

기계'(spiritual automaton)라고 개념화한다.[87] 왜냐하면 사고를 하면서 정신은 오직 사유의 법칙들만을 따르기 때문이다.[88] 물론 신체에 관해서도 이와 똑같이 이야기해야 한다. 신체는 물체적인 자동기계(corporeal automaton)인데, 그 이유는 운동을 할 때건 정지해 있을 때건 신체는 오직 연장의 법칙만을 따르기 때문이다. 속성들의 자율성에 대한 이와 같은 개념화는 작용인과성의 원리들 중의 하나에 의존한다. 두 개의 사물이 서로 차이나는[다른] 한에 있어서는, 하나는 다른 하나의 원인이 될 수 없다.[89] 따라서 속성들은 원인과 결과의 독립적인 계열들을 구성한다.

그러나 평행론의 명제는 속성들 간의 단순한 분리를 뛰어넘는다. "관념들의 질서 및 결합은 사물들의 질서 및 결합과 동일하다."[90] 스피노자의 명제는 속성들이 자율적일 뿐만 아니라 또한 평행적 질서 속에서 조직화된다는 것을 주장한다. "그리고 참으로 연결의 동일성은 [그것에] 상응하는 계열들의 자율성을 의미할 뿐만 아니라 권리 평등(isonomy), 즉 자율적이거나 독립적인 계열들 간의 원리의 동등성도 의미한다."[91] 따라서 평행론의 두 번째 구성요소는 모든 속성들 사이에서, 특히 우리가 접근할 수 있는 두 가지 속성들인 사유와 연장 사이에서, 원리의 동등성을 확립하는 것이다. 이것은 데카르트적

---

87. *Treatise on the Emendation of the Intellect*, p. 85.
88. *Expressionism in Philosophy : Spinoza*, p. 140을 참조하라. (한국어판, 『스피노자와 표현의 문제』, 193쪽)
89. *Ethics*, IP3을 참조할 것. "서로 아무런 공통점이 없는 사물들은 그것들 중 하나가 다른 것의 원인이 될 수 없다." (한국어판, 『에티카』, 16쪽, 정리 3)
90. *Ethics*, IIP7. 강조는 인용자. (한국어판, 『에티카』, 73쪽, 정리 7)
91. *Expressionism in Philosophy : Spinoza*, p. 108. (한국어판, 『스피노자와 표현의 문제』, 149쪽)

입장에 대한 완벽한 거부이다. 신체는 형상적으로 정신에 독립적일 뿐만 아니라 원리에 있어서는 정신과 동등하기도 하다. 우리는 여기에서 원리의 동등성을 존재론적 분유의 용어들로 이해해야 한다. 신체와 정신 양자는 자율적이고 동등한 방식으로 존재에 분유한다. 다시 한번 이 명제는 일의성의 원리로부터 직접 도출된다. 물체성(corporeality)과 사유는 동일한 목소리로 말하여지는, 존재의 동등한 표현이다.

우리는 이미 동등성이 존재론적 평행론을 설명하기에 충분하지 않다는 것을 인지할 수 있다. 상이한 속성들은 존재의 동등한 표현일 뿐만 아니라 어떤 의미에서 그것들은 동일한 표현이다. 다시 말해서 다양한 속성들의 양태들은 실체의 관점에서 볼 때 동일한 것이다.

"신은 모든 속성들 속에서 사물들을 동시에 생산한다. 신은 각각의 속성에 있어서 사물들을 동일한 질서[순서]로 생산한다. 따라서 상이한 속성들의 양태들 간에는 상응[대응]이 있다. 그러나 속성들은 실재적으로 구별되기 때문에, 이러한 상응, 또는 질서의 동일성은 한 쪽의 다른 쪽에 대한 모든 인과작용을 배제한다. 속성들은 모두 동등하기 때문에, 속성을 달리하는 이 양태들 사이에는 연결의 동일성이 있다. 속성들은 하나의 유일하고 동일한 실체를 구성하기 때문에, 속성에 있어서 차이가 나는 양태들은 하나의 유일하고 동일한 변양(modification)을 형성한다."[92]

---

92. 같은 책, p. 110. (한국어판, 『스피노자와 표현의 문제』, 151쪽)

실체적 변양(*modificatio*)은 실체의 단일한 변용(affection)에 의해 상이한 속성들 안에서 평행적으로 생산되는 양태들의 통일이다. 변양 개념 그 자체는 들뢰즈가 존재론적 평행이라고 부르는 것의 증명이다. 상이한 속성들 안에서 자율적으로 그리고 동등하게 생산된 양태들은 실체적 변양의 형식 속에 있는 실체의 관점에서 보면 하나의 통일로서 나타난다.[93] 들뢰즈의 해석에서는 이 스피노자적 평행 이론은 존재의 조직화에 대한 하나의 분석으로서 기능하기보다는[94] 오히려 사변을 위한 중심적인 교훈으로서, 『에티카』에 관한 연구 전반에 걸쳐 우리를 인도해줄 교훈으로서 기능한다. 우리가 속성들 중의 하나에 관해서 긍정하는 모든 명제는 나머지 속성들에 관해서도 동등하게 긍정되어야만 한다. 다시 말해서 정신의 구조나 기능의 한 측면을 인지할 때마다 우리는 어떻게 하면 그것에 평행하는 신체의 구조나 기능을 인지할 수 있는지를 자문해보아야 하며, 그 역도 마찬가지다. (예를 들어 만약 우리가 정신의 참된 관념의 어떤 본성에 대해 긍정하게 된다면, 우리는 또한 신체의 참된 행위의 평행한 본성에 대해서도 긍정해야 한다.)[95]

---

93. *Spinoza : Practical Philosophy*를 보라. (한국어판 : 질 들뢰즈, 『스피노자의 철학』, 박기순 옮김, 민음사, 1999.)
94. 안또니오 네그리는 속성들의 문제를 조직화의 문제로서 강력하게 제기한다(*Savage Anomaly*, p. 53 이하, 한국어판, 『야만적 별종』, 153쪽 이하). 속성들이 구성하는 존재론적 질서는 하나의 선형성된 존재, 하나의 관념적 구성을 제시한다. 네그리가 주장하듯이 이것이 바로 스피노자가 실천적·정치적 관심들로 나아갈 때 속성들에 관한 논의를 생략하는 이유이다. 그러나 들뢰즈는 이 문제를 의식하지 못하거나 또는 이 문제에 무관심한 것처럼 보인다.
95. 나중에 보게 되겠지만, 들뢰즈가 비록 이 존재론적 평행에 대해 웅변적으로 제기하고 있기는 하지만, 그는 이 연구에서 결정적인 시점, 즉 실천이 구성의 지형 위에 나타날

존재론적 평행에 관한 들뢰즈의 독해는 스피노자 연구들에서 하나의 독창적인 해석이다. 그것이 갖고 있는 아름다운 단순성은 그것이 일의성의 원리로부터 직접 도출된다는 사실에 있다. 만약 존재가 언제 어디서나 동일한 목소리로 표현된다면, 존재의 모든 속성들은 평행적 표현들로서 구조화되어야 한다. 상이한 속성들 사이에 걸쳐 있는, 변양의 실체적 통일성은 존재의 일의성을 입증하고 있다. 게다가 우리가 속성의 기반에 있어서 사유의 우선성과 관련하여 앞에서 초점을 맞추었던 어려움들은, 속성들의 동등성 및 존재론적 평행론에 의해 해결되는 것처럼 보인다. (또는 적어도 뒤에 남겨지는 듯이 보인다.) 그럼에도 불구하고 우리는 들뢰즈의 해석이 스피노자의 존재론적 체계의 일반적인 기조와는 매우 잘 부합하지만, '정리 7'("관념들의 질서[순서]와 연결은 사물들의 질서 및 연결과 동일하다")[96]에 나오는 스피노자의 실제 진술과는 일치하지 않는다는 점을 인식해야 한다. 들뢰즈는 여기에서 스피노자가 존재론적 평행을 제기하고 있는 것이 아니라 오히려 인식론적 평행을 제기하고 있는 것이라는 점을 인지하고 있다.[97] 이 평행은 다양한 속성들 가운데에서 동등하게 확립되지 않는다. 오히려 그것은 일차적으로 관념과 그 '관념의 대상'(*res ideata, objectum ideae*) 간의 관계를 확립하는 사유의 속성에 초점을 맞춘다. 문제는 이 정리에 대한 보충에서 매우 명확하게 제기된다. "신의 현실적인 사고 역량은 신의 현실적인 활동[작용] 역량과

때, 그 존재론적 평행을 가장 풍부하게 적용하는 데에 실패하고 만다.
96. *Ethics*, IIP7. (한국어판, 『에티카』, 73쪽, 정리 7)
97. *Expressionism in Philosophy : Spinoza*, p. 99. (한국어판, 『스피노자와 표현의 문제』, 137쪽)

동등하다."⁹⁸ 이 문제의 깊이를 가늠하기 위해서 우리는 스피노자의 용어에서 '활동'(action)이 신체의 운동 및 정지만을 가리키는 것이 아니라, 모든 속성들을 동등하게 가리킨다는 점을 염두에 두어야 한다.⁹⁹ 따라서 정리 7의 보충(P7C)의 이러한 정식은 하나의 동등성을 제기하고 있기는 하지만, 그것이 정신과 신체의 동등성인 것은 아니다. 반대로 사유의 본질(사고할 수 있는 역량)이 존재의 본질(활동[작용]할 수 있는 역량)과 등치되고 있는 것이다. 그러므로 우리는 속성에 대한 주관주의적 해석의 동일한 문제적 지형 위로 다시 던져지게 되었다.

들뢰즈는 확실히 이것이 심각한 문제라는 점을 인식하고 있었다. 다시 한번 우리는 다른 속성들에 비해 사유를 특권시하는 스피노자적 경향성이라 할 만한 것에 마주하게 된다. 들뢰즈가 주장하는 바와 같이, 인식론적 평행론은 "우리로 하여금 사유라는 속성에 유별난 [singular, 단독적] 특권을 부여하도록 강제한다. 이러한 [사유라는] 속성은, 상이한 속성들의 양태들이 있는 것만큼이나 많은 환원불가능한 관념들을, 더구나 속성들이 있는 만큼이나 많은 관념들을 담고 있어야만 한다. 이 특권은 존재론적 평행론의 모든 요청들과 명백하게 모순되는 것처럼 보인다."¹⁰⁰ 여기에서 사유에 부여된 것처럼 보

---

98. *Ethics*, IIP7C. (한국어판, 『에티카』, 73쪽, 2부, 정리 7의 보충) " … 신의 사유 능력은 신의 행동의 현실적 능력과 동일하다. … "
99. 예를 들어 *Ethics*, IIID3을 보라. (한국어판, 『에티카』, 131쪽, 정의 3) "나는 정서를 신체의 활동 능력을 증대시키거나 감소시키고, 촉진하거나 저해하는 신체의 변용인 동시에 그러한 변용의 관념으로 이해한다. 그러므로 만일 우리가 그러한 변용의 어떤 타당한 원인이 될 수 있다면, 그 경우 나는 정서를 능동으로 이해하며 그렇지 않을 경우는 수동으로 이해한다."

이는 특권은 존재론적 체계의 일반적 구도(design)에 반대된다. 이 문제를 해결하기 위한 첫 번째 시도에서 들뢰즈는, 이 정리에 덧붙인 주석에서 스피노자가 (관념과 그 대상에 대한) 사유의 사례를 모든 속성들에게로 일반화시키면서 인식론적 평행론에서 존재론적 평행론으로 나아간다고 설명한다. 이런 식으로 들뢰즈는 인식론적 평행론을 이차적인 것으로, 그저 존재론적 평행론, 말하자면 더욱 심원한 이론에 다다르기 위한 '우회로'[101]에 불과한 것으로 제안한다. 하지만 이러한 독해는 텍스트에서 그다지 썩 잘 실증되고 있지는 못하다. 주석은 존재론적 평행론을 약간 암시하기는 하지만 분명하게 말해서 그것을 명확하게 진술하고 있지는 않다. 사실 가장 암시적으로 [이 주장을] 뒷받침하는 진술도 아주 약하다. "나는 다른 속성들과 관련해서도 똑같다고 이해한다."[102] 나는 이 어려움 때문에 존재론적 평행에 대한 들뢰즈의 제안이 문제시되어야 한다고 생각하지 않는다. 실제로 스피노자의 저작 곳곳에는 이 주제를 뒷받침할 만한 증거가 충분하다. 여기서의 과제는 두 평행이 서로 모순되지 않도록 서로 조화시키는 방법을 찾는 것이다. 아니면 더 좋은 방법은 인식론적 평행을 완전하게 피할 수 있는 방법을 발견하는 것이다.

그래서 들뢰즈는 이 과제를 처리하기 위해 더욱 복잡한 논의에 착

---

100. *Expressionism in Philosophy : Spinoza*, p. 114. (한국어판, 『스피노자와 표현의 문제』, 157쪽. "우리로 하여금 사유 속성에 유별난 특권을 부여하도록 강제하는 탓에 사유 속성은 상이한 속성들의 양태들만큼의 환원불가능한 관념들을, 더구나 속성들만큼의 관념들을 담고 있어야 한다. 이 특권은 존재론적 평행론의 모든 요청들과 명백하게 모순되는 것처럼 보인다.")
101. 같은 책, p. 99. (한국어판, 『스피노자와 표현의 문제』, 137쪽)
102. *Ethics*, IIP7S. (한국어판, 『에티카』, 74쪽, 정리 7의 주석)

수한다. 이 논의의 당면한 목표는 2부 정리 7(IIP7)에서 제시된 인식론적 평행에 대한 해석에 다시 착수하는 것이다. 하지만 이 복잡한 논의가 계속되는 동안 우리가 염두에 두어야 할 근본적인 목표는, 사유의 특권과 싸우고 그럼으로써 철학적 틀의 존재론적 기반을 보존하는 것이다. 들뢰즈는 우리가 존재의 속성들을 존재의 역량들과 혼동하지 않도록 주의해야 한다고 말하면서 시작한다. "역량과 속성의 구별은 스피노자주의에서 본질적인 중요성을 갖는다."[103] 존재는 [속성의 경우는] 무한한 속성들을 갖는 반면, [역량의 경우는] 단 두 개의 역량 — 실존하고 작용[행동]할 수 있는 역량과 사고하고 인식할 수 있는 역량 — 만을 갖는다.[104] 첫 번째 역량, 즉 실존할 수 있는 역량은 신의 형상적 본질이다. 모든 속성들은 이 본질, 이 실존할 수 있는 역량에, 형상적으로 구별되는 표현으로서 동등하게 참여한다. 이것은 존재론적 평행론에 대한 재진술이다. 그렇다면 두 번째 역량, 즉 사고할 수 있는 역량은 신의 객관적 본질이다. "신의 절대적 본질은 그의 본성을 구성하는 속성들 속에서는 형상적이고, 이 본성을 필연적으로 재현하는 관념 속에서는 객관적이다."[105] 신 안에서 형상적으로 구별되는 바로 그 동일한 속성들이 신이라는 관념 안에서 객관적으로 구별된다. 두 역량에 대한 이러한 정식화는 존재론적 관점 내부에 인식론적 관점을 포함시킴으로써 들뢰즈에게 다른 속성들에 비해 사유가 우월하다는 관념과 싸울 수 있는 기회를 제공한다. "사유

---

103. *Expressionism in Philosophy : Spinoza*, p. 118. (한국어판, 『스피노자와 표현의 문제』, 161쪽)
104. 같은 책, p. 103. (한국어판, 『스피노자와 표현의 문제』, 142쪽)
105. 같은 책, p. 120. (한국어판, 『스피노자와 표현의 문제』, 164쪽)

라는 속성이 사고할 수 있는 역량과 맺는 관계는 (사유를 포함한) 모든 속성들이 실존하고 활동[작용]할 수 있는 역량과 맺는 관계와 같다."106 역량들과 속성들 사이의 이러한 편차(slippage)는 두 역량들 사이에서 우선성을 위한 조건을 마련한다. 심지어 앞에서는 들뢰즈가 역량들이란 어떤 의미에서는 동등하다고 긍정했다 할지라도, 여기에서 우리는 사고할 수 있는 역량(객관적 본질)이 실존할 수 있는 역량(형상적 본질)에 의존하고 있다는 점을 발견한다. "객관적 존재는 그 자체가 사유라는 속성 속에 형상적 존재를 갖지 않으면 아무것도 아닐 것이다."107 따라서 들뢰즈는 인식론적 역량(사고할 수 있는 역량)에 비해 존재론적 역량(실존할 수 있는 역량)의 우선성을 주장함으로써 속성들 사이의 동등함을 유지한다.

하지만 마지막으로 또 다른 사례가 출현하는데, 그 사례에서는 사유가 다른 속성들에 비해 특권시되는 것처럼 보인다. 정신에는 관념의 대상들(res ideata)에 상응하는 관념들뿐만 아니라 이러한 관념들에 대한 관념들도 있고, 게다가 이와 같은 관념들에 대한 관념들에 대한 또 다른 관념들이 있으며, 이렇게 해서 무한에로 이른다. "이로부터 사유라는 속성이 지닌 이러한 마지막 외관상의 특권이 나오는데, 이러한 특권은 스스로를 무한하게 반영할 수 있는 관념의 능력의 근거이다. 스피노자는 때때로 한 관념의 관념은, 관념이 그 대상과 맺는

---

106. 같은 책, p. 122. (한국어판, 『스피노자와 표현의 문제』, 166쪽. "사유 속성이 사유 역능과 맺는 관계는 (사유를 포함한) 모든 속성들이 실존 및 활동 역능과 맺는 관계와 같다.")
107. 같은 책, p. 122. (한국어판, 『스피노자와 표현의 문제』, 166~167쪽)

관계와 동일한 관계를 관념과 맺는다고 말한다."108 우리는 지루하고 난해한 것처럼 비치기 쉬운 이러한 논의를 세부적으로 다루기 전에 다시 한번 여기에서 관건이 되고 있는 것이 무엇인지를 명확히 하는 데 힘써야 한다. 일부 주석가들은 스피노자에게서 관념의 관념이라는 문제가 의식의 문제, 아니 그보다는 정신의 반영 문제라고 주장해왔다. 예를 들어 실뱅 자끄는 이런 식으로 그 개념을 제기한다. "의식은 관념의 관념이다. 정신이 신체와 통일되는 것과 마찬가지로 의식은 정신과 통일된다."109 들뢰즈가 비록 이러한 용어들을 사용해서 문제를 제기하지는 않지만, 자끄의 명제는 이러한 스피노자식의 예가 들뢰즈에게 제시하는 위험을 명확하게 드러내 준다. 의식으로서의 관념의 관념은 자끄가 말하듯이, 정신이 신체와 통일되듯 정신과 통일되는, 정신 내부에서 내면성을 구성하는 듯이 보인다. 이러한 사례에서 내면성의 주된 위협은 신체에 대한 정신의 우선성을 창조하는 것이며, 존재의 동학을 반영의 정신적 동학 내부에 포섭하는 것이다. 그렇지만 여러 번 확인한 바 있듯이 그럼에도 들뢰즈는 의식의 철학자가 아니다. 이것이 의미하는 바는, 그가 한편으로는 인식 이유(ratio cognoscendi)에 비해 존재 이유(ratio essendi)의 우선성을 옹호한다는 것이고, 다른 한편으로는 정신에 대한 신체의 어떠한 종속도 거부한다는 것이다. 그러므로 들뢰즈가 이 문제에 접근할 때 그의 주된 관

---

108. 같은 책, p. 125. (한국어판, 『스피노자와 표현의 문제』, 171쪽. "이로부터 무한하게 반사[반성]될 수 있는 관념의 역량을 근거짓는 사유 속성의 마지막 외관상의 특권이 나온다. 스피노자가 관념의 관념은, 관념이 그 대상과 맺는 관계와 동일한 관계를 관념과 맺는다고 말할 때가 있다.")
109. Sylvain Zac, *L'idée de vie*, p. 128. 또한 pp. 121~128도 보라.

심은 속성들의 존재론적 동등성을 유지하는 것일 거라는 점은 아주 명백하다. 그러므로 기본적인 문제는 매우 단순하게 제기될 수 있다. 관념과 그것의 대상은 두 개의 별개의 속성들 하에서 인식되는 반면, 관념과 관념의 관념은 둘 다 사유의 속성 아래에서 인식된다. 그렇다면 관념과 관념의 관념 사이에 존재하는 것과 동일한 관계가, 관념과 그것의 대상 사이에 존재한다고 말하는 것이 의미하는 바는 무엇인가? 이 두 경우들이 동일한 관계성을 구성하고 있다는 주장은, 자신의 내부에 모든 속성들에 대한 관계성을 포섭할 능력을 사유에게 부여하는 것처럼 보인다. 반영의 속성으로서의 그것의 우선성은 그것에, 사유 자체 내부에서 속성-사이의(inter-attribute) 역동성[동학]을 완전하게 재생산할 수 있는 능력을 부여하는 것 같다. 관념론적 관점, 즉 의식 철학이 주는 위협은 여전히 스피노자적 체계를 뒤쫓고 있다.

들뢰즈는 이러한 난점을 처리하기 위해 다시 한번 역량들의 구별에 도움을 청하고 있다. 그가 주장하듯이 두 가지 경우는 속성들의 관점에서 고려될 때에는 동일한 것으로 고려될 수 없고, 오직 역량들의 관점에서 고려될 때에만 동일한 것으로 고려될 수 있다.[110] 다시 말해서 두 가지 경우에서 공통적인 관계는 첫째 항을 형상적 역량에, 그리고 둘째 항을 객관적 역량에 관련시킴으로써 설명되어야 한다. 첫 번째 경우는 아주 단순하다. (속성들 중의 하나에 속하는) 존재의 양태로서의 관념의 대상(res ideata)은 실존할 수 있는 몇 가지 역량을

---

110. 앞의 책, pp. 110~111. (한국어판, 『스피노자와 표현의 문제』, 151~153쪽)

가지며, 따라서 형상적 본질의 표현이다. 하지만 이 대상의 관념은 실존할 수 있는 역량이 아니라 사고할 수 있는 역량을 가리키며, 따라서 객관적 본질의 표현이다. 우리는 이와 동일한 논리를 두 번째 경우에 적용시킬 수 있다. 왜냐하면 관념은 또한 존재의 양태이기 때문이다. 모든 속성의 양태와 마찬가지로, 사유의 양태는 형상적 본질로서 실존할 수 있는 역량을 가리킬 수 있다. 그러므로 하나의 관념이 고려될 때, 우리는 그 관념에 또 하나의 관념을 관련시킬 수 있는데, 이 또 하나의 관념은 이제 사고할 수 있는 역량을 가리킨다. 이러한 관념의 관념은 객관적 본질의 표현이다. 따라서 스피노자가 언급하고 있는 공통적인 관계는 각각의 경우에 두 항들이 두 상이한 역량들—실존할 수 있는 역량과 사고할 수 있는 역량—을 가리킨다는 것이다. 하지만 이 유사성은 우리가 속성들의 관점에서 두 가지 경우를 고찰해보면 하나의 중요한 차이를 환기시켜 준다. 첫 번째의 경우에는, 관념과 그 대상 사이에 형상적 구별이 존재하는데, 그 이유는 그것들이 상이한 속성들의 양태들이기 때문이다. 하지만 두 번째의 경우에는, 관념의 관념과 관념 사이에는 어떠한 형상적 구별도 존재하지 않는데, 그 이유는 이것들 모두가 사유의 양태들이기 때문이다.

"이런 관점에서 우리는 관념과 관념의 관념 사이에 통일성을 목격하게 되는데, 이것은 양자가 사고할 수 있는 동일한 역량에 의해서, 동일한 필연성을 가지고 신 안에 주어지는 한에서의 통일성이다. 그렇기 때문에 두 관념 간에는 개념적 구별(*distinction de raison*, 이성에 의한 구별)만이 있을 뿐이다. 관념의 관념, 그것은 관념의 형상이고, 그러한 것으로서 사고할 수 있는 역량에 관계되는 것이다."[111]

들뢰즈는 이러한 해결을 만족스럽게 생각한다. 들뢰즈는 의식에 의해 제기된 주지주의적 도전에 대해 상이한 역량들을 언급함으로써, 그리고 궁극적으로는 구별들의 존재론적 위계를 언급함으로써 이 도전에 응답했다. 의식의 역동성[동학]에 포함된 구별은 존재를 근거짓는 실재적 구별이 아니며, 속성들을 차이화하는 형상적 구별도 아니다. 그것은 단지 개념적 구별(distinction de raison, 이성에 의한 구별)일 뿐이다. 우리는 이것을 베르그송적 용어로 명확하게 제기할 수 있다. 의식은 본성의 차이를 표식하지 않고 단지 정도의 차이만을 표식할 뿐이다. 그럼에도 불구하고 우리는 정신의 반영 능력(의식, 즉 관념의 관념)이 다른 속성들보다 우월한 어떤 특권을 사유에 부여한다는 점을 인정해야 한다. 그러나 상이한 역량들 및 구별들에 의존하고 있는 들뢰즈의 논증은 이 특권이 존재론적으로 대수롭지 않다는 점을 밝히려고 노력한다.

논평 : 연구에서 서술로

앞 절에서 우리는 들뢰즈가 속성들 사이의 존재론적 평행론에 기초해 존재의 일의성을 보존하려고 하는 몇 가지 사례들을 분석해보았다. 각각의 경우에 있어서의 적은 몇 가지 점에서 사유에 실재적인 특권을 부여하는 스피노자의 존재론에 대한 주지주의적 독해처럼 보인다. 우리가 연구 과정에서 여러 번 살펴보았듯이 들뢰즈의 전략은

---

111. 같은 책, p. 126. (한국어판, 『스피노자와 표현의 문제』, 172쪽)

인식 이유(*ratio cognoscendi*)를 존재 이유(*ratio essendi*)에 종속시키는 것이다. 들뢰즈의 주장은 확실히 스피노자의 존재론에, 속성들의 존재론적 평행론에 매우 강력한 근거를 두고 있다. 그럼에도 불구하고 이러한 주장들은, 스피노자의 심리학 및 인식론에서 특권의 문제가 계속해서 재등장할 때 아주 약한 근거를 가지고 있는 것처럼 보인다. 어느 정도는, 사유의 특권들 그리고 속성들의 문제는 스피노자의 사유에 있어서의 데카르트 철학의 잔재라고 설명되어야 한다. 그러나 이 설명은 그 자체로는 충분하지 않다. 속성들에 관한 이론이 들뢰즈의 스피노자에서는 여전히 하나의 문제로 남는다.

들뢰즈처럼 존재의 일의성의 중심성을 인정하는 몇몇 스피노자 독해가들은 이 문제를 스피노자 사유에 하나의 진화가 있었다고 주장함으로써 해결하려고 시도해왔다. 예를 들어 안또니오 네그리는 속성 이론이 스피노자가 그의 사유의 첫째 국면을 특징짓는 범신론적 유토피아로부터 원숙기의 구성적 디스토피아로 나아감에 따라 사라진다고 주장한다. 속성들은 정말로 2부 이후부터는 (5부에서 잠깐 다시 나타나는 것을 빼고는) 『에티카』에서 모습을 감춘다. 네그리는 이 사실을, 스피노자가 두 개의 구분되는 시기—1661~65년, 1670~75년의 두 시기—동안 『에티카』의 초고를 작성했다는 역사적 증거와 연결시킨다.112 그리고 나서 네그리는 이 두 시기 중에 이루어진 스피노자의 철학적 변형이 속성들에 대한 거부를 재촉한다고 주장한다.113 네그리의 주장은 심각한 비판을 받았다. 그렇지만 그것은 진

---

112. Antonio Negri, *Savage Anomaly*, p. 48. (한국어판, 『야만적 별종』, 144~145쪽)
113. 같은 책, p. 59. (한국어판, 『야만적 별종』, 163~164쪽)

지하게 다루어져야 할 두 개의 문제를 명확히 지적하고 있다. (우리가 비록 그의 설명을 문제삼아야 하지만 말이다.) 속성 이론은 스피노자적 체계의 맥락에서 여전히 문제적인 것으로 남아있으며, 속성들은 『에티카』의 후반부에서는 상대적으로 부재하다.

내가 보기에는 속성들이 사라진 것을 설명하기 위해, 들뢰즈의 작업 자체에서 끌어내어 쓸 수 있는 대안적인 혹은 보완적인 설명이 있는 것 같다. 나는 속성 이론에서 사유가 특권화되는 것은 단지 제한되거나 우연적인 관점[항목]에서만 그럴 뿐이며, 이것은 들뢰즈의 해석과도 일관성을 이룬다고 주장할 수 있다고 믿는다. 사유란 인간의 사변이 갖고 있는 주요한 수단이며, 속성 이론은 탐구의 양태와 연결된다. 만약 우리가 다른 속성들에 비해 사유가 우선적이라고 하는 것에 실질적인 어떤 것이 있다고 상상한다면, 우리는 단지 우리의 연구 형식을 존재의 본성과 혼동하고 있을 뿐이다. 속성들은 『에티카』에서 존재의 형태로서가 아니라 연구의 양태로서, 과학적인 연구로서 나타난다. 맑스는 연구와 서술 간의, 즉 연구의 양태와 제시의 양태 간의 구별을 다음과 같이 명확히 하고 있다. "물론 서술의 방법은 형태상에서 연구의 방법과 달라야 한다. 후자는 자료를 상세히 전유하고 있어야 하고, 그것의 상이한 발전 형태들을 분석해야 하며, 그것들의 내적인 관계를 탐지해야 한다. 오직 이러한 작업이 마쳐지고 나서야 실재적 운동이 적절하게 서술될 수 있다."[114] 이 논리에 따르면, 네그리가 역사적으로 제안한 스피노자 사유의 두 국면은 스

---

114. Marx, *Capital*, vol. 1, p. 102.

피노자의 작업에서 두 가지 계기들 혹은 두 가지 접근법들과 동일시될 수 있다.115 『에티카』의 연구, 즉 사변의 계기는 존재의 '내적인 연결관계를 철저하게 규명하기 위해서' 속성 이론에 의존한다. 이러한 계기에서는 우리의 사변의 모델로서, 사유에 어떤 우선성이 주어진다. 맑스는 '오직 이 작업이 마쳐지고 나서야 실재적 운동이 적절하게 제시[서술]될 수 있다'고 말한다. 존재의 실재적 운동을 적절하게 제시한다는 것은 무엇을 의미하는가? 여기서 그것은 존재가 존재의 구성 과정에서 존재 자신을 만드는 것처럼 존재를 제시하는 것을 의미한다. 다시 말해서 분석적 계기가 그 지형의 모든 구별들을 환히 드러내고 나서야, 두 번째 계기는 상이한 자세를 가지고, 실천적 태도를 가지고, 존재의 구성 과정에서 존재의 '내적인 연결관계들'과 '실재적 운동'을 적절하게 서술하면서, 이와 동일한 지형을 가로지를 수 있다. 그러므로 연구의 계기가 완료될 때, 즉 『에티카』의 2부 이후에 속성들은 더 이상 어떠한 역할도 수행하지 못하며, 따라서 더 이상 논해지지 않는다. 우리가 스피노자의 개선의 체계로 이동함에 따라, 사변에서 실천으로 옮겨감에 따라 사유의 어떠한 우선성도 점

---

115. 나의 테제에 관해 제시되는 특별한 어려움들은 『에티카』 5부에서의 속성들의 재등장한다는 것이다. 네그리는 속성들이 5부에서 재등장한 것은 스피노자가 상이한 시기 동안에 5부의 상이한 절들을 초고했다는 사실, 그리고 5부가 스피노자의 초기 연구의 범신론적 유토피아의 잔재를 포함한다는 사실 때문이라고 주장한다(Negri, *Savage Anomaly*, p. 169 이하, 한국어판, 『야만적 별종』, 353쪽 이하). 나의 들뢰즈적 제안은 상이한 설명을 시사한다. 나는, 제2종의 인식에서 제3종의 인식으로 상승하려는, 신의 관념으로 상승하려는 5부에서의 스피노자의 노력은 새로운 사변적인 계기, 연구의 초기 양태로의 회귀를 필요로 한다고 주장하는 바이다. 스피노자의 연구(*Forschung*)로의 회귀는 모든 과학적 도구—여기에는 속성들이 포함된다—들과 결합된다.

차 사라진다. 실제로 들뢰즈는 스피노자의 실천 이론이 연장 속성에 최초로 특권을 부여한다는 강력한 주장을 제시한다. 신체는 실천의 모델이다. 그래서 이것은 나에게는 우선성 문제들에 대한 일관된 들뢰즈의 설명인 것처럼 보인다. 존재에 관한 우리의 연구에서, 사변의 계기에서 정신은 최초의 모델 역할을 한다. 이와 비슷하게 스피노자의 서술에서 우리의 존재의 실천에서, 신체는 유사한 역할을 한다.

스피노자는 어떻게 연구에서 서술로, 사변에서 실천으로 이렇게 이동을 하는가? 들뢰즈의 연구는, 이 두 계기들을 분절하는 중심점이나 회전축이 바로 역량이라는 주제임을 분명히 하고 있다. 역량에 관한 스피노자의 논의는 [앞서] 전개된 존재론적 기반을 실천의 지형 위에로 옮겨놓는다. 우리가 앞에서 주장했던 것처럼 그것은 근본적인 이행, 니체적 변신, 즉 자정의 시간을 구성한다. 역량에 관한 사변적인 연구는 역량에 관한 실천적인 서술에 길을 비켜준다. 그렇다면 역량이라는 주제에 관한 스피노자의 전개에 주목해보자.

역량

6. 참된 것과 적실한 것

속성들에 관한 물음은 스피노자의 인식론을 건드리긴 했지만, 실제로 표면을 건드리는 데 그쳤을 뿐이다. 지금까지 우리는 스피노자의 인식론에 대한 주지주의적 독해에 대한 들뢰즈의 방어를 다루었다. 이 방어는 무엇보다 일의성 원리의 연장을 통해 전개된 존재론적 평행론의 개념화에 의존한다. 이제 스피노자의 인식론에 대한 들뢰즈의 긍정적 해명에, 특히 우리가 참된 관념에서—사변의 더욱 일관되고 유용한 범주로서—적실한(adequate) 관념으로 관심을 변동시켜야 한다는 스피노자의 제안에 주목해야 한다. 확실히 스피노자에게는 진리와 존재 사이에 밀접한 관계가 있다. 하지만 이러한 연계는 존재의 지성적 성격을 드러내는 것이 아니라 진리의 존재론적 기준을 드러낸다. 우리는 적실성(adequacy)에 관한 스피노자의 논의가 인식론적 논쟁을 존재론적인 구도로 다시 끌고 가는 것이라는 점을 알게 될 것이다. 존재의 내부적 인과성이나 존재의 단독적 생산이라는 존재론적인 개념화가 논의에서 본질적인 역할을 한다. 적실한 것은 존재라고 정의된다. 그것은 그것의 원인을 안에 담고(envelop) 표현한다.

초기 저작인 『지성개선론』의 관점에서 보았을 때, 스피노자는 참된 관념에 대한 내생적(intrinsic) 정의를 탐구한다. 실재적인 존재가 자체의 원인이며 내부에서 자신의 구별을 획득하듯이, 참된 관념 역시 내부의 인과성을 통해서 정의되어야만 한다. 스피노자에 따르면 정신은 자동적으로, 즉 단지 사유 속성만을 참조함으로써 관념들을 산출하는 정신적 자동기계다. 이러한 토대는 무엇보다 전통적인 진리 상응론[대응론]에 대한 강력한 비판을 스피노자에게 제공해주었는데, 이러한 진리 상응론은 앞에서 논의된 바 있는 인식론적 평행론이 내포하고 있는 것이기도 하다. 즉 참된 관념은 그 관념의 대상(res ideata)과 일치하거나 상응하는 관념이라는 것. 단순히 형식적 일치만을 제기하는 상응 이론은 생산과정에 대해 무지하며, 따라서 참된 관념을 위한 스피노자의 최초 기준을 충족시킬 수 없다. "상응으로서의 진리 개념은 우리에게 진리에 대한 어떠한 정의도, 형상적 정의도 질료적 정의도 제공하지 못한다. 그것은 순전히 명목적인 정의, 외생적(extrinsic) 명칭만을 제안할 뿐이다."116 존재론에서 외부적 원인이 존재에 대한 약한 정의를 제공하는 것처럼, 인식론에서 외생적 명칭은 진리에 대한 약한 개념화를 제공한다. 우리가 베르그송 연구에서 살펴본 것처럼, 외부적 정의는 단지 '잔존적 외면성'을 내포할 뿐이다.117 우리는 상응 이론에 대한 이러한 비판에 입각해서 존재론적 논리가 스피노자의 인식론적 연구를 위한 기반을 제공해준다고 지적할 수 있다.

이러한 맥락에서 '명료하고 분명함'[명석 판명함]이 진리의 조건이라고 하는 데카르트식 명제가 우리에게 훨씬 더 유망한 전략을 제공해준다. 왜냐하면 그것은 관념의 형식뿐만 아니라 내용도 다루고 있기 때문이다. 하지만 들뢰즈는 '명료하고 분명함'이라는 개념은 세 가지 점에서 스피노자의 진리 이론에는 불충분하다고 주장한다. 첫째, 데카르트적 명제는 관념의 내용을 언급하는 데에는 성공하고 있으나 이러한 언급은 '재현적'(representative) 내용으로서 여전히 피상적이다.118 명료하고 분명한 관념의 내용은 실재적인 것일 수가 없는

---

116. *Expressionism in Philosophy : Spinoza*, p. 131. (한국어판, 『스피노자와 표현의 문제』, 181쪽. "대응으로서의 진리 개념은 우리에게 참에 대한 어떠한 정의도, 질료적[내용적] 정의도 형상적[형식적] 정의도 주지 않는다. 그것은 명목적 정의, 부대적 명칭만을 제안할 뿐이다.")
117. 이 책 1부 1장 1절을 참고하라.
118. *Expressionism in Philosophy : Spinoza*, p. 132. (한국어판, 『스피노자와 표현의 문제』, 181쪽)

데, '명료하고 분명함'이 그러한 관념의 작용인(efficient cause)을 인정하거나 파악하지 못하기 때문이다. 우리는 정신이 정신적 자동기계이기 때문에 어떤 관념의 가장 가까운 원인은 항상 다른 관념이라는 것을 알지만, 재현의 피상성은 정확하게 말해서 바로 재현이 이러한 원인으로부터 분리된 것이라는 점을 안다. 둘째, 명료하고 분명한 관념의 형식은 또한 '심리적인 의식'[119]의 형식에서도 역시 피상적이다. 이러한 데카르트적 형식은, 하나의 관념이 다른 관념들과 맺는 연결관계 및 질서[순서]를 설명할 수 있는 논리적 형식에는 이르지 못한다. 이 경우 피상성은 관념이 형상인 — 이것이 바로 사고할 수 있는 역량이다 — 으로부터 분리된 것에서 기인한다. 셋째, 데카르트적 개념은 참된 관념의 내용과 형식의 통일을 제기하는 데 성공하지 못한다. 다시 말해서 데카르트는 '마땅한 순서로 관념들을 생산함으로써 실재(reality)를 재생산하는'[120] 정신적인 자동기계를 인정하지 않는다. 간단히 말해서 '명료하고 분명함'이라는 전략에 대한 비판들은 모두 다음과 같은 사실, 즉 그 전략이 관념 자체를 지시함으로써만 참된 것을 정의하려고 시도한다는 사실에서 발생한다. 데카르트적 전략은 관념들의 원인들을 다루지 않으며 그래서 그 전략은 관념들의 생산과정을 설명할 수 없다. 다시 한번 인과성 및 생산에 초점

---

119. 같은 책, p. 132. (한국어판, 『스피노자와 표현의 문제』, 182쪽)
120. 같은 책, p. 152. (한국어판, 『스피노자와 표현의 문제』, 211쪽) [영역본에서는 불어 원문의 le réel을 reality로 옮기고 있어, réalité와 혼동될 우려가 있다. 한국어판에서는 이를 '실재계'라고 번역하고 있으나, 그 단어의 라깡적인 뉘앙스를 피하기 위해 우리는 그것을 '실재'[적인 것]로 옮긴다. 물론, 근래에는 라깡의 le réel 역시 '실재'라고 옮기기 때문에 변별성이 사라지기도 한다. - 옮긴이]

을 맞출 때 우리는 진리에 관한 스피노자의 존재론적 접근방법을 인식할 수 있다. 들뢰즈는 이러한 비판을 자신의 표현 개념과 관련시킨다. 표현적이기 위해서는, 관념은 반드시 그것의 원인을 설명하거나 안에 담고 있어야(envelop) 한다. "명료하고 분명한 관념은 아직 비표현적이고 여전히 설명되지[펼쳐지지] 않은 채로 머문다. 그것은 재인식에는 좋을지 몰라도 실재의 지식[인식] 원리를 제공할 수 없다."[121] 정확하게 말해서 명료하고 분명한 것으로서의 진리 개념은 참된 관념을 그것의 원인에 입각해서 표현하거나 설명하지 못하기 때문에 우리에게 다음과 같은 근본적인 물음들에 대답할 수 있는 용어들을 제공해주지 못한다. 진리는 어디에서 나오며 우리를 위해서 무엇을 할 수 있는가? 또는 니체식으로 묻는다면 우리는 왜 진리를 원하는가? 진리에 관한 스피노자적 정의는 인과성, 생산, 그리고 역량의 표현을 포함해야 한다.

명료하고 분명한 관념에 관한 존재론적 비판은 스피노자가 참된 관념에서 적실한 관념으로 이동할 수 있도록 하는 조건을 마련한다. 스피노자의 진리 개념이 지닌 본질적 특징은 관념이 그 원인에 대해 맺고 있는 내부적 관계이다. "적실한 관념, 그것은 정확히 자신의 원인을 표현하는 관념이다."[122] 우리는 이것을 위에서 막 언급했던 세 가지 지점에서 데카르트 이론과 대조시킬 수 있다. 첫째, 적실한 관념은 자신의 내용을 자신의 가장 가까운 작용인(또 하나의 관념)의 표현으로서 제시한다. 둘째, 적실한 관념의 형식은 그것의 형상인(사

---

121. 같은 책, pp. 152~153. (한국어판, 『스피노자와 표현의 문제』, 211쪽)
122. 같은 책, p. 133. 수정해서 인용함. (한국어판, 『스피노자와 표현의 문제』, 183쪽)

3장 스피노자적 실천

고할 수 있는 역량)에 의해 설명되는 논리적인 형식이다. "적실한 관념이란 그 자신의 원인을 표현하는 관념이며, 우리 자신의 역량에 의해 설명되는[펼쳐지는] 관념이다."[123] 셋째, 적실한 관념의 내용 및 형식은 사유의 속성에 내부적인 운동에서 통일된다. "관념들의 연쇄에서 현시되는 정신적 자동기계는 논리적 형식과 표현적 내용의 통일체이다."[124] 우리는 데카르트의 명료하고 분명함을 적실함이라는 개념으로 대체하려는 스피노자의 주장을 인식론의 존재론화(ontologization)로 볼 수 있다. "스피노자의 존재론은 자기의, 자체 내의, 자신에 의한 원인이라는 개념에 의해 지배된다."[125] 또한 이와 똑같이 인과성에 초점을 맞추는 것이 스피노자의 인식론을 지배하고 있다. 존재와 마찬가지로 진리는 그것이 그 자신의 원인을 안에 담고 있고 표현하는 한에서 단독적이다. 적실한 관념에 의해 표현된 인과적 사슬을 통해, 참된 것에서부터 적실한 것으로의 이동을 통해, 스피노자의 인식론은 존재론적 특성을 띤다. 인식론에서 스피노자가 일으킨 혁명은 존재를 단독적인 것으로서 정의하는 이러한 똑같은 존재론적 기준을 진리의 영역에 적용한 것이다. 미국의 명민한 주석가인 토마스 마크와 함께, 들뢰즈는 스피노자의 진리 이론이 '존재론적 진리' 이론이라는 점을 보여준다.[126]

---

123. 같은 책, p. 151. (한국어판, 『스피노자와 표현의 문제』, 209쪽)
124. 같은 책, p. 153. (한국어판, 『스피노자와 표현의 문제』, 211쪽)
125. 같은 책, p. 162. (한국어판, 『스피노자와 표현의 문제』, 223쪽)
126. 『스피노자의 진리의 이론』(Spinoza's Theory of Truth)에서, 토마스 마크(Thomas Mark)는 스피노자의 인식론에 대한 영미적·분석적 해석들을 완전하게 설명하고 있다. 마크는 전통적인 접근법(요하임Joachim, 스튜어트 햄프셔Stuart Hampshire, 앨리스데어 맥킨타이어Alisdari MacIntyre 등등)이 스피노자를, 진리의 상응 이론(correspondence

적실한 관념들은 표현적이고, 부적실한 관념들은 침묵한다.[127] 다시 말해서 적실한 관념의 구별되는 성격은, 그것이 우리에게 자신의 작용인과 형상인에 대한 직접적인 표현을 통해 존재(아니면 최소한 사유의 속성)의 구조 및 연결관계들에 대해 무언가를 말해준다는 것이다. 존재론적 관점에서 볼 때, 부적실한 관념은 우리에게 아무것도 말해주지 않는데, 이는 우리가 이것의 위치를 사유의 생산적인 구조에서 인식할 수 없기 때문이다. 그것은 정신적인 자동기계의 역동적인 인과적 메커니즘 안에 놓이지 않는다. 따라서 적실한 관념이 가지고 있는 한 가지 중요성은, 적실한 관념이 자신의 원인들을 표현함으

---

theory)에 반대하고 '진리정합성 이론'(coherence theory) — 여기에서 진리는 실재(reality)를 구성하는 정돈된 체계 내부에서의 정합성으로 정의된다 — 에 찬성하는 것으로 제시한다고 설명한다. 하지만 마크는 스피노자가 존재로서의 가치에 대한 훨씬 더 오래된 인식론적 전통에서 더 좋은 위치에 놓이게 된다고 주장한다. "만약 우리가 스피노자의 진리 이론을 그것의 역사적 무대에서 보기를 원한다면, 우리는 상응적[대응적] 관점(correspondence view)을 정합성 이론이 아니라, 오히려 '존재의 진리' 혹은 '사물들의 진리' 즉 존재론적 진리 이론들과 대비시켜 보아야 한다"(p. 85). 마크에 따르면 이 존재론적 진리 이론은 플로티누스(Plotinus), 안셀무스(Anselm), 성 아우구스티누스(St. Augustine)의 계보를 잇는 플라톤적 전통에 스피노자를 위치시킨다. 들뢰즈의 독해는 어떤 점에서 마크의 독해와 일치한다. 그러나 들뢰즈가 인식하고 있으나 마크가 인식하고 있지 못한 결정적인 요인은 진리와 역량 간의 핵심적인 관계이다. 일단 진리의 문제가 또한 역량의 문제로 되면, 스피노자의 인식론은 실천적 인식론으로 향한다. 그러므로 들뢰즈의 독해는 스피노자의 '존재론적 진리'를 플라톤적 전통이 아니라 니체적 전통에 위치시킨다.

127. 원(圓)에 대한 주어진 관념은 명료하고 분명할 수 있다. 그러나 그것은 그 자신의 생산의 경로를 표현하지 않으면 부적실한 상태로 남게 된다. 예를 들어 원에 대한 적실한 관념은 중심점을 빙 돌아서 회전하는 고정된 반지름이라는 관념을 포함해야 된다. 그것은 그것의 원인을 표현한다. 더 중요하고도 복잡한 예는 정의(justice)에 대한 관념이 될 것이다. 정의에 대한 적실한 관념은 우리가 관념과 같은 것을 생산하거나 구축하는 수단들을 표현해야만 할 것이다. 그것은 이 관념으로 귀결되는 관념들의 전체 계보학을 포함할 것이다.

로써 사고할 수 있는 역량을 증가시킨다는 것이다. 우리가 더 적실한 관념들을 가지면 가질수록, 우리는 존재의 구조 및 연결관계에 대해 더 많이 알게 되고, 우리의 사고할 수 있는 역량도 더욱 커진다. 적실성은 전염성이 강해 항상 더 커다란 표현을 발생시킨다. "정신 안에서 적실한 관념들로부터 정신 안에서 뒤따라 나오는 관념들은 무엇이나 또한 적실하다."[128] 하지만 스피노자는 이 주장에다가 우리의 조건에 대한 현실주의적(realistic) 평가를 덧붙인다. 우리가 갖고 있는 관념들의 대다수는 부적실한 관념들이다. 바로 이 지점에서 스피노자가 앞에서 제기된 니체적 질문에 어떻게 대답할 것인지는 명백하다. 우리는 우리의 사고할 수 있는 역량을 증가시키기 위해 진리를, 아니 오히려 적실성을 원한다. 적실한 관념의 전략은 진리의 문제를 역량의 기획으로 만든다. 그러나 일단 역량 문제를 논의해 들어가면, 이 인식론적 담론은 재빠르게 윤리적 기획으로 변형된다. "스피노자는 묻는다. 우리의 역량을 딴 데로 돌리고[교란시키고] 우리를 우리가 할 수 있는 것에서 분리시키는 그토록 많은 부적실한 관념들이 우리에게 필연적으로 주어지는데, 어떻게 우리는 적실한 관념을 형성하고 생산하는 데 이를 수 있는가?"[129] 이제 인식론적인 것에서 윤리적인 것으로의 이러한 변형에서, 우리는 단독성의 원리(자기의 원인으로서의 절대적으로 무한한 존재, 자신의 원인을 안에 담고 있

---

128. *Ethics*, IIP40. (한국어판, 『에티카』, 105쪽, 정리 40. "정신 안의 타당한 관념에서 정신 안에 생기는 모든 관념 역시 타당하다.")
129. *Expressionism in Philosophy : Spinoza*, p. 148. 수정해서 인용함. (한국어판, 『스피노자와 표현의 문제』, 206쪽) [p. 148은 p. 149의 오기이다. — 옮긴이]

는 것으로서의 적실한 관념)와 역량의 원리(생산성으로서의 존재, 창조로서의 진리)가 결합되어 적용된 것을 본다. 단독성의 원리는 우리에게 적실한 관념에 관해 정의할 수 있는 용어를 제공해주고, 역량의 원리는 이 정의를 하나의 기획으로 변형시킨다.

계속 나아가기 전에 잠시 멈추어서 존재론적 평행론의 중요성과 그것이 스피노자식의 적실성 개념과 맺고 있는 관계의 중요성에 대해 알아보자. 우리는 앞에서 만약 우리가 들뢰즈의 존재론적 평행론에 대한 개념화를 유지하고자 한다면 원리적으로 하나의 속성의 성격이나 운동이 어떤 의미에서는 다른 속성들의 성격이나 운동과 상응[대응]해야 하며, 그 이유는 근본적으로 그것들 모두가 존재의 성격이나 운동을 똑같이 가리키기 때문이라고 주장했다. 진리 개념은 이 이론에 대한 흥미로운 검증 기회를 제공한다. 예를 들어 데카르트적 이론에 따르면 우리는 명확하고 분명한 관념 혹은 정신의 명확하고 분명한 활동[작용]에 대한 우리의 개념화와 평행하여[마찬가지로], 신체의 명확하고 분명한 활동[작용]에 대한 어떤 개념화를 제기하지 않을 수 없을 것이다. 데카르트의 진리는 운동과 생산을 설명하지 못하기 때문에, 물체적인 평면에 쉽게 적용될 수 없다. 다른 한편 스피노자의 적실성은 존재 자체의 본성과 존재의 생산의 계보학을 가리키기 때문에 모든 속성들에 동등하게 적용된다. 정신의 적실한 활동과 꼭 마찬가지로, 신체의 적실한 활동은 그것이 자신의 원인을 설명하거나 안에 담고 있다는 점에서 표현적이다. 적실한 것은 존재의 생산적인 역동성을 드러내는 것이다.

7. 신체는 무엇을 할 수 있는가

적실성이라는 개념화를 가지고 스피노자는 최초의 윤리학적 물음을, 역량에 대한 최초의 물음을 설정할 수 있는 지점에 이르기까지 인식론적 작업틀을 발전시킬 수 있었다. 스피노자가 우리를 이끌고 가는 경사가 가파른 길의 한 측면은 우리로 하여금 부적실한 관념에서 적실한 관념으로 나아가게 하는 것이다. 우리는 보다 일반적으로 이러한 윤리적 목표를 우리의 사유할 수 있는 역량의 증가로, 또는 우리의 실존하고 작용할 수 있는 역량의 증가로 쉽게 설정할 수 있다. 우리는 어떻게 우리의 실존할 수 있는 역량을 증대시킬 수 있는가, 혹은 신학적 용어로 표현하자면, 우리는 어떻게 신(실존하고 작용할 수 있는 무한한 역량)에 접근할 수 있는가? 그러나 오직 인식론적 기반만을 갖춘 현재 상태로서는, 이러한 작동(operation)이 어떻게 가능한지에 대해서 아는 바가 거의 없다. 우리는 여전히 윤리적 실천에 조금도 착수할 수 없다. 사실 우리의 목표를 진지하게 다룰 어떤 특정하고 구체적인 수단도 없는 상태에서 그렇게 거대한 관점에서 윤리적인 문제를 제기한다는 것은 공허할뿐더러 무의미한 일이다.

사변의 추가적 계기가 필요하다. 스피노자는 정신을 사변의 일차적인 모델로 사용하고 있다. 이제 우리는 집중점을 신체로, 즉 인식론에서 물리학으로 이동시켜야 한다. 왜냐하면 실천의 모델을 드러낼 것은 바로 신체이기 때문이다. "스피노자는 정말로 신체들의 관계들을 알기 위해서, 그리고 그것들이 어떻게 합성되는지 알기 위해서는 신체들에 대한 경험적 연구를 경유해야 한다고 가정하는 것 같다."130 하지만 우리는 물리학에서 윤리학으로 나아가는 기나긴 여정에서, 적실성의 기준이, 원인을 표현하고 안에 담고 있는 것의 기준이 스피노자의 논증의 발전에서 여전히 핵심적이라는 사실을 보게 될 것이다. 스피노자식의 물리학은 신체의 상호작용—신체들의 마주침, 신체들의 합성과 분해(decomposition), 신체들의 양립가능성(혹은 합성가능성), 신체들의 갈등—의 법칙을 결정하려고 노력하는 경험적 탐구이다. 신체는 안정적이거나 정적인 내부 구조를 갖는 고정된 단위가 아니다. 반대로 신체는 역동적 관계로, 신체의 내부 구조와 외부 한계들은 변화할 수밖에 없다. 우리가 신체라고 동일성을 부여하는 것은 단지 일시적으로 안정된 관계일 뿐이다.131 신체의 역동적 본성이라는, 신체의 내부적 역동성의 연속적인 흐름(flux)이라는 이 명제는 스피노자로 하여금 신체들 사이의 상호작용을 풍부하게 이해할 수 있게 해준다. 두 신체가 만날 때 두 역동적 관계들 사이에는 마주침이 있게 된다. 그것들은 서로 아무런 차이가 없을 수도 있고, 아니면 서로 양립할 수 있는 것이어서 함께 하나의 새로운 관

---

130. *Expressionism in Philosophy : Spinoza*, p. 212. (한국어판, 『스피노자와 표현의 문제』, 287~288쪽. "스피노자는 정말로 물체들의 관계들이 어떠한지, 그리고 그것들이 어떻게 합성되는지 알기 위해서는 물체들에 대한 경험적 연구를 경유해야 한다고 가정하는 것 같다.")
131. "신체들의 수가 … 다른 신체들에 의해 강제당하기 때문에 그것들이 서로에게 의존하게 될 때, 혹은 만약 그것들이 움직여서 … 어떤 고정된 방법으로 서로에게 그들의 신호를 소통한다면, 우리는 그 신체들이 서로에게 통일되어 있고, 그것들 모두가 함께 하나의 신체 즉 개체(Individual)를 구성한다고 말해야 할 것이다"(*Ethics*, IIP13D, 한국어판, 『에티카』, 84쪽, 정리 13의 정의).

계, 하나의 새로운 신체를 합성해낼 수도 있다. 아니면 오히려 그들은 양립할 수 없는 것이어서 하나의 신체가 다른 신체의 관계를 분해하고 파괴한다. 마치 독이 피를 분해하는 것처럼 말이다.[132] 운동하고 정지하는, 결합하고 갈등하는 신체들의 이 물리적 세계는 우리가 역량의 기능과 구조 속으로 더 깊이 파고 들어갈 수 있는 맥락을 제공할 것이다. "진정으로 역량에 입각해서 사유하기 위해서는 우선 신체와의 관계에서 물음을 제기해야만 한다."[133] 스피노자의 물리학은 그의 윤리학의 초석이다.

들뢰즈는 『에티카』의 3부 초반부에 나오는 주석 중 하나에 있는 한 구절에 매력을 느꼈다. "어느 누구도 신체가 무엇을 할 수 있는지를 아직 결정하지 못했다… 왜냐하면 신체의 모든 기능들을 그토록 정확하게 설명할 수 있는 신체의 구조를 어느 누구도 아직 알지 못했기 때문이다…."[134] 역량(신체는 무엇을 할 수 있는가)에 관한 물음은 신체의 내부 구조와 즉각적으로 연결되어 있다. 이는 우리가 하는 탐구의 초기 방향을 결정한다. 역량의 본성을 이해하기 위해서 우리는 우선 신체의 내부 구조를 발견해야 하며, 신체의 분절[마디]의 선들에 따라서, 그 본성의 차이들에 따라서 신체를 분해해야 한다. 들뢰즈는 우리에게, 이러한 구조에 대한 탐구가 활동[작용]할 수 있는 역량(자발성)에 의해서가 아니라 오히려 변용될 수 있는 역량에 의해 수행되어야 한다는 점을 상기시켜 준다. "신체의 구조는 신체

---

132. 헨리 올덴부르그에게 보내는 편지 32를 참조하라.
133. *Expressionism in Philosophy : Spinoza*, p. 257. (한국어판, 『스피노자와 표현의 문제』, 347쪽)
134. *Ethics*, IIIP2S. (한국어판, 『에티카』, 133~138쪽, 3부, 정리 2의 주석)

의 관계의 합성이다. 신체가 할 수 있는 것은 신체의 변용될 수 있는 역량의 본성이자 한계들이다."[135] 그러므로 변용성의 지평은 우리의 사변을 위한 지형을 제공해줄 것이고 나아가 신체 내부에서 구별들을, 역량 내부에서 구별들을 드러낼 것이다.

우리가 제시한 역량 모델의 첫 번째 층위에서, 우리는 변용될 수 있는 역량이 능동적 변용들과 수동적 변용들에 의해 채워진다는 것을 발견한다. 이러한 구분의 중요성은 명백하다. 우리의 변용될 수 있는 역량이 능동적 변용들에 의해 채워지는 한에 있어서, 그것은 우리의 활동[작용]할 수 있는 역량과 직접 관련된다. 하지만 그것이 수동적 변용들에 의해 채워지는 한에 있어서, 그것은 단지 우리의 느끼거나 겪을 역량[감수할 수 있는 역량]($puissance\ de\ pâtir$)과 관련될 뿐이다. 수동적 변용들은 실제로 우리의 역량의 결여를 표식한다. 다시 한번 논증의 핵심 논리는 표현과 생산을 가리킨다. 능동적인 것은 원인과 맺는 관계에 있어서 수동적인 것과 구분된다. "우리의 감수력(force of suffering)은 아무것도 표현하지 않기 때문에 아무것도 긍정하지 않는다. 그것은 오직 우리의 무력[무역량], 다시 말해 우리의 능동[활동]력의 최저 정도만을 '안에 담고 있다'[감싼다 / 내포 · 함축한다]."[136] 앞서 우리는 변용될 수 있는 역량은 그것이 언제나 능동적인 변용들과 수동적인 변용들에 의해 완전히 채워져 있다는 점에서

---

135. *Expressionism in Philosophy : Spinoza*, p. 218. (한국어판, 『스피노자와 표현의 문제』, 294쪽. "신체의 구조는 신체의 관계의 합성이다. 신체가 할 수 있는 것은 신체의 변용 능력[pouvoir d'être affecté]의 본성이자 한계들이다.")
136. 같은 책, p. 224. 수정해서 인용함. (한국어판, 『스피노자와 표현의 문제』, 304쪽)

존재의 충만함을 증명하는 것이라고 말했다. 하지만 변용될 수 있는 역량은 오로지 물리적 관점에서 볼 때만 충만함으로 나타난다. 이와는 반대로 윤리적 관점에서 볼 때, 변용될 수 있는 역량은 그것의 합성에 따라 매우 다양하게 나타난다. 수동적 변용들에 의해 채워지는 한에 있어서 그것은 최소로까지 축소되며, 능동적 변용들로 채워지는 한에 있어서 그것은 최대로까지 증가된다. "이로부터 윤리적 물음의 중요성이 나온다. 우리는 신체가 무엇을 할 수 있는지조차 모른다고 스피노자는 말한다. 다시 말해 우리는 우리가 어떤 변용들을 할 수 있는지, 우리의 역량이 어디까지 갈 수 있는지조차 알지 못한다. 어떻게 우리는 그것을 미리 알 수 있는가?"[137] 따라서 이것이 윤리적인 기획을 위한 지형을 마련하는 데 있어서 최우선의 과업인 것이다. 우리가 할 수 있는 정서(affects)는 무엇인지를 탐구하라. 그리고 우리의 신체가 무엇을 할 수 있는지를 발견하라.

스피노자의 코나투스(*conatus* 또는 노력함) 이론은 들뢰즈에게 그렇게도 중요한 바로 그 생산과 변용의 교차를 표식한다. "코나투스가 이러저러한 변용에 의해서 결정되는 한에서 코나투스의 변주들(variation)은 우리의 활동[작용]할 수 있는 역량의 동태[역동]적 변주들이다."[138] 코나투스는 역량의 존재론적 원리가 물리적으로 예시화(instantiation)된 것이다. 한편으로 코나투스는 존재가 생산적인 한에

---

137. 같은 책, p. 226. (한국어판, 『스피노자와 표현의 문제』, 306쪽)
138. 같은 책, p. 231. (한국어판, 『스피노자와 표현의 문제』, 314쪽. "코나투스가 이러저러한 변용에 의해서 결정되는 한에서 코나투스의 변이태들은 우리의 능동[활동] 역능의 동태[역동]적 변이태들이다.") [우리는 이 책에서 transmutation을 '변이'로 옮겼기에 우리말의 어감상의 차이를 나타내기 위해서 variation을 '변주'로 옮겼다 — 옮긴이]

있어서 존재의 본질이다. 코나투스는 세계로서의 존재에 생명을 불어넣은 원동력이다. 이러한 정도까지 코나투스는 르네상스 자연주의의 유산을 스피노자가 계승하고 있는 것이다. 존재는 자발성, 순수한 활동성[능동성]이다. 그러나 다른 한편 코나투스는 또한 하나의 감성이라는 점에서 역량의 존재론적 원리의 예시화이다. 그것은 정신과 신체의 능동뿐만 아니라 수동정서에 의해서도 구동된다.[139] 자발성과 변용성의 바로 이 풍부한 종합이 역량의 존재론적 원리와 코나투스 사이의 연속성을 표식한다.

바로 이 지점에서 윤리적 기획은 경험적 현실주의의 계기를 필요로 한다. 스피노자가 우리 신체의 상태, 우리 역량의 상태를 꼼꼼히 살펴보기 시작할 때, 필연적으로, 우리의 변용될 수 있는 역량이 대부분 수동적 변용들로 채워져 있다고 스피노자는 지적한다. 신, 또는 자연은 완전히 능동적 변용들로 채워져 있는데, 이는 그것에 외부적인 어떠한 원인도 없기 때문이다. 그러나 "인간이 실존함에 있어서 보존하는 힘은 제한되어 있으며, 외부적 원인들의 역량이 그러한 힘을 무한하게 압도한다."[140] 자연 전체의 역량이 우리의 역량을 압도하는 한에서, 외부적인 힘들이 우리 자신의 힘들보다 훨씬 강력한 한에 있어서, 우리는 수동적 변용들로 채워질 것이다. 이제 수동적 변용들이 우리의 실존을 대부분 구성하기 때문에, 이러한 변용들 사이

---

139. 예를 들어 *Ethics*, IIIP9를 보라. (한국어판, 『에티카』, 140쪽, 정리 9. "정신은 명료하고 분명한 관념을 지닐 때나 혼동스러운 관념을 지닐 때나 자신의 존재 안에 무한한 시간 동안 지속하려고 하며 또한 이러한 자신의 노력을 의식한다.")
140. *Ethics*, IVP3. (한국어판, 『에티카』, 214쪽, 정리 3. "인간이 존재를 지속시키는 힘은 제한되어 있으며, 또한 외적 원인의 힘에 의하여 무한히 압도당한다.")

에서 의미 있는 구별을 행할 수 있는지 여부를 알아보기 위해서는 이러한 변용들에 대한 고찰에 초점을 맞춰야 한다.

연장의 영역 내부에서, 수동적 변용들은 우리 신체와 다른 신체들 사이의 마주침에 의해 특징지어진다. 그 마주침들은 우리에 의해 야기되지 않기 때문에 무작위로 나타날 수 있다. 따라서 수동정서들의 질서는 우연한 마주침들, 즉 *fortuitus occursus*의 질서이다.[141] 하지만 두 신체들 사이의 단순한 마주침이라 하더라도 그것은 분석을 위한 매우 풍부하고 복잡한 장면을 설정한다. 왜냐하면 하나의 신체 그 자체가 정적 구조를 갖춘 고정된 단위라기보다는 오히려 그 내부적인 구조 및 외부적인 한계들에 개방되어 있으며 끊임없이 변화할 수밖에 없는 역동적인 관계이기 때문이다. 우리가 앞에서 주목했듯이, 스피노자가 신체 또는 개체라고 규정하는 것은 단순히 일정하게 배열된 요소들의 일시적으로 안정적인 배치(assemblage)이다.[142] 그러므로 두 신체들 사이의 마주침은 두 신체의 관계의 합성가능성이나 합성불가능성에 의해 특징지어질 것이다. 이제 신체들과 신체들의 상호작용에 대한 이 역동적인 개념화를 놓고 볼 때 들뢰즈는 우리로 하여금 수동적 변용들의 두 가지 유형을 구별하게 해주며, 따라서 우리의 역량 모델에서 한 단계 더 하강하게 만드는 우연한 마주침들의 두 가지 사례를 제시한다. 첫 번째 경우에서, 나는 나의 신체의 내부적인 관계와 양립할 수 있는 내부적 관계를 가진 하나의 신체와 마주치며, 그리하여 두 신체가 함께 하나의 새로운 관계를 합성해낸다.

---

141. *Expressionism in Philosophy : Spinoza*, p. 238. (한국어판, 『스피노자와 표현의 문제』, 321쪽)
142. *Ethics*, IIP13D. (한국어판, 『에티카』, 84쪽, 정리 13의 정의)

그리하여 우리는 이 외부적인 신체가 '나의 본성과 일치한다'거나 그것이 내게 '좋다'거나 '유용하다'라고 말할 수 있다. 게다가 이 마주침은 내 안에서, 나의 본성과 일치하거나 나의 본성에 유익한 변용을 생산한다. 그것은 나의 활동[작용]할 수 있는 역량을 증가시켰다는 점에서 기쁜 마주침이다. 따라서 우연한 마주침의 첫 번째 경우는, 그것이 '합성가능한' 관계를 제시하고 그리하여 나의 활동[작용]할 수 있는 역량을 증가시키기 때문에, 기쁘고 수동적인 변용으로 귀결된다. 하지만 우연한 마주침의 두 번째 경우에서, 나는 나의 신체의 내부적 관계와 양립할 수 없는 내부적 관계를 갖고 있는 신체와 마주친다. 이 신체는 나의 본성과 일치하지 않는다. 하나의 신체가 다른 신체의 관계를 분해하든지 아니면 두 신체 모두 분해될 것이다. 어느 경우이든지 중요한 사실은 역량의 증가가 전혀 없을 것이라는 점이다. 왜냐하면 하나의 신체는 자신과 일치하지 않는 그 어떤 것으로부터 역량을 획득할 수 없기 때문이다. 이 마주침은 역량의 감소로 귀결되기 때문에 그것에 의해 생산된 변용은 슬픔이다. 물론 현실적 마주침들은 이 두 가지 제한된 사례 중 어떤 것보다도 훨씬 복잡하다. 하나의 마주침 안에서도 부분적 양립가능성 및 부분적 갈등의 상이한 정도들이 있을 것이며 또는 심지어는 정서들(affects)은 무수한 방식으로 조합될 수도 있다(내가 증오하는 것의 슬픔이 내게 기쁨을 가져다준다, 등등). 하지만 이 두 경우, 즉 기쁘고 수동적인 변용들 및 슬프고 수동적인 변용들은 우리에게 가능한 마주침들의 제한된 사례들을 제공하며, 그리하여 그것들은 우리로 하여금 우리의 역량 모델에서 두 번째 단계를 묘사해주는, 한층 더 심화된 구별을 설정할 수 있게 해준다.

또 다시 잠시 동안 스피노자의 현실주의를 논할 때가 되었다. 기쁜 마주침과 슬픈 마주침의 상대적 빈도는 어떠한가? 원리상 혹은 추상적으로 인간들은 본성상 일치하기 때문에, 인간의 마주침들은 순수하게 기쁜 것이어야만 한다. 그러나 이것은 우리의 변용될 수 있는 역량이 능동적인 변용들로 채워져 있는 한에서만 참이다. "인간들이 수동정서에 종속되어 있는 한, 인간은 본성상 일치한다고 말해질 수 없다."[143] 그러므로 실제로는 인간들은 서로 거의 일치하지 않으며, 우연한 마주침들의 대다수는 슬프다.

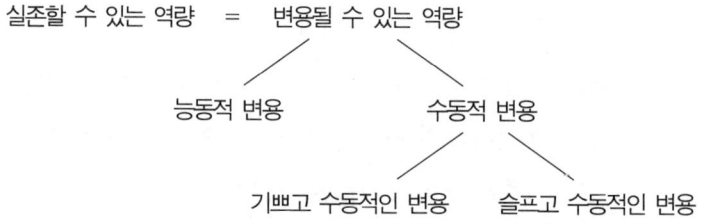

우리가 구별을 인식해 냈던 신체 구조에 관한 탐구의 각 지점에서, 우리는 또한 인간의 조건이 대부분 등식의 약한 측면에 놓여있다는 것을 인식해 냈다. 우리의 변용될 수 있는 역량은 대부분 능동적 변용들보다는 수동적 변용들로 채워진다. 나아가 우리의 수동적 변용들은 대부분 기쁘고 수동적인 변용보다는 슬프고 수동적인 변용들에 의해 구성된다. 이 점에서 인간의 조건에 관한 스피노자의 비관적인

---

143. *Ethics*, IVP32. (한국어판, 『에티카』, 234쪽, 정리 32. "인간들이 열정에 복종하는 한 그들은 본성상 일치한다고 말할 수 없다.")

평가 때문에 우리는 쉽게 낙담할 수도 있을 것이다. 그러나 그러한 낙담은 기획의 요점을 놓치는 것이다. 역량의 내부적 구조에 관한 연구와 우리의 조건에 대한 현실주의적 평가는 윤리적 물음을 가다듬는 것을 향하고 있으며, 따라서 그것은 윤리적인 실천을 위한 토대를 제공할 수 있다. 비관주의처럼 보일 수 있는 것이 [실제로는] 스피노자의 실천적 관점이다. 이러한 접근방법이 갖고 있는 풍부함을 제대로 평가하기 위해서는, 전형적으로 니체적인 윤리적 명령―능동적이 되라―을 고찰해보라. 그러한 윤리적 명제가 어떻게 윤리적 실천으로 변형될 수 있는가? 다시 말해서 니체를 통해 우리는 능동적이 되는 것의 욕망, 역량(그리고 이러한 의미에서 좋음)을 명확하게 인식할 수는 있지만, 실천상에서 그것을 추구할 수 있는 수단들을 결코 찾지 못한다. 스피노자 역시 윤리학을 능동적으로 되는 것의 문제로서 인식을 하고 있지만, 그는 그러한 윤리적인 관점을 풍부하게 하기 위해서 한 단계 더 하강한다. "따라서 스피노자에게서 윤리적 물음은 두 부분으로 나뉜다. 어떻게 우리는 능동적 변용들을 산출하는 데 이를 수 있는가? 하지만 그보다 먼저 어떻게 우리는 최대치의 기쁜 수동 정서들을 경험하는 데 이를 수 있는가?"144 스피노자는 역량에 대한 탐구를 통해 이제 사변에서 실천으로의 전환을 위한 지형을 마련했으며, 바로 이것이 그의 윤리학을 움직이게 할 것이다.

---

144. *Expressionism in Philosophy : Spinoza*, p. 246. (한국어판, 『스피노자와 표현의 문제』, 332쪽. "따라서 스피노자의 윤리적 물음은 이중화된다 : 어떻게 우리는 능동적 변용들을 산출하는 데 이르는가? 하지만 그보다 먼저 어떻게 우리는 최대치의 기쁜 정념들을 맛보는 데 이르는가?")

실천

8. 공통 개념들: 합성가능한 존재의 배치들

역량의 구조에 대한 스피노자의 탐구와 인간 조건에 대한 그의 현실주의적 평가를 통해, 우리는 사변의 극한에 도달했다. 인간의 조건은 무엇보다도 우선 역량의 최소 지점에 남아있다. 이러한 입장을 채택할 때, 우리는 또한 참으로 윤리적인 입장을 채택할 수 있는 것이다. 이것이 사변의 끝이자 실천의 시작이다. 그것은 변이의 순간, 즉 자정의 시간이다. 스피노자식의 사변은 역량의 지형을 밝혀주었고, 역량의 주요 구조를 정의했다. 이제 우리는 이러한 사변적 역동성을 실천적 기획으로 전환해야 한다. 어떻게 우리는 이러한 변이를 실행할 수 있을까? 우리는 실천적 기획을 추진시킬 동력을 어디에서 발견할 수 있을까? 들뢰즈가 우리에게 제공하는 첫 번째 힌트는, 우리가 초점을 긍정에서 기쁨으로 이동시켜야 한다는 것이다. "기쁨의 의미는 고유하게 윤리적인 의미로 나타난다. 기쁨과 실천의 관계는 긍정 자체와 사변의 관계와 같다."[145] 다시 말해서 기쁨은 존재의 실천적 구성의 계기에서 존재의 긍정이다. 우리에게 있어 역량의 증대는 존재 자체의 긍정적 구성이다. 하지만 어떻게 우리의 실천이 기쁨과 더불어 시작할 수 있는가는 즉각 분명하게 보이지는 않는다. 니체의 윤리적 명령인 '능동적이 되어라'와 마찬가지로, '기쁘게 되라'(become joyful) 같은 스피노자적 명령도 또한 실천적 기획을 시작할 수 있는 메커니즘을 결여하고 있다. 들뢰즈는 그 기획에 더욱 실

---

145. 같은 책, p. 272. (한국어판, 『스피노자와 표현의 문제』, 368쪽)

천적인 추진력을 제공하기 위해 부정적인 형식으로 그 기획을 제시하면서 또 다른 재주를 부린다. 『에티카』의 으뜸가는 실천적 과제는 슬픔과 싸우는 것이라고 그는 주장한다. "슬픈 수동정서들의 평가절하, 그것들을 배양하고 그것을 이용하는 자들에 대한 고발이 철학의 실천적 목표[대상]를 형성한다."146 그런데 우리는 실제로는 우리의 수동정서들의 대부분이 슬픈 수동정서들이고 신체들 사이의 대부분의 우연한 마주침들이 양립불가능하며 파괴적이라는 점을 이미 살펴보았다. 그러한 상태에서 어떻게 기쁨의 실천을 시작할 수 있을까? 슬픔에 대한 공격은 여전히 최초의 실천적인 중요사항을 결여하고 있다.

우리는 대신 스피노자의 신체들의 물리학에 대해 더욱 자세하게 살펴보는 것에서 시작해야 한다. "지금까지 어느 누구도 신체의 모든 기능을 설명할 수 있을 정도로 신체의 구조(*fabrica*)를 정확하게 아는 것에 이르지 못했다."147 스피노자가 구조라는 말로 의미하는 바는 무엇인가? "그것은 신체의 부분들 사이의 관계들의 체계이다"라고 들뢰즈는 설명한다. "이러한 관계들이 하나의 신체에서 다른 신체에 이르기까지 어떻게 달라지는지를 탐구함으로써, 우리는 두 신체들이 아무리 소원하다고 하더라도 두 신체들 사이의 닮음을 직접 결정할 수 있는 방법을 갖게 된다."148 신체를 구성하는 구조나

---

146. 같은 책, p. 270. (한국어판, 『스피노자와 표현의 문제』, 366쪽) 또한 *Spinoza : Practical Philosphy*, pp. 25~29도 보라.
147. *Ethics*, IIIP2S. (한국어판, 『에티카』, 134쪽, 정리 2의 주석. " … 왜냐하면 지금까지 아무도 모든 신체 기능을 설명할 수 있을 정도로 정확하게 신체 구조를 알지 못했기 때문이다.")

관계에 대한 탐구를 통해 우리는 우리의 신체와 다른 신체 사이에 존재하는 공통적 관계들을 인식할 수 있다. 우리의 신체와 이 다른 신체 사이의 마주침은 필연적으로 기쁠 것이다. 왜냐하면 공통적 관계는 양립가능성을 보장하고 새로운 관계성을 합성할 수 있는 기회를 보증하며, 그럼으로써 우리의 역량을 증대시키기 때문이다. 바로 이러한 식으로 신체들에 대한 분석은 실천적 기획을 시작할 수 있도록 해준다. 신체들 사이의 유사한 합성들이나 관계들을 인식함으로써 우리는 기쁨의 최초의 윤리적인 선택에 필요한 기준을 갖게 된다. 우리는 양립가능한 마주침들(기쁜 수동정서들)을 좋아할 수 있고 양립불가능한 마주침들(슬픈 수동정서들)을 피할 수 있다. 우리가 이러한 선택을 할 때, 우리는 공통 개념들을 생산하고 있다. "공통 개념은 언제나 실존하는 양태들에 있어서의 합성의 유사성의 관념이다."[149] 공통 개념의 형성은 윤리적 실천의 첫 단계를 구성한다.

그러나 공통 개념들의 생산에 관한 이러한 개념화는 아직 실천적일 수 있을 만큼 충분하게 엄밀한 것은 아니다. 들뢰즈가 설명한 바와 같이 우리는 좀 더 보편적인 공통 개념들과 좀 덜 보편적인 공통 개념들을 구별해야 한다. 가장 보편적인 공통 개념들은 아주 일반적인 관점에서 유사성을 인식하는 것이다. 그것들은 극단적으로는 연장, 운동, 정지처럼 모든 신체들에 공통적인 것을 포함할 것이다. 하

---

148. *Expressionism in Philosophy : Spinoza*, p. 278. (한국어판, 『스피노자와 표현의 문제』, 375~376쪽. "그것은 물체의 부분들 간의 관계들의 체계이다." "이러저러한 다른 물체들에서 관계들이 어떻게 달라지는지가 탐구될 것이다 : 두 물체가 아무리 소원할지라도 그들 간의 닮음을 직접 규정할 수단이 있을 것이다.")
149. 같은 책, p. 275. (한국어판, 『스피노자와 표현의 문제』, 372쪽)

지만 바로 이러한 아주 보편적인 공통 개념들이 우리에게 가장 덜 유용한 것이다. 다른 한편 가장 덜 보편적인 공통 개념들이 사실 우리에게 가장 커다란 유용성을 직접적으로 제시하는 것이다. 이러한 관념들은, 그들 자신의 국지적인 관점에서 볼 때, 서로에게 직접적으로 일치하는 두 신체들 사이의 유사한 합성을 표상하는 것이다. 우리가 역량의 내부적인 구조 안에서 계속해서 하강한 것과 마찬가지로 여기서도 역시 우리는 우리의 실천적인 기획을 시작하기 위해서 공통성의 가장 낮은 층위, 가장 국지적인 층위까지 하강해야 한다. "그러한 개념들을 통해서 우리는 양태들 사이의 일치를 이해한다. 그것들은 우연히 관찰된 일치에 관한 외부적 지각을 넘어서 신체들의 일치에 관한 내부적이고 필연적인 이유를 합성의 유사성에서 찾아낸다."150 따라서 특히 가장 특정한 사례들에서 우리는 공통 개념이 내부적 논리를 발견한다는 점을, 공통 개념이 자신의 원인을 안에 담고 있고[함축하고] 설명한다는 점을, 또는 말하자면 공통 개념이 적실한 관념이라는 점을 알 수 있다. "공통 개념들 일반은 필연적으로 적실하다. 다시 말해서 공통 개념들은 형상적으로는 우리의 사고할 수 있는 역량에 의해 설명되는[펼쳐지는] 관념이고, 질료적으로는 그것들의 작용인으로서의 신 관념을 표현하는 관념이다."151 공통 개념은 적실한 관념을 우리 스스로 구축할 수 있게 해주는 수단을 우리에게

---

150. 같은 책, p. 276. (한국어판, 『스피노자와 표현의 문제』, 373쪽. "이 개념들은 우리에게 양태들 간의 적합을 이해시킨다: 그것들은 우연히 관찰된 적합에 대한 외면적[표면적] 지각에 머물지 않고, 합성의 유사성에서 물체[신체]들의 적합의 내적이고 필연적인 이유를 찾아낸다.")
151. 같은 책, p. 279. (한국어판, 『스피노자와 표현의 문제』, 377쪽)

제공해준다.

우리가 가질 수 있는 최초의 적실한 관념은 두 신체들 사이에 공통적으로 있는 어떤 것에 대한 인식이다. 이러한 적실한 관념은 즉각 또 다른 적실한 관념으로 나아간다. 이런 식으로 우리는 능동적이 되기 위한 우리의 구축적 기획을 시작할 수 있다. 그러나 들뢰즈는 우리가 이러한 최초의 계기를 충분히 실천적인 용어로써 제시했다는 것에 아직 만족하지 않는다. "그렇지만 우리가 어떻게 공통 개념을 형성하는 데 이르는지 설명하지 못한다면, 공통 개념은 마치 기적처럼 개입할 위험이 있다… 정확하게 말해서 어떻게, 어떤 우호적인 정황에서 우리는 그것(공통 개념)을 형성하는가? 어떻게 우리는 우리의 활동[작용]할 수 있는 역량에 이르는가?"152 우리가 스피노자의 공통 개념에 대한 이론을 고려할 때 두 가지 위험한 해석적인 오류들을 피할 수 있도록 주의를 기울여야 한다고 들뢰즈는 경고한다. 공통 개념들과 관련한 첫 번째 오류는 "그것들의 수학적 의미를 위해 그것들의 생물학적인 의미를 간과하는 것"이다.153 다시 말해서 우리는 공통 개념들이 원리적으로 신체들의 물리학을 가리키는 것이지 사유의 논리학을 가리키는 것이 아님을 기억해야만 한다. 우리는 그것들을 데카르트식의 수학적 세계가 아니라 홉스식의 물질적인 지형으로부터 발생하는 것으로 위치지우는 것이 더 좋을 것이다. 우리가 공통 개념들과 관련하여 범할 수 있는 두 번째의 해석적인 오류는

---

152. 같은 책, pp. 280~281. (한국어판, 『스피노자와 표현의 문제』, 379쪽)
153. 같은 책, p. 281. (한국어판, 『스피노자와 표현의 문제』, 380쪽. "그것의 수학적 의미를 [부각시키기] 위해 생물학적 의미를 무시하는 것")

"그것들의 사변적인 내용을 위해 그것들의 실천적인 기능을 간과하는 것"이다.154 공통 개념들이 『에티카』의 2부에 처음 도입될 때, 그것들은 정확히 그 논리적 질서[순서]로, 사변적인 관점에서 도입된다. 이러한 사변적인 제시[서술]는 공통 개념들을 가장 보편적인 것(운동, 정지 등등)에서 가장 덜 보편적인 것을 향해 나아가는 것으로 간주한다. 『에티카』 5부에서 공통 개념들의 실천적인 전진은 이와 정반대이다. 우리는 가장 덜 보편적인 것(두 신체들 사이의 특정한 양립가능한 관계)에서 가장 보편적인 것을 향해 나아간다. 공통 개념들은 우선적으로 분석의 사변적인 형태인 것이 아니라, 구성의 실천적인 도구이다.

이제 실천적인 전진을 시작하기 위해 우리는 양립가능한 마주침을 우연히 경험한다고 가정할 수 있다. 우리는 스피노자의 『지성개선론』의 유명한 인식론적 출발점, 'habemus enim dieam verum'(우리는 참된 관념을 가지고 있다, 혹은 적어도 하나의 참된 관념을 가지고 있다)을 신체들 및 수동정서들의 영역으로 번역할 수 있다. 즉 'habemus enim affectionem passam laetam'(우리는 적어도 하나의 기쁘고 수동적인 변용을 가지고 있다). 이러한 기쁨의 경험은 윤리적인 전진을 작동하게 하는 동력이다. "우리가 우리 신체에 일치하는 신체와 마주칠 때, 우리가 기쁜 수동적 변용을 겪을 때 우리는 그 신체와 우리 신체에 공통적인 것의 관념을 형성하도록 유도된다."155 그 과정은 기쁨의 경험으로 시작된다. 양립가능한 신체와의 이 우연한

---

154. 같은 책, p. 281. (한국어판, 『스피노자와 표현의 문제』, 380쪽)
155. 같은 책, p. 282. (한국어판, 『스피노자와 표현의 문제』, 382쪽)

마주침은 우리로 하여금 공통의 관계를 인식할 수 있도록, 그리고 공통 개념을 형성할 수 있도록 허용 또는 유도한다. 그러나 여기에는 두 개의 과정이 진행되고 있는데, 들뢰즈는 이 두 과정이 구별되어야 한다는 점을 강조하고 있다. 첫 번째 계기에서 우리는 우리의 활동[작용]할 수 있는 역량을 감소시키는 슬픈 수동정서들을 피하기 위해, 그리고 기쁜 수동정서들을 축적하기 위해 노력한다. 이러한 선택의 노력은 우리의 역량을 증대시키기는 하지만, 능동적이 되는 지점까지는 결코 이르지 못한다. 기쁜 수동정서들은 항상 외부적인 원인의 결과이며, 그것들은 항상 부적실한 관념을 가리킨다. "따라서 기쁜 수동정서들을 이용하여 우리는 외부의 신체와 우리의 신체 간에 공통적인 것의 관념을 형성해야 한다. 오직 이 관념, 이 공통 개념만이 적실하기 때문이다."[156] 첫 번째 계기, 즉 기쁜 수동정서들의 축적은 우리에게 적실한 관념을 제공하는 이러한 도약을 위한 조건을 마련해준다.

이 두 번째 계기를, 즉 기쁜 수동정서들에서 공통 개념으로의 '도약'을 더 자세히 살펴보자. 우리는 어떻게 이러한 도약을 할 수 있는가? 우리는 어떻게 마주침을 적실하게 만드는가? 우리는 기쁨이 우리의 본성에 일치하는 변용, 우리의 역량을 증가시키는 변용의 경험이라는 것을 알고 있다. 기쁘고 수동적인 변용과 기쁘고 능동적인 변용이 구성하는 것은 똑같은 기쁨이다. 유일한 차이는 기쁜 수동정서가 외부적 원인으로부터 생기는 반면, 기쁜 능동[정서]이 내부적 원

---

156. 같은 책, p. 283. (한국어판, 『스피노자와 표현의 문제』, 382쪽)

인으로부터 생긴다는 것이다. "스피노자가 이성에 일치하는 것이 이성에서 생겨날 수도 있음을 암시할 때 그가 말하려는 것은, 모든 수동적 기쁨은 원인에 의해서만 그와 구별되는 능동적 기쁨을 생겨나게 할 수 있다는 것이다."[157] 수동적 기쁨에서 능동적 기쁨으로의 이행은 외부적인 원인을 내부적인 원인으로 대체하는 것을 포함한다. 혹은 더 정확하게 말하자면 그것은 원인을 마주침 자체 내부에 담고 있거나[함축하거나] 파악하는 것을 의미한다. 이러한 물체적인[신체적인] 논리는 우리가 앞에서 논의한 인식론적인 적실성 논리와 비슷하다[평행을 이룬다]. 새로운 마주침은 자신의 원인을 표현하기 때문에, 즉 두 신체들의 공통 관계를 표현하기 때문에 적실하다(그리고 능동적이다). 그러나 원인을 담고 있는[함축하는] 이러한 작동은, 우리가 기쁜 수동정서가 우리에게 필연적으로 공통성의 어떤 상황을 제시한다는 것을 인식하기 전까지는 여전히 모호하다. 기쁜 수동정서는 우리의 신체에 공통적인 하나의 관계로 이루어지는 외부적 신체로부터만 발생할 수 있다. 우리의 정신이 이 신체와 우리의 신체 사이에 공유된 공통 관계라는 관념(공통 개념)을 형성할 때, 기쁜 변용은 수동적이기를 멈추고 능동적이 된다. "그것은 우리의 출발점이었던 수동적 감정과 구별되지만, 단지 원인에 있어서만 구별된다. 그것의 원인은 더 이상 우리와 일치하는 대상에 관한 부적실한 관념이지 않으며, 그 대상과 우리 자신에 공통적인 것에 관한 필연적으로 적실한 관념이다."[158] 마주침의 원인을 안에 담고 있거나[함축하거

---

157. 같은 책, pp. 274~275. (한국어판, 『스피노자와 표현의 문제』, 371쪽)
158. 같은 책, p. 284. (한국어판, 『스피노자와 표현의 문제』, 383쪽. "그것은 우리의 출발

3장 스피노자적 실천

내 파악하는 이러한 과정에 힘입어 스피노자는 "수동정서인 정서(affect)는 우리가 그것에 대한 명료하고 분명한 관념을 형성하자마자 더 이상 수동정서이지 않게 된다"고 주장한다.159 그래서, 원인을 안에 담고 있는[함축하는] 이 과정은 능동과 적실성으로의 '도약'을 구성한다.

공통 개념들은 들뢰즈에게 사변에서 실천으로의 변형의 완성을 표식하는 스피노자 사유의 '존재론적 단절'을 구성한다. "공통 개념들은 『에티카』의 근본적인 발견들 중의 하나이다."160 실천적 관점을 정립함으로써 스피노자는 존재론에 관한 근본적으로 새로운 비전을 제공했다. 존재는 더 이상 주어진 배열이나 질서로 간주될 수 없다. 여기에서 존재는 합성가능한 관계성들의 배치이다. 하지만 우리가 명심해야 할 것은, 존재론적 구성에 있어 본질적인 요소는 여전히 인과성에 대해, 존재의 '능산성'(productivity)과 '소산성'(producibility)에 대해 스피노자가 초점을 맞춘다는 것이다. 공통 개념은 새롭고 더욱 강력한 관계, 새롭고 더욱 강력한 신체를 창조할 수 있는 두 개의 합성가능한 관계성들의 배치이다. 하지만 이러한 배치는 단지 우연한 합성이 아니라 존재론적 합성이다. 왜냐하면 그 과정은 새로운 신체 자체 내부에 원인을 담고[함축하고] 있기 때문이다. 우리는 『에티

점이었던 수동적 감정과 구별되지만, 단지 원인에 의해서만 구별된다 : 그것은 이제 우리에게 적실한 대상에 부적실한 관념이 아니라, 그 대상과 우리 자신에 공통적인 것에 대한 필연적으로 적실한 관념을 원인으로 갖는다."

159. *Ethics*, VP3. (한국어판,『에티카』, 292쪽, 정리 3. "수동적인 정서는 우리가 그것에 대해 명석 판명한 관념을 형성하는 순간 더 이상 수동적이지 않다.")

160. *Expressionism in Philosophy : Spinoza*, p. 292. (한국어판,『스피노자와 표현의 문제』, 395쪽) 또한 *Spinoza : Practical Philosophy*, 5장, 특히 p. 114 이하를 보라.

카』를 시작하는 정의 — '나는 자기 원인이란(Per causa sui intelligo) … 라고 이해한다' — 로 갑자기 되돌아가게 되지만, 이제 우리는 그것을 전적으로 상이한 태도로 읽게 된다. Causa sui, 즉 자기 원인은 새롭고 실천적인 의미를 획득한다. 스피노자의 존재론적 구성의 본질적인 특성은 적실성, 즉 존재의 인과적 연쇄의 표현이다. 공통 개념들의 형성[체]이라는, 존재론적 배치라는 실천적 전략은 존재론적 탐구를 윤리학적 기획으로 벼리어낸다. 즉 능동적이 되라, 적실하게 되라, 존재가 되라(become being). 스피노자적 실천은, 스피노자적 사변에 대한 분석이 아래로 내려가면서 구축했던 바로 그 사다리를 다시 오르기 시작한다. 구성적인 실천은 생산적 계열들을 정의한다. 기쁘고 수동적인 변용들 → 공통 개념들 → 능동적인 변용들.

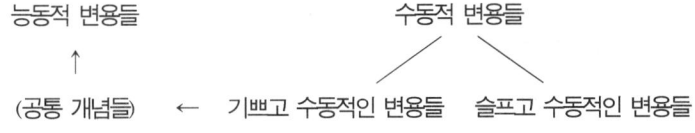

사변은 역량의 지형에 관해 지도를 그렸으며 이제는 실천이 그 지형 안에 거주하면서 지형의 내적 구조에 숨을 불어넣는다. 실천은 존재의 관계들을 아래로부터 구축하면서 위를 향해 움직인다. 이 전체의 작동에 생기를 불어넣고 있는 원동력이 바로 코나투스이다. 스피노자적 물리학이 윤리학적 평면으로 전송될 때, 우리는 더 이상 단지 운동하고 정지하는 신체들만을 보는 것이 아니라, 오히려 욕망이 투입되어 있는 신체들을 발견하게 된다. 우리는 슬픔에서 기쁨으로, 수동에서 능동으로 이동하면서 우리 역량이 증가하는 경로를 발견하고

있다. 우리가 계속해서 명심해야 할 것은, 이 물체적이고 정신적인 개선이 단순히 모호한 윤리적 명령으로 제시되지는 않는다는 점이다. 스피노자가 하나의 목표로서 '능동적이 되라'고 제시할 때, 그는 또한 이 목표를 달성할 수 있는 실천적 수단들을 제시하는 것이다. "공통 개념들에는, 혹은 능동적으로-되기에는 전체적인 학습 과정이 있다. 우리는 스피노자주의에서 교육과정의 문제가 지닌 중요성을 무시해서는 안 된다."161 지복(beatitude)에 이르는 스피노자적 길은 역량에서는 도제수업, 덕(virtue)에서는 교육이다.

9. 이성의 구성

스피노자의 실천은 항상 신체를 모델로 하여 시작한다. 그러나 공통 개념들은 물체의 영역에서부터 출발하지만, 동시에 신체들의 이론에 평행을 이루는[비슷한] 관념들의 이론을 구축한다. 우리가 『에티카』의 5부의 서두에서 발견하는 이러한 구성적 인식론은 2부에서 제시된 바 있는, 이미 주어지고 미리 형성된 인식론과는 근본적으로 다르다. 그리고 이 차이는 대부분 3부와 4부에서 물체적인 평면 위에서 완성된 바 있는, 사변에서 실천으로의 전환에서 기인한다.

"『에티카』 2부에서 스피노자는 공통 개념들의 사변적 내용을 고찰한다. 그는 공통 개념들을 주어진 것[소여] 혹은 주어질 수 있는 것

---

161. 같은 책, p. 288. (한국어판, 『스피노자와 표현의 문제』, 389쪽)

(potentially given)으로 가정한다 … 『에티카』 5부의 초반부에서 스피노자는 주어진 것으로 가정된 공통 개념들의 실천적 기능을 분석한다. 이 기능은 공통 개념들이 변용에 대한 적실한 관념의 원인, 다시 말해 능동적 기쁨의 원인이라는 데 있다."[162]

두 개의 인식론적 논증들은 똑같은 범주와 용어법을 공유하고 있으나 상이한 관점에서부터, 상이한 태도를 가지고 그 주제에 접근한다. 2부에서, 즉 사변적인 계기에서 스피노자는 세 가지 상이한 종류의 관념들의 수학적이고 논리적인 질서[순서]를 펼쳐 놓는다. 그러나 5부에서 스피노자의 실천적 관점은 이 인식론적 질서를 작동시킨다. 이제 구축적인 작인(agent)으로, 배치로 인식된 공통 개념은 메커니즘이다. 그리고 바로 이 메커니즘에 의해서 정신은 수동에서 능동으로 나아가며, 부적실한 관념에서 적실한 관념으로, 상상에서 이성으로 나아간다. 공통 개념의 형성은 이성의 실천적 구성이다.

인식론이 실천 속에서 구성될 수 있다는 이론은 지성의 물질성 개념에 의존하는 바, 이 개념은 스피노자적 사유를 철학적으로는 유물론적 전통에, 역사적으로는 근대 산업의 태동기에 견고하게 위치시킨다. 우리 정신을 개선시키는 방법에 대해 논하고 있는 『지성개선론』의 앞에 나오는 한 구절은 이러한 연관관계들을 매우 분명하게 보여주고 있다.

---

162. 같은 책, p. 286. (한국어판, 『스피노자와 표현의 문제』, 387쪽) [영역본의 potentially given은 donnable의 번역어일 뿐이므로, 굳이 그것을 '잠재적으로 주어진'으로 옮기지는 않았다. – 옮긴이]

"여기서의 문제는 물체적 도구들의 경우와 마찬가지이다. … 처음에 인간들은 (아무리 고되고 불완전한 것이라고 하더라도) 마치 [도구들을] 자신들이 가지고 태어났다는 듯이 도구를 사용해 가장 손쉬운 물건들을 만들 수 있었다. 그리고 일단 이렇게 되자 노동을 덜하면서도 더욱 완전하게 다른, 좀 더 어려운 것을 할 수 있게 되었고, 이렇게 해서 차츰 가장 간단한 작업으로부터 도구로, 나아가 도구로부터 다른 작업들과 도구로 나아감에 따라, 마침내 그렇게도 많은 그리고 그렇게도 만들기 어려운 물건들을 거의 힘을 들이지 않고 완성해내는 지점에 이르게 되었다. 이와 마찬가지로 지성도 그 타고난 역량을 가지고 자기 자신을 위해 지적 도구를 만들고, 그 도구들을 가지고 한층 다른 도구들, 즉 더 깊이 탐구할 역량을 만들어내고, 이렇게 단계적으로 나아가 결국 지혜의 정점에 이르게 되는 것이다."[163]

마치 신체가 철로부터 망치를 벼리어내듯이 정신은 부적실한 관념들로부터 공통 개념을 벼리어낸다[주조해낸다]. 공통 개념은 지혜의 정점을 향한 우리의 노력에서 실천적인 도구로서 기능한다.

이 실천적이고 물질적인 관점은 인식의 상이한 종류들에 관한 스피노자의 체계에 대해 새로운 기반과 새로운 운동의 동학을 제공한다. 제1종(상상, 의견, 계시), 제2종(이성), 제3종(직관). 스피노자는 우리가 수동정서에 초점을 맞추어야 한다고 주장했던 것과 똑같은 방식으로 우리로 하여금 가장 낮은 종류의 인식을 분석하게 만든다. 우선 스피노자는 평가절하를 작동시킨다. "제1종의 인식은 거짓

---

163. *Emendation of the Intellect*, § 30~31 참조. (한국어판: 스피노자, 「지성개선론」, 『세계사상대전집』 44권, 정명오 옮김, 대양서적, 1975, 266쪽)

(falsity)의 유일한 원인이다. 반면 제2종과 제3종의 인식은 필연적으로 참이다."[164] 그러나 우리가 수동정서들과 관련해서 살펴본 바와 같이, 스피노자는 일단 이러한 평가절하를 하고 난 다음에 또한 현실주의적 태도를 채택하여 우리 관념들의 대부분이 제1종의 인식 속에 있다고 주장한다. 스피노자는, 인간들이 이성의 지도에 따라 엄격하게 살 수 있다고 확신하는 철학자들은 인간 본성을 이해하기보다는 마침내는 인간 본성을 단순히 저주하며 탄식할 뿐이라고 이야기하는 것을 좋아한다. 우리는 제1종의 인식을 단순히 배제하거나 부정해서는 안 되고, 그것을 우리의 출발점으로서 활용해야 한다. 따라서 인식론의 실천적 기획은 제1종으로부터 제2종과 제3종의 인식으로 나아가는 운동이다. 바로 이 지점에서 스피노자는 제1종의 인식의 가치를 상이한 태도를 가지고 재평가할 수 있다. 비록 그것이 거짓의 유일한 원천이라 할지라도, 제1종의 인식은 그럼에도 불구하고 참일 수도 있는 관념들로 이루어져 있다.

이러한 재평가(revalorization)는 우리에게 아직 실천적 출발점을 제공하지 않는다. 바로 이 지점에서, 우리가 기쁜 수동정서들과 슬픈 수동정서들 간의 구별을 인식했던 것과 마찬가지로, 우리는 제1종의 인식 내부에서 이와 관련되어 있는 구별을 발견해야 한다. 상상, 의견, 계시가 공통적으로 가지고 있는 것은, 각각에 있어 관념이 표현에 의해서보다는 기호들에 의해 특징지어진다는 점이다. 다시 말해서 제1종의 관념은 내부적 원인보다는 외부적 원인에 의존하고 따라

---

164. *Ethics*, IIP41. (한국어판, 『에티카』, 109쪽, 정리 41. "첫 번째 종류의 인식은 오류의 유일한 원인이다. 그러나 두 번째와 세 번째 종류의 인식은 필연적으로 참이다.")

서 부적실하다. 그러나 다른 두 형태와는 달리, 상상은 신체들 사이의 우연한 마주침들로부터 발생한다. "이러한 인식은 '막연한 경험'(experientia vaga)을 통해 획득되는데, 어원학적으로 볼 때 '막연한'은 마주침들의 우연적 특징과 관련된다."165 스피노자식의 상상은, 그것이 신체들 사이에서의 마주침들 안에서 공통성과 갈등을 읽어낼 가능성을 제공한다는 점에서 물질적인 상상이다. 상상은 구성적인 관계들이 가능하게 되는 물질적인 평면 위에서 작용하기 때문에 우리에게 지시적(indicative) 기호들을 제시한다. 이러한 지형에서 분석은 공통 개념들 및 합성가능한 관계들에 대한 고찰로 이어질 수 있다. 다른 한편 제1종의 인식의 나머지 두 형식들, 즉 의견과 계시는 물체적인 마주침이 아니라 단지 불분명한 명령들만을 제시한다. 그것들은 단지 우리에게 명령적(imperative) 기호들만을 제공한다. 이러한 관념들의 원인들은 우리에게 여전히 모호한 채로 남아있고, 그래서 그것들은 그것들의 형성에 관한 실재적인 계보학, 그것들의 실재적인 생산적 구조를 지시할 수 없다. 그러므로 제1종의 모든 관념들이 어쩌면 참일 수도 있지만, 상상의 물질적 장으로부터 발생하는 관념이 그것의 원인을 지시하기 때문에, 상상은 의견 및 계시와는 구별된다. 다시 말해서 상상은 우리에게 물체적인 관계들을 제시해주기 때문에 합성가능성의 법칙들에 열려있다. 상상은 참일 수 있을 뿐만 아니라, 자신의 원인에 관한 지시를 통해서 적실할 수도 있다.

공통 개념은 이러한 구별의 실천적 힘을 증명하며, 또 그것을 작

---

165. *Expressionism in Philosophy : Spinoza*, p. 289. (한국어판, 『스피노자와 표현의 문제』, 391쪽)

동하게 한다. "만일 우리가 그것들의 기원을 고찰한다면, 공통 개념들은 상상 속에서 그것들의 형성[체]의 바로 그 조건을 발견할 것이다. 게다가 만일 우리가 공통 개념들의 실천적 기능을 고찰한다면, 그것들은 상상될 수 있는 것에만 적용될 것이다."166 배치와 마찬가지로 공통 개념들은 실천적 중심축이다. 그것들은 이성을 구성하기 위해서 상상의 지형에서 생겨나는 블록들을 세운다. 공통 개념들의 생산은, 들뢰즈가 상상과 이성 간의 '기묘한 조화'라고 부르는 것이 있음을 보여준다. 공통 개념을 통해 상상과 이성은 지성적인 구성 과정에 있어서 상이한 단계들 또는 평면들로서 하나의 연속체 위에서 연결된다. 그러나 이것들 사이의 실재적 차이는 여전히 남아있다. 상상은 대상의 현존(presence)을 긍정함으로써 시작한다. 그러나 상상이 아무리 강하거나 강렬할지라도, 우리는 상상된 대상을 가능한 또는 우발적인 방식으로 현존하는 것으로 계속 간주한다. 이성의 특정한 고유성은 사물들을 필연적인 것으로 간주한다는 것이다. 따라서 공통 개념은 상상의 변덕스러움과 우발성을 이성의 영구함과 일관성으로 변형시킨다. "이성에서 생겨나는 정서는 필연적으로 사물의 공통적인 고유성[특질들]과 관련된다. 우리는 이러한 고유성을 현존하는 것이라고 항상 간주하며 … 우리는 항상 똑같은 방식으로 상상한다."167

---

166. 같은 책, p. 294. (한국어판, 『스피노자와 표현의 문제』, 398쪽. "그 기원에서 보면 공통 개념들은 그 형성 조건 자체를 상상에서 얻는다. 그뿐 아니라 그 실천적 기능에서 보면 공통 개념들은 상상[이미지화]될 수 있는 것들에만 적용된다.")
167. *Ethics*, VP7Dem. 강조는 인용자. (한국어판, 『에티카』, 296쪽, 정리 7의 증명. "… 그러나 이성에서 생긴 정서는 필연적으로 사물의 공통된 성질에 관계되며, 우리는 이 공통된 성질을 항상 현존하는 것으로 생각하고, 또한 우리는 이것을 언제나 똑같은 방식으로 표상한다.")

여기에서 이성은 강화된 상상으로서 제시되는 바, 이러한 상상은 공통 개념의 구축을 수단으로 하여 지속적으로 상상할 수 있는 역량을 획득한다. "필연성, 현존 그리고 빈도는 공통 개념들의 세 가지 특징이다."168 이성은 회귀하는 상상, 즉 반복구(refrain)이다.

일찍이 우리는 기쁘고 수동적인 변용과 기쁘고 능동적인 변용간의 중심적 차이가 전자의 경우는 외부적 원인, 후자의 경우는 내부적 원인이라는 점을 발견했다. 공통 개념은 원인을 안에 담고 있거나[함축하거나] 파악하면서, 변용을 유지하는 변형을 작동시킨다. 여기에서, 즉 인식론적 영역에서, 배치를 통한 구성이라는 [인식론적 영역에] 상응하는 작업틀이 제시된다. 기쁜 수동정서와 마찬가지로 상상은 우리가 그 과정을 시작할 수 있게 해주는 조건이다. 상상과 이성 간의 중심적 차이는 전자의 우발성과 후자의 필연성이다. 공통 개념은 상상을 영구적인 것으로 만드는 변형을 작동시킨다. 그것은 이성으로의 이행이다. 그러므로 우리는 인식론적 구축을 정서들의 구조에 대한 우리의 초기의 도표[다이어그램]와 비슷하게[평행적으로] 그려낼 수 있다. 구성적인 인식론적 실천은 다음과 같은 계열들에 의해서 정의된다 : 상상 → 공통 개념 → 이성.

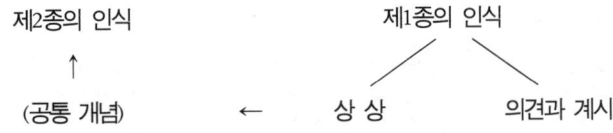

---

168. *Expressionism in Philosophy : Spinoza*, p. 296. (한국어판, 『스피노자와 표현의 문제』, 400쪽)

인식론상에서 스피노자의 혁명의 초석은 그가 공통 개념의 역할을 상상과 이성의 연결고리로 개념화하고 있는 점이다. 스피노자는 이성을 탈신비화시킨다. 2부의 사변적인 논증에서, 이성은 데카르트적, 수학적인 정신으로 정의되었다. 이성은 필연적 진리의 주어진[소여된] 체계였고, 그래서 이성의 생산은 완전히 모호했다. 그러므로 모든 오류의 근원인, 제1종의 인식은 진리를 위한 기획에서 아무런 긍정적인 역할도 할 수가 없었다. 유일한 전략은 그것을 부정하는 것이었다. 이제 스피노자 사유의 실천적 계기에서, 우리는 제1종의 인식의 상이한 형식들과 상상에 관한 가치화[가치증식] 사이에서 중요한 구별을 발견한다. 상상은 현존하는 신체들 및 관계들의 상태를 실재적으로 (비록 변덕스럽고 우발적이긴 하지만) 지시한다. 공통 개념은 우리의 상상하기를 영구적이고 필연적인 것으로 만들 수 있는 능력(capacity)을 가지고 개입한다. 배치는 상상을 부정하는 것이 아니라 오히려 상상을 이성의 평면으로 운반한다. 공통 개념의 작동은, 스피노자적 구성 과정이 전혀 변증법적이지 않다는 점을 분명히 한다. 더 심화된 단계로의 전진적 운동은 현재 단계의 부정을 통해 성취되는 것이 아니라, 오히려 그것의 합성을 통해서, 즉 그것을 더욱 커다란 강렬도와 실체를 가지고 보존하면서 성취된다. 이러한 맥락에, 우발성과 필연성, 상상과 이성은 배타적이고 대립적인 쌍이 아니다. 오히려 그것들은 구성의 과정에 의해 생산적인 연속체 위에서 함께 연결된 고원들이다.

논평 : 이론적 실천과 실천적 구성

　스피노자의 철학에서 들뢰즈의 실천 개념이 갖고 있는 기본적인 요소들을 분절했기 때문에, 우리는 알튀세르에게로 돌아갈 수 있으며, 우리가 앞에서 제기했던 현상학적 비판이 지닌 힘(strength)을 다시 생각해볼 수 있다. 우리 연구의 관점에서 볼 때 문제의 핵심은 사변(혹은 이론)과 실천의 관계이다. 우리는 들뢰즈가 스피노자를 이러한 관계의 형태를 다루고 있는 확장된 드라마로 독해한다는 점을 살펴보았다. 『에티카』의 첫 부분에서 스피노자는 사변적인 관점에서 존재를 고찰하고, 근본적인 존재론적 원리들을 발견한다. 그러고 나서는 실천적인 관점에서, 스피노자는 물체적이고 인식론적인 용어로 존재의 실재적인 구성으로 나아간다. 들뢰즈의 해석이 행한 가장 중요한 기여들 중의 하나는 스피노자의 사유에서의 이 두 개의 관련된 계기들, 즉 사변과 실천을 발견하고 분명하게 했다는 것이다. 바로 이러한 특정 지점에서 우리는 알튀세르와 들뢰즈가 제시한 입장들이, 어떤 점에 있어서는 알튀세르가 이론과 실천 사이에서 유사한 관계를 제시했기 때문에 결국 그렇게 거리가 먼 것이 아니라고 말하려는 유혹에 빠질 수도 있을 것이다.

　우선 우리는 이론이 실천으로부터 끌려 나온다는 점을 발견한다. "우리의 이론적 문제를 설정하고 해결하는 것은 궁극적으로는 실천적 상태에서 실존하는, '해결'을 이론적으로 표현하는 것에 있으며, 맑스주의적 실천이 제공하는 것이 바로 이것이다."[169] 역으로 실천은

---

169. Louis Althusser, *For Marx*, p. 165. 수정해서 인용함. (한국어판: 루이 알뛰세르, 『맑스

이론에 의존한다. 알튀세르가 레닌에게서 즐겨 인용한 문구들 중의 하나가 이것을 가장 잘 표현한다. "이론이 없다면 어떠한 혁명적 실천도 없다."[170] 들뢰즈의 스피노자를 읽으면서 우리는 또한 이론과 실천 사이의 일정한 상호의존적 관계를 발전시켰다. 존재론적 사변은 구성적 실천을 위한 지형을 준비한다. 아니 오히려 (연구로서의) 존재론적 사변이 그 지형의 구별들을 밝힌 이후에야, 두 번째로, 이 동일한 지형이 존재의 '내부적 연결관계들' 및 '실재적 운동'을 존재 자신의 구성과정 속에서 제시하면서, 상이한 방향에서, 상이한 자세로, (서술로서의) 실천적 태도를 가지고 횡단된다. 미셸 푸코와 행한 대담에서, 들뢰즈는 이러한 관계에 대해 약간 다른, 하지만 내 생각으로는 양립가능한 설명을 제시하고 있다. 즉 그것을 이론과 실천 사이의 일련의 중계[계주]로서 설명한다. "실천은 하나의 이론적 지점에서 또 다른 이론적 지점으로 나아가는 일군의 중계이며, 이론은 하나의 실천에서 또 다른 실천으로 나아가는 중계이다. 어떠한 이론도 결국 벽을 마주치지 않으면 발전할 수 없으며, 실천은 이러한 벽을 뚫고 지나가는 데 필수적이다."[171] 따라서 우리는 이 중계의 이미지를 이용하여 레닌적 통찰에 들뢰즈적 독해를 부여할 수 있다. '이론이 없다면 어떠한 혁명적 실천도 없다.' 이론이 없다면 실천이 발생할 수 있는 어떠한 지형도 존재하지 않는다. 역으로 실천이 없다면 이론을 위한 어떠한 지형도 존재하지 않는다. 각각은 상대의 실존과

를 위하여』, 이종영 옮김, 백의, 1997, 195~196쪽)
170. 같은 책, p. 166. (한국어판, 『맑스를 위하여』, 197쪽)
171. Deleuze, "Intellectuals and Power", p. 206.

발전을 위한 조건들을 제공해준다.

그러나 우리가 이론과 실천의 관계에 관한 알튀세르의 개념화를 좀 더 면밀히 살펴보면, 우리는 그의 저작에 종종 가려져 있기는 하지만 항상 현존하는 근본적인 차이가 있음을 발견한다. 알튀세르에 있어서 이론과 실천의 상호관계는 언제나 최종 심급에서 이론의 우선성을 인정한다. 실천은 끊임없이 훼손당하고 회복되며 포섭된다. 예를 들어 알튀세르가 레닌의 모토를 어떻게 해석하는지를 고찰해 보라. "'이론이 없다면, 어떠한 혁명적 실천도 없다.' 이것을 일반화시키면 다음과 같다. 이론은 실천에 본질적이다."172 레닌에 대한 알튀세르의 부연설명(extension)은 중요한 수정을 포함한다. 레닌의 모토에서 이론과 실천의 관계는 동등한 관계로 이해될 수 있다. 그러나 알튀세르는 이론을 일차적인 것으로, 실천의 본질로서 제시한다. 10월 혁명은 알튀세르에게 구체적인 사례를 제공한다. "볼셰비키 당의 실천은 『자본』의 변증법에, 맑스주의적인 '이론'에 기초하고 있었다."173 이론에 주어진 우선성은 이제 알튀세르로 하여금 이론 자체 내부에 실천을 포섭하도록 해준다. 물론 다른 실천 형태들이 있음에도 불구하고 알튀세르의 분석은 중심적인 정치적 형태로서, 실천의 원형으로서 '이론적 실천'에 초점을 맞추는 경향이 있다. 이론적 실천은 이론과 실천의 종합이지만, 항상 이론의 우선성이 유지되는 종합이다.

몇 년 후에 자기-비판의 정신으로, 알튀세르가 이 입장을 문제가

---

172. Louis Althusser, *For Marx*, p. 166. (한국어판, 『맑스를 위하여』, 197쪽)
173. 같은 책, p. 175. (한국어판, 『맑스를 위하여』, 209쪽)

있는 것으로 제기하기는 하지만, 그는 이론과 실천 간의 이 본질적인 관계를 실질적으로는 수정하지 않는다. 알튀세르는 그의 분석을 왜곡한 '이론주의적' 오류를 교정하고 싶다고 주장한다.[174] 특히 그는 이러한 이론주의적 경향의 정점을 대표하는 그의 '이론적 실천의 이론'을 수정해야 할 필요성을 보게 된다.[175] 그러나 항상 그랬듯이 여기에서 알튀세르는 자기-비판에 있어서 매우 교묘하다. 그가 과거의 입장을 수정하고 있는 것처럼 보일 때에도 그의 주장은 오히려 똑같은 입장을 강화하는 데 기여한다. 이론적 실천의 이론에 대한 그의 자기-비판은 정확히 다음과 같은 방식으로 기능한다. "철학을 이론적으로 과대평가하는 가운데 나는 철학을 정치적으로 과소평가했다. 계급투쟁을 '도입하지' 않는다고 나를 정확히 비난했던 사람들이 날카롭게 지적했던 것처럼 말이다.'[176] 우리는 이 문장을 아주 신중하게 읽어야 한다. 알튀세르는 정치적 실천의 힘으로서의 계급투쟁에 충분한 중요성을 부여하지 않는다고 (올바르게) 비판받아 왔다. 이 비판을 받아들이면서 알튀세르는 철학에 입각해서 이론과 실천에 관한 논의의 틀을 다시 잡는다. 그의 오류는 철학을 잘못 판단했다는 것이다. 말하자면 철학을 이론적으로 과대평가하는 가운데 철학을 정치적으로 과소평가했다는 것이다. 그는 철학의 실천적, 정치적 역량을 높이 평가하기 위해 철학에 대한 자신의 이해를 확대해야 한다. 이것을 토대로 해서, 그는 이론-실천 관계에 관한 (새로운?) 정의를

---

174. Louis Althusser, *Essays in Self-Criticism*, pp. 105, 128, 142.
175. 같은 책, p. 147.
176. 같은 책, p. 150.

제시한다. 철학은 '이론 안에서의 정치', 보다 엄밀히 말해서 "철학은, 최종 심급에서, 이론 안에서의 계급투쟁이다."[177] 사회적 실천은 현존하지만, 오직 그것이 이론 내부에 있을 때에만 현존한다. 문제를 철학으로 바꿔치기 함으로써 알튀세르는 또 다시 이론 내부에 실천을 부차적이고 의존적인 요소로서 포섭시킬 수 있게 되었다.

이론과 실천의 관계에 대한 들뢰즈의 관점은 그와 반대로 두 가지 활동들이 여전히 원리상으로 자율적이며 동등하다는 점을 강조한다. 들뢰즈에게는 이론과 실천의 종합도 없고, 하나가 다른 하나에 비해서 우선적이라는 것도 없다. 실제로 우리는 들뢰즈가 모든 '이론주의적 경향'에 대한, 사유에 특권을 부여하는 모든 것에 대한 비판으로서의 유물론적인 철학을 위한 첫 번째 조건을 주장한다는 점을 아주 장황하게 보여주었다.[178] 그렇다면 첫 번째 근사치로서 이론과 실천의 관계는 정신의 능동과 신체의 능동이 맺는 관계와 같으며, 둘 사이에는 아무런 직접적인 인과적 관계도, 어떠한 우선성도 없다고 제안해보자. "신체는 정신이 사고하도록 결정할 수 없으며, 정신은 신체를 운동하도록, 정지하도록, 아니면 그 밖의 다른 것이 되도록 (만약 그 밖의 다른 것이 있다면) 결정할 수 없다."[179] 물론 우리가 명심해야 할 것은 정신/신체와 이론/실천이라는 두 쌍 사이에는 동일성이 없다는 점이다. 우리의 사변은 사유의 영역과 연장의 영역에서 동

---

177. 같은 책, p. 150.
178. 이 책 1부 3장 4절 및 5절을 보라.
179. *Ethics*, IIIP2. (한국어판, 『에티카』, 133쪽, 정리 2. "신체는 정신을 사유로 결정할 수 없으며, 정신도 신체를 운동이나 정지로 그리고 (만약 다른 어떤 것이 있다면) 다른 어떤 것으로 결정할 수 없다.")

등하게 존재의 원리들을 고찰한다. 이와 비슷하게 존재의 실천적 구성은 정신과 신체 모두를 포함한다. 우리가 지적하고 있는 공통 관계는 각 쌍에 있는 항들의 자율성과 동등성이다. 이러한 의미에서 들뢰즈는 그 관계성을 일련의 중계라고 상상할 수 있다. 이러한 맥락에서 이론적 자동기계와 실천적 자동기계를 존재의 역량을 동등하게 다시 가리키는 표현들로서 이야기하는 것도 의미가 있다.

그러나 자율성에 대한 이러한 논의들은 우선 논쟁적 입장들로 독해되어야 한다. 속성들의 자율성에 대한 스피노자의 주장이 데카르트적인 사유의 우위에 대한, 신체를 정신의 질서 내부에 효과적으로 포섭하는 이론적 틀에 대한 공격이듯이, 실천의 자율성에 대한 우리의 들뢰즈적 주장 역시 이론의 우위에 관한, 실천을 이론 내부에 효과적으로 포섭하는 개념들에 대한 반작용[반발]이다. 예를 들어 우리가 1917년 볼셰비키 반란과 같은 실천적 행위의 기반 혹은 원인의 문제를 제기할 때, 우리는 (맑스가 『자본』에서 변증법을 사용하는 것처럼) 그것을 결정한 이론적 이유에 주의를 기울일 수 없으며, 그 대신 그 사건 속에서 일치를 이루고 필연적인 것으로 되는 욕망, 상상, 역량들의 축적을 찾아야 한다. 다시 말해서 우리는 혁명적 마주침의 기쁜 수동정서들을 능동들로 변형시킨 공통 개념들을 연구할 필요가 있다. 다시 한번 구성적 실천의 상대적인 자율성에 관한 이러한 명제는 하나의 논쟁적 입장으로서, 실천을 이론의 그림자로부터 끄집어내어 그것의 풍부한 힘을 인식하게 해주는 하나의 시도로서 이해되어야 한다. 스피노자가 신체에 대해서 말했던 것과 똑같이, 들뢰즈는 어쩌면 어느 누구도 아직까지 실천이 무엇을 할 수 있는지를 결정하지 못했다고 말할 수 있을 것이다. 하지만 스피노자에게서 공통 개념의 실천적 기능을 명확히 하는 것은 사회적 실천의 역량을 발견하는 데로 나아가는 큰 걸음이다.

마지막으로 들뢰즈와 대조적으로 알튀세르는 이론의 우선성이 계속해서 다시 출현한다는 점에서, 그리고 이론적 영역 내부로 실천이 계속해서 포섭된다는 점에서 여전히 너무 헤겔적으로 남아있다. 유물론적 철학의 중심적 기획은, 그것이 수많은 역사적 변장을 하고 있으면서도, 정확히 우선성이라는 이 명제와 싸움을 벌이고, 포섭으로서의 상호관계라는 개념에 도전하는 것이다. 신체를 정신의 그림자로부터 끄집어내라, 실천을 이론의 그림자로부터 끄집어내라, 그것의 모든 자율성과 존엄성을 다해, 그것이 할 수 있는 것이 무엇인지 발견하라. 들뢰즈는 공통 개념들의 실천이라는 개념화를 통해, 이론의 운동 내부에서 회복되는 것을 거부하는 구성의 유물론적 실천이라는 개념화를 통해, 헤겔적 지형으로부터 완전히 벗어났다. 이 실천적 실천은 그것의 점진적인 예시에 있어서 정신의 펼침 속으로 포섭될 수 없다. 구성의 논리는 상이한 박자에 맞추어 행진하는 하나의 전진을, 그 요소들을 독창적이고 예측할 수 없으며 창조적인 구조들로서의 개방되고 비목적론적인 형태들 속에서 아래로부터 축적해가는 하나의 전진을 드러낸다. 헤겔적 실천의 운동이 항상 위로부터 명령을 받는 가운데 질서[순서]의 논리 내부에서 회복되는 반면, 들뢰즈식의 실천은 조직화의 열린 논리를 통해 아래로부터 솟아난다.

10. 조직화의 기예: 정치적 배치를 향하여

  스피노자에게서 정치학은 신체들의 문제로서 생겨난다. "진정으로 역량에 입각해서 사유하기 위해서는 우선 신체에 관한 물음을 제기해야만 했다."[180] 역량의 존재론적 원리를 도입한 것이 들뢰즈에게 스피노자적 실천의 장을 열어준 열쇠였다. 그리고 신체의 역량 문제는 그것의 일차적인 지형, 그것의 모델 역할을 했다. 우리는 들뢰즈가 배치의 논리에 입각해 공통 개념들을 해석한 것이, 스피노자적 실천의 실재적인 구성적 힘을 밝혀주었다는 점을 살펴보았다. 수동적 변용은 능동적 변용을 구성하고, 상상은 이성을 구성한다. 공통 개념은 생성으로부터 존재를, 우연으로부터 필연을 주조해내는 존재론적 메커니즘이다. 그것은 우연한 기쁜 마주침을 적실한 것으로 만들어주는 존재론적 배치이다. 기쁜 마주침은 회귀한다. 처음부터, 들뢰즈는 공통 개념과 그것의 배치 과정을 윤리적 기획(능동적으로 되기, 적실하게 되기, 기쁘게 되기)의 일부로 설정했다. 하지만 우리는 어떻게 이 과정을 고유하게 정치적인 관점에서 인식할 수 있는가? 스피노자의 정치적 구성과정이란 무엇인가, 아니 그보다는 정치적 배치란 무엇인가?

  스피노자는 사법적인 영역을 통과하는 이행을 구축함으로써, 정치적인 문제들을 존재론적 관점에서[용어로] 직접 제기할 수 있었다. 역량 이론과 신체들의 이론은 권리 이론의 형태로 정치적 실천과 더욱 가깝게 된다. "한 신체가 할 수 있는 모든 것(그것의 역량)은 또

---

180. *Expressionism in Philosophy : Spinoza*, p. 257. (한국어판, 『스피노자와 표현의 문제』, 347쪽)

한 그것의 '자연권'이다."[181] 스피노자의 자연권 이론은 홉스의 자연권 이론과 다르듯이, 고대인들의 자연법과도 상당히 다르다. 고대인들은 자연법을 완전성에 입각해서 정의했다. 그들은 자연을 그것의 목적들을 향하여, 목적인을 향하여 정향된 것으로 이해했다. 우리가 여러 경우에서 살펴보았듯이 스피노자는 작용인을 받아들이면서 목적인을 항상 거부한다. "자연법[칙]은 더 이상 목적 완전성이 아니라 일차적[주요] 욕망, 가장 강한 '욕동'(appétit)에 관계된다."[182] 자연권에 관한 이러한 명제를 이해하기 위해서 우리는 스피노자의 배치와 구성의 존재론적 논리학이 여기에서 다음의 추론 즉, 조직화 대 질서를 안내하고 있다는 것을 인식해야만 한다. 존재 자체의 생산성[능산성]은 권리에 관한 담론 전체에 생기를 불어넣는 원동력이다. 잠시 지금쯤은 매우 친숙해졌을 이 구성적 절차를 통해서 작업을 해보자.

우리는 가치절하(devalorization)에서 시작한다. 다른 지형들 위에서 살펴본 것처럼, 스피노자는 우리가 우리의 정치적 사유를 우리의 역량의 가장 낮은 층위에서부터, 사회적 조직화(organization)의 가장 낮은 지점에서부터, 전형적인 마키아벨리적 *ritorno ai principi*[처음으로의 회귀]와 더불어 시작한다고 주장한다. 아무도 태어날 때부터 합리적이지 않듯이, 태어날 때부터 시민인 사람은 아무도 없다. 어떠한 질서도 미리 결정되어 있지 않기 때문에, 스피노자식 사회의 모든 요소는 바로 가까이에 있는 요소들을 가지고, 제헌적(constituent) 주체들(그들이 무식하건 배웠건)에 의해, 현존하는 변용들(그것들이 수

---

181. 같은 책, p. 257. (한국어판, 『스피노자와 표현의 문제』, 348쪽)
182. 같은 책, p. 259. (한국어판, 『스피노자와 표현의 문제』, 351쪽)

동적이건 능동적이건)에 기초해서, 내부적으로 구성되어야만 한다. 그리고 우리는 인간의 조건이 주로 우리의 약함에 의해 주로 특징지어져 있고, 우리의 변용될 수 있는 역량이 대부분 수동정서들로 채워져 있다는 점을 알고 있다. 하지만 이러한 가치절하는 또한 우리 자유에 관한 긍정이다. 스피노자가 우리의 자연권이 우리의 역량과 공외연적(coextensive)이라고 주장할 때, 이는 어떠한 사회적 질서도 어떠한 초재적 요소들에 의해서도, 힘들의 내재적인 장 바깥의 어떤 것에 의해서도 부과되어질 수 없다는 것을, 그러므로 의무나 도덕의 어떠한 개념화도 우리의 역량에 관한 확언보다 부차적이며 종속적이어야 한다는 것을 의미한다. "참된 자연법은 역량의 규범이지 의무의 규칙이 아니다."[183] 어떠한 도덕적 질서로부터도 자유로운 역량의 표현이 사회의 일차적인 윤리적 원리인 것이다. "우리가 할 수 있는 것의 끝까지 나아가는 것(aller jusqu'au bout de ce qu'on peut)은 고유하게 윤리적인 과업이다. 바로 여기에서 『에티카』는 신체를 모델로 삼는다. 모든 신체는 자신의 역량을 자신이 할 수 있는 데까지 멀리 확장하기 때문이다. 어떤 의미에서 모든 존재는 매순간 그가 할 수 있는 것의 끝까지 나아간다."[184] 이러한 윤리적 정식은 우선적으로 우리 역량의 극한(le bout)을 일차적으로 강조하지 않는다. 그것은 오히려 극한과 우리가 할 수 있는 것 사이의 역동성을 제기한다. 우리가 극단의 지점에 다다를 때마다 매번, 우리가 할 수 있는 것은 그 너머로 움직이기 위해 솟아오른다. 윤리적 과제는 현존의 배열, 현존의

---

183. 같은 책, p. 268. (한국어판, 『스피노자와 표현의 문제』, 363쪽)
184. 같은 책, p. 269. (한국어판, 『스피노자와 표현의 문제』, 364쪽)

질서[순서]의 주어진 한계들 너머로 우리의 역량을 표현하기 위해서 세계 속에서 움직이고 있는 우리의 불굴의 노력(perseverance)을, 우리의 물질적인 코나투스(conatus)를 부각시킨다. 이 윤리적인 불굴의 노력은 다양체의 열린 표현이다. 그러므로 스피노자의 자연권 개념은 질서로부터의 자유를, 다양체의 자유를, 아나키 상태의 사회의 자유를 제시한다.

그러나 자연상태 자체로 묘사된 사회는 우리에게 살아갈 수 없는 조건을 제시한다. 더 엄밀히 말하면 그것은 우리에게 우리의 역량의 극소점을 제시한다. 이렇게 파악된 자연상태에서 나는 다른 신체들과의 우연한 마주침을 경험한다. 우리는 수동정서에 의해 주로 결정되기 때문에 이러한 다른 신체들은 나의 신체와는 아무런 공통점이 거의 없다. 그러므로 이러한 조건에서 나의 변용될 수 있는 역량은 수동적 변용들로 주로 채워질 뿐만 아니라, 그러한 수동적 변용들은 대개 슬프다. 이전에 우리가 수동적 변용들에서 능동적 변용들로, 상상에서 이성으로 이동했던 것과 마찬가지로, 이제 우리는 우리 역량의 증대를 위하여 자연권에서 시민권으로의 이행을 발견해야 한다. "자연상태를 살 만하게 만드는 단 한 가지 방법이 있을지도 모른다. 마주침들을 조직하려고 노력하는 것이 그것이다."[185] 시민상태는 살 만하게 만들어진 자연상태이다. 혹은 더 정확하게 말하자면 시민상태는 우리의 역량을 증대시키는 기획이 투입되어 있는 자연상태이다. 그리고 우리가 살펴보았듯이 우리 역량의 증대는 합성가능한 관

---

185. 같은 책, pp. 260~261. (한국어판, 『스피노자와 표현의 문제』, 353쪽)

계들의 조직화를 포함한다. "만약 둘이 함께 모여 그들의 힘을 합친다면, 그것들이 각각 혼자 있을 때에 비해, 그들은 공동으로 더 많은 힘을 갖게 되고 따라서 자연보다 더 많은 권리를 갖게 된다. 연대하여 결합하는 자들이 많으면 많을수록, 그들은 더 많은 권리를 집단적으로 소유하게 될 것이다."[186] 따라서 스피노자 정치학의 핵심은 유용하고 합성가능한 관계성들을 촉진하기 위해 사회적 마주침들의 조직화를 향해 정향되어 있다. 그것은 "마주침들을 조직하는 이러한 기예"이다.[187] 자연권은, 사회에 관한 변증법적 개념화에서 그러하듯이 시민권으로 이행하면서 부정되는 것이 아니다. 오히려 자연권은 상상이 이성 안에서 강화되는 것과 마찬가지로 보존되고 강렬해진다. 이러한 변형 속에서 사회의 다양체는 다중(multitude)으로 주조된다.[188] 다중은 그것이 적대와 갈등에 항상 열려져 있다는 점에서 여전히 우발적이다. 그러나 증가하는 역량의 역동성 속에서 다중은 일관성의 평면[고른판, 정합면]에 도달한다. 다중은 사회적 규범성을 시민권으로 설정할 수 있는 능력을 가지고 있다. 다중은 강력해진 다양체이다. 따라서 스피노자의 시민권 개념은 자유에 관한 첫 번째 개념을 두 번째 개념을 가지고 보완한다. 질서로부터의 자유에서 조직화의 자유로. 다양체의 자유는 다중의 자유가 된다. 그리고 다중의 규칙은 민주주의이다. "다중의 역량에 의해 정의된 이 권리는 일반

---

186. *Poltical Treatise*, II : 13.
187. *Expressionism in Philosophy : Spinoza*, p. 262. (한국어판, 『스피노자와 표현의 문제』, 355쪽)
188. 다중에 대한 스피노자적 개념의 확장된 논의에 관해서는, Antonio Negri, *The Savage Anomaly*, pp. 187~190, 194~210을 보라. (한국어판, 『야만적 별종』, 382~388쪽, 393~420쪽)

적으로 국가라 불린다. 그리고 그것은 공통의 동의를 통해 공화국의 업무를 관리하는 사람에 의해 전제적으로 통치된다. … 만약 이러한 몫이 일반적인 다중으로 구성된 의회에 속한다면, 그때 국가는 민주주의라 불린다."[189] 그러므로 자유의 이행에서, 즉 다양체에서 다중으로의 이행에서 스피노자는 민주주의 속에서 아나키를 합성하고 강화시킨다. 그 구성원들의 동등성을 통해서 다중의 절대적인 규칙[지배]인 스피노자의 민주주의는 '마주침들을 조직하는 기예'[190]에 기반을 두고 있다.

자유에 관한 이러한 시각과 사회적 마주침들의 조직화에 대한 이러한 시각은 사실 들뢰즈의 존재론적 공통 개념 이론의 확장이다. 인식론적 평면 위에서, 우리는 공통 개념이 어떻게 해서, 실천이 지식의 질서를 구성하도록 만드는 메커니즘인지를 살펴보았다. 기쁘고 수동적인 변용에서 능동적인 변용으로의 실천적 이행은, 상상에서 이성으로 이행하는 것과 마찬가지로 공통 개념을 통해 발전한다. 이제 존재론적 평행론은 우리가 만약 사유의 영역에서 그러한 실천적 이행을 분명하게 할 수 있다면, 연장의 영역에서도 이와 유사한 이행을 틀림없이 인식할 수 있다고 말해준다. 다시 말해서 만약 우리가 평행론에 관한 들뢰즈의 해석을 일관되게 추구할 수 있다면 우리는 지성적인 공통 개념이 부적실한 관념들(상상)을 기초로 해서 적실한 관념들(이성)을 구성해내듯이, 틀림없이 사회적 신체들의 우연하고, 부적실하고, 뚜렷하게 슬픈 마주침들을 일관되고, 적실하며 기쁜 마

---

189. *Poltical Treatise*, II : 17.
190. *Expressionism in Philosophy : Spinoza*, p. 262. (한국어판, 『스피노자와 표현의 문제』, 355쪽)

주침들로 조직하는 데 기여하는 물체적인 공통 개념을 발견할 수 있다. 존재론적 평행론은, 이 개념을 극한까지 밀고 나가게 되면 인식의 구성, 공동체의 지적인 구성이 공동체의 물체적 구성에 의해 동등하게 되고 보완되어야 한다는 것을 의미한다. 물체적 공통 개념, 적실한 사회적 신체는 다중 안에서 물질적 형태를 부여받는다.

스피노자의 자유와 민주주의에 대한 이러한 개괄은 우리에게 일반적인 정치적 정향을 제공해주지만, 중심적 요소, 즉 다중의 형성과정, 정치적 배치의 과정은, 우리가 이것의 구체적인 구성 메커니즘을 더욱 풍부하게 만들기 전까지는 모호하고 신비스러운 것처럼 보일 위험이 있다. 하지만 이것은 『스피노자와 표현의 문제』에서 들뢰즈의 분석이 지닌 한계이다. 결국 이것은 민주주의 '이론'의 한계이며, 이론이 벽에 부딪치는 지점이다. 오직 사회적 실천만이 정치적 배치의 과정에 신체를 부여함으로써 이 벽을 깨뜨리고 나갈 수 있다.

4

결론
철학에서의 도제수업

우리는 강력한 발전의 노선, 점진적인 진화를 식별해내기 위해서 들뢰즈의 초기 작업을 통해 항해를 해왔다. 베르그송, 니체, 스피노자. 하지만 이것은 단순한 철학사에서의 연습이 아니다. 이 연구에서 내 관심의 일부가 들뢰즈의 저술을 통해 형이상학의 역사가 죽지 않았다는 것을, 그것이 우리가 현재 직면하고 있는 문제들 속에 여전히 생생하게 살아있는 강력하고도 근본적인 대안들을 포함하고 있다는 것을 증명하는 것이었음은 사실이다. 이 철학자들은 들뢰즈 사유의 기반을 형성하며, 바로 그 점에서 이들은 들뢰즈 자신의 교육을 위한, 철학에서의 도제수업을 위한 재료를 제공한다. 하지만 들뢰즈의 작업은 이러한 대안적 전통을 재평가(revalorization)하는 것에서 멈추지 않는다. 그는 살아있는 것을 선택해서 그것을 변형시킨 다음 자신의 관심들에 적합한 것으로 만든다. 이런 식으로 그는 철학사를 자신의 것으로 만드는 동시에 새로운 것으로 만든다.

오늘날 출현하고 있는 세대는 철학에 대한 새로운 취향을 발전시키면서 들뢰즈의 사유 속에서 교육받고 있다. 이 연구에서 나는 철학에서의 내 자신의 교육, 내 자신의 도제수업을 추구하기 위해서 들뢰즈의 선택과 변형의 방법을 사용해서 들뢰즈의 저술을 읽으려고 노력했다. 나는 그의 저술을 나의 것으로 만들기 위해 노력해왔다. 그 과정에서 나는 이러한 노력의 핵심을 구성하는 것으로 생각되어진 일단의 네 가지 주제들—존재론, 긍정, 실천 그리고 구성—에 풍부하게 살을 붙이는 작업을 했다.

1. 존재론

들뢰즈의 존재론은 그가 베르그송과 스피노자에게서 발견하는 차이와 단독성 개념에 근거를 두고 있다. 무엇보다도 베르그송적 차이는 존재의 긍정적 운동의 원리를 정의한다. 말하자면 존재론적 분절과 분화의 시간적 원리를 규정한다. 베르그송은 존재가 무엇인가라고 묻지 않고 존재가 어떻게 운동하는가라고 묻는다. 존재론적 운동에 이렇게 초점을 맞추는 것은 인과성의 본성에 대한 전통적인 철학적 논의의 맥락 속에 쉽게 위치시킬 수 있다. 베르그송적 차이는 우선 기계론자들의 차이와 구별되어야 한다. 기계론자들은 경험적 진화를 제기하는데, 그 진화 속에서 각각의 결정은 우연적인 관계를 통해 질료적[물질적] '타자'에 의해 야기된다. 기계론자들의 존재론적 운동은 질료인에 관한 조잡한 개념화에 의존하고 있는데, 그것은 존재를 순전히 우연적인 것으로서, '잔존적 외면성'으로서 제기할 위험이 있다. 하지만 다른 한편으로 베르그송적 차이는 플라톤적 차이와 구별되어야 한다. 플라톤적 차이는 질료인에 의존하는 것이 아니라 목적인에 의존한다. 플라톤식의 존재론적 운동은 그것의 목적에 의해, 그것의 목적성에 의해 결정된다는 점에서 똑같이 외부적인 것이다. 끝으로 베르그송적 차이는 무엇보다도 헤겔적 차이와 구별되어야 한다. 헤겔적 차이는 인과성에 대한 '추상적' 개념화에 의존하고 있다. 이때 추상적이라 함은 모순들의 부정적 운동이 그 결과[효과]에 절대적으로 외부적인 원인을 제기한다는 의미에서 추상적이다. 들뢰즈의 주장에 따르면, 대립은 실재적 차이들을 표식하는 뉘앙스들을 포착하기에는 너무 조잡한 개념이다. 그것은 헐렁헐렁한 의복처럼 실재(reality)에 느슨하게 입혀져 있다. 베르그송적 차이는, 이 모든 관점들과는 대조적으로 작용인과성이라는 개념에 의해 정의된다. 존재의 운동은, 원인이 항상 그것의 결과 내부에 포함되어 있다는 점에서 내부적인 차이들의 전진이다. 이런 식으로 존재론적 운동은 부정들의 어떠한 역할로부터도 자유롭다. 대신에 그것은 절대적으로 긍정적인 것으로, 내부적인 분화로 제시된다.

스피노자적 맥락에서 존재의 긍정성은 존재의 단독성 및 존재의 일의적 표현에 의해 특징지어진다. 스피노자적 존재의 단독성은 타자와의 차이, 비존재와의 차이에 의해 정의되는 것이 아니라, 오히려 존재가 그 자체로 차이난다는 사실에 의해 정의된다. "실재적 구별은 수적인 구별 전체와 분리되어 절대자에 도입된다. 그것은 존재에 있어서의 차이를 표현할 수 있게 되고, 그 결과 다른 구별들의 수정을 초래했다."[1] 스피노자적 존재는 유별나다. 그것은 어떠한 외부적 지시체도 가지고 있지 않은 차이이다. 다시 말해서 존재는 단독적이다. 다시 한번 이 논리는 인과적 논증들의 전통을 가리키고 있다. 존재가 자신의 원인이고 따라서 내부적인 인과적 구조에 의해 뒷받침되는 것과 마찬가지로, 존재는 또한 그 자체로 차이가 나며 따라서 내부적인 혹은 내활적인 차이 개념을 통해 지탱된다. 이 내부적인 차이의 표현이 바로 존재의 운동이다. 표현은 그것의 내부적인 인과적 구조, 그것의 계보학을 명확히 하는 존재의 개시(opening)이다. 따라서 단독적 존재의 표현은 일의적이지 않을 수 없다. 즉 존재는 언제 어디서나 동일한 목소리로 표현된다. 스피노자적 맥락에서 볼 때 존재의 단독적이고 일의적인 표현은 존재에 관해 있을 수 있는 최고의 긍정이다. 그리고 이 명제는 우리의 사유를 존재론적 사변의 최고 평면 위로 던진다.

바로 이 지점에서 의심할 바 없이 존재론에 대한 들뢰즈의 개념화는 헤겔적·하이데거적 개념화들과 근본적으로 구별된다. 특히 들뢰즈의 개념화가 지닌 긍정성과 유물론과 관련하여 그렇다. 스피노자적 속기법으로 말하자면, 우리는 들뢰즈가 존재론적 사변의 중심을 '모든 결정은 부정이다'(*omnis determinatio est negatio*)에서 'non opposita sed diversa'[대립이 아닌 다양성]로, 즉 부정에서 차이로 대체했다고 말할 수 있었다. 이 전략은 헤겔 논리학의 바로 그 첫 번째 운동들,

---

1. *Expressionism in Philosophy : Spinoza*, p. 39. (한국어판, 『스피노자와 표현의 문제』, 55쪽)

말하자면 순수한 존재에서 결정적 존재로의 전진을 공격하며, 더 중요하게는 전체 변증법 체계의 운동을 공격한다. 본질적으로 들뢰즈는 헤겔적 존재론의 약점을 증명하기 위해서 스피노자와 스콜라철학자들의 전(前)비판적인 세계에 호소한다. 자신의 차이를 위해 외부적 지지를 구해야만 하는 존재, 자신의 기반을 위해 부정에 의지해야만 하는 존재는 결코 존재가 아니다. 우리가 존재의 '능산성' 및 '소산성', 즉 존재의 생산할 수 있는 소질과 생산될 수 있는 소질(aptitude)에 관한 스콜라철학적 논증들로부터 알 수 있듯이, 한 사물은 자신의 외부에 있는 어떤 것의 필연적인 원인이 될 수 없으며, 한 결과는 자신의 원인보다 더 많은 완전성이나 실재성을 가질 수 없다.[2] 존재의 존엄성은 존재의 역량, 존재의 내부적 생산, 말하자면 내부로부터 생겨나는 작용인적인 계보학, 존재의 단독성을 표식하는 긍정적 차이이다. 실재적 존재는 단독적이며 일의적이다. 그것은 자기 안에서 차이난다. 존재의 핵심부에 있는 이 내활적 차이로부터 세계의 실재적 다양체가 흘러나온다. 이와 정반대로 헤겔적 존재는 실재적 통일성도, 실재적 다양체도 다룰 수 없다. 그것은 생산할 수 있는 역량도 또는 생산될 수 있는 역량도 파악할 수 없다는 점에서 추상적이다.

 오직 유물론만이 존재에 대한 이와 같은 이해를 적합하게 포착할 수 있다. 유물론은 여기에서, 물질에 비해 사유에, 신체에 비해 정신에 우선성을 부여하는 어떠한 것과도 투쟁하는 논쟁적 입장으로서

---

2. Etienne Gilson, *La philosophie au Moyen Age*, p. 595를 보라.

이해되어야 한다. 물론 이것은 그러한 관계를 역전시켜 물질에 동일한 특권을 부여하기 위해서가 아니라 그 두 영역들 사이의 동등성을 확립하기 위한 것이다. 들뢰즈의 존재론이 유물론적 관점을 필요로 하는 까닭은, 사유에 부여된 우선성이 존재의 내부적 구조를 약화시킬 것이기 때문이다. 그래서 유물론은 물체적 세계가 정신적 세계에 복종하는 것에 대한 거부일 뿐만 아니라, 두 영역을 모두 존중하는 존재의 고양이기도 한 것이다. 들뢰즈는 어떤 식으로건 존재를 사유에 종속시키려는 관념론적 개념화를 거부했다. 예를 들어 "헤겔 논리학의 존재는 순수하고 공허한, 단지 '사유된' 존재일 뿐이다."[3] 들뢰즈의 존재는 사유와 연장 모두에 대해 동등하게 논리적으로 선행하며, 또한 이것들을 동등하게 파악한다. 하지만 이 논리적 우선성은 존재가 현실 세계와는 거리를 둔 채 실존한다는 것을 의미하지는 않는다. 존재와 자연 사이에는 어떠한 분리도 없다. 세계-내-존재와 같은 용어는 들뢰즈의 존재론에서 아무런 의미도 없다. 왜냐하면 존재란 항상 이미 현실적이기 때문이다. 그것은 신체와 사유에 있어서 항상 충만하게 표현된다. 오직 유물론적 접근법만이 이러한 표면성과 충만함을 모두 타당하게 설명할 수 있다.

그렇다면 우리가 들뢰즈의 철학에서 이끌어낼 수 있는 첫 번째 교훈이란, 어떤 이들이 플라톤에서 헤겔과 하이데거에 이르는 형이상학적 사변의 지배적 노선이라고 가정하고 있는 것이, 존재론적 사유에 있어 독점권을 갖지 못한다는 것이다. 들뢰즈는 루크레티우스와

---

3. *Nietzsche and Philosophy*, p. 183. (한국어판, 『니체와 철학』, 316쪽)

둔스 스코투스에서 스피노자와 베르그송에 이르는 똑같이 풍부하면서도 다양한, 대안적 전통의 일관성(coherence)을 제시한다. 요컨대 관념론적 존재론의 주장들과 겨루기 위해 우리는 곧바로 반대편으로 가서 탈존재론적인 관점을 제안할 필요가 없다. 오히려 우리는 대안으로서 유물론적인 존재론적 전통을 추구할 수 있다. 이 대안을 선택하는 것이 갖고 있는 한 가지 장점은, 그것이 우리로 하여금 자연의 능산성과 소산성을 드러낼 수 있게 해주며, 그로부터 우리의 활동[작용]할 수 있는 역량과 우리의 변용될 수 있는 역량을 드러낼 수 있도록 해준다는 것이다. 긍정적이고, 유물론적인 존재론은 무엇보다도 역량의 존재론이다.

2. 긍정

긍정적 존재론 개념처럼, 긍정 개념 역시 헤겔적 전통에 의해 오해되어 왔고 조롱당해왔다. 예를 들어 프랑크푸르트 학파의 위대한 사상가들은 긍정을 사태의 현재적 상태에 대한 수동적인 수용이라고, 소박하고 무책임한 낙관주의라고 이해했다.[4] 오늘날의 헤겔주의자들은 이와 같은 맥락의 비판을 계속 유지하면서, 긍정의 철학자들은 자신으로부터 부정의 역량을 박탈해 버렸기 때문에, 부정의 노동이 갖는 '마술'을 상실했기 때문에, 무능한 채로 남아있다고 주장한다.[5] 그러므로 긍정은 무비판적인, 심지어는 반비판적인 사고로 이해

---

4. 예를 들어 Herbert Marcuse, *Reason and Revolution*, p. 7 이하를 보라.

된다. 여기에서 우리는 다시 한번 완전히 정반대로 오해된 뉘앙스나 대안을 접하게 된다. 다시 말해서 들뢰즈의 긍정은 정말로 헤겔적 부정과 비판의 형태와 투쟁하지만, 그것은 부정과 비판을 그저 거부하지는 않는다. 오히려 그것은 자신의 기획에 더욱 적합하게 부정과 비판에 대한 대안적 개념화들을 형성하는 뉘앙스들을 부각시킨다.

그렇다면 긍정은 비판과 대립하지 않는다. 그와는 정반대로 긍정은 부정의 힘을 그 극한까지 밀어붙이는 총체적이면서도 철저한 비판에 토대를 두고 있다. 긍정은 적대와 긴밀히 결합되어 있다. 들뢰즈적 비판의 형태는 스콜라철학적인 철학적 방법—*pars destruens*[파괴적 계기], *pars construens*[구성적 계기]—으로 되돌아간다. 이 대안적 개념화의 열쇠는 부정적 계기의 절대적이고 비변증법적인 성격이다. 들뢰즈에 따르면 이것은 니체가 칸트적 기획을 '완성하는' 방법이다. 칸트적 비판은 부분적이고 불완전한 상태로 남아있을 수밖에 없는데, 왜냐하면 초감각적인 것(the suprasensible)을 특권적 지형으로서 보호하고, 그것을 비판의 파괴적인 힘으로부터 지켜내기 때문이다. 칸트는 진리와 도덕 자체를 위험에 빠뜨리지 않고서도 진리와 도덕에 관한 주장을 다룰 수 있다. 초월적인 유보는 어떠한 근원적인 파괴나 재구조화로부터 본질적인 질서를 보호한다. 니체는 기성 질서의 모든 가치들을 위태롭게 하기 위해서 비판적 힘들에 자유로운 권한(reign)을 부여하고 싶어 하며, 비판적 힘들을 아무런 제한이 없는 지평 속에 풀어놓고 싶어 한다. "칸트는 가치의 관점에서 비판의

---

5. Judith Butler, *Subjects of Desire*, pp. 183~184. 또한 나의 "La renaissance hégélienne américaine et l'intériorisation du conflit", pp. 134~138을 보라.

문제를 제기할 수 없었기 때문에 참된 비판을 수행하지 못했다는 점, 바로 이것이 니체가 작업에 착수하게 된 주된 동기들 가운데 하나였다."[6] 총체적 비판은 항상 반란을 일으킨다. 그것은 기성의 가치들과, 그것들이 지지하고 있는 지배권력들에 대한 억제되지 않은 공격이다. 그것은 현재적 지평 전체를 소환하는 것(*mise en cause*)이다. 총체적 비판의 핵심을 형성하는 부정은 정확히, 그것이 변증법의 보수적인 태도를 거부하기 때문에, 비변증법적이다. 그것은 자신의 적의 본질을 회복시키지 않으며, '폐기된 것을 보존하고 유지하지'[7] 않는다. 그러므로 동일자 내부에서의 타자의 마술적 부활이란 존재하지 않으며, 오히려 순수하고 단호한 적대만이 존재한다. 이것은 존재하는 모든 것이 부정되어야 한다고 말하는 것이 아니라, 단지 부정되는 것이 억제되지 않은 힘에 의해 공격받는다고 말하는 것이다.

그러므로 들뢰즈의 긍정의 철학은 부정적인 것의 역량을 부인하거나 무시하지 않고, 오히려 부정의 다른 개념을 가리킨다. 긍정의 장을 여는 부정을 말이다. 아무런 유보도 없는 파괴는 자유롭고 기원적인[독창적인] 창조적 힘들을 위한 공간을 창조한다. 변증법이라는 노예의 논리는 부정의 폐지로부터 긍정을 끌어내려고 시도하지만, 이 경우에 긍정은 부정 안에 이미 예시되어 있다. 그것은 단지 동일한 것의 반복일 뿐이다. 반대로 주인의 논리는 분리된 발판 위에 서 있는 진정한 긍정을 낳는다. 이러한 부정은 그 자체로는 아무런 보존도 포함하지 않으며, 오히려 실재적 단절, 변이를 포함한다. 그러므

---

6. *Nietzsche and Philosophy*, p. 1 (한국어판, 『니체와 철학』, 15~16쪽)
7. *Phenomenologoy of Spirit*, §188.

로 후속적으로 나타나는 긍정은 자신이 소유한 역량에만 주목할 뿐이다. 니체의 작업에서 아리아드네의 디오니소스에 대한 사랑은 아마도 이 긍정의 궁극적 표현일 것이다. 디오니소스는 긍정의 신이지만, 오직 아리아드네만이 긍정 그 자체를 긍정할 수 있다. "존재의 영원한 긍정, 나는 영원히 너의 긍정이다."[8] 아리아드네의 긍정은 이중의 긍정, 긍정 자체에 대한 긍정, " '예'에 답하는 '예' "[9]이다. 이것은 자신의 역량을 먹고 자라는 나선형적(spiraling) 긍정, 회귀하는 긍정이다. n번째 역량에서 자라난 긍정. 존재에 관한 아리아드네의 긍정은 윤리적인 행위, 사랑의 행위이다.

분명히 해 둘 것은 이 들뢰즈적 긍정이 있는 그대로를 단순하게 수용하는 것이 아니라는 점이다. 얼간이가 말하는 '예'는, '아니오'라고 말할 줄 모르는 사람이 말하는 '예'는 단지 긍정의 희화화일 뿐이다. 반대로 강력한 부정을 휘두를 줄 아는 사람만이 실재적 긍정을 주장할 수 있다. 총체적 비판의 아니오, 즉 억제되지 않은 부정의 표현은 해방시켜준다. 그것은 우리를 더욱 가볍게 만든다. "긍정하는 것은 책임을 지는 것도, 존재하는 것의 짐을 떠맡는 것도 아니고, 살아있는 것을 해방시키고, 짐을 덜어주는 것이다. 긍정하는 것은 가볍게 만드는 것이다. 우월한 가치들의 무게 아래서 삶에게 짐을 지우는 것이 아니라, 삶의 가치들인 새로운 가치들을 창조하는 것이며, 그것은 삶을 가벼운 것, 적극적인[능동적인] 것으로 만든다."[10] 긍정은 존

---

8. *Nietzsche and Philosophy*, p. 187. (한국어판, 『니체와 철학』, 323쪽)
9. "Mystère d'Ariane", p. 151.
10. 같은 책, p. 185. (한국어판, 『니체와 철학』, 319쪽)

재의 수용이 아니다. 대신 들뢰즈는 긍정이야말로 실제로 존재의 창조라고 주장한다. 긍정 개념을 통해 들뢰즈는 그의 존재론의 역량을 의미와 가치의 지형으로 옮길 수 있고, 그리하여 존재의 윤리학을 정식화할 수 있다. 여기에서 윤리학은 정확히, 역량의 표현을 위한, 존재의 능동적인 생산을 위한, 행동노선, 즉 실천 지침이다.

3. 실천

그러나 긍정은 들뢰즈의 윤리학을 구성하기에는 충분하지 않다. 윤리적 기획은 사변의 평면 위에 머물러서는 안 되고, 실천의 장으로 들어가기 위한 길을 발견해야 한다. 스피노자의 기쁨 개념은 들뢰즈에게 이 새로운 지형에 이르는 열쇠를 제공한다. "기쁨의 의미는 고유하게 윤리적인 의미로 나타난다. 기쁨과 실천의 관계는 긍정 자체와 사변의 관계와 같다 … 순수 긍정의 철학인 『에티카』는 그 긍정과 일치하는 기쁨의 철학이기도 하다."[11] 그러므로 실천의 기쁨이 사변의 긍정을 보완해야만 한다. 바로 이것이 존재의 실천적 구성으로서의 윤리학이 자신의 충만한 구축적 힘을 실현하는 방법이다. 결국 긍정적 사변이 창조성과 능동성에 관한 자신의 주장을 유지하기 위해서는 그에 상응하는 기쁜 실천이 필요하다. 다시 말해서 긍정 혼자만으로는 단지 있는 그대로의 존재를 파악하고 선택하는 것으로서 보일 수 있는 위험이 있다. 기쁨은 도래할 존재를 고유하게 창조하는 계기이다.

---

11. *Expressionism in Philosophy : Spinoza*, p. 272. (한국어판, 『스피노자와 표현의 문제』, 368쪽)

들뢰즈 저작의 대부분은 실천의 문제에 관심을 갖는다. 우리는 어떻게 창조적 힘들을 운동하게 할 수 있는가? 우리는 어떻게 철학을 정말로 실천적이게 만들 수 있는가? 들뢰즈는 그 열쇠를 역량에 관한 연구에서 찾는다. 베르그송과 스피노자에게서 발견되는, 존재에 관한 이동적이고 유연한 개념은 이미 이 작업을 위한 지형을 마련해놓는다. 들뢰즈의 존재론은 존재의 운동에, 인과적 관계들의 계보학에, '능산성'과 '소산성'에 초점을 맞춘다. 게다가 역량과 생산이라는 주제가 이미 본질적인 위치를 차지한다. 들뢰즈는 니체에게서 작용적인[능동적인] 역량과 반작용적인[반동적인] 역량, 즉 그것이 할 수 있는 것과 연결된 역량과 그것이 할 수 있는 것으로부터 분리된 역량의 두 가지 특성을 구별해낸다. 이와 동일한 구별은 스피노자에게서는 적실한 것과 부적실한 것과 관련해서 더욱 풍부하게 정의되어진다. 적실한 것은 그것의 원인을 표현하는 (또는 안에 담고 있거나 [함축하거나] 파악하는) 것이다. 부적실한 것은 침묵한다. 작용적인[능동적인] 것과 마찬가지로 적실한 것은 앞으로는 자신이 할 수 있는 것과 연결되지만, 또한 뒤로는 정서들의 내적인 계보학, 그 자신의 생산의 계보학과 연결된다. 적실한 것은 존재의 능산성과 소산성 모두를 충분하게 바라보게 한다. 이것은 들뢰즈에게 역량의 장을 열어준 결정적인 관계이다. 활동[작용]할 수 있고 실존할 수 있는 존재의 역량에 상응하는 것은 존재의 변용될 수 있는 역량이다. 이 소산성의 역량은 존재론과 실천 사이에 소통의 통로를 제공해준다.

변용될 수 있는 역량이 중요한 것은, 이것이 우리의 역량 내부의 구별들을 밝혀준다는 점에 있다. 반대로 활동[작용]할 수 있고 실존할 수 있는 역량은 순수 자발적인 것처럼, 분화되지 않은 것처럼 보이고, 따라서 우리의 분석에서는 불투명한 채로 남아있다. 그래서 우리는 역량 내부의, 우리의 변용성 내부의 구별들을 깊이 파고들어서, 윤리적 실천을 위한 출발점을 발견해야 한다. 우리의 변용될 수 있는 역량에 관한 들뢰즈의 연구는 두 가지 층의 구별들을 밝혀준다. 첫째 층위에서 그는 능동적 변용들과 수동적 변용들 간의 구별을 제시한다. 둘째 층위에서 그는 기쁘고 수동적인 변용들과 슬프고 수동적인 변용들 간의 구별을 제시한다. 들뢰즈가 우리 역량 내부에 있는 이러한 구별들 각각을 정식화한 것처럼, 그는 또한 인간 조건이 원리적으로 등식의 약한 측면 위에 놓여있다는 점을 인정한다. 우리의 변용될 수 있는 역량은 능동적 변용들보다는 수동적 변용들에 의해 지배되고 있으며, 우리의 수동적 변용들의 대다수는 기쁘기보다는 슬프다. 이 스피노자적 '비관주의'는 정확히 기쁜 실천을 위한 출발점이다. 우리의 조건에 대한 이 현실주의적 평가를 가지고, 우리는 우리의 역량을 증대시키기 위한, 기쁘게 되기 위한, 능동적이 되기 위한, 가파른 길을 출발할 준비가 되어 있다.

들뢰즈는 우연한 마주침들의 장에서 실천의 정교화를 시작한다. 그는 우리의 본성과 일치하는, 우리의 역량을 증대시키는 신체들과의 마주침들, 즉 기쁜 수동정서들을 낳는 마주침들에 초점을 맞춘다. 기쁜 수동정서는, 그것이 하나의 수동정서기 때문에, 항상 외적인 원인의 결과이며, 따라서 항상 부적실한 관념을 나타낸다. 하지만 그것이 기쁘기 때문에, 그것은 그럼에도 불구하고 적실성을 향한 길을 열어준다. "따라서 기쁜 수동정서들을 이용하여 우리는 외부 신체들과 우리의 신체 간에 공통적인 것의 관념을 형성해야 한다. 오직 이 관념, 이 공통 개념만이 적실하기 때문이다."12 기쁜 수동정서들은 실천의 전제조건이다. 그것들은 공통 개념의 구축을 위한 원재료이다. 요컨대, 공통 개념은 이미 기쁜 수동정서에 잠재되어 있다. 왜냐하면 기쁨은 필연적으로 우리 자신의 신체와 양립가능하거나 합성가능한 관계를 갖는 신체와의 마주침으로부터 귀결되기 때문이다. 마주침의 기쁨은 정확히 말해서 새롭고 더욱 강력한 신체 안에서의 두 신체들의 합성이다. 우리의 정신이 이 신체와 우리 신체 사이에 공유되는 공통 관계에 대한 관념(공통 개념)을 형성할 때, 기쁜 변용은 수동적이기를 멈추고 능동적이 된다. 사실상 공통 개념의 구축은 변용의 원인을 안에 담고 있거나[함축하거나] 파악하는 것이다. 그리고 그것의 원인을 표현하는 그 변용은 더 이상 수동적이지 않고 능동적이다. 능동적 변용의 기쁨은 더 이상 우연한 마주침으로 인해 우발적이지 않다. 공통 개념에 의해 뒷받침되는 기쁨은 회귀하는 기쁨이다. 이것이 들뢰즈의 윤리적 명령들—기쁘게 되라, 능동적이 되라—을 풍부하게 하는 실천적 과정이다.

기쁜 실천은 윤리학을 다시 존재론으로 향하게 한다. 그것은 존재의 소산성 혹은 합성가능성을 개발한다. 아마도 이것이 존재론에 대한 들뢰즈의 폭넓고 복잡한 연구의 최대의 고비가 아닐까 싶다. 존재는 기쁜 실천을 통해 구성된 잡종적 구조이다. 공통 개념이 기쁜 마주침의 원인을 안에 담고 있을[함축할] 때, 따라서 그 마주침을 적실

---

12. 같은 책, p. 283. (한국어판, 『스피노자와 표현의 문제』, 382쪽)

한 것으로 만들 때, 그것은 존재에 새롭게 절개 수술을 하면서 존재의 구조의 새로운 배치를 구축하고 있다. 이 마주침을 존재의 수준으로 끌어올리는 것은 정확히, 원인에 대한 파악이다. 스피노자가 말한 바처럼, 실체는 자신의 원인인 것이다. 기쁨의 실천은 존재론적 배치들의 구축이며, 따라서 존재의 능동적 구성이다.

4. 구성

많은 미국인 저자들이 포스트구조주의의 정치적인 결과들에 관한 일반적인 물음을 제기하려고 노력했다. 그러한 연구들은 정치적 스펙트럼을 가로질러 광범위한 판단으로까지 나아갔다. 정말로 광범위한 이론적 운동에 관한 그러한 물음에 대해 명확한 대답을 찾을 수 있다고 기대해서는 안 된다. 예를 들어 지난 150여 년 동안, 헤겔의 철학은 보수적이건 진보적이건, 매우 다양한 정치적 입장들—그것들 대부분은 헤겔 자신의 정치적 관점들과는 상당히 달라져 있다—을 위한 으뜸가는 지지대 역할을 해왔다. 물론 이론적인 작업 체계로부터 필연적으로 도출되는 유일한(the) 정치적 입장을 기대해서는 안 된다. 행동(action)으로 나아가기 위해 따를 수 있는 통로는 하나가 아니라 여러 개다. 그래서 포스트구조주의의 정치학에 대해, 심지어 들뢰즈 철학의 정치학에 대해 일반적인 정의를 내리고자 한 시도는 결실을 맺지 못할 것이다. 다음과 같이 자문해보는 것이 더 적절하고 더 생산적일 것이다. 들뢰즈의 사유는 우리에게 무엇을 제공해주는가? 우리는 들뢰즈로 무엇을 만들 수 있는가? 다시 말해서 우리 자신의 정치적 노력을 진전시키기 위해서 그의 철학에서 우리가 발견하는 유용한 도구들은 무엇인가? 이러한 정신에서, 나는 급진적 민주주의의 구성을 위한 몇 가지 도구를 들뢰즈에게서 발견하기 위해 노력해왔다. 내가 들뢰즈의 연구작업 속에서 밝히고자 했던 구별들은, 질서의 다양체에 대항하여 조직화의 다양체를, 권력의 장치들(les dispositifs du pouvoir)에 대항해서 역량의 배치들(les agencements de la puissance)을 제시한다. 이들 각각의 구별들은 들뢰즈의 사유에 잠재해 있는, 그러나 그럼에도 불구하고 중심적인 구성이라는 개념에 의존한다. 이러한 관점에서 들뢰즈는 우리가 민주적인 사회는 개방적이고, 수평적이며, 집단적이라는 역동적인 개념화를 발전시키는 데 도움을 줄 수 있다.

민주주의에 대한 이러한 비전은 어느 정도는 자유주의의 비전과 일치한다. 아마도 자유민주주의 이론의 가장 중요한 하나뿐인 교의는 사회의 목적들이 미결정적이며, 따라서 사회의 운동이 그 사회의 제헌적인(constituent) 구성원들의 의지에 열려있다는 것이다. 선에 대한 권리의 우선성은, 사회의 발전의 자유가 외적으로 결정된 텔로스(telos)에 의해 억제되거나 닫히지 않는다는 점을 보증하는 것으로 생각된다. 존재론 자체가 선의 초월적인 결정을 동반하는 것으로 가정되므로, 목적론에 대한 이러한 정치적 거부는 직접적으로 존재론에 대한 철학적 거부로 통한다. 고로 탈존재론이야말로, 목적의 다양체에 열려있는 민주적인 사회를 뒷받침할 수 있는 유일한 철학적 입장이다. 이런 방식으로 추론하는 자유주의 사상가들은, 실제로 존재론과 사회 목적론 사이의 연결에 대한 플라톤주의적·헤겔주의적 주장들을 너무나 빨리 수용해왔다. 그들은 여전히 역시 모순의 논리학에 묶여 있고, 따라서 그들은 중요한 뉘앙스들을 놓치고 있다. 다시 말해서 보수적이고 닫힌 사회를 결정하는 존재론적 비전에 대해 반대하면서, 그들은 민주적이고 열린 사회를 고려하기 위해서는 탈존재론적 이론이 필요하다고 믿는다. 그러나 사회에서의 목적의 개방성을 긍정하기 위해서 반대 극단으로의 이러한 도약을 할 필요는 없다. 존재론을 그저(tout court) 거부할 필요는 없는 것이다. 서구 형이상학의 전통은 하나의 단편이 아니며, 일괴암적 덩어리도 아니다. 그것은 오히려 자신 안에 급진적인 대안들을 포함하고 있다. (그 전통이 대안의 측면에서 볼 때 일부 사람들에게 그렇게 빈약하게 비친다는 사실은 실제로 현대의 철학적 연구가 설득력이 없는 상태에 처해 있다는 유일한 증거이다.) 들뢰즈가 베르그송, 니체 그리고 스피노자에게 질문할 때, 그는 서구 형이상학—존재론의 강력한 개념을 표현하는 것이지, 어떠한 목적론적인 지도 제작 혹은 목적에 대한 어떠한 결정을 제시하는 것이 아닌—의 역사 내부의 대안적 전통을 다시 긍정하며 분절하고 있는 것이다. 들뢰즈가 발전시키는 것은 민주적 사회에서의 목적들의 개방성을 긍정한다는 점에서 자유주의적 비전과 일치한다. 그렇다고 해서 그것은 존재론적 담론의 전통을 거부하지는 않는다. 들뢰즈적 존재는 정치적 창조들 및 사회적 생성들[되기]의 개입에 열려있다. 이러한 개방성은 정확히, 들뢰즈가 스콜라철학적 사유로부터 전유한 바의, 존재의 '소산성'이다. 사회의 역량은, 스피노자적 용어로 번역하자면 변용될 수 있는 역량에 일치한다. 권리나 선의 우선성은 이 개방성의 개념으로 진입하지 않는다. 개방적인 것은, 그리고 존재론적인 것을 정치적인 것에 연결시키는 것은, 역량의 표현—사회적 힘들의 장의 자유로운 갈등 및 합성—이다.

사회의 이러한 열린 조직화는 질서의 수직적인 구조와 구별되어야 한다. 여기에서 나는 조직화를, 사회적 관계가 어떻게 체계화될 것인가 하는, 어떠한 종류의 계획이나 청사진으로서 이해하고 있지 않다. 반대로 조직화로서 내가 이해하는 바는 힘들의 내재적인 장 위에서 사회적 마주침을 통한 합성과 분해의 계속적인 과정이다. 사회의 지평선(skyline)은 사회적 조직화가 내재적인 힘들의 상호작용에 기초해서 어떠한 미리 결정된 계획 없이 나아간다는 점에서 완전히 평평하며 완전히 수평적이다. 그리하여 이것은 원리상 마치 중력의 끊임없는 압력에 의한 것처럼 언제든지 등식의 제로 상태까지 다시 꿰뚫고 나갈 수 있다. 조직화는 자체 내부에 마키아벨리의 처음으로의 회귀(*ritorno ai principi*)와 같은 파괴적인 힘을 지니고 있다. 이것은 사회적 제도들(아니면 수직성의 다른 심급들)이 형성되지 않았다는 것을 말하는 것이 아니라, 그것들이 엄밀히 내재적인 결정을 수용하고 있어서 언제나 그리고 완전하게 재구조화, 개량, 그리고 파괴(예를 들어 모든 대의제도가 즉각적으로 폐지되어야 한다고 주장했던 파리 코뮌 지지자들의 정신에서)의 여지가 남아있다는 것을 말하는 것이다. *Dispositifs* 즉, 배열[장치의 배열]들(deployments)은 위로부터의, 초재의 외적인 공간으로부터의 사회적 질서를 체계화한다. *Agencements* 즉, 배치들(assemblages)은 아래로부터의, 내재적인 사회적 평면으로부터의 사회적 조직화의 메커니즘들을 구성한다. 사회의 물질적 구성의 수평성은 사회적 창조의 원동력으로서의 실천을 강조한다. 사회적 신체의 실천적 정치학은 자신의 목표들을 발견하기 위해, 자신의 구성을 창조하기 위해, 내재적인 힘들을 미리 결정된 형태들의 구속에서부터 해방시킨다. 다시 한번 우리는 사회적 존재의 능산성이 사회적 존재의 소산성과 일치한다는 점을 발견한다. 수평적 사회는 실천적 창조와 합성뿐만 아니라 파괴와 분해도 끌어안는 열린 장소이다. 이 구성의 모델은 총회(the general assembly)로서, 내재적인 평면 전체의 절대적이고 동등한 포함이다. 스피노자는 이렇게 말하는 것을 좋아했는데, 민주주의는 통치의 절대적 형태이다.

사회적 배치 과정, 사회적 구성 과정은 개인주의가 제기한 경계선들과는 무관하다. 엄격하게 말하자면 사회적 신체들의 경계들은, 배치의 실천이 특정한 관계들을 분해하고 또 다른 관계들을 합성함에 따라 계속해서 바뀌기 쉽다. 하지만 그렇다고 해서 개인적인 것과 집단적인 것 사이에 모순이 있는 것은 아니다. 사회의 구성은 상이한 축에 의존한다. 그 대신에 정치적 배치의 과정, 기쁜 사회적 관계들의 합성은 다양체와 다중 사이에서 운동한다. 다시 말해서 들뢰즈적인 긍정과 기쁨의 실천은 창조하고 있는 사회적 신체들 또는 훨씬 더 강력한 합성의 평면들로 정향되어져 있으며 다른 한편에서 그것들[사회적 신체들 또는 합성의 평면들]은 동시에 내적인 적대들에, 파괴와 분해의 실재적 힘들에 여전히 열려있다. 정치적 배치는 확실히, 그것이 계속해서 새로이 만들어지고 계속해서 다시 발명되어야 한다는 점에서, 하나의 기예이다. 다중은 이 실천을 통해 행동들, 필요들, 욕망들의 공통의 묶음에 의해 정의되는 사회적 신체로 배치된다. 이것이 들뢰즈가 사회적 질서의 죽은 힘들로부터 끊임없이 빠져 나오는 사회 속의 살아있는 힘—자본이 풀어 놓은 흡혈귀에 의해 피를 빨려 말라죽기를 거부한 맑스의 산노동과 같은—을 이해하는 방식이다. 그리고 이 살아있음의 질은 활동[작용]할 수 있는 역량과 변용될 수 있는 역량, 이 두 가지에 의해서 정의된다. 기관 없는 사회적 신체, 다중의 합성 또는 구성은 어떤 식으로건 사회적 힘들의 다양체를 부정하지 않는다. 그와 반대로 다양체를 역량의 더 높은 단계로 고양시킨다.

하지만 이 모든 것은 아직까지 민주적인 정치학의 암시로만 남아있다. 우리는 여전히 그것의 구성적 메커니즘들에 구체적인 사회적 실천들로 살을 붙여야 한다. 들뢰즈가 우리에게 제공하는 것은 요컨대 사회적 배치의 현대적 형태들로의 심화된 연구에 이르는 길들을 시사해줄 수 있는 일반적인 방침이다. 정치적 지평에서 사회적 실천들과 욕망들의 다양체는 우리에게 합성이나 배치의 조건들을 제시해준다. 이것이 그 과정이 정의되어야 하는 장이다. 배치는 사회적 신체들과 양립가능한 내적인 관계들을, 합성가능한 실천들과 욕망들을 결합시키는 것을 통해 추구되어야 한다. 실존하는 사회적 실천들 속에서, 대중 문화의 정서적인 표현들 속에서, 노동 협동의 네트워크 속에서, 우리는 적실하고 긍정적이며 기쁜 관계들 그리하여 강력하게 주체적인 배치들을 구성할 수 있는 사회적 집적(aggregation)의 물질적 메커니즘들을 식별하기 위해 노력해야 한다. 다양체에서 다중으로의 이행을 가득 채우는 일은, 민주적인 정치적 실천을 위한 중심적인 기획으로 여전히 우리에게 남아있다.

2부

들뢰즈의 사회사상 — 자본주의와 분열분석

1장 『안티-오이디푸스』 읽기

2장 『천 개의 고원』 읽기

1
『안티-오이디푸스』 읽기

※ 주요 개념

- 접속적 종합(connective synthesis)
- 이접적 종합(disjunctive synthesis)
- 통접적 종합(conjunctive synthesis)
- 욕망하는 기계 / 기관들 없는 신체 / 주체 (강렬도=0) (강렬도의 지대)
- 분열증 / 편집증 / 독신자 기계 / 쾌락
- 생산 / 기록[등록] / 코드화, 소비, 반-생산 / 기적적 형식
- 노동, 자본
- 리비도, 누멘(Numen : 근원력, 창조력), 볼룹타스(Voluptas : 육욕 혹은 기쁨)

1. 욕망하는—기계들

　기계적 생산에서 출발하자. 모든 것은 기계들이며, 다른 기계들에 접속된 기계들이다. 나는 이것을 고유하게 존재론적인 주장으로, 실재의 본성에 대한 주장으로 읽어야 한다고 생각한다. 모든 것이 기계적(All is machinic)이라고 말하는 것은 무슨 의미일까?

　'모든 것은 ~이다.' 위 진술의 첫 번째 부분을 보자. '모든 것은 ~이다'라는 진술의 형식은 이미 존재가 하나이며, 존재는 항상 그리고 어디서나 동일하다는 것, 보다 정확히 말하면 존재는 일의적(univocal)이라는 존재론적 주장을 내포한다. 니체는 '세계는 힘에의 의지이며 그 밖의 어떤 것도 아니다'라고 말하면서 이와 똑같은 형식을 사용했다. '모든 존재는 [존재 안에 지속하고자 하는] 노력(코나투스)이다'라고 스피노자가 말할 때, 그가 말한 것은 바로 이것이다. 들뢰즈와 가따리가 흐름이라는 용어 혹은 질료를 의미하는 그리스어 힐레(hylé)라는 용어를 사용했을 때 참조했던 사람은 루크레티우스와/또는 아리스토텔레스가 아닐까 싶다. 즉 존재는 흐름이나 (원자라기보다는) 질료로 이루어져 있다는 것. [만약 이것이 틀렸다면 누군가 지적해주시길 … — 지은이] (이것을 또한 자본주의 사회에서 모든 부의 원천이 바로 노동이라고 말했던 맑스와 비교해보자. 하지만 일단은 이 문제를 잠시 옆으로 젖혀두자. 이러한 세 가지 존재론적 주장 — 세계는 힘에의 의지이다, 존재는 노력(코나투스)이다, 존재는 흐름 혹은 생성이다 — 에 공통된 것은 무엇일까? 첫 번째, 무엇보다도 세계와 다른 것, 존재와 다른 것은 없다는 것, 존재 혹은 세계가 바로 있는 모든 것이라는 것. 이것을 넘어서는 어떤 다른 세계 또는 다른 영역도 없다는 것. 두 번째, 존재는 하나라는 것. 즉 존재의 부분들 사이에는 본성상 아무런 차이가 없으며, 어떤 의미에서는 모두 동일하다는 것. 세 번째, 이러한 존재론적 주장들—힘에의 의지, 코나투스, 흐름—각각에서 단일화하는 요인은 사물이 아니라 운동이라는 것. 분명히 들뢰즈와 가따리의 욕망 개념과 생산 개념은 이러한 근본적인 존재론적 개념들의 노선과 어울린다. 따라서 우리가 지금까지 '모든 것은 ~이다'라는 진술에 대해 다룬 것은 존재가 모든 것이며(그것은 다른 어떤 것도 가지고 있지 않다), 존재는 하나라는 것(항상 그리고 어디에서나 동일하다), 또 존재는 과정(힘에의 의지, 코나투스, 흐름, 욕망, 생산)이라는 사실이다. 나는 나중에 이러한 존재론적 요점으로 다시 돌아갈 것이다.

기계들

이제 '모든 것은 기계적이다'라는 진술의 두 번째 부분을 살펴보자. 무엇보다 우리는 공통적으로 기계들이 비주체적이며 비자연적이라고 생각한다. 즉 기계들은 인간 주체 및 자연과 구별된다는 것이다. 하지만 바로 이것이야말로 들뢰즈와 가따리가 공격하고 싶어 하는 첫 번째 구별이다. 인간적, 기계적, 자연적인 것은 모두 하나이다. 이것들은 모두 생산의 과정들이다. 분열증자(the schizophrenic)가 지닌 첫 번째 거대한 이점은 이러한 단일성을 인식한다는 데에 있다. 여기에서 들뢰즈와 가따리는 뷔흐너(Büchner)의 렌쯔(Lenz)를 따른다. "이제 인간이나 자연 같은 것은 없으며, 단지 하나에서 다른 하나를 산출하며 기계들을 서로 짝지어주는 과정들만이 있다. 도처에 생산하는 혹은 욕망하는 기계들, 분열증적 기계들, 모든 유적 삶(la vie générique)이 있다. 자아와 비-자아, 외부와 내부는 더 이상 어떠한 의미도 갖고 있지 않다"(p. 2).[1] 무엇보다도 분열증자는 모든 것이 하나라는, 그리고 인간과 자연은 모두 하나의 과정들이라는 존재론적 생각을 정확히 인식한다. 다시 말해서 자연 자체와 분리되어 있는 인간 본성 같은 것은 없다. (스피노자: *imperium in imperio*, 국가 안의 국가.) 따라서 분열증에 대한 우리의 첫 번째 정의는 단순히 이러한 존재의 사실에 관한 인식이다. "분열증은 생산적이고 재생산적인 욕망하는-기계들의 우주이며, '인간과 자연의 본질적 실재성'으로서의 보편적이고 일차적인 생산이다"(p. 5).

옳거니. 이제 분열증자는 인간과 자연 사이에는 어떠한 근본적인 구별도 없다는 존재의 진리를 인식할 수 있다. 하지만 기계에 관해서는? 왜 존재는 기계적이라고 말하는 것일까? 통상 우리는 기계들을 인간도 아니고 자연도 아닌 제3의 영역에 속하는 존재라고 생각한다.

---

1. [옮긴이 주] 온전한 말은 toute la vie générique이다. 우리는 왜 영역자들이 위의 말들을 all of species-life라고 옮겼는지 이해할 수 없다. 왜냐하면 불어에서 générique는 genre(류)와 켤레말인 반면, species에 해당하는 불어 단어 espèce(종)의 켤레말은 spécifique이기 때문이다. 따라서 당연히 toute la vie générique는 '모든 유적 삶'이 되어야지, 영역처럼 '류'와 '종'의 구분을 무시한 채, '모든 종적 삶'이라고 옮겨서는 안 된다. '유적 삶'에 대한 해명은 인용된 문장 안에서도 추론될 수 있다. 즉, 그것은 '생산과정으로서의 자연', '인간-자연 구별의 부재'를 특징으로 한다. 이 '유적 삶'이 지칭하는 것은 들뢰즈가 '초월적 장'(un champ transcendental) 혹은 '하나의 삶'(une vie), '내재성의 평면'이라는 다른 여러 이름들로 불렀던 것에 다름 아니리라. 한편, 이 책의 2부에서 표기된 쪽수는 모두 영역본의 쪽수이다. 하지만 『안티-오이디푸스』의 경우 특별한 문제가 없는 경우를 제외하고는, 번역 내용은 영역본이 아니라 불어 원본에서 직접 번역했다.

이것은 아마도 들뢰즈와 가따리에게 '기계'라는 개념이 가진 첫 번째 장점일 것이다. 일종의 부정적인 장점. 기계가 무엇이 아닌가를 조명해줄 수 있다는 의미에서 부정적인 장점. 기계라는 존재는 인간도 자연도 지칭하지 않는 존재이다. 사실 인간 주체와 자연은 단지 기계적 존재의 효과 혹은 생산물로서만 생겨날 수 있다. 존재 자체는 비주체적이고 비자연적이며, 존재는 익명적이고 인공적이다. 하지만 실제로 존재는 그보다 더 나아간다. 왜냐하면 기계들은 인간과 자연이 실제로는 하나라는 것을 증명해주기 때문이다. "… 인간과 자연의 구별은 별 도움이 안 된다. 자연의 인간적 본질과 인간의 자연적 본질은 생산 혹은 산업으로서의 자연 내부에서 [또한 인간의 유적 삶 속에서] 하나가 된다"(p. 4). 즉 인간과 자연은 기계로서의 존재 개념에서 하나가 되었다.

    이제 기계들 자체는 비주체적이며 비자연적이지만, 우리는 보통 기계들을 인간 및 자연과 접속해 있는 것으로 파악한다. 사실 우리는 기계를 작동시키는 주체는 바로 인간이며, 기계가 변형시키는 대상(객체)은 바로 자연이라고 통상 말하곤 한다. 인간 주체가 불도저나 전기톱을 사용하는 방식을 생각해보자. 인간 주체는 기계로 하여금 자연적 대상을 변양시키도록 명령한다. 오물들을 치우거나 나무를 베는 것 등등. 자, 이것은 들뢰즈와 가따리의 기계 개념이 전혀 아니다. 여기에서 기계는 어떠한 주체도 어떠한 객체도 가지고 있지 않으며, 혹은 적어도 자연적 대상을 가지고 있지 않다. 아마 우리가 흔히 기계를 파악하는 방식을 생각해본다면 다소 역설적인 측면이긴 하지만, 바로 이것이 들뢰즈와 가따리의 '기계' 개념이 가진 두 번째 중요한 측면이다.

주체라는 부분부터 시작해보자. 나는 이러한 기계들의 주체는 없다고 말했는데, 이것은 의미하는 것은 바로 기계들 뒤에 서 있으면서 기계들의 작동을 지휘하는 어떠한 지능(intelligence)도 없다는 것이다. 이 말은 행동하는 것 뒤에는 어떠한 행위자도 없다고 하는, 우리가 앞으로 친숙하게 될 니체의 주장과 매우 가까워 보인다. 니체가 말하려는 바는, 근본으로서 행동의 바깥에 서 있으면서 그 행동을 지휘하는 주체란 없다는 것이다. 일차적인 것은 바로 활동 자체 혹은 오히려 힘들의 장이다. 이와 아주 똑같은 방식으로 들뢰즈와 가따리의 기계는 기계에 선행하며 기계를 지휘하는 어떠한 주체도 가지고 있지 않다. 기계들은 스스로에 따라서[일치해서] 행동한다(기계들은 접속하고 절단한다). 그러나 우리는 기계들 자체가 주체들이라고 생각해서는 안 된다. 들뢰즈와 가따리는 기계가 익명적이고 비주체적이길 원한다. 주체는 또 다른 의미에서 이러한 기계들 뒤에 서 있는 것이 아니다. 기계들의 작동을 사용하거나 지휘하는 어떤 인간적 주체도 없을 뿐만 아니라 기계들은 또한 인간 주체에 의해 창조되지도 않는다. 기계의 계보학을 살펴보면, 모든 기계들은 다른 기계들에 의해, 무한한 생산의 연쇄 속에서 창조된다. 들뢰즈와 가따리는 이렇게 쓴다. "욕망하는 생산은 생산의 생산이다. 마찬가지로 모든 기계는 기계의 기계이다"(p. 6). 생산과정이 시작되는 어떠한 원래의 지점도 없다. 모든 생산과 기계들은 다른 생산과 기계들의 결과이다.

이제 대상[객체]이라는 부분으로 가 보자. 기계들이 그 뒤에 어떠한 주체도 가지고 있지 않듯이, 기계들은 또한 어떠한 대상도 가지고 있지 않다고 말하고 싶다. 하지만 이렇게 말하는 것은 그다지 올바르지 않다. 기계들은 절단하고 접속한다. 기계들은 흐름에 대해 작동하며 다른 기계들에 대해 작동한다. 항문은 똥의 흐름을 절단하는 기계이다. 혹은 아이의 입은 모유를 생산하는 기계인 가슴과 접속하는 기계이다. 그러므로 이러한 기계들은 어떤 근본적인 방식으로든 다른 대상에 대해, 혹은 자신들에게 외부적인 대상에 대해 작동하는 것이 아니다. 오히려 대상과 더불어 기계는 새로운 과정을 혹은 새로운 기계를 형성한다. 모유를 생산하는 가슴과 접속되어 있는 아이의 입은 새로운 기계를 형성한다. 기계는 과정이며, 따라서 기계들이 변조하는 것과는 별개로 접속되거나 절단된다. (덧붙이자면, 나는 기계이다와 흐름이다에 중요한 차이가 있지 않을까 생각한다. 흐름이 기계로 파악될 수 있을까? 기계들은 항상 새로운 기계들을 형성하기 위해서 접속하고 접속을 차단하는, 단지 다른 기계들에 작용할 수 있을 뿐인데 말이다. 오히려 흐름은 기계의 능동성과는 반대로 수동적이기 때문에 구별되는 것이 아닐까? 나는 이것들이 본디 같은 것이라고 생각하는 경향이 있는데, 아직 확신하지는 못하겠다.) 어쨌든 이것이 내가 기계들의 두 번째 중요한 측면이라고 제안하는 전부이다. 즉 기계들은 전통적인 의미에서의 주체도 대상도 가지고 있지 않다는 것.

이것을 다시 기계의 첫 번째 측면과 연결시키고 있는 구절을 읽어 보도록 하자. " … 인간과 자연은 서로 대적하는 두 개의 대립된 항목이 아니다. … 오히려 이것들은 하나의 동일한 본질적 실재성, 즉 생산자-생산물이다"(pp. 4~5). 다시 말해서 생산자와 생산물은 동일한 본질을 가지고 있으며, 그 본질은 바로 생산이다. 다시 말해 분열증자는 존재에 관한 이러한 진리를 인식하고 있는 유일한 자이다. "분열증자는 보편적 생산자이다. 여기에서는 생산하기와 그 생산물을 구별할 여지가 없다. 적어도 생산된 대상은 자신의 '여기 있음'(ici)[2]을 새로운 생산으로 이끈다"(p. 7). 모든 것은 생산이며, 생산자와 생산물은 이러한 과정에 구별할 수 없을 정도로 흡수되어 있다.

왜 '기계' 개념을 사용하는가에 관해 내가 제시한 처음 두 가지 이유는 둘 다 모두 실제로는 부정적이다. 첫 번째는 인간적인 것과 자연적인 것의 구분으로부터 기계를 분리해낸다는 점에서 그러하고, 두 번째는 기계의 기능에 있어서 주체와 대상(생산자와 생산물)의 결여를 조명한다는 점에서 그러하다. '기계' 개념을 사용하는 세 번째이자 가장 중요한 이유는 보다 직접적이고 긍정적이다. 그것은 바로 존재의 생산성을 강조하기 위한 것이다. "모든 것은 생산이다"(p. 4). 혹은 좀 더 전통적으로 말하면, 존재는 생성[되기]이다. 존재는 고정된 것이 아니라 끊임없이 변조하는 과정이다. 이 세 번째 측면은 나에게 더 분명해보이며 많은 설명이 필요하지 않다.

바로 이 지점에서 접속적 종합이 더욱 명확해진다. 기계들은 새로운 기계들을 함께 형성하기 위해서 하나가 다른 하나에 접속한다.

---

2. [옮긴이 주] 하트가 사용하는 영어본에는 불어의 'ici'를 'thisness'라고 옮기고 있는데, 'thisness'의 경우 우리는 '이것임'이라는 다른 번역어를 사용하기 때문에, 여기에서는 '여기 있음'이라고 옮겼다. 들뢰즈-가따리는 인용된 문장에서 생산 행위―생산물―생산 행위가 계속 접속되는 하나의 과정임을 강조하고 있다. 우리는 좀 더 나아가 여기에서 생산물은 여기 '있음'―여기에서 사용된 '있음'은 '존재'의 다름 아니다―이기보다는 하루살이 같이 '여기' 있음으로서만, 즉 생성 혹은 생산과정 중에 있는 것으로서만 그 존재 의미를 갖게 된다는 점을 강조하고자 했다.

"… 항상 하나의 흐름을 생산해내는 기계가 있다. 그리고 그 흐름을 절단하고 채취하면서 그 기계에 접속되는 다른 기계가 있다(가슴-입). 그리고 처음의 기계는 그것 나름대로 그가 절단하고 채취하는 다른 기계에 접속되어 있기 때문에, 이항 계열은 모든 방향에서 직선적이다"(p. 5). 모든 기계들은 모든 의미[방향]에서 잠재적으로 무한하게 접속할 수 있다.

욕망

기계에 관한 이 모든 것은 중심적인 문제를 설정한다. 그것은 바로 욕망에 관한 것이다. 나는 들뢰즈와 가따리가 욕망을 항상 이런 방식으로 사용하지는 않았다는 것을 알고 있다. 하지만 나는 이러한 작업틀에서는 '욕망' 자체(per se)에 관해서 말하는 것은 무의미하다고 생각한다. 욕망 같은 것은 없으며 단지 욕망하는—기계들이 있을 뿐이다. 이 말이 의미하는 바는 바로 내가 기계에 관해서 주장했던 것과 똑같은 속성이 욕망에게도 주어져야 한다는 것이다.

우선 욕망하는—기계로서의 욕망은 사물이 아니라 과정이며, 생산 행위이다. 그것은 보다 직설적이지만, 욕망에 관한 다른 통념과 그렇게 차이가 나는 것은 아니다. 두 번째로, 욕망하는 기계로서의 욕망은 어떤 주체도 어떤 대상도 가지지 않는다. 예를 들어 '소년이 자기 어머니와 섹스를 하고자 욕망한다'라는 진술은 여기서 완전히 맥락을 벗어난 것이다. 이러한 작업틀에는 욕망이나 욕망하는—기계를 가지고 있는 어떠한 주체도 없으며, 또한 욕망이 어떠한 주체를 지시하는 동사일 수 없다고 한다면 결코 동사로 기능할 수도 없다. 주체는 욕망하는-기계들에 앞서서 존재하는 것이 아니라 그 이후에야, 말하자면 생산의 효과 혹은 잔여물로서 존재한다.

어쩌면 정확하게 말해서 욕망하는 기계들은 비주체적이기 때문에, 그리고 그것들의 배후에는 어떠한 주체도 없기 때문에, 마찬가지로 우리는 욕망의 대상에 관해서도 생각할 수 없을 것이다. 욕망하는-기계들은 행동[작용]하기 위한 욕망으로도, 혹은 대상을 가지고 있거나 심지어 어떤 상태를 성취하기 위한 것으로도 생각될 수 없다. (따라서 '욕망의 대상'은 실제로 여기서는 아무런 의미가 없다.) 욕망하는-기계들은 어떠한 대상도, 목표도, 목적도 가지고 있지 않으며 오히려 그 과정에, 생산에 완전히 투여되어 있다. 욕망하는-기계들은 따라서 결코 충족될 수 없다. 또는 완성에 도달할 수도 없다.

이러한 의미에서 욕망하는-기계들은 다시 니체의 힘에의 의지와 같은 것이 된다. 힘에의 의지는 (미국의 대통령이 되려는 의지와 같은) 권력을 가지려고 하는 의지가 아니며 강력하게 되려는 의지도 아니다. 그러므로 설령 힘에의 의지가 충족될 수 있다고 하더라도 그것은 곧 끝나게 된다. 누군가 대통령이 되고 나면 그의 힘에의 의지는 사라지고 만다. 힘에의 의지는 그러한 방식의 대상을 갖지 않는다. 힘에의 의지는 추동력(driving force)이다. 마찬가지로 욕망하는-기계들은 목표나 대상이 아니라 운동이나 생산에 초점이 맞춰져 있다. 욕망하는-기계들의 유일한 대상은 생산 자체이다.

"브리콜뢰르(bricoleur, 이것저것 도구를 닥치는 대로 써서 어떤 것을 만드는 사람)가 어떤 것을 전선에 연결시키거나 수도관의 방향을 바꿀 때 얻는 만족감은 '엄마-아빠 놀이'나 위반의 쾌락으로는 잘 설명되지 않는다. 항상 생산하기의 생산하기, 생산된 것에 생산하기를 접붙이는 규칙은 욕망하는-기계들 혹은 일차적인 생산의 특징이다 : 생산의 생산"(p. 7).

그러므로 욕망은 항상 생산에 관한 것이며, 혹은 생산의 생산이다. 그 때문에 들뢰즈와 가따리가 욕망이라는 단어를 사용할 때에도 우리는 항상 이것을 '욕망하는-기계'로 읽어야 한다고 생각한다. 또한 바로 이 때문에 여기에서 욕망은 프로이트나 라깡의 용어법과 달리 결핍과는 아무 관계가 없는 것이다. 욕망하는 기계들은 단지 자신들의 생산에만 초점을 맞추기 때문에, 욕망의 대상도 없고, 따라서 결핍된 대상도 지니고 있지 않다. "결핍은 사회적 생산에서, 그리고 사회적 생산을 통해서 창조되고 계획되며 조직된다"(p. 28). 결핍은 원인이 아니라 결과이다.

세 번째로, 나는 이러한 욕망의 문제를 항상 욕망하는-기계 주위로 돌릴 수 있지 않을까 생각한다. 다시 말해서 만일 모든 욕망을 욕망하는-기계로 읽을 수 있다면, 즉 욕망 자체 같은 것은 없다고 한다면, 마찬가지로 우리는 모든 기계들을 욕망하는-기계들로 읽어야 하지 않을까? 모든 기계들이 욕망하는-기계들일까? 나는 이에 대해 아직 답할 준비가 되어 있지 않다. 하지만 나는 그렇다고, 즉 모든 기계들은 욕망하는-기계들이라고 생각한다. (그렇다면 편집증적 기계도 욕망하는-기계인가?)

기관들 없는 신체

　기관들 없는 신체란 무엇인가? 우선 이 용어는 아르또에게서 가져온 것인데, 그것은 입, 항문, 위 등등을 생산하는 기관이었다. 들뢰즈와 가따리는 기관들 없는 신체가 충만하다고 말한다. 기관들과는 달리 상호 연관된 기능이나 부분들이 없이 텅 비어있는 표면이라는 의미에서 기관들 없는 신체는 충만하다. 기관들 없는 신체는 어떤 깊이나 미분(differentiation, 微分)도 결여하고 있다는 바로 그러한 의미에서 충만하다. 기관들 없는 신체는 어떠한 생산수단도 가지고 있지 않다. 들뢰즈와 가따리는 정확하게 이렇게 쓴다. "충만한 기관들 없는 신체는 반-생산의 영역에 속한다"(p. 8).

　그러므로 욕망하는-기계들과 기관들 없는 신체 사이에는 '분명한 갈등'이 있다. 들뢰즈와 가따리에게 중요한 것은 기관들 없는 신체가 현실적으로 욕망하는 기계들에 의해, 접속적 종합에 의해 생산된다는 것이다. 하지만 나는 더 이상 이에 대해 말하고 싶지 않다. 내가 흥미를 느끼는 것은 기관들 없는 신체가 한편으로는 편집증과 다른 한편으로는 자본주의와 맺고 있는 관계이다.

　먼저 편집증. "편집증적 기계가 의미하는 바는, 기관들 없는 신체에 대한 욕망하는-기계들의 침입 그리고 욕망하는-기계들을 전반적으로 박해 장치로 느끼는 기관들 없는 신체의 반발적인 반작용이다"(p. 9). 분열증자는 이곳저곳을 떠돌아다니는 모든 발걸음에서, 도처에서 욕망하는-기계들을 따라가는 반면, 편집증자는 극히 민감하며(hypersensitive), 욕망하는-기계들 때문에 고통을 받으며, 욕망하는-기계들을 모두 내쫓아버릴 수 있길 바란다.

욕망하는-기계들은 편집증자에게는 고통을 준다. 따라서 기관들 없는 신체는 강렬도의 제로 상태로 정의된다. "강렬도 = 0 은 … 기관들 없는 신체를 가리킨다"(p. 21). 기관들 없는 신체는 어떠한 강렬도도 가지고 있지 않으며, 생산도 하지 않는다. 기관들 없는 신체의 예: "꽉 감긴 눈, 완전히 오므라든 콧구멍, 꽉 막은 귀"(pp. 37~38).

이제 기관들 없는 신체의 두 번째 측면을 보자. 들뢰즈와 가따리가 가장 흥미를 느낀 것은 기관들 없는 신체의 기록(enregistrement, 등록) 기능과 그것의 분명한 생산적 능력들이다. 즉 기적적인 형식, 기적의 출현이다. "비생산적인 것이자 비소비적인 것인 기관들 없는 신체는 욕망 생산의 전 과정을 기록하기 위한 표면 구실을 하며, 따라서 욕망하는-기계들은 그것들과 기관들 없는 신체를 결부짓는 외견상의 객관적인 운동 속에서 기관들 없는 신체로부터 유출되어 나오는 듯이 보인다"(p. 11).

무엇보다, 이 문장의 앞부분에서 기관들 없는 신체는 욕망 생산이 기록되는 표면 혹은 실제로는 욕망 생산이 코드화되는 표면이다. 욕망하는 기계들 혹은 생산은 의미작용(signification)이 된다. 이 문장의 뒷부분에서 들뢰즈와 가따리는 생산의 이러한 기록 혹은 코드화 때문에 욕망하는 생산이 현실적으로는 기관들 없는 신체로부터 생겨나는 것으로 보인다고, 물론 우리는 실제로는 그렇지 않다는 것을 알고 있지만, 하여간 그렇게 보인다고 주장하고 있다. 이 두 번째 부분, 생산의 이러한 거짓된 출현을 이들은 '기적을 만드는-기계'라고 부른다. 여기에서 기적은 그저 불가능한 생산의 출현을 지칭할 뿐이다.

기관들 없는 신체의 이 두 측면, 즉 기록하는 생산과 기적적인 생산은 모두 자본의 한 측면이며, 나는 자본의 영역에서 이것을 더욱 잘 파악할 수 있다고 생각한다. 자본은 기관들 없는 신체이며, 노동은 생산적 기계이다. 따라서 자본은 노동의 생산이 기록되는 혹은 노동의 생산이 코드화되는 비생산적 표면이다. 이 경우에 우리는 기록하기 혹은 코드화라는 것이 노동/생산의 가치가 자본에 따라 결정된다는 것을 의미한다고 말할 수 있을 것이다.

기적적인 측면에 관해서 이들은 맑스의 상대적 잉여가치 개념을 참조한다. 맑스는 주어진 노동시간의 양 동안 생산된 가치를 증가시킴으로써 이윤을 증대하려는 자본의 전략을 명명하기 위해서 상대적 잉여가치라는 용어를 사용했다. 노동이 더욱 생산적인데 반해 임금은 전과 똑같다면 이윤은 훨씬 높을 것이다. 다소 조잡한 상대적 잉여가치의 전략은 일관생산라인의 작업속도를 높이고 따라서 동일한 노동시간의 양 동안 더 많이 생산해내는 것이다. 대개 상대적 잉여가치는 노동을 보다 생산적인 것으로 만드는 기술의 진보와 관련되어 있다. 따라서 들뢰즈와 가따리는 상대적 잉여가치의 발전과 더불어 자본을 생산하는 것은 노동이 아니라 자본인 것처럼 보인다는 사실을 맑스에게서 끌어내고 있다.

"그것[자본 – 지은이]은 고정된 자본으로서 기계 속에서 스스로를 구현하면서 상대적 잉여가치의 생산을 기계가 책임지게 만든다. 기계들과 행위자들은 밀접하게 자본에 매달리게 되므로 이들의 기능 자체가 자본에 의해 기적적으로 되어진 듯이 보일 정도가 된다. 모든 것은 객관적으로 사이비 원인(유사 원인 quasi cause)으로서의 자본에 의해 생산되는 것처럼 보이게 된다. 맑스가 말했듯이, 처음부터 자본가들은 필연적으로 노동과 자본의 대립을 의식하고 있으며, 초과노동을 짜내는 수단으로서의 자본의 용법 또한 의식하고 있다. [그리고 가장 중요하게는 자본가들은 자본이 노동에 의해 생산된다는 것, 자본 자체는 비생산적이라는 사실을 깨닫고 있었다는 것을 덧붙이고 싶다. ― 지은이] 하지만 자본이 모든 생산을 달게 받아들이는 기록 표면 노릇을 하는 동시에(잉여가치를 공급하거나 실현하는 것은 기록의 권리[법]이다), 재빠르게 전도되고 마법에 걸린 세계가 창출된다"(p. 10~11).

좋다. 그러므로 자본은 이러한 두 가지 측면에서 기관들 없는 신체이다. 첫째, 생산이나 노동은 기록되거나 코드화된 가치이며, 실제로는 자본에서, 기관들 없는 신체의 표면 위에서 주어진 가치이다. (여기에서 중심적인 역할을 담당하는 것이 바로 화폐이다.) 둘째, 자본은 비생산적이면서도 마치 기적을 통해서 생산적인 것으로 나타나며, 따라서 실질적인 생산적 과정을 감춘다. 기관들 없는 신체로서의 자본의 이러한 두 번째 측면은 정확하게 맑스가 상품 물신성이라고 불렀던 바로 그것이다. 생산과정은 숨겨지거나 감추어진다는 사실.

"… 단순히 밀의 맛을 보고서 누가 그 밀을 재배했는지를 말할 수 없다. 마찬가지로 생산물은 체제와 생산관계에 대해서 아무런 암시도 주지 않는다. 이론가들이 생산물이 의존하는 실제의 생산과정보다는 원인, 이해 혹은 표현이라고 하는 이상적 형식들과 더욱 밀접하게 관련시키려고 할수록, 생산물은 그만큼 특정하게, 믿을 수 없을 정도로 특정하게, 점차 식별할 수 있는 것으로 보이게 된다"(p. 24).

따라서 상품이 원인인 것처럼 나타나는 방식과 상품의 실질적인 생산과정 사이에는 이접(disjunction)이 있다. "생산은 그것이 생산되는 것과 똑같은 방식으로 기록되지 않는다"(p. 12). 기관들 없는 신체에 의해 작동되는 이러한 이접을 들뢰즈와 가따리는 이접적 종합이라고 불렀다. "그러므로 기록의 이접적 종합은 생산의 접속적 종합을 덮어 싸게[recouvrir] 된다"(pp. 12~13).

기관들 없는 신체로서의 자본이라는 이 첫 번째 예에서 이접(either / or)은 실질적 생산과정과 그 생산과정의 거짓된 재기록(reinscription) 사이에 있다. 즉 자본은 실제로는 노동에 의해 생산되지만 자본에 의해 생산되는 것처럼 보인다. 내 생각은 이것이 단순히 실질적인 과정 대 환상이라는 식으로 이해되어서는 안 된다는 것이다. 하지만….

마지막으로 우리는 이제 오이디푸스에 도달하게 된다. 왜냐하면 기록의 과정에서, 혹은 실제로 이접적 종합에서 오이디푸스는 마치 자본처럼 작용하기 때문이다. "… 욕망의 기록은 오이디푸스적인 항들을 통해 이뤄지는가? 이접들은 욕망하는 계보학의 형식이다. 그러나 이 계보학은 오이디푸스적일까, 그것은 오이디푸스 삼각형에 기록되는 것일까?"(p. 13)

무엇보다도 오이디푸스화와 가족주의는 욕망하는 생산에 또 다른 (그리고 그릇된) 계보학을 부여한다는 점에서 이접적 종합을 포함한다. 나는 세 번째 종합[통접적 종합]과 그 협력적 요소들에 대해서는 아무런 말도 하지 않았다. 이에 관해서는 곧 다룰 수 있을 것이며, 그와 함께 다른 문제들이 생겨날 것이다.

2. 정신분석과 가족주의 — 신성가족

표현 대 생산

책의 첫 단락의 마지막 문장에서 들뢰즈와 가따리는 은유에 대해 우리에게 경고하고 있다. "어떤 것이 생산된다. 그것은 은유들의 효과가 아니라 기계의 효과이다"(p. 2). 왜 그들은 은유에 대해 고심하며, 왜 은유는 기계적 생산에 대한 대안이 아닐까? 나는 이 문제가 이 책의 2부 전체에서 생산과 표현 사이의 선택지를 통해서 정립된 일반적인 문제틀을 가리킨다고 생각한다.

분열분석은 생산에 대해서는 찬성하고 표현에 대해서는 반대한다고 선언한다. 하지만 과연 표현이란 무엇일까? 들뢰즈는 『안티-오이디푸스』(1972)보다 몇 년 전에 쓰인 『스피노자와 표현의 문제』(1968)라는 책에서 자신의 스피노자 독해에 대한 열쇠로서 표현 개념을 제기한 바 있다. 표현 개념은, 선택해서 사용하기에는 그다지 전통적이지 않은 개념이었다. 이는 스피노자가 결코 표현이라는 용어를 사용하지 않고 있으며, 이 용어가 스피노자 해석의 오랜 역사에서 아무런 중요한 역할도 하지 못했기 때문이다. 『스피노자와 표현의 문제』라는 책에서 들뢰즈는 표현을 아주 정확하게 정의하고 있다. 그에 따르면 스피노자의 존재는 하나이자 보편적이며, 사유와 연장이라는 속성들을 통해서 표현된다. 표현에서 중요한 것은 존재와 세계가 동일한 본질을 가지고 있으며 존재는 세계의 외부에 있는 어떤 것도, 세계와는 별개인 어떤 것도 아니라는 점이다. 바로 여기에서 들뢰즈는 표현에서는 내재적인 인과성 개념이 작동하고 있다는 사실, 그리고 이 속에서 원인은 그 효과에 내재적이라는 (효과와 별개의 것이라기보다는) 사실을 강조한다. 따라서 이러한 틀에서 존재가 세계의 양상들(modalities) 속에서 표현된다고 말하는 것은 존재가 어떤 외재적인 방식에서가 아니라 바로 이러한 양상들의 원인 혹은 이러한 양상들을 창조한다는 것을 의미한다. 다시 말해 존재는 항상 내재적 원인으로서 이러한 양태들 안에 존재한다.

따라서 표현은 생산의 어떤 특징을 나타내기 위해서 사용되었다. 특히 생산자가 생산된 것에 내재적인, 그리고 생산자와 생산된 것이 공통의 본질을 공유하고 있는 바로 그러한 생산. (흥미로운 점은 들뢰즈가 『스피노자와 표현의 문제』에서 기호와 기호체계는 이것들이 표상하거나 의미화하는 것에 외재적이라는 의미에서 기호학에 대한 반대이자 기호학에 대한 비판으로 이 표현 개념을 사용한다는 것이다.) 이제 『안티-오이디푸스』에서 들뢰즈와 가따리는 '표현'이라는 용어를 아주 상이하게, 사실은 대립적인 의미로 사용한다. (나는 이러한 용어법의 변화에 대해서 훌륭하게 설명하지도 못하겠고 그것에 커다란 중요성을 부여하고 있지도 않다. 사실 이 나중의 용어법은 '표현'의 일상적인 용어법과 더욱 근접해 있다. 어쨌든 나는 그 용어가 어떻게 사용되고 있는가만 분명하게 하려고 한다.)

『안티-오이디푸스』에서 표현은 재현 및 의미작용과 관련되어 있다. 따라서 정확히 말하면 표현은 용어나 사물에 내재적이지 않은 것을 지시한다. 표현은 실재의 과정 바깥에 있고 실재의 과정과 떨어져 있는 의미를 제기하며, 따라서 그 과정을 방해한다. 마찬가지로 표현은 생산의 일차적인 적이다. 오이디푸스와 정신분석이 행하는 것은 과정이나 생산을 재현이나 표현으로 대체하는 것이다. "… 욕망의 재생산은 치료 이론에서와 마찬가지로 치료 과정에서도 단순한 재현에 자리를 내어준다. 생산적 무의식은 단지 신화, 비극, 꿈속에서만 자신을 표현하는 방법을 알고 있는 무의식에 길을 내어준다"(p. 54). 표현적 무의식은 생산적 무의식을 파괴한다. "무의식은 있는 그대로의 것—공장, 작업장—이 되기를 그치고, 극장, 무대, 그리고 무대의 연출이 되고 만다"(p. 55). (그리고 나는 공장, 작업장, 극장은 여기에서 은유가 아니라 무의식의 실재적 형식 혹은 기능이라는 점을 완고하게 덧붙여야겠다.) 표현은 생산을 파괴하거나, 생산을 대체하거나 혹은 생산의 힘을 앗아간다.

들뢰즈와 가따리가 표현보다는 생산을 선호한 것은 (생산은 좋고, 표현은 나쁘다는 식의) 윤리적인 용어로 설정된 것이 아니라, 고유하게 존재론적인 용어로 설정된 것이다. 즉 무의식의 존재는 생산이며, 표현은 그러한 본질의 소외 혹은 허구화이다. '무의식은 있는 그대로의 것이길 그친다….' 이것은 단순히 무의식의 문제도, 무의식의 존재의 문제도 아니다. 들뢰즈와 가따리는 실재성 자체, 존재 자체는 욕망하는 기계들의 생산물이라고, 혹은 더 정확하게 말해서 그것들의 생산하는 과정이라고 주장한다. 나는 표현과 생산 간의 이러한 구별과 갈등을 더욱 풍부하게 하고 싶다. 분석이 의미(sens)를 통해서가 아니라 사용법을 통해서 무의식의 문제를 고찰해야 한다고 주장했을 때, 들뢰즈와 가따리는 이러한 차이에 다소 실천적인 열쇠를 부여하고 있다. "무의식은 의미에 대해 어떤 문제도 제기하지 않으며 단지 사용의 문제만을 설정한다. 욕망이 제기하는 문제는 '그것은 어떤 의미인가?'가 아니라 '그것은 어떻게 작동하는가?'이다"(p. 109).

기차를 터널 안으로 집어넣는 소년의 예를 통해서 이러한 실천의 규칙을 생각해보자. 우리가 이것을 표현으로 분석하고 이것이 어떤 의미인가를 묻는다면, 우리는 (적어도 오이디푸스적 작업틀 안에서는) 그가 자기 어머니와 섹스하고 싶어 한다는 대답을 들을 것이다. 다른 한편 (기차를 터널 안으로 집어넣는) 이러한 행위를 생산으로, 기계로 읽는 것, 그리고 이것이 '어떻게 작동하는가'라고 묻는 것은 완전히 상이한 방향으로 우리를 데려간다. 즉 이 기계는 어떻게 다른 기계들과 접속하는가 등등. 그러한 분석적 실천은 극장(표현과 의미의 문제)보다는 공장(생산과 사용법의 문제)에 적합하다.

이러한 실천적 관점에서 볼 때, 이러한 구별을 유물론적 개념 및 실천과 관념론적 개념 및 실천 사이의 차이로 설정하는 것도 유용할 것이다. "오이디푸스는 관념론적 전환점이다"(p. 55). 혹은 더 명확하게 말해서 오이디푸스는 관념이다. 즉 "오이디푸스는 욕망이나 충동의 상태가 아니라 관념이다. 욕망과 관련해서 억압을 우리에게 고취하는 관념에 다름 아니다"(p.115). 여기서 우리는 관념론과 유물론 간의 대립과 갈등을 제시하는 텍스트를 갖게 된다. 관념론적 관점은 사물들의 물질적 상태에 비해 관념이나 관념의 체계에 우선성을 부여하며, 관념이나 관념의 체계가 사물들의 물질적 상태를 결정하는 것으로 설정한다. (이 경우 오이디푸스의 관념이 욕망과 충동의 상태 위에 부과된다.) 이에 대해 방어 또는 반응하는 입장인 유물론적 관점은 사물의 상태(이 경우 욕망과 충동의 상태)의 그러한 우선성을 전도하여 모든 관념에 대해 사물의 상태가 우위에 있다거나 우선적이라고 주장한다. 이것을 맑스의 고전적인 언급과 비교해보자. "인간의 의식이 인간의 실존을 결정하는 것이 아니라 인간의 사회적 실존이 인간의 의식을 결정한다"(「정치경제학 비판을 위하여」, "서문").[3]

내가 흥미를 느끼고 중요하다고 생각하는 것은 유물론의 이러한 명제 각각이 인과적 과정의 전도나 역전을 통해 관념론에 대해 반작용한다는 것이다. 모든 경우에 이것은 분열-분석이 오이디푸스의 관념론과는 반대로 유물론적 정신의학이라는 것을 의미한다. 유물론적 정신의학은 욕망의 상태와 욕망의 생산을 일차적이고 결정적인 것으로 인식하는 반면, 관념론적 정신의학은 관념과 관념의 표현에 의존한다. 다시 말해서 생산과 표현 사이의 구별과 갈등은 사용법과 의미 사이의 구별과 갈등과 마찬가지로 유물론과 관념론 사이의 구별과 갈등에 상응한다. 사실 나는 이러한 상응이 이 구별의 실천적 함의를 더욱 명확하게 해준다고 생각한다. 생산과 표현 사이의 구별을 더 일반적이고 복잡한 방식으로 이해하기 위해서는 이 구별을 (들뢰즈가 이전에 스피노자에 관한 책에서 표현 개념을 설명했던 것과 마찬가지로) 내재와 초재 사이의 유사한 구별과 관련지어야만 한다. — 이 구별은 형이상학의 역사와 형이상학 비판의 역사에서 중심적인 역할을 해왔다. 이것이 상응의 네 가지 짝이다. 우리가 지금까지 다룬 것은 다음과 같다.

- 생 산 — 표 현
- 사용법 — 의 미
- 유물론 — 관념론
- 내 재 — 초 재

『안티-오이디푸스』1부를 참조한 마지막 분류에서, 나는 내재성에 관해 직접적으로 존재론적인 용어로 말했다. 존재는 그것이 세계 속에 고유하게 있다는 의미에서 내재적이다. 즉 존재의 본질은 세계의 양상들의 본질과 동일하다. 존재는 다른 곳에 있지 않으며, 다른 세계에 있는 것도 아니고 이 세계를 넘어서 있는 것도 아니다. 따라서 기계들에 의해 구성된 실재성 또는 존재라는 개념은 초재적 존재 개념이라기보다는 내재적 존재 개념이라고 말할 수 있을 것이다.

『안티-오이디푸스』2부에서 들뢰즈와 가따리가 내재적과 초재적이라는 용어를 사용하는 방법은 훨씬 어려우며, 이들은 특히 칸트의 비판의 용어법을 참조한다. 이들은 75쪽과 109쪽의 두 구절에서 이 용어에 대해 설명하고 있다.

"칸트는 비판적 혁명이라고 자신이 불렀던 것 속에서 의식의 종합들의 합법적인 사용과 비합법적인 사용을 구별하기 위해서 인식에 내재적인 기준들을 발견하고자 의도했다. 그는 초월(transcendental) 철학(기준들의 내재성)이라는 이름으로 형이상학에 나타나던 것 같은 종합들의 초재적(transcendent) 사용을 비난했다"(p. 75의 상단).

이들이 칸트로부터 받아들인 것은 종합의 합법적인 사용이 종합의 장(인식이나 무의식)에 대한 기준의 내재성에 의해 정의된다는 원리이다.[4] 기준이 인식이나 무의식에 외재하거나 초재적이라고 한

---

3. [옮긴이 주] 한국어판: 『정치경제학의 비판을 위하여』, "서문", 『칼 맑스・프리드리히 엥겔스 저작 선집』, 2권, 최인호 외 옮김, 김세균 감수, 박종철출판사, 1992, 478쪽.
4. [옮긴이 주] 우리는 여기에서 하트가 사용하는 understanding이라는 단어를 '인식'으로

다면 그 사용은 비합법적인 것이다. 혼동스런 부분은 바로 칸트가 이후 이러한 기준의 내재성에 의해서 초월 철학을 정의하고, 그 이름으로 종합을 초재적으로 사용한다는 이유로 형이상학을 비판한다는 점이다.

여기서 나는 칸트를 정말로 이해하는 것에는 그다지 관심이 없다. 내가 지적하려는 것은 초월 철학이 내재적 기준에 대해 작동하며 종합의 초재적 사용을 비판한다는 것이다. 이와 더불어 들뢰즈와 가따리가 자신들의 유물론적 정신의학과 분열분석을 "그 기준의 내재성에 의해 정의된"(p.75) 것을 의미하는 '초월적 무의식'을 통해서 설정하고 있다는 점을 기억해야 한다.

이제 초월 철학이 기준의 내재성을 정의하는 것이라고 한다면, '초월 철학에 대해 초월적인 것 혹은 이러한 초월적 무의식에 대해 초월적인 것은 무엇인가?'라는 질문을 받을 것이다. 이 경우 종합의 원리나 논리, 도식(무의식은 이것에 의해서 기능한다)은 스스로 기능하는 것을 초월하는 것이다라고 말해야 할 것이다. 이러한 특정한 사용법에서 (초재적이 아니라) 초월적에 관해서 들뢰즈와 가따리는 논쟁하지 않고 긍정했다.

나중에 나오는 구절에서 들뢰즈와 가따리는 내재와 초재의 이러한 문제가 내가 지적했던 다른 구별들, 즉 생산과 표현, 사용법과 의미와 어떻게 관련되어 있는지를 분명하게 한다. 이들은 자신의 소설을 기계들로 간주해주길 원했던 말콤 로리(Malcolm Lowry)에 대해

옮겼다. 우리는 『안티-오이디푸스』의 영역본과 불어본을 대조한 결과, 이것이 흔히 옮겨지듯이 '지성'이나 '오성'이 아니라 '인식'이라고 판단했기 때문이다.

얘기한다. 소설은 작동하는 한에서는 우리가 이것이었으면 좋겠다고 원하는 것이라면 무엇이든 될 수가 있다.

"의미란 용법 이외의 다른 것이 아니다'라는 말은 우리가 비합법적인 사용법에 반대되는 합법적인 사용법을 결정할 수 있는 내재적인 기준들을 마음대로 사용할 수 있을 때에만 [이것은 참된 조건이다 – 지은이]], 하나의 확고한 원리가 되는 것이다. 반대로 비합법적인 사용법은 사용법으로 하여금 이미 가정된 하나의 의미를 참조케 하며, 일종의 초재를 재건한다. 초월적이라고 불리는 분석은 무의식의 장에 내재적인 이러한 기준들을 결정하는 것이며, 여기에서 그 기준들은 '그것은 무엇을 의미하는가?' 따위의 초재적인 문제제기 방식과 대립된다. 분열분석은 초월적 분석인 동시에 유물론적 분석이다"(p. 109).

의미에 대한 탐색은 무의식의 바깥을 향하고 따라서 초재를 정립한다. 다른 한편 사용법에 대한 분석은 무의식에 내재적인 기준의 결정을 포함한다. 칸트를 따라 우리는 전자를 형이상학으로, 후자를 초월적 분석이라고 부를 수 있다. 혹은 우리의 작업틀에서는, 전자를 표현과 의미에 관련시키고 후자를 생산과 사용법에 관련시킬 수 있다.

다양한 종합의 합법적인 사용을 비합법적인 사용과 구별짓게 하는 것을 포함하고 또한 거짓추리[배리] 혹은 허위 논리를 드러내고 공격하는 것을 포함하는 표현과 생산에 관한 이러한 전체적인 논의는 존재론적 혹은 방법론적 명령에서 시작되었지만, 이는 결국 들뢰즈와 가따리에게 윤리적인 결과를 초래한다. 각각의 종합에 상응하는 거짓추리가 있으며(plus two extra), 각각의 거짓추리나 비합법적인 사용은 오류로 나아가게 하며, 각 오류는 윤리적인 조건을 산출해 낸다. "욕망과 관련된 세 가지 오류는 결핍, 법, 기표라고 불린다. 그것은 하나의 동일한 오류이며, 무의식에 관한 경건한 개념을 형성하는 관념론이다"(p. 111 중간). (우리는 나중에 결핍이 어떻게 외삽으로부터 결과하며, 법이 이중-구속으로부터, 그리고 기표가 어떻게 적용으로부터 결과하는지를 논의할 것이다.)

또 다시 분명해지는 것은 오류의 원인이 방법론적인 오류라는 점이다. 다시 말해 유물론적 무의식 개념이 아니라 관념론적 무의식 개념에, 내재적 기준이 아니라 초재적 기준에, 생산보다는 표현에 초점을 맞췄다는 것이다. 이러한 세 가지 오류로부터 들뢰즈와 가따리가 이것들의 신학적 행렬들(cortege)이라고 부른 것이 뒤따라 나온다. 즉 "존재의 불충분성, 유죄, 의미작용"(p. 111). 『안티-오이디푸스』의 곳곳에서 들뢰즈와 가따리는 분열분석의 윤리적 상황을 기쁨과 무죄(innocence)로 특징짓는다. 내가 보기에는 이것이 표현과 생산 사이의 대립에 있어서 최종 결말인 듯싶다.

생산은 존재에 참된 것인 반면(존재는 욕망하는-생산이다), 표현은 존재를 왜곡하고 대체하고 무능하게 만들기 때문에 표현보다는 생산을 긍정한다는 것은 사실이다. 하지만 어쩌면 가장 중요한 것은 기쁨으로 나아가게 하는 것이 표현에서의 억압이 아니라 생산의 해방이라는 점이다. 표현의 문제를 떠나기 전에 우리는 이미 2부에서 문학 해석과 가치평가 이론의 핵심부에 도착해 있다는 사실을 지적해 두고 싶다.

문학(혹은 아마도 단지 좋은 문학)은 실제로 표현이 아니라 생산에 관한 것이라는 점에서 분열분석과 같다. 무엇을 의미하는가가 아니라 무엇을 하는가, 어떻게 작동하는가가 중요하다. "이것이 바로 문체 혹은 오히려 문체의 부재, 비구문법, 비문법이다. 이 순간 언어는 그것이 무엇을 말하는가에 의해 더 이상 정의되지 않으며, 언어가 의미를 갖도록 만드는 무엇인가에 의해서도 더더구나 정의되지 않으며, 대신 언어를 움직이게 하고, 흐르게 하고, 폭발하게 하는 것에 의해서, 즉 욕망에 의해서 정의된다"(p. 133의 중간하단).

생산은 문학에서 가장 중요하다. 이때의 생산은 작가와 기타 등등이 처해 있는 사회-역사적 조건이라는 의미에서의 문학적 생산이 아니라 문학 안에서의 또는 문학을 통한 욕망의 생산이라는 의미에서의 생산이다. 그러므로 문학 해석은 문학에서 이러한 욕망하는-기계들을 드러내는 것이어야 한다. "텍스트를 읽는 것은 의미화된 것(기의)을 찾는 학문적인 실행이 아니며, 기표를 찾는 고도의 텍스트적 실행은 더더욱 아니다. 오히려 텍스트를 읽는 것은 문학 기계의 생산적 사용이다…"(p. 106 맨 위).

유물론적 정신의학과 마찬가지로, 그리고 아마도 다른 모든 분과학문과 마찬가지로 문학 해석은 작동중인 욕망하는-기계들을 드러내고 이것들을 생산적으로 사용할 수 있게 하는 것을 포함해야 한다. 이것이 내재적 문학 비평을, 해석을 파악하는 방식이다. 이때의 해석은 텍스트가 창조하는 욕망하는-기계들을 상대로 한다는 의미에서, 그리고 그것들을 작동시킨다는 의미에서 그 텍스트에 내재적인 채로 남아있다. 이것은 아직은 그렇게 분명하지 않으며, 그러한 독해가 무엇을 할 수 있으며 어떻게 작동할 수 있는지에 관한 몇 가지 예와 더욱 구체적인 관념을 앞으로 몇 주 내에 살펴볼 기회를 가져야겠다.

해방 / 혁명

들뢰즈와 가따리는 오늘날 대다수의 사람들이 불신하고 한물갔다고 생각하는―사실은 들뢰즈와 가따리 같은 사람들의 주장에 의해 불신을 당하고 있다고 하는 것이 정확하다―여러 가지 개념을 사용할 것을 요구하고 있다. 소외, 보편성, 총체성 개념을 예로 들어보자. 여기서 나는 총체성에 대해 간단하게 언급하고 싶다. 실제로 들뢰즈와 가따리는 총체성이라는 용어를 사용하고 있지 않다. 하지만 나는 이들이 사회적 장에 대한 두 가지 개념, 즉 3+1 대 4+n을 대조시키고 있을 때 이들의 주장에 총체성이라는 용어가 은연중에 존재한다고 생각한다.

이들은 소우주와 대우주 사이의 관계에 완전히 개방된 운동에 관한 베르그송의 생각을 환기시키면서 논의를 시작한다. 3+1은 오이디푸스의 공식이다. 오이디푸스는 모든 사회현상들을 삼각형(엄마, 아빠, 나) 속에 가둔 다음, 그러한 삼각형을 균일한 초재적 질서 관념에 포섭시키기 때문이다. 오이디푸스는 사회적 총체성의 이중으로 폐쇄적인 관념이다. 이것은 첫째, 오이디푸스가 모든 현상들을 삼각형에 가두기 때문이며, 둘째, 이렇게 하고 난 후에 삼각형을 통일체로 환원시키기 때문이다. 들뢰즈와 가따리는 사회적 총체성이라는 폐쇄된 개념을 내가 개방적 총체성이라고 부른 것과 대립시킨다. 이 대안적 개념은 "사방팔방으로 열려져 있으며, 사회적 장의 모든 곳으로 열려져 있다(3+1이 아니라 4+n)"(p. 96 중간 위).

이제 우리는 들뢰즈와 가따리가 이미 『안티-오이디푸스』1부에서 다양체(multiplicity)의 이름으로 총체성을 비난했다고 하면서 반대의 견을 제시할 수도 있다(p. 42). 하지만 이들이 비난한 것은 특정한 종류의 총체성이었다고, 즉 이질적인[다질적인] 부분들을 하나의 초재적 통일체로 환원시킨 총체성이었다고 할 수 있다. 이 대신에 이들은 동질적이고 초재적인 전체로는 결코 환원될 수 없는 다양체들과 부분들에 의해 구성된 내재적 총체성 개념을 긍정한다. 오히려 한물가고 불신당하고 있지만 내가 실제로 흥미를 가지고 있는 개념은 바로 억압, 해방, 혁명이다.

이것이야말로 이 책 전체의 분명한 목표이다. 이 책의 출발점인 욕망하는 기계들은 혁명을 이끌어낸다. 혹은 오히려 이것들 자체가 바로 혁명이다. 또는 욕망의 해방이 혁명이다. "어떤 욕망하는 기계도 전 사회 부문을 폭발시키지 않고서는 정립될 수 없다. … 욕망은 그 본질에 있어 혁명적이다. … 그리고 어떤 사회도 참된 욕망이 정립되도록 내버려두기만 한다면, 그 사회의 착취, 예속 및 위계 구조들은 곧 위태로워진다"(p. 116 중간 위). 또 같은 페이지 조금 뒤에서 "욕망은 혁명을 원하지 않는다. 욕망은 설령 비자발적이라고 하더라도 자기가 원하는 것을 원한다는 점에서 그 자체로 혁명적이다"(p. 116 중간 아래).

같은 페이지를 더 읽어보도록 하자. 들뢰즈와 가따리가 이제 어떤 의미에서 욕망이 혁명적인가를 적어도 조금은 더 분명하게 설명하고 있기 때문이다.

"본 연구의 서두에서부터 우리는 사회적 생산과 욕망하는-생산이 하나의 동일한 것이지만, 그것들은 체제를 달리하며, 따라서 사회적 생산형식이 욕망하는-생산에 대해 본질적인 억압을 실행한다고 주장했다. 이와 동시에 우리는 욕망하는-생산('참된' 욕망)이 잠재적으로 사회형식을 폭발시킬 수 있는 뭔가를 가지고 있다고 주장해왔다"(p. 116 아래).

이 문장에는 이해해야 할 것이 많이 있다. 우선, 사회적 생산과 욕망하는-생산이 같은 것임에도 불구하고 어찌하여 상이한 체제(régimes)에 속하는지를 이해해야만 한다. 체제의 문제는 우리가 너무나 오래 전부터 진지하게 대면해야만 했던 문제였으나, 나는 우리가 아직 그렇게 할만한 도구를 가지고 있다고 생각하진 않는다. 문장의 두 번째 부분도 마찬가지로 어렵다. 즉 억압은 욕망하는-생산에 대한 사회적 형식의 지배를 포함하며, 역으로 그러한 억압으로부터의 욕망하는-생산의 해방은 사회적 형식을 파괴한다는 것. 이것이 바로 혁명이다. 이제 이러한 모든 것을 미래를 위한 질문이라고 설정하고 대신 일반적인 이론적 주장과 대결해보자. 이렇게 하고 난 다음에는 두 번째 부분에서 이들이 아주 간략하게 언급하고 있는 억압과 해방의 세 가지 예 혹은 축으로 돌아가 보자. 성적 차이, 섹슈얼리티 그리고 인종에 대해 관심을 가지고

불분명한 개념들

마지막으로 흥미롭지만 번역상의 어려움 때문에 몇 가지 불분명한 개념들(invisible concepts)에 관해 지적하고 싶다. 우선 이들이 사

용하고 있는 'quelconque'라는 단어를 보자. 이 단어는 <어떤, 어떤 것이든, 무엇이든>(any, whichever, whatever)을 의미한다. 이들은 이 단어를 'nature quelconque'이라든지 'valeur quelconque'처럼 사용한다. 여기에서 첫 번째 예. "자극은 조직자가 아니라 유도자(inductor)라는 관념. 궁극적으로 이러한 유도자의 본성은 [de nature quelconque, 임의의 본성을 가진] 일종의 무관심(indifference)이다"5(p. 91 중간). 또 다른 예. "그렇다. 가족은 자극이다. 하지만 [de valeur quelconque, 임의의 가치를 지닌] 질적으로 무관한 자극이며, 조직자도 아니고 탈조직자도 아닌 유도자이다"(p. 98 아래).6

좋다. 나는 번역이 잘못되었다고 생각하지는 않는다. 하지만 이 'quelconque'라는 개념은 정말로 무관심과는 아무 관계가 없다고 생각한다. 오히려 이 용어를 1부에서 내가 사용했던 용어, 즉 종-삶(species-life)이라고 번역되었던 'la vie générique'[유적 삶]이라는 단어와 연결시켜야 한다고 생각한다. 나는 'quelconque'와 'générique'가 모두 실제로는 무관심한 것이 아니라 어떤 기술적인 개념을 암시한다고 생각한다. 나는 이런 생각을 가지고 작업해왔다. 어쨌든 이것이 '일반적'(the general)이라는 개념을 재사고할 수 있는 길이라고 생각한다.

---

5. [옮긴이 주] 이 문장을 일단 영어본대로 옮겼지만, 불어 원문(*L'Anti-Œdipe*, p. 109)을 직역하면 다음과 같다. "부모의 형상은 결코 조직자가 아니다. 그것은 전혀 다른 본성의 과정을 일으키는, 자극에 대한 일종의 무관심을 타고난, 임의의 가치를 지닌 유도자 혹은 자극들이다."
6. [옮긴이 주] 역시 불어본(p. 117)에 따르면 다음과 같다. "그렇다, 가족은 하나의 자극이다. 그러나 그것은 임의의 가치를 지닌 자극이며, 조직자도 탈조직자도 아닌 하나의 유도자이다."

두 번째로 survol, 즉 활공(overflight)7이 있다. 이것은 다소 직접적으로 알 수 있는 개념, 혹은 적어도 어떤 실질적인 번역의 문제를 제기하지 않는 것이다. 나는 단지 그것의 사용법을 지적하고 조명하고 싶을 뿐이다. 이 개념은 쟝 우리(Jean Oury)를 언급하고 있는 주석에서 나온다. "자신을 표현하면서, 그는 자예트(Jayet)를 '경계가 정해져 있지 않은 자', '영원히 활공하는[survol, 미끄러져 날아가는] 자'라고 부르고 있다"(p. 386. 주 20).8

이들은 이 용어를 분열증자의 '이거냐'(or)를 설명하기 위한 텍스트에서 사용하고 있다. "분열증자는 죽었거나 살아있다. 그는 그가 미끄러지며 날아가는[qu'il survole en glissant] 거리의 끝인 이 양자 중 어느 하나이지 동시에 그 둘은 아니다"(p. 76). "그는 이접 속에 있고 여전히 이접 속에 남아있다. 그는 모순되는 것들을 깊이 파내려가 동일화함으로써 이접을 제거하는 것이 아니라, 분할할 수 없는 거리를 미끄러지며 날아감으로써 이접을 긍정한다. 그는 단순히 남녀 양성도 아니요, 두 성 사이에 있지도 않으며, 남녀교착(intersexual)의 존재도 아니다. 그는 횡단성애적(transsexual)이다"(pp. 76~77).

---

7. [옮긴이 주] 하트의 원문에서는 불어 survol을 지칭하기 위해 overflight, glide 등의 단어를 사용하고 있다. '탈주하다'(fuir, fuite)에 대한 영어권 번역어인 flight와의 (영어 번역어 간의) 상동성 때문에 굳이 전자를 탈주와 연관시켜 번역할 필요는 없어 보인다. 물론, 결국 의미상으로는 비슷한 측면이 있긴 하지만 말이다. survoler에는 '주마간산식으로 스치듯이 훑어보다'라는 의미도 있지만, 들뢰즈는 오히려 '구체적으로 경계를 넘어 미끄러지듯 날아가다' 혹은 '비행하다'라는 의미를 염두에 두고 있는 듯이 보인다. 이정우 역시 『의미의 논리』 한국어판 191쪽에서 survoler를 '미끄러져 날다'라고 옮기고 있다. 따라서 우리는 이것의 명사형을 '활공'이라는, 익숙지는 않지만 본래 불어 의미에 부합하는 단어로 옮겨보았다.
8. [옮긴이 주] 이 구절은 p. 386이 아니라 p. 76, 주 20에 나와 있다. 원문의 착오로 보인다.

여기서 횡단(trans-)이란 두 가지 사이에서 끊임없이 활공하는 것을 지칭한다. 그리고 이로부터 활공은 항상 분할할 수 없는 거리에 의해 수행될 것이다.

마지막 예. "하지만 만일 기관들 없는 신체가 정말로 이러한 사막이라면, 그것은 실재적인 어떤 것이 생산되는 곳이라면 어디에나 있기 위해 분열증자가 활공(survole)하는 분할불가능한 거리이며 분해불가능한 거리이다…"(pp. 86~87).

흥미로운 개념 — 이접을 유지하기 위해서, 그리고 그것이 그 위를 날아다니는 면(plane)과 거리를 두기 위해서.

3. 야생, 야만, 문명

3부에서 내가 정말로 매력을 느끼는 것은 자본주의의 내재성, 그리고 그것과 관련하여 자본주의와 분열증이 맺는 관계이다. 나는 이 부분을 지난주부터 읽기 시작해서 오늘 끝내고 싶었다. 하지만 나는 지금 그러한 질문을 제기하게 한 건축물의 블록으로 다시 돌아가야 한다고 생각하고 있다. 나는 들뢰즈와 가따리의 담론의 기초 요소들을 아직 충분히 명확하게 파악하고 있지 못하다는 생각이 든다. 이들은 이접적 종합, 이중-구속 혹은 통접적 종합과 적용이라는 용어를 어떻게 사용하고 있는 것일까?

나는 『천 개의 고원』과는 반대로 『안티-오이디푸스』의 경우에는 앞에서 전개된 모든 요소들 위에서 [이후의] 주장이 축조되고 있다는 의미에서, 그리고 이러한 요소들이 초기의 설명을 반복하고 있지 않다는 의미에서 사유의 직선적인 발전을 제시하고 있다고 생각하며, 바로 이것이 극히 중요하다고 생각한다. 우리가 이러한 요소들을 처음부터 제대로 알지 못한다면 우리는 나중에는 거의 완전히 그것을 놓쳐버리고 말 것이다. 내가 『안티-오이디푸스』를 체계적으로 읽어나감에 따라, 이제 나는 이전에는 명확하지 않게 보였던, 믿을 수 없었던 수사학적 구조와 개념적 구조를, 개념들의 현란할 정도로 협력적인 구도를 발견하고 있다. 물론 이 모든 발판들은 이러한 처음에 제시된 개념들을 파악할 수 있느냐 여부에 달려있다. 그리고 우리는 이제 이 용어들을 파악할 수 있을 것이다. 들뢰즈와 가따리는 용어사용에 있어서 엄격하고 일관되어 있기 때문이다.

하지만 그러한 엄격함과 일관성으로는 충분하지 않다는 것이 드러난다. 용어들은 여전히 극히 파악하기 어렵다. 이들이 새로운 용어를 도입할 때, 이들은 그것을 분명하게 정의한다. 하지만 새로운 용어는 여전히 모호하거나 아직은 덜 정의된 채로 남아있다. 첫 번째 정의는 종종 오해하게 만든다. 이들은 사실 각 용어로 다시 돌아가지만, 상이한 방식으로 혹은 상이한 등록기로 돌아가는 일이 발생한다. 예를 들어 이들은 외삽의 거짓추리를 설명할 때 접속적 종합으로 다시 돌아가며, 영토적 기계를 또 다시 탐구할 때 이 두 가지로 재차 돌아간다. 그러므로 『안티-오이디푸스』의 진행은 선형적이지 않고 나선형적이다. 그러므로 처음에 그것을 파악하지 못한다면 길을 잃게 될 것이라는 것은 여전히 사실이다. 하지만 처음에 그 개념은 덜 발전된 채 남아있다. 개념은 계속되는 나선형들, 상이한 등록기에서 개넘들로 계속 돌아감과 더불어서만 실제로 분절된다. 사실 나는 몇 가지 개념들은 책의 끝 부분에서도 여전히 저분절되어(underarticulated) 있다고 생각한다. 따라서 우리의 첫 번째 세 가지 계기들로 돌아가 보자. 첫 번째 세 가지 종합, 즉 접속적 종합, 이접적 종합, 통접적 종합. 이러한 종합의 적합한 기능을 분명하게 할 수 있는 최선의 길은 이것들의 부적합한 사용으로부터, 이것들에 상응하는 거짓추리로부터 출발하는 것이라고 생각한다. 그러므로 나는 이러한 각각의 종합이 이 책의 세 부분을 조직하는 계속적인 사회적 형태들(원시적, 야만적, 문명화된)을 어떻게 정의하는가를 살펴보려고 할 것이다.

접속적 종합, 원시적, 야생적 형성체

우선 외삽. 이것은 접속적 종합의 비합법적인 사용이다. "무의식의 종합의 초재적 사용을 내포하는 이상야릇한 거짓추리가 있다. 분리될 수 있는 부분적 대상들로부터 분리된 완전한 대상에로의 이행이 행해진다…"(p. 73 중간) 여기서 우리는 접속적 종합이 무한한 연쇄 혹은 연쇄의 계열들의 형태로 작동한다(혹은 작동해야만 한다)는 것을 알 수 있다. 부분적이고 분리될 수 있는 대상들은 모든 방향에서 서로 연결된다. 외삽이 행하는 것은 그 연쇄로부터 이러한 대상들 중 하나를 끌어내어 다른 것 위에 그것을 세우는 것, 그리하여 대상들을 통제하는 것이다. 이러한 초재적 대상은 분리될 수 있다기보다는 분리된 것이며, 부분적이라기보다는 완전한 것이다. 이러한 거짓추리의 모델은 오이디푸스의 3+1로 나아가는 가족의 공식이다. 접속적 종합의 이러한 비합법적인 사용에서부터 우리는 그 적합한 사용을 위한 규칙을 만들 수 있다. 즉 모든 대상들은 부분적이어야만 하며 임시적이거나 분리될 수 있는 방식으로, 그리고 수평적 연쇄에서 다른 것들과 접속될 수 있어야만 한다. 그 연쇄 속에서 모든 대상들은 동일한 평면에 내재적이어야 한다. (어떠한 하나의 대상도 다른 대상들을 초월해서는 안 된다). 그리고 [이러한 수평적 연쇄에서 – 지은이]] 이러한 종류의 접속적 종합은 공식 4+n에 의해 정의되어야만 한다.

우리는 들뢰즈와 가따리의 세계사에서 첫 번째 단계인 원시적 혹은 야생적 단계가 이러한 접속적 종합의 우선성에 의해 특징지어진다는 것을 나중에 발견하게 된다. 이 단계는 그 내재성에 부합되게 정의되며, 이 단계에서 사회체의 충만한 신체 혹은 기관들 없는 신체를 위한 모델은 대지의 내재적 통일성이다. "그러므로 야생적, 원시적 사회체는 가장 엄밀한 의미에서 유일한 영토적 기계였다. 그리고 그러한 기계의 기능은 다음과 같은 것으로 이루어져 있다. 결연관계(alliance)와 친자관계(filiation)를 쇠퇴시키기, 국가가 생기기 전에, 대지의 신체 위에서 가계들을 쇠퇴시키기 …"9(p. 146 위).

우리는 가계를 접속적 종합의 분리 가능한 부분 대상들의 연쇄의 모델을 따라 결연관계와 친자관계에 의해 결정된 것으로 이해한다. 이러한 의미에서 가계는 내재적이거나 수평적이며 모든 방향으로 증식한다. 이것이 의미하는 것은 바로 이것들이 열린 체계일 것을 요구

---

9. [옮긴이 주] 한국어판, 『앙띠 오이디푸스』, 222~223쪽에는 위 문장이 정반대로 번역되어 있다. "국가가 있기 전에, 대지의 신체 위에서 結緣과 친자관계를 내세우는 것, 즉 家系들을 내세우는 것."

한다는 것이다(p. 150). 원시적 사회에서는 친자관계와 결연관계가 두 가지 중심축이며, 바로 이 중심축들에 의해서 흐름들이 코드화된다. 친자관계는 부모에 대한 아이의 관계이며, 결연관계는 이러한 선분들 사이의 관계이자 일차적으로 결혼에 의해 성취되는 관계이다. 따라서 친자관계는 '연속적이며 배아기적'이라는 특징을 가지며 또한 강렬하다[intensive, 내포적이다]. 이와는 반대로 결연관계는 '불연속적이며 체세포적'이며 확장적이다[extensive, 외연적이다]. 연속적과 배아기적이라는 것은 부모에 대한 아이의 친자관계 때문에 쉽게 이해할 수 있다. 그리고 결연관계도 불연속적이라는 것을 쉽게 이해할 수 있다. 그런데 왜 체세포적인가? (체세포적이라는 것은 인간 신체를 지시한다). 어쨌든 결연관계는 배아기적이 아니라 확장적[외포적]이며 밖으로 확장되는 것이라는 것은 분명하다. 하지만 들뢰즈와 가따리는 이 용어에 다소 상이한 정의를 부여한다.

"흐름으로부터 채취된 것들(prélèvements)은 기표작용적 연쇄에서 친자관계의 저장물(stock)을 구성한다. 하지만 역으로 연쇄로부터 분리된 것들(détachements)은 그 흐름을 지도하고 방향을 정하는 결연관계의 유동적 부채를 구성한다"(p. 149). 저장물과 부채는 여기서 우리가 결국 정의할 수 있는 기술적인 용어로 간주되어야 한다(그러나 나는 아직은 그렇게 간주되어서는 안 된다고 생각한다).[10]

가족구조에 관한 이러한 기초 작업은 원시사회들에 오이디푸스가 존재했는가를 묻게 만들었다. 실제로 오이디푸스는 여기에서 두 가

---

10. [옮긴이 주] 우리는 여기에서 'stock'을 '저장물'로 옮겼으나 이렇게 옮길 수 없는 경우에는 '스톡'이라고 표기했다.

지 축에 혹은 가계들에 상응하여, 근친상간, 즉 어머니와 소년의 근친상간, 자기 누이와의 근친상간에 관해 묻게 만든다. 들뢰즈와 가따리가 근친상간은 원시사회에서 존재하지 않았다고 주장할 때, 이들이 말하고 싶었던 것은 소년이 자기 어머니나 누이와 섹스를 하지 않았다는 것이 아니라 이것을 그[근친상간]와 같이 코드화하는 가족 구조가 존재하지 않았다는 것이다.

"욕망된 것은 강렬한 배아기적, 혹은 맹아기적 흐름이다. 여기에서 우리는 아버지, 어머니, 아들, 누이 등과 같이 식별될 수 있는 인물들이나 기능들을 찾으려고 해봤자 헛수고이다. 왜냐하면 이러한 이름들은 단지 배아로 규정된 대지의 충만한 신체 위의 강렬한 변주들을 지시할 뿐이기 때문이다"(p. 162).

원시사회에서는 접속적 종합이 선차적이었다고 말하는 것이 뜻하는 바가 바로 이것이다. 가족의 인물들은 근친상간이 발생하기 위해서 필수적이지만, 이 인물들은 단지 세 번째 종합, 즉 여기에서는 종속적인 통접적 종합에 의해서만 형성된다. 이것은 오이디푸스가 원시사회에서 존재하지 않았다고 말하는 것이 아니라 오이디푸스가 끝을 맺게 되었다는 것을 의미한다. 그것은 원시적 혹은 영토적 표상에서 끝을 맺게 된다.

(들뢰즈와 가따리에게 항상 그랬던 것처럼) 여기서 표상의 세 가지 단계들 혹은 심급들이 존재한다. 첫 번째는 친자관계, 즉 '모든 표상을 조건짓는 강렬도의 배아기적 유입(influx)'이다. 이것은 욕망의

재현물(representative)이다. 친자관계가 원시사회에서 모든 재현을 조건짓는다고 말하는 것은 접속적 종합이 선차적이라고 말하는 것과 같다. 두 번째는 결연관계이다. 이들은 이러한 결연관계를 욕망의 '억압하는 재현작용'이라고 불렀다. 들뢰즈와 가따리는 여기에서 결연관계의 형태로서의 결혼이 인간들 사이의 동성사회적(homosocial) 욕망에 대한 억압이라고 설명한다. 마지막으로 여기에서는 오이디푸스가 세 번째 자리를 차지한다. "근친상간은 억압된 재현자에 대하여 억압하는 재현작용이 소급 적용된 효과일 뿐이다"(p.165). 특히 근친상간은 친자관계에 대한 결연관계의 효과이다. 이 세 번째의 소급 적용된 심급은 '전이된 재현내용'이라 불린다. 여기서 중요한 것은 오이디푸스가 전이와 왜곡의 결과로 종결을 맞게 된다는 것이다. (또한 아마도 부수적으로, '억압되고 전이된 것'도 원시적인 표상 체제에서 물신숭배의 자리를 표식하게 된다.)[11]

이접적 종합, 제국적 - 야만적 형성체

이제 두 번째 종합, 즉 이접적 종합으로 옮겨가 보자. 이접적 종합은 이중-구속의 거짓추리에 상응한다.

"이중-구속은 서로 모순되는 두 종류의 메시지의 동시적인 발신을 묘사하기 위해 그레고리 베이트슨이 사용한 용어이다. 예를 들어 아버지

---

11. [옮긴이 주] 여기에서 '억압하는 재현작용'(representation refoulante)과 '억압된 재현자' (representant refoulé), '전이된 재현내용'(represente deplacé)이라는 번역어의 선택은 잠정적이다.

가 자기 아들에게 이렇게 말한다. 자, 어서 해봐, 나를 비판해 보란 말이야. 하지만 모든 효과적인 비판은 … 결코 환영받지 못한다는 것을 강하게 암시한다"(p. 79).

이제 이접은 이중-구속에서 두 종류의 메시지와 같은 선택지를 필수적으로 제공해야만 한다. 이접적 종합의 또 다른 사용에서는 합법적일 수 있는 이중구속의 경우에 비합법적인 것은 무엇일까? 들뢰즈와 가따리에 따르면, 이중구속이 '배제적이고 제한적인' 이접을 설정하는 반면, 합법적인 사용은 '포함적이고 비제한적인' 이접을 설정한다. 그러므로 베이트슨의 예에서 합법적인 사용은 여전히 두 개의 상이한 메시지를 전달하는 아버지를 지니고 있지만, 이 메시지들은 서로 갈등하지 않으며, 이 메시지들의 관계는 포함적이고 비제한적이다. 우리가 이접을 또한 하나의 종합으로 부르는 것은 이 때문이다. 결합하지 않은 요소는 서로를 배제하지도 혹은 모순되지도 않기 때문이다. 이 요소들은 구별되어 있지만 이들 사이에는 일종의 통행이 허용된다.

3부에서 논의되는 세계사로 나아갈 때, 이접적 종합은 야만적, 제국적 사회에서 선차적인 종합이다. 이 사회는 초재에 의해서 정의되며, 여기에서 사회체의 충만한 신체는 전제군주의 신체라는 형태를 띤다. 이 새로운 국가 거대-기계는 원시 영토적 기계를 정의한 모든 계보들(친자관계와 결연관계)을 유지하고 있지만, 이 계보들을 재정리한다. 이 전제적 질서는 새로운 결연관계(전제군주에 의해 재조직된 결연관계)에 의해, 그리고 직접적인 친자관계(전제군주와의 친자관계)에 의해 정의된다. "모든 친자관계의 경우에는 첫째로 태어난

아이가 엄청난 권리를 가지듯이, 모든 결연관계의 경우에는 첫날밤을 치르는 자가 엄청난 권리를 가진다"(p. 196 중간).

국가는 직접적으로 모든 관계에 들어간다. 그러므로 원시 영토기계의 친자관계와 결연관계가 욕망의 흐름을 '코드화'하는 것으로 지칭된다면, 여기에서 국가기계는 그 흐름을 '덧코드화'(overcoding)한다. 원시적 기계와 국가기계는 그 어떤 것보다도 탈코드화된 흐름을 증오하고 두려워한다. 모든 흐름들은 코드화되거나 덧코드화되어야 한다.

"제국적 등록(inscription)은 모든 결연관계와 친자관계를 다시 절단하고, 이것들을 연장하며, 이것들을 신성과 전제군주의 직접적 친자관계, 전제군주와 인민의 새로운 결연관계로 수렴되게 만든다. 원시적 기계의 모든 코드화된 흐름들은 이제 곤란한 상태에 처하게 될 수밖에 없게 되며, 여기에서 전제적 기계는 이러한 흐름들을 덧코드화한다. 덧코드화는 국가의 본질을 구성하는 작동이며, 이전의 형성체와의 연속성과 단절을 모두 측정하는 작동이다…"(p. 199 중간).

국가와 이전의 형성체 사이의 연속성과 단절이 중요한 이유는 이 접적 종합이 여기에서는 선차적이기 때문이다. 이것은 배제적 관계가 아니다. 원시적인 요소는 제국적 국가에 포함되거나 포섭되며, 제국적 국가기계에 의해서 덧코드화된다. 여기서 다시 한번 근친상간이 문제되지만, 이번에는 그 위치가 변동되었다. 여기서 근친상간은 가능할 뿐만 아니라 필연적이다. 즉 전제군주는 상징적으로 누이(다른 부족의 공주라고 읽자)와 결혼해야만 하며 다시 어머니(자기 부족의 어머니라고 읽자)와 결혼해야만 한다. 이것은 상징적인 이중 근친상간이다.

들뢰즈와 가따리는 여기에서 중요한 것은 근친상간의 자리가 표상작용과 관련해서 변동했다는 점이라고 주장한다. "제국적 형성체에서 근친상간은 욕망의 전이된 재현내용이기를 그치고 억압하는 재현작용이 된다"(p. 201). 한 가지 결과는 오이디푸스가 더 이상 끝나지 않게 되며 중간의 어딘가에 있게 된다는 것이다. 더욱 흥미로운 것은 이러한 '억압하는 재현작용'이 제국적 형성체에서 지배적인 재현양식인 의미작용 이론으로 어떻게 확장되는가하는 것이다.

"기표는 또 다른 언어를 덧코드화하는 언어를 내포하는 반면 이 다른 언어는 음성학적 요소로 완전히 코드화된다. 그리고 사실 무의식이 이중 등록의 토픽적 체제를 포함한다면, 그것은 하나의 언어처럼 구조화된 것이 아니라 두 개의 언어처럼 구조화된다"(p. 208).

여기서 또 다시 우리는 두 개의 언어, 이중적 등록이 덧코드화 과정에서 관계를 맺는 이접적 측면을 본다. 기표는 야만적·제국적 형성체를 특징짓는 이러한 '억압하는 재현작용'이다. (마찬가지로 나는 물신화가 원시적 형성체에서 '전이된 재현내용'이라고 생각한다.)

이것들은 오이디푸스로부터 정신분석을 구해내긴 했으나, 대신 그것을 기표와 법의 전제적 기구에 복종시킨 라깡을 간접적으로 보충하는 용어들이다(p. 217). 라깡은 우리를 전제적 무의식으로 데려간다. 이러한 모든 것 중에서 국가의 경우 실제로 중심적인 것은 국가의 초재이다. 국가의 초재는 심지어 역사로부터 국가가 분리되는 것을 내포한다. 그 이유 때문에 한편으로 원국가(Urstaat, 原國家)는 최초이자 영원한 것이며, 다른 한편으로 그것은 점차적으로가 아니라 일격에 도달하는 것이기도 하다. 원국가는 실제로는 결코 존재하지 않는다. 그것은 현실적으로 실현된 국가들의 지평을 형성하는 이상 혹은 추상이다. 어쨌든, 내가 관심을 갖는 것은 다음에 살펴볼 자본주의의 내재성과 이것을 대조해보는 것이다.

통접적 종합, 문명화된 - 자본주의적 형성체

마지막으로, 적용의 거짓추리와 만나는 통접적 종합에 대해 살펴보자. 또 다시 뒤로 돌아가서 적용 문제부터 시작해보자.

"오이디푸스의 작동은 한편으로는 사회적 생산, 재생산, 반-생산의 행위자들과 다른 한편으로는 소위 가족의 자연적 재생산의 행위자들 사이에 일대일 대응의(biunivocal) 관계들 전체를 확립하려는 것으로 이루어져 있다. 이러한 작동은 적용이라고 불려진다"(pp. 100~101).

적용은 잘못된-동일화를 포함한다. ― 제한되고 고정된 잘못된-동일화. 치료의 맥락에서 이것은 (생산, 재생산, 반-생산의) 모든 행위자들이 모두 가족을 통해서 동일화된다는 것, 그리고 이러한 의미에서 가족에 '적용된다'는 것을 의미한다. '따라서 그것은 아버지였다…', '따라서 그것은 어머니였다…' 이러한 잘못된-동일화는 각 용어가 가족이라는 하나의 틀을 지시한다는, 혹은 이것에 적용된다는 의미에서 '일대일 대응적'이다.

이제 통접적 종합의 비합법적인 사용으로서의 적용이 지닌 문제는 실제로는 그것이 잘못된-동일화(비록 나에게는 그것이 출발하기에 나쁜 장소는 아닌 듯이 보이지만)가 아니라는 점이다. 실제의 문제는 적용이 통접적 종합의 일대일 대응적이고 분리차별적인(segregative) 사용이라는 점이다. "통접적 종합의 유목적이고 다의적인(polyvocal) 사용은 통접적 종합으로 만들어진 분리차별적이고 일대일 대응적인 사용에 대립한다"(p. 110 아래). 일대일 대응적인 측면을 우리는 이미 가족을 통해서 보았다. 분리차별(segregation)은 또 다른 종류의 (잘못된) 동일화를 포함한다. 이러한 (잘못된) 동일화에 의해서 사람들은 분리차별당하며 다른 인종, 종족성 등과 동일화된다.

다른 측면에서 적용의 거짓추리는 고정되고 제한된 동일화를 포함한다. 그러므로 다시 돌아가게 되면 우리는 통접적 종합의 합법적인 사용이 또한 일종의 동일화라는 것을 알 수 있게 된다. 합법적인 사용과 더불어 우리는 이렇게 말하게 된다. '그래, 그것은 어머니야, 아버지야. 하지만 그것은 또한 다리미판, 시계, 마오쩌뚱, 바바라 월터 등등이기도 해.' 다시 말해서 동일화는 고정된 것도 배제적인 것도 아니며, 다의적이며 유목적이다. 이것이 들뢰즈와 가따리가 우리로 하여금 역사의 이름들에 대한 니체의 관계를 이해하게 하고, 인종적 이민에 대한 아르또의 관계를 이해하게 하는 방식이다.

이제 동일화에 대해 말하는 또 다른 방식은 강렬도의 소비지대를 말하는 것이다.

"그것은 역사적 인물들과 동일화하는 문제가 아니라 오히려 역사의 이름들을 기관들 없는 신체 위에 있는 강렬도의 지대들과 동일화하는 문제이다. 그리고 매번 주체는 '그것은 나야! 그러니까 그것은 나란 말이야!'라고 외친다. 지금까지 분열증자 만큼 역사를 다루고, 그가 하는 방식으로 역사를 다룬 사람은 없었다. 그는 단숨에 세계사를 소비한다"(p. 21 중간 아래).

이제 기관들 없는 신체의 강렬도 형태의 지대들에 대해 말하는 것이 무엇을 뜻하는 것인지에 집착하지 말자. 통접적 종합에서 일어난 것은 동일화이다. 강렬도의 지대와의 동일화. 또는 실제로 강렬도의 지대의 소비는 통접이다. 기쁨(Voluptas, 육욕)이나 향유(enjoyment)는 이러한 동일화로부터 나온다. 이것이 의미하는 것은 바로 주체가 통접적 종합에서 산출된다는 것이다. 즉 이러한 동일화 앞에는 어떠한 동일성도 없다. 사실 주체는 이러한 동일화로부터 나오는 것이다. 그리고 종합이 합법적으로 사용된다면 그로부터 나오는 주체는 고정되거나 분리차별적인 것이 아니라 유목적이고 다의적이다. 결합(conjoin)은 여기에서 아주 좋은 단어는 아니다. 이 단어는 실제로는 접속과 다른 어떤 것이 아니기 때문이다. 접속적 종합은 연쇄처럼 모두 연결되어 있는 것과 같이, 서로 연결되어 있는 것을 포함한다. 이러한 통접적 종합은 오히려 동일화를 포함한다.

이제 3부에서 다루는 사회형성체의 세계사에 이르게 되면, 자본주의에서는 통접적 종합이 선차적인 것이 된다.

"아주 단순하게 말하면, 야생적 영토기계는 생산의 접속들로부터 출발했고, 야만적 전제기계는 탁월한 통일체에 입각한 등록의 이접들에 토대를 두고 있다고 말할 수 있을 것이다. 하지만 자본주의 기계, 문명화된 기계는 우선 통접에 토대를 두고 정립된다"(p. 224 중간 아래).

여기에서 결합된 것 혹은 동일화된 것은 무엇인가? 탈코드화된 흐름과 탈영토화된 흐름이다. 사실 이것은 바로 정확히 들뢰즈와 가따리가 자본주의에 대해 내린 최초의 정의이다. "모든 탈코드화된 흐름들과 탈영토화된 흐름들의 통접"(p. 226). 하지만 이것을 실제로 이해하기 위해서는, 설령 통접이 선차적이라고 하더라도 우선 흐름의 탈영토화와 탈코드화에서부터 시작해야 한다. 이것이 내가 도달하고 싶은 부분이다.

이제 나는 자본주의의 도입이 어떻게 탈영토화와 탈코드화를 포함하는가를 아주 잘 이해하게 되었다. 이것은 정확하게 말해서 맑스가 원시적 축적 과정이라고 기술했던 것이다. 이 축적 과정은 자본주의적 생산에 필수적인 조건의 역사적인 생산이었으며, 그 중에서 가장 중요한 것은 바로 프롤레타리아트, 즉 자유로운 노동력의 창출이었다. 맑스가 초점을 맞추고 있는 영국 역사상 원시적 축적 과정에서 중심적으로 작동한 것은 부동산의 개척(clearing)이었으며, 이 과정에서 농부들은 땅에서 쫓겨나 결국 새로운 산업도시로 모여들 수밖에 없었다. 노동자들은 이중의 의미로 땅으로부터 자유로워졌거나 혹은 정말로 생산수단으로부터 자유로워졌다. 노동자들은 더 이상 생산수단의 일부로 간주되지 못했으며, 또한 농노나 노예로도 간주되지 못했다. 그리고 이들은 더 이상 어떠한 생산수단도 소유하지 못했다. 맑스는 이러한 자유를 '추방된 자들의 자유'(Vogelfrei)[12]라고 불렀다.

이것이 바로 탈영토화의 과정이다.

맑스는 또 다른 의미에서 탈코드화로서의 이러한 이행에 대해 말했다. 즉 모든 가치 형태들(명성, 직함 등등)이 화폐의 수준으로, 금전 관계로 전락한다는 의미에서 이러한 이행에 대해 말했던 것이다. 화폐가 보편적 등가물로서 정립된 것은 모든 다른 가치 도식의 탈코드화를 함의한다. 탈코드화와 탈영토화는 내재성의 평면을 향한 자본주의의 운동의 일부이다. 이제 이것들은 들뢰즈와 가따리가 제공한 자본주의의 내재성에 대한 설명이 아니라 이들이 어떠한 방식으로 이것에 들어서는가에 대한 설명이다. 원시적 축적의 이러한 탈영토화와 탈코드화는 한번 행해지면 끝나는 것이 아니라 자본주의가 존재하는 한 계속 일어나는 것이라고 들뢰즈와 가따리는 설명하고 싶어 한다. 따라서 이들이 자본주의의 내재성이라고 부른 세 가지 측면이 존재한다.

"(1) 노동과 생산의 탈코드화된 흐름들 사이의 미분적 관계에 기초하여 인간의 잉여 가치를 추출해내는 것, 그리고 중심에서 주변으로 이동하는 것… (2) 과학적, 기술적 코드의 흐름들의 공리계에 기초하여 기계의 잉여가치를 추출해내는 것… (3) 두 가지[인간의 잉여가치와 기계의 잉여가치]의 유출을 보증하고 생산 장치 속에 반-생산을 항구

---

12. [옮긴이 주] 하트의 원문에는 'vogelfrei' 다음에 'birdfree'라고 쓰여 있다. 독일어에서 'Vogel'은 '새'를 뜻하고 여기에 접미사 '-frei'가 붙으면 '법의 보호 밖에 놓인, 추방된'이라는 의미를 지닌다. 그런데 하트가 여기에서 이 단어를 '배제'나 '추방'을 뜻하는 단어로 옮기지 않고 굳이 조어(造語)를 사용한 것은 단순히 '추방된 자'만이 아니라 외관상 '자유'롭게 보이지만 사실은 '배제'나 '추방'된 것을 가리키기 위한 것으로 보인다.

적으로 투입함으로써 흐름의 잉여가치의 이러한 두 가지 형태를 흡수하거나 실현하는 것"(p. 237 위).

첫 번째 측면은 노동자가 지불받은 가치(임금)와 노동자가 생산하는 가치 사이의 미분적[변별적] 관계이다(혹은 그렇게 단순화될 수 있다). 잉여가치는 그러한 미분적[변별적] 관계에서 추출된다. 두 번째 측면은 기술적 발전과 과학적 발전에 의한 이윤의 증가를 지시한다. 그리고 세 번째 측면은 생산 내부에서 자본주의 국가의 위치를 지시한다. 국가는 직접적으로 생산을 명령하며 따라서 반-생산이 생산 장치들에 내부적인 것이 된다.

자본주의의 내재성에 관한 이러한 서술에서 나는 흐름의 탈영토화와 탈코드화를 통해서 내재성의 평면에 어떻게 도달하게 되는지를 잘 이해했다. 하지만 자본주의는 단순히 절대적인 탈영토화가 아니다. 이후, 혹은 이에 덧붙여서 모든 탈영토화는 재영토화를 작동시켜야 한다. 문제는 이제 이러한 재영토화를 이전의 영토화들의 초월로 복귀하는 것이 아니라 내재성의 평면 위에 남아있는 것으로 어떻게 이해할 수 있는가하는 것이다. 이에 대해 들뢰즈와 가따리는 자본주의의 재영토화가 코드화나 덧코드화의 과정이라기보다는 공리계의 형태를 취한다고 답변한다.

"진정한 공리계는 사회적 기계 자체의 공리계이다. 이 공리계는 낡은 코드화를 대신하고, 자본주의 체제를 위해서 그리고 자본주의 체제의 목적에 봉사하기 위해서, 과학적이고 기술적인 코드의 흐름들을 포함한 모든 탈코드화된 흐름들을 조직한다"(p. 233 중간 아래).

코드화를 대신하고 내재적인 방식으로 조직하는 이러한 공리계는 무엇인가? 나는 많은 것이 이 공리계 개념에 의존하고 있다고 생각하지만, 『안티-오이디푸스』에서 들뢰즈와 가따리는 이 공리계에 대해 철저하게 설명하지 않고 있다고 생각한다. 그들이 『천 개의 고원』에서 참조하는 책으로부터 공리계에 관한 수학적 설명을 제시해보겠다. 수학에서 공리계는 변수와 계수를 즉각적으로 결정하고 결합하는 등식과 관계들의 집합이며, 이전의 고정된 정의나 용어를 참조하지 않는다. 공리체계 내부에서 공준(postulates)은 참이거나 거짓일 수 있는 명제가 아니다. 공준은 상대적으로 미결정적인 변수들을 포함하고 있기 때문이다. 우리가 이 변수들에 특수한 가치들을 부여할 때에만, 혹은 다시 말해서 우리가 변수를 상수로 대체하게 될 때에만 공준들은 선택된 상수에 따라서 참이거나 거짓일 수 있는 명제가 된다.

이제 정치경제학을 통해서 이것을 이해할 수 있는 한 가지 방식은 이것을 자본주의 발전 '법칙'의 지위에 관한 맑스의 논의에 연결시키는 것이다. 맑스는 자본이 법칙을 가진다고 주장했다. 하지만 그러한 법칙은 역사적이며, 그 기능에 내재적인 것이다. 그러므로 자본주의의 법칙은 이제 수학적 개념으로 변동하여, 상이한 사회적-역사적 맥락에서 상이한 변수들에 의해 충족되는, 따라서 상이한 명제들을 산출하는 등식처럼 생각될 수 있을 것이다. 예를 들어 자본주의 발전은 영국과 이집트에서 상이하게 보일 것이다. (그것은 상이한 명제를 만들어낸다). 물론 이것들은 모두 똑같은 등식 혹은 공리계에 따라서 작동한다. — 들뢰즈와 가따리가 제시하는 공리의 한 가지 예는 "중심에서 주변부에 이르는 전이의 공리이다"(p. 253). — 공리계는 완전한 등식의 집합이 아니라 항상 새로운 공리들을 추가할 수 있도록 개방되어 있다. 어쨌든 나는 이러한 공리계 문제에 대해서는 아직 만족하지 못하고 있다. 공리계가 어떻게 조직하거나 규제하면서도 여전히 내재적일 수 있을까? 하지만 나는 그것을 미래에 탐구되어야 할 문제라고 설정하고 싶다.

공리계는 또한 자본주의와 분열증의 차이에서도 핵심적이다. 자본주의와 분열증 모두 흐름의 일반적인 탈코드화와 탈영토화에 의해 작동한다. 하지만 분열증은 절대적인 탈영토화인 반면 자본주의는 상대적인 탈영토화이다. 자본주의적 탈영토화는 자본이 탈영토화하는 것을 다시 재영토화한다는 의미에서 상대적인 탈영토화이다. "그것은 한 손으로 탈코드화한 것을 다른 한 손으로 공리화한다"(p. 246 중간 위). 공리계는 자본의 탈출구(way out)이며, 흐름을 조직하고 명령을 강제하는 방식이다. 자본주의와 분열증의 이러한 차이는 우리가 이 부분에서 얻게 되는 혁명에 대한 간략한 공식을 설명해준다. 이들은 우리가 자본주의에 저항해야 하는 것이 아니라, 자본주의를 훨씬 더 탈영토화와 탈코드화의 과정으로 밀어 넣어야 한다고 주장한다. "과정으로부터 철수하는 것이 아니라 니체가 말했듯이 '과정을 더욱 가속화'하는 것…"(pp. 239~240). 혁명적 실천은 자본주의를 상대적 탈영토화에서 절대적 탈영토화로 밀어 넣는 것이다.

마지막으로, 내가 구성했던 이야기 순서에서는 약간 벗어나지만, 나는 다시 오이디푸스와 가족의 문제로 돌아가서 왜 오이디푸스가 실제로 자본주의하에서 충분하게 발생했으며 이전에는 그렇지 않았는지를 살펴보고 싶다. 이 문제에 대한 이들의 대답 중에서 내가 흥미를 느끼는 것은 자본주의 형성체에서 최초로 가족이 생산의 회로 밖에 위치하게 되었으며 (이전에 가족은 생산 단위였다) 따라서 가족은 이러한 초월과 의미작용의 역할로부터 자유롭게 되었다는 단순한 주장이다.

4. 분열분석 입문

4부에서는 투여(investment)의 문제가 중심적이다. 만일 내가 실수하지 않았다면, 사실 4부 이전까지 '투여'는 그다지 중요한 역할을 하지 못했다. 최초의 접근으로서 우리는 '투여'가 책 전체를 통해 우리가 살펴 본 두 체제, 즉 욕망하는 생산과 사회적 생산 사이의 연결에 관해 말하는 한 가지 방식이라고 생각해도 좋을 것이다. 욕망은 사회적 장에 '투여'된다.

몰적 / 분자적

몰적과 분자적을 이러한 투여의 문제를 통해서 이해하는 것이 가장 좋을 것이다. 우선 몰적과 분자적의 차이는 수나 크기와 무관하며, 개체와 집합체 사이의 차이를 지시하지도 않는다. 이것들은 이미 집합적이어서 차이는 두 종류의 집단 혹은 개체군들(populations)과 관련되어 있다. 몰적인 것은 거대한 집계 혹은 통합 과정을 통해 하나의 전체를 형성하는 통계학적인 그룹화를 가리킨다. 다른 한편 분자적인 것은 탈주의 운동과 관련되어 있는 미시-다양체들 혹은 단독성들을 가리킨다. 혹은 더 명확하게 말하자면, 몰적과 분자적은 두 종류의 집단이라기보다는 오히려 일차적으로는 두 종류의 집단 투여를 가리킨다.

"모든 투여는 집계들과 인물들에게 … 집합적이다"(p. 280). 그러므로 몰적이라는 개념과 분자적이라는 개념은 예속 집단의 투여 및 주체-집단의 투여와 함께 욕망과 사회적 장의 관계를 미분하는 것을 목표로 하고 있다. 즉 이것들은 욕망이 사회적 장에 투여될 수 있는 두 가지 상이한 방식인 것이다.

성과 섹슈얼리티

섹슈얼리티는 욕망하는 기계들의 생산이며, "욕망은 인물이나 사물을 그 대상으로서 취하는 것이 아니라, 그것이 횡단하는 전체 환경(milieux), 그것이 결합되는 모든 종류의 진동과 흐름을 그 대상으로서 취한다"(p. 292). 섹슈얼리티와 욕망에 관한 이 같은 이해로부터 세 가지 테제가 나온다. 즉 재생산으로부터 섹슈얼리티의 독립 ; 섹슈얼리티는 생물학적 영역과 사회적 영역에 동등하게 적용된다 (동등하게 투여된다) ('섹슈얼리티는 도처에 있다') ; 2개의 성도 1개의 성도 없고 단지 n개의 성들만이 있다. ('각각에게 자기 자신의 성을')

이러한 테제들의 총합은 비-인간적(non-human) 성의 관념으로 나아간다. "욕망하는-기계들은 이러한 집계들에 투여되는 … 비인간적 성이다"(p. 294). 비인간적 성은 분자적 수준이며 몰적 수준에서는 인간의 성과 섹슈얼리티가 된다. 혹은 더 정확하게 말하면 인간의 성은 몰적 수준에서 거대한 집합체에 특정하며, 인간의 섹슈얼리티는 이러한 전체에 투여된 것이다.

비인간의 성에 있어서는, 이성애적 욕망과 동성애적 욕망 사이에 아무런 차이도 없다. "이성애와 동성애 … 요소들과 흐름들"(p. 319). 비인간의 성의 수준에서는 이성애적 욕망과 동성애적 욕망 사이에 아무런 차이도 있을 수 없다. 단 두 개의 성이 있는 것이 아니라 n개의 성이 있기 때문이다. 혹은 그렇게 많은 성들이 있기 때문에 이성애들의 증식에 대해 사고할 수 있는 것이다.

들뢰즈와 가따리에게 성적 혁명이라는 것이 있다면, 그것은 비인간적인 섹슈얼리티의 이러한 수준으로 돌아가는 것일 것이다. "인물[과 자아]의 형태를 파괴하는 것, [전-오이디푸스적인 미분화상태를 위해서가 아니라 특이성들의 비-오이디푸스적인 선들, 욕망하는-기계들을 위해. 왜냐하면 정말로 성의 혁명이라는 것이 있다면, 그것은 대상, 목적, 혹은 원천에 관심을 기울이는 것이 아니라 단지] 기계적 형태들 혹은 지표들[에만 관심을 기울이는 것이다]"(p. 366).[13] 나는 다음주에 이와 매우 동일한 토대 위를 지나가는 푸코를 읽기 위해 이러한 요소들을 머리 속에 새겨둘 것이다. 예를 들어 성은 선차적인 (그리고 억압된) 것이 아니라 창조라는 것 말이다. 그러나 대조적으로 푸코는 일체의 억압 개념도, 일제의 성적 해방 개념도 거부하길 원한다.

---

13. [옮긴이 주] 위에서 [ ] 안의 것은 모두 하트의 것이다.

2
『천 개의 고원』 읽기*

1. 이중 분절, 내용과 표현 — 구조주의 비판

『천 개의 고원』의 중심적인 문제는 배치의 문제, 특히 (나의 단견일 수도 있겠지만) 사회적 배치의 문제이다. 사회는 어떻게 존재하는가? 사회적 배치의 논리는 무엇인가? 우리는 권력 형성체들을 어떻게 설명할 수 있는가? 그러한 질문들이 『안티-오이디푸스』에는 분명하게 나타났지만, 나는 그것들이 욕망, 탈주, 탈영토화의 우위에 비해 눈에 띄지 않았다고 생각한다. 이것은 푸코의 질문이며, 그리고 이들이 그러했든 그렇지 않았든 간에 우리는 들뢰즈와 가따리가 푸코로부터 이러한 질문을 배웠다고 상상해볼 수 있다. 들뢰즈와 가따

---

* 이 장의 절 제목은 옮긴이가 붙인 것이다. 1절은 『천개의 고원』 중 1고원에서 3고원까지, 2절은 4고원에서 6고원까지, 3절은 7고원에서 9고원까지, 4절은 10고원에서 11고원까지, 5절은 12고원에서 13고원까지, 6절은 14고원에서 15고원까지의 독해를 다루고 있다.

리는 항상 구별을 행하면서, 혹은 심지어 예비적인 대립을 설정하면서 앞으로 나아가며, 따라서 이들은 상이한 종류의 사회적 배치들 사이에 구별을 설정하거나 또는 상이한 다양체들에 대해서 말하기도 했다.

이미 나는 다양체라는 개념에서, 우리가 『안티-오이디푸스』에서의 사용법과 여기[『천 개의 고원』]에서의 사용법 사이의 변동을 감지할 수 있다고 생각한다. 『안티-오이디푸스』에서 다양체는 모든 것을 초재적 통일체로 묶어버리는, 질서를 갖춘 총체성들에 반대하기 위해서 요청되었다. 반대로 다양체는 모든 방향으로 움직여 나가는, 사방팔방으로 움직여 나가는 것으로 간주된다. 여기[『천 개의 고원』]에서 요점은 다양체들을 구별하는 것, 그리고 각 다양체 내부에서 구성적인 측면을 훨씬 명료하게 조명하는 것이다. 이러한 다양체들 중 어떠한 것도 무작위적이거나 아나키적이지 않다. 다양체들은 각각 조직되어 있으나 상이하게 조직되어 있다. 리좀 대 나무, 무리 대 대중은 상이한 다양체들 혹은 상이한 배치의 논리들을 제기하는 두 가지 방식이다. 혹은 실제로 각 다양체에 관하여 상이한 것은 그 구성이다. 리좀과 나무의 (혹은 무리와 대중의) 차이는 상이한 구성에 있다. 설령 『천 개의 고원』에서 그렇게 사용되고 있지 않다고 하더라도 나는 구성이라는 개념이 여기에서 중심적인 것으로 생각될 수 있다고 주장하고 싶다.

이 처음 두 개의 장들은 이러한 구별을 설정하는 데 있어서 상대적으로 직접적이다. 그리고 나는 우리가 상당히 친숙해 있는 주장의 논리를 제시하고 싶다. 하지만 3장에 이르게 되면 무엇을 해야 할 것인지가 확실하지 않다. 여기에서 논점의 차이를 탐구할 수 있는 시간을 주기 바란다.

처음 세 장에서 우리는 상이한 종류의 주장을 보게 된다. 1장과 2장은 우리가 수목적 구조와 체계보다는 리좀적 구조와 체계를, 대중보다는 무리를 더 선호한다라는 윤리적인 선택지를 제시한다. 하지만 3장은 그 제목이 이미 이 부분이 도덕에 관한 것이라는 것을 지시해 주지만, 그러한 윤리적 대안을 제시하지 않는 듯이 보인다.¹ 3장은 존재해야만 하는 것[도덕]이 아니라 존재하는 것을 서술한다. 3장은 단지 삶이 어떻게 분절되고 구조화되고 형성되는지 등등에 대해서만 간략하게 말할 뿐이다. 이것은 아마도 이들이 『안티-오이디푸스』에서 제시한 첫 번째 요점, 즉 우리는 인간적인 것, 자연적인 것, 기계적인 것을 '구별해서는 안 된다'는 바로 그 요점의 상관자가 될 것이다.² 우리는 이 장을 어떻게 읽어야만 하는 것일까?

상이한 종류의 장(章)들 사이의 이러한 구별로 인해, 우리는 들뢰

---

1. [옮긴이 주] 3장의 제목은 「기원전 1만년: 도덕의 지질학(대지는 자신을 누구라고 생각하는가?)」이다.
2. [옮긴이 주] 하트의 원문에는 '구별해야 한다'고 되어 있었는데, 그것은 잘못된 것이다. 왜냐하면 우리는 『안티-오이디푸스』의 전반부의 요점이 '인간적인 것, 자연적인 것 그리고 기계적인 것이 서로 구분되지 않는다'는 것임을 기억하기 때문이다. 실제로 하트는 이 글의 뒷부분에서 다음과 같이 말하고 있다. "첫 부분에서 들뢰즈와 가따리는 생물학적 담론의 틀 내부에서 생명은 세포 화학에서부터 지질 형성체에 이르기까지 모든 수준에서 이중 분절을 통해서 조직된다고 주장한다. 그러므로 우리가 인간과 비인간, 생물적인 것과 사회적인 것 사이에는 어떠한 본성의 차이도 없으며 모든 생명(광물, 동물, 식물)은 똑같은 선들을 따라 기능한다는 『안티-오이디푸스』의 주장을 받아들인다면, 인간 사회 역시 이중 분절에 따라서 조직되어야만 하는 것이다." 따라서 위 구절은, 한편으로, 우리의 수정이 옳은 것임을 입증해주는 동시에, 다른 한편으로 하트가 무슨 얘기를 하고자 하는지를 명확히 보여줄 것이다.

즈와 가따리의 주장에서 존재(있는 것)와 당위(있어야 하는 것) 사이의 관계에 대해 의아해하게 된다. (나는 존재Sein와 당위Sollen 사이의 칸트/헤겔 틀에 남아있대[그 틀을 염두에 두고 있다]). 우리는 도대체 어떻게 생물학과 정치학을 연결시킬 수 있단 말인가? 사실 이러한 것 뒤에는 진정성(authenticity)의 담론이 있는 것이 아닌가? 그리고 이 진정성의 담론에 따르면 생물학적이거나 자연적인 것은 간접적으로 윤리적이거나 정치적인 명령이 되는 것은 아닌가? 우리는 말벌과 서양란처럼 각자 서로 연결되기 위해서 노력하거나, 혹은 대지의 조직화처럼 조직을 창출하기 위해서 노력해야만 한다는 식의 명령 말이다. 이들이 도덕의 지질학으로 의미하려는 바는 무엇인가? 대지처럼 되기? 당위를 존재로 번역하기? 어쩌면 내가 여기에서 잘못된 길을 가고 있는지도 모른다. 또한 나는 들뢰즈와 가따리가 몰입하고 있는 챌린저 교수와 생물학적 쟁점 때문에 주의가 산만해진 것인지도 모른다. 어쩌면 들뢰즈와 가따리가 거기에서 명시하고 있는 논쟁들의 끝에서부터 3장을 읽기 시작하는 것이 나을지도 모른다. 나는 이런 방식으로 하고 싶고, 그것이 이 첫 번째 질문에 대해 답을 하고 있는지 혹은 질문을 전환시키고 있는지를 알고 싶다.

3장은 생물학의 문제를 직접적으로 다루지 않는 사회사상의 몇몇 공준들 혹은 패러다임들의 자격을 박탈하고자 한다. 무엇보다도, 3장의 절반 이상을 기호와 의미작용에 관해서 논의한 다음에 이들은 언어의 제국주의, 즉 모든 기호 체제는 언어처럼 구조화되어 있고 따라서 언어에 대한 참조를 통해서 모든 기호 체제가 이해되어야만 한다고 주장하는 해석적 패러다임을 공격한다. 혹은 이들은 다음의 입장을 구성한다. "비언어학적인 체계를 가진 모든 기호론은 언어라는 중개를 이용해야만 한다. … 언어는 그것이 언어학적이든, 비언어학적이든, 다른 모든 기호 체계의 해석자이다"(pp. 62~63). 들뢰즈와 가따리는 이러한 명제를 주장하는 어떤 특수한 사상가를 인용하지 않지만, 이러한 관념은 다양한 구조주의 사상가들 사이에 공통된 것이었다. 사실 프레드릭 제임슨은 『언어의 감옥』[3]에서 구조주의 일반이 모든 구조의 조직화를 위한 보편적 모델로 언어의 명제를 사용한다고 규정했다. 오히려 그와는 반대로 들뢰즈와 가따리는 언어가 보편적인 모델이 아니며, 그저 많은 기호들 중에서 하나의 기호 체제에 불과하며, 다른 것들에 대해 특권을 지니고 있지 않는 내용과 표현 관계의 한 예에 불과하다고 주장한다. 이것은 이들이 언어학에 관해 다루고 있는 4장과 기호체계에 관해 다루고 있는 5장에서 좀 더 깊이 있게 다루어질 논의이다. 하지만 3장에서 이들은 이것과 관련된, 세 가지 상관적인 공격을 행하는데, 우리는 이 공격을 구조주의에 대한 세 가지 특정한 도전으로 간주할 수도 있을 것이다. 즉 단어와 사물의 상응, 토대와 상부구조의 관계, 그리고 물질과 정신의 분리.

이러한 도전 중에서 (말과 사물의 관계에 관한) 첫 번째 도전을 정립하기 위해서 이들은 푸코, 그리고 푸코가 『감시와 처벌』에서 행한 감옥에 관한 분석으로 향해 간다. '감옥'이라는 단어가 그 내용 표현, 즉 사물의 표현이라고 하더라도 감옥이라는 사물은 '감옥'이라는 단어를 일차적으로 지시하지 않는다. 감옥이라는 사물은 들뢰즈

---

3. [옮긴이 주] F. Jameson, *The Prison-House of language — A Critical Account of Structuralism and Russian Formalism*, Princeton, Princeton University Press, 1972.

와 가따리가 내용 형식이라고 부른 것, 즉 학교, 병영, 병원 등과 같은 다른 내용 형식과 함께 어떤 지층(stratum)에 존재하는 것이다. 이러한 내용 형식이 관련될 수 있는 표현의 적합한 형식은, 푸코의 분석에 따르면, '감옥'이 아니라 '범죄'[비행]이다. "'범죄'는 '감옥'이라는 내용 형식을 상호전제하는 표현 형식이다"(p. 66). 따라서 여기에서 사물은 단어에 상응하지 않으며, 표현 형식과 관련되는 것은 내용 형식이다. 감옥은 사물이 아니라 사물의 상태이며, 건축이며, 일련의 감금의 실천들, 권력의 형성체 등등이다. 그리고 '범죄'는 실제로 단어나 기표로서 잘 지시되는 것이 아니라, 사회적 장에서 생겨나는 언표들(statements)의 집합에서 구체화되는 것으로, 기호들의 체제로 잘 이해된다. 그러므로 푸코와 들뢰즈-가따리를 섞어 놓음으로써, 우리는 여기에서 상호 교차하는 두 가지 다양체, 즉 내용의 비담론적 다양체(권력의 형성체)와 표현의 담론적 다양체(기호의 체제)가 있다고 말할 수 있다.

이제 이 두 다양체들은 상호 교차하지만 상응하지는 않는다. 이 다양체들은 추상기계 혹은 도표에 동등하게 참여한다. 들뢰즈와 가따리는 보다 정확하게 다음과 같이 쓴다. "이것들은 일종의 도표로서 … 작용하는 추상기계의 공유된 상태를 내포하고 있다"(p. 67). 『감시와 처벌』에서 도표는, 우리가 기억하는 대로, 판옵티콘이었으며, 이 판옵티콘은 감옥만이 아니라 훈육 사회의 모든 제도들을 포함한다. 푸코는 이렇게 묻는다. "감옥이 공장, 학교, 병영, 병원을 닮았으며, 이 모든 것들이 감옥을 닮았다는 것은 놀랍지 않은가?"(DP, p. 228) 이것이 놀랍지 않은 까닭은 이러한 모든 것들이 동일한 도표 혹은 추상기계, 판옵티콘을 내포하고 있거나 이것에 참여하고 있기 때문이다. 간단히 말해서 단어는 사물에 상응하지 않는다. 오히려 표현 형식들과 내용 형식들은 추상기계에 동등하게 참여함으로써 상호교차 한다.

사실 들뢰즈와 가따리는 그것이 이보다 훨씬 더 복잡하다고 주장한다. 왜냐하면 내용과 표현 모두가 형식뿐만 아니라 실체를 갖고 있기 때문이다. 이를 다시 푸코적인 예에 대입해보자. 감옥이라는 비담론적 다양체와 범죄 담론이라는 담론적 다양체는 각각 형식과 실체를 갖는다. 나는 감옥, 비담론적 내용이 어떻게 형식과 실체를 모두 가질 수 있는지를 쉽게 이해한다. 즉 그것은 벽, 건축술, 틀에 박힌 일과 등을 가지고 있다. 하지만 나에게는 어떻게 담론적인 것, 표현, 범죄의 담론이 형식과 실체를 모두 가지는지 별로 분명해보이지 않는다. 표현의 실체는 무엇인가? 그것은 언어의 물질성과 같은 어떤 것인가? 나는 그 이상의 것이라고 생각한다. 왜냐하면 나는 여기에서 표현이 언어 이상의 것을 지시한다고 생각하기 때문이다. 범죄는 실제로 담론 이상의 것이다. 그것은 또한 실천들의 집합이며, 따라서 그것은 육체적(corporeal)인 동시에 이와 동등하게 비육체적이다. 어쩌면 이러한 실천들의 신체들과 이러한 담론의 물질성은 모두 표현 실체일 것이다.

설명해야 할 것이 더 있다. 나는 내용과 표현은 추상기계가 공유된 상태에서 상호교차하며, 이러한 상태를 내포하고 있다고 말했다. 혹은 더욱 자세하게 말해서 감옥과 범죄는 판옵티콘에서 상호교차한다. 하지만 무엇이 내용과 표현을 교차하게 하는가? 혹은 이러한 상호교차의 논리는 무엇인가? 그것은 단지 무작위적인 것, 우연한 것일까? 아니다. 이것이 기계적 배치들의 역할이다. 기계적 배치들은 각각의 지층에서 내용과 표현의 상호교차 속에서 작동한다. 들뢰즈와 가따리가 말하듯이, 기계적 배치들은 "내용과 표현을 상호 조율시키고, 내용의 절편들과 표현의 절편들이 일대일 대응관계를 맺게 한다"(p. 71). 기계적 배치들은 내용과 표현을 이것들이 속하는 추상기계로 나아가게 한다. 기계적 배치물은 내용과 표현의 지층이 추상기계들로 움직이게 하는 구성적인 중개자이다. 따라서 푸코식의 예에서는 어떤 것이든 기계적 배치가 될 수 있으며, 여기에서 감옥은 내용이고 범죄는 표현이며 판옵티콘은 추상기계이다. 내가 보기에 재판은 내용의 절편들(감옥, 감옥 건축술, 판에 박힌 일과 등등의 절편들)을 표현의 절편들(범죄의 절편들)과 묶어버리고, 이 두 가지의 절편들을 추상기계(판옵티콘)를 향해 끌어올린다는 점에서 기계적 배치일 수 있다고 생각된다.

이러한 장치 전체(내용-표현-배치)는 모두 이중 분절이다. 나는 이 정의를 분명하게 하기 위해서 이러한 요소들을 끌어 모으고 싶었다. "각 지층은 내용과 표현의 이중 분절이다. 내용과 표현 모두는 실재적으로 구분되고 상호 전제 상태에 있으며, 서로 뒤섞인다. 내용과 표현과 함께 가는 머리 둘 달린 기계적 배치들은 자신의 절편들과 관계를 맺고 있다"(p. 72). 푸코의 작업으로 번역해보자. 감옥과 범죄는 실재적으로 구분된다. 하지만 이것들은 재판이 자신의 절편들과 관계를 맺고 있는 것처럼 기계적 배치들의 기능 때문에 서로 뒤섞인다.

나는 부분적으로는 이러한 푸코적인 예를 통해서 이러한 개념들

중 몇 가지를 설명하려고 노력했다. 하지만 실제로는 3장의 끝 부분에서 구조주의에 대한 첫 번째 도전을 펼쳐 놓았을 뿐이다. 그러나 들뢰즈와 가따리는 말과 사물이 상응하지 않으며, 오히려 내용과 표현이 추상기계로 향하는 이중 분절을 통해서 배치된다고 말한다.

 구조주의에 대한 두 번째 도전은 사회를 토대와 상부구조의 요소들로 분리한 것(이것은 근본적으로 기의-기표 관계와 동일한 형식을 취한다)을 겨냥하고 있다. 들뢰즈와 가따리에 따르면 토대-상부구조라는 틀은 우선성이 부여된 경제를 내용이라고 할 수 있으며, 이것이 표현이나 상부구조의 최종 결정이라고 할 수 있다. 혹은 이들은 실제로는 세 가지 수준들[심급들]을 본다. 내용이라는 경제적 토대; 배치들에 의해 점유된 상부구조의 첫 번째 심급 (이것은 알튀세르의 RSA[억압적 국가 기구]들로 생각될 수 있을 것이다); 표현을 설정하는 상부구조의 상위 심급으로 알튀세르는 이것을 ISA(이데올로기적 국가 장치)들이라고 불렀다. 들뢰즈와 가따리는 이러한 구조주의적인 사회적 은유가 완전히 잘못되었다고 주장한다. 다른 지층들에서와 마찬가지로 여기에서 내용과 표현은 또한 이중 분절의 유사한 부분들이기 때문이다. 이것들은 하나의 추상기계를 향하여 배치된다. 경제는 내용과 표현으로 이루어진 요소들을 가지고 있으며, 교회나 학교처럼 상부구조라고 규정되는 사회 제도들도 이와 마찬가지이다. 토대/상부구조라는 틀이 지닌 문제점, 그리고 모든 이데올로기 개념이 지닌 문제점은 사물들이 단순히 그러한 방식으로는 작동하지 않는다는 것, 사회가 그러한 방식으로 작동하지 않는다는 것이다. 문제는 바로 이것이 오해라는 것이다.

"우리는 언어의 본성을 오해한다. … 우리는 기호 체제의 본성을 오해한다. 기호 체제는 정확히 말해 권력 조직 혹은 배치들을 표현하는 것이지, 내용의 표현이라고 가정되는 이데올로기와 아무 상관이 없다. … 그것은 권력 조직화의 본성을 오해한다. … 그것은 내용의 본성을 오해한다"(pp. 68~69).

구조주의가 지닌 문제점은, 구조주의가 사물들이 존재하는 방식을 오해한다는 것이다. 이것은 엄격하게 실재성(reality)의 본성에 관한 과학적 질문, 즉 당위의 문제가 아니라 존재의 문제이다. 경제적인 것과 사회적인 것 사이에는 어떠한 우위성도 어떠한 결정도 없으며, 이것은 내용과 표현의 경우도 마찬가지이다. 하지만 이것은 어떠한 우위성이나 결정도 없다는 것을 의미하지 않는다. 사실 우위성은 추상기계에 있는 듯이 보인다.

"내용의 형식과 표현의 형식은 이미 전제된 두 가지 평행한 형식화 작용과 결부되어 있다. 그 두 형식이 끊임없이 자신의 절편들을 교차시키고 서로에게 전달한다는 점은 분명하다. 하지만 그것은 그 두 형식이 파생시키는 추상기계에 의해서, 그 두 형식의 관계를 조정하는 기계적 배치들에 의해서 그렇게 된다. 그런데도 만일 이러한 평행론을 피라미드 이미지로 대체한다면, 우리는 내용(그것의 형식을 포함해서)을 가지고 생산의 경제적 하부구조를 만들게 된다. 추상적인 것으로 점철된 하부구조를 말이다"(p. 68).

두 가지 형식들은 추상기계로부터 파생되며, 피라미드적 이미지는 경제적 토대에 추상적인 것의 특성을 부여한다. (이것은 최종심급에서 결정적인 역할을 한다고 나는 생각한다). 내 생각으로는, 이것은 들뢰즈와 가따리가 『안티-오이디푸스』에서는 결코 말하지 않았던 것이다. 추상기계는 내용과 표현에 비해 어떤 우선성을 부여받는다. 내용과 표현은 사실 추상기계에서 파생된 것이다. 나는 이 주장을 더 강조하고 싶다. 이것은 들뢰즈와 가따리가 푸코의 틀과 이전보다는 훨씬 가까워졌다는 것을 보여주기 때문이다. 푸코의 관점에서 볼 때 권력은 생산적이고 일차적이다. 나는 내용과 표현이 추상기계로부터 파생되었다고 말하는 것이 푸코적인 주장과 매우 가깝다고 생각한다. 그리고 이것은 (『안티-오이디푸스』와는 반대로) 이 책에서 사회를 사고하려는, 즉 사회가 어떻게 존재하며, 사회적 질서가 어떻게 존재하는가를 사고하려는 들뢰즈와 가따리의 노력을 일부 보여주고 있다. 이 지점에서 나에게 열려진 문제로 남은 것은 내가 지난번에 설정했던 것 같은 종류의 질문이다.[4] 즉 욕망하는 기계들과 추상기계들 중에서 어떤 것이 우선성을 지니고 있으며, 어느 것이 어느 것을 생산하고 있는가? (욕망하는 기계가 추상기계를 생산하는가, 혹은 추상기계가 욕망하는 기계를 생산하는가?) (나는 내가 얼마 전에 인용했던 이러한 파생 개념에 대해 묻고 싶다. 나는 실제로는 내용과 표현이 추상기계로부터 파생된 것이라고 생각하지 않으며, 바로 이런 맥락에서 욕망하는 기계들을 설정한다면 문제는 더욱 어려워진다고 생각한다. 나는 이것이 질문의 일종이기는 하지

---

4. [옮긴이 주] 이 책의 2부 1장 "『안티-오이디푸스』 읽기"를 참조하기 바란다.

만, 우리가 이러한 사회적 배치 이론을 접했을 때 답해져야만 하는 질문이라고 생각한다.)

말과 사물의 상응, 그리고 경제적 토대에 의한 사회적 상부구조의 결정, 이러한 것들이 3장의 마지막 부분에 제시되어 있는 구조주의에 대한 첫 번째 두 가지 도전들이었다. 이 도전은 정신과 물질 사이의 구별과 관련되어 있는 세 번째 도전을 제공한다. 하지만 나는 이 문제로 나아가고 싶지는 않다. 오히려 나는 이제 다시 구조주의에 대한 이러한 도전의 틀을 생각하면서 3장의 앞부분으로 다시 돌아가 검토하고 싶다. 구조주의에 대한 이러한 도전들이 문제라고 한다면, 3장의 앞부분은 무엇을 하고 있는 것일까? 그것은 이러한 도전들을 어떻게 지지하고 있는 것일까?

이러한 관점에서 볼 때 다음과 같이 주장이 진행되는 것처럼 보인다. 첫 부분에서 들뢰즈와 가따리는 생물학적 담론의 틀 내부에서 생명은 세포 화학에서부터 지질 형성체에 이르기까지 모든 수준에서 이중 분절을 통해서 조직된다고 주장한다. 그러므로 우리가 인간과 비인간, 생물적인 것과 사회적인 것 사이에는 어떠한 본성의 차이도 없으며 모든 생명(광물, 동물, 식물)은 똑 같은 선들을 따라 기능한다는 『안티-오이디푸스』의 주장을 받아들인다면, 인간 사회 역시 이중 분절에 따라서 조직되어야만 한다. 이중 분절을 사회학적인 용어로 주장하기에 앞서서 생물학적인 용어로 제기하기 위해서는 어떠한 권위가 필요한 것일까? 이것은 존재(Sein)와 당위(Sollen)에 관한 질문, 즉 존재하는 것과 존재해야만 하는 것의 질문으로 다시 돌아가게 한다.

3장은 존재해야만 하는 것이 아니라 존재하는 것에 관한 것이며, 혹은 오히려 존재해야만 하는 것을 존재하는 것으로 다시 되돌아가게 만드는 것에 관한 것이다. '도덕의 지질학'이라는 제목을 (니체가 『도덕의 계보학』에서 행한 것처럼) 어떻게 이해해야 할까? 지질학은 계보학을 대신하며 기원전 1만년으로 거슬러 올라간다. 왜냐하면 이것은 변화의 과정, 계보학에 관한 것이라기보다는, 도처에서 항상 존재하는 고정되고 영원한 틀인 이중 분절에 대한 것이다. 이중 분절은 생명의 논리이며, 동등하게 대지와 사회의 논리이다. 그렇다면 이것은 도덕과 무슨 관계가 있는 것일까? 아마도 대지는 도덕을 되찾게 되며, 존재(Sein) 즉 존재하는 것은 당위(Sollen) 즉 존재해야만 하는 것을 되찾게 된다.

2. 기호계와 언어의 두 가지 용법

들뢰즈와 가따리는 『천 개의 고원』의 서문에서 다양한 장(章) 혹은 다양한 고원들이 상대적으로 독립적이며, 어떤 순서로든 읽힐 수 있다고 썼다. 하지만 나는 실제로는 그렇게 되면 그 책을 오독하게 될 것이라고 생각한다. 사실 이 책은 『안티-오이디푸스』처럼 완고하게 선형적[직선적]으로 나아가지는 않는다.[5] 『안티-오이디푸스』

---

[5] [옮긴이 주] 마이클 하트는 이 책의 2부에서 『안티-오이디푸스』의 개념에 관해 설명하면서 『안티-오이디푸스』의 개념이 선형적이지 않고 나선형적이라고 언급한다. "그러므로 『안티-오이디푸스』의 진행은 선형적이지 않고 나선형적이다. 그러므로 처음에 그것을 파악하지 못한다면 길을 잃게 될 것이라는 것은 여전히 사실이다"(이 책의 351쪽

에서 각 부분의 결과는 다음에서 체계적으로 수용되어 발전된다. 반면 『천 개의 고원』의 경우 (리좀이나 이중 분절 같은) 개념들은 하나의 고원에서 정립되고 나면 그 다음의 고원에서는 이렇게 정립된 것이 당연하게 받아들여진다는 점에서 주장이 점진적으로 구성된다. 각각의 고원은 실제로는 충분하거나 자기 충족적이지 않으며 오히려 이 책 전체에서 제시된 좀 더 일반적인 논점을 참조한다. 물론 그 책에는 상이한 뭔가가 있지만, 각각의 고원은 그 자체로 읽혀질 수 있는 것이라고 말하기보다는 나는 오히려 그 어떤 고원도 책 전체를 읽기 전에는 이해될 수 없다고 말하고 싶다.

바로 이것이 내가 지난주에 3장인 도덕의 지질학을 읽으면서 겪었던 괴로움이다. 나는 생물학적인 담론 때문에 좌절을 맛보았다. 이 생물학적 담론에서는 어떠한 윤리적인 개입 지점도 없으며, 정치나 화용론이 들어설 공간도 없다고 생각했기 때문이다. 이제 나는 내가 지나치게 3장 자체에 대해서만 물었다고 생각한다. 생물학에는 정치적 개입의 지점들이 있다. 하지만 3장에서는 아닐 것이고, 기원전 1만년에도 아닐 것이다. 나는 다른 고원들에서 정치적 계기를 발견해야 했으며, 이러한 고원들이 지닌 빛을 통해 3장을 읽어야만 했다. 생물학에서 실험이란 무엇인가? 우리는 생물학에서 어떻게 변주, 이행, 탈영토화를 발견할 수 있는가? 이것은 아마도 사물들이 어떻게 존재하는가를 발견하기 위한 실험이 아니라 사물들이 우리가 있었으면 하고 바라는 대로 존재하게 만드는 실험일 것이다. 아마도 발견이

을 참조). 따라서 우리는 이러한 선형적-나선형적이라는 규정이 상대적이라는 점을 염두에 두어야 한다.

아니라 발명일 것이다. 내가 생각할 수 있는 유일한 예는 스텔락(Stelarc)같은 현대의 신체 예술가들이다. 스텔락은 자신의 신체를 성형외과 수술로 외적으로 변화시키거나 혹은 내부적으로는 위가 작동하는 방식을 변화시켰다. 그러므로 우리는 그것이 정치적인지 물어야 한다. 하지만 그것은 또 다른 시간에 다룰 문제이다.

정치

4장, 5장, 6장은 모두 명시적으로 정치적인 영역에서 수행된다. 나는 무엇보다도 어떤 방식으로 이 부문들이 정치적이며, 정치라는 것이 어떤 의미인지를 묻고 싶다. 전제조건 중의 하나이자, 이러한 장들 중 처음 두 개의 장에서 언어학과 기호학(semiology)에 관한 질문의 토대를 이루고 있는 것 중의 하나는 (구조주의나 몇 가지 구조주의적 조류가 지적하고 있듯이) 언어가 모든 구조들과 조직들의 모델이 아니며, 오히려 언어의 문제는 단순히 기호체제라는 더 큰 질문, 기호계(semiotics)의 문제의 부분집합에 불과하다는 것이다. 나는 기호체제가 무엇인지 혹은 기호계가 무엇인지를 이해하기 위한 최고의 방식이 언어에서 출발해서 다음의 무엇으로 확장하거나 언어에 무엇인가를 외삽하는 것이라고 생각하지 않는다. 오히려 완전히 상이한 궤적에서 출발하는 것이 더 낫다. 나는 최초의 접근법으로서 기호체제는 사회라고 말하고 싶다. 예를 들어 들뢰즈와 가따리가 제시하고 있는, 사원의 파괴 시기 즈음의 고대 유대인 역사를 생각해보자. "즉각적으로 기호계에서 긍정되고 있는 유대인의 특정성이 존재한다. 하지만 이 기호계는 다른 기호계 못지않게 혼합되어 있다. 한편으로 이 기호계는 유목민의 반-기표작용적 체제와 친밀한 관계에 있다"(p. 122). 유대인은 방랑하는 사람들이었다. 하지만 "다른 한편 이것은 기표작용적 기호계 그 자체와 본질적으로 관계되어 있다"(pp. 122~123). 이것에 의해 유대인은 제국적 사회를 꿈꾸거나 재건하며, 마침내, 어쩌면 가장 중요하게 그것은 특정한 후-기표작용적, 정념적 체제에 의해 특징지어진다. 이제 이러한 혼합된 기호 체제, 이러한 혼합된 기호계는 고대 유대인 사회에 다름 아니게 된다.

(라보프와 같은 사회언어학자들이 언어가 또한 사회적이라고, 혹은 언어는 필연적으로 사회와 관련되어 있다고 주장했던 것처럼) 이러한 (언어적) 기호 체제가 사회적인 것은 아니다. 어떠한 기호체제도 사회 그 자체는 아니다. 하지만 사회는 이러한 기호들의 체제에 다름 아니다. (혹은 사회는 또한 신체들의 체제라고, 기호체계와 구별되는 물리적 체계라고 말할 수도 있다고 생각한다. 하지만 이 문제는 잠시 옆으로 치워두자.) 일단 우리가 기호체제의 좀 더 거대하고 적합한 틀에서 언어의 문제를 제기하게 되면, 그리고 우리가 기호들의 체제를 사회라고 인식하게 되면, 이것이 정치적인 영역이라는 것, 즉 모든 질문들이 즉각적으로 폴리스의 문제, 사회적 장의 문제라는 의미에서 정치적인 영역이라는 것이 선험적으로(a priori) 분명해진다. "언어는 그것이 언어학의 사태이기에 앞서서 정치적 사태이다. 심지어 문자성의 수준에 관한 가치평가는 정치적인 문제이다.(pp. 139~140).

하지만 단순히 사회적 결과를 지시하거나 사회적 결과를 가진다는 의미에서 정치적인 문제라고 하는 것은 실제로 내가 여기서 정치적이라는 단어로 의미하는 바를 전혀 파악하지 못한 것이다. 지난주에 나는 대안들과 행동의 가능성을 가리키기 위해서 조금 모호하게 윤리학에 관해 말했다. 어쩌면 윤리학보다는 화용론에 대해 말해야 할 듯싶다. 이것은 정치적 행동을 향한 이 장들의 첫머리(opening)이다. "화용론은 언어의 정치학이다"(p. 82). 혹은 더 일반적으로 말하자면, 화용론은 기호계의 정치학이다. 여기서 이들이 정치적이라는 단어로 의미하는 바는 무엇인가? 우리는 들뢰즈와 가따리의 세계에서 어떻게 정치를 행할 수 있는가? 물론 그것은 실천적인 문제이다. 하지만 나는 우리가 제일 처음 필요로 하는 것은 정치적 행동에 대한 기준이라고 생각하며, 들뢰즈와 가따리가 제공하고 있는 것이 바로 이것이라고 주장하고 싶다. 우리는 들뢰즈와 가따리가 언제 정치 행동에 대한 기준을 제안하고 있는지, 이들이 사용법에 관해서, 즉 어떤 것에 관한 두 개의 상이한 특수한 사용법에 관해서 언제 말하기 시작했는지를 알 수 있다. 다수와 소수의 차이가 아마도 우리가 이들 장(章)에서 얻는 가장 분명한 기준들일 것이다. "다수와 소수는 두 개의 상이한 언어들이 아니라 오히려 언어의 두 가지 사용법 혹은 기능들을 부르는 말이다"(p. 104). 언어의 다수적 용법은 언어의 통일성과 균일성을, 언어의 상수들의 고정성을 주장한다. 소수적 용법은 상수의 축소를 작동시키며 언어의 변주를 증식시킨다. "다수적 양태와 소수적 양태는 언어에 관한 두 가지 상이한 취급법이며, 이 중 하나는 다른 하나로부터 상수를 추출하는 것으로 이루어져 있으며, 다른 하나는 그것을 연속적인 변주 속에 위치시키는 것으로 이루어져 있다"(p. 106). 여기에서 우리는 언어의 다수파(majority) 용법,

즉 지배적인 표준과 언어의 소수파(minority) 용법, 즉 표준을 설정하지만 또한 종속적인 표준을 설정하는 것, 고정된 게토의 언어, 그리고 마지막으로 소수자(minoritarian) 용법, 즉 어떠한 표준도 설정하지 않으며 단지 변주만, 즉 다수적 언어를 탈영토화하는 변주만을 생산하는 것을 구별해야만 한다. 이러한 이해에 따르면 모든 위대한 저자들은 소수적 언어를 발명했다. 혹은 보다 적합하게 말해서, 이들은 언어의 소수자 용법을 만들었다. 들뢰즈와 가따리가 인용하고 있는 프루스트의 아름다운 표현에 따르면, 모든 위대한 책은 일종의 외국어로 쓰였다. 이러한 소수적 언어 혹은 소수적 문학이 다소간 카프카에 관한 들뢰즈와 가따리의 소책자의 중심을 이룬다.

우리는 또한 이러한 차이를 보다 거대한 구도에 투사해야 한다. 언어의 두 가지 용법, 말하기나 글쓰기의 두 가지 방식뿐만 아니라 사회의 용법, 즉 두 가지 삶의 방식에도 말이다. 들뢰즈와 가따리가 말하듯이, 삶의 다수적 혹은 다수파 방식은 사회의 표준을, 즉 "성인-백인-이성애자-유럽인-남성"(p. 105)을 지칭한다. 소수적 혹은 소수파는 따라서 비표준적인 삶의 방식을 지칭한다. 다수파와 소수파의 차이는 수와는 완전히 무관하다. 사실 소수파들은 대부분 수에 있어서 다수파보다 훨씬 크기 때문이다. 차이는 수의 차이가 아니라 역량의 차이라고 말하는 것은 아마도 틀린 말은 아니다. 즉 다수파와 소수파의 차이는 역량 차이이다. 하지만 들뢰즈와 가따리는 오히려 직접적으로 다수파의 표식으로서 사회적 표준 혹은 상수를 지칭한다. 따라서 소수파적 삶의 방식은 종속된 체계, 혹은 하위체계를 지칭한다. 하지만 우리는 여전히 표준을 유지하고 있다. 이것을 하위문화에 관한 우리의 통념과 연결시키는 것이 더 정확하지 않을까 싶다. (그리고 영국 문화연구에서 발전된 하위문화에 관한 질문을 이런 맥락에 위치지우는 것도 흥미롭다. 특히 나는 딕 헵디지(Dick Hebdige)의 책을 염두에 두고 있다.)6 마지막으로 소수자는 다른 것이다. "우리는 다음을 구별해야만 한다. 상수이자 동질적인 체계로서의 다수파, 하위체계로서의 소수파들, 그리고 잠재력있고 창조적이며 창조된 생성으로서의 소수자"(pp. 105~106). 하위체계 혹은 하위문화로서의 소수파가 지배적 표준에 가까이 가는 것보다는 오히려 소수자 되기에 훨씬 더 많이 접근할 수 있다는 것은 사실일 수 있을 것이다. (물론 나는 이 점을 의심한다.) 독일어로 글을 쓴 체코계 유대인인 카프카는 어쩌면 독일어를 탈영토화하는 데 있어서, 독일어를 외국어로서 발명하는 데 있어서 괴테보다 더 나은 입장에 처해 있었을 것이다. 흥미로운 대목은 어떤 지점에서 이것이 하위문화, 그리고 하위문화의 창조성에 관한 헵디지의 개념과 연결되는가이다.

소수자적 용법은 종속된 주민들에게 적합한 용법에 불과한 것이 아니다. 그것은 오히려 그 창조성에 의해 정의된다. 사실 소수자는 이러한 세 가지 중에서 창조성 혹은 생산의 유일한 원천이다. 다수

---

6. 하트는 딕 헵디지의 여러 책과 글들을 염두에 두고 있는 듯하다. Dick Hebdige, *Subculture the Meaning of Style*, Routledge, 1979, 한국어판: 딕 헵디지, 『하위문화: 스타일의 의미』, 이동연 옮김, 현실문화연구, 1998; *Cut'n Mix : Culture, Identity and Caribbean Music*, Routledge, 1987; *Hiding In the Light, On Images and Things*, Routledge, 1988과 Dick Hebdige, "The Function of Subculture", *The Cultural Studies Reader*. ed. Simon During, 2nd ed. New York: Routledge, 1999. pp. 441~450, http://web.syr.edu/~tjconnel/145/Hebdige-Subculture.html 등을 보라. 한편, 그의 공식사이트인 http://www.filmstudies.ucsb.edu/people/professors/hebdige 도 참고하라.

파 용법은 단지 지배적인 표준만을 되풀이할 뿐이며, 소수파 용법은 종속된 표준을 반복한다. 다수파가 되거나 심지어 소수파가 되기도 없다. 왜냐하면 이 두 가지는 동질적인 반복에 들러붙어있기 때문이다. 단지 소수자적 용법만이 생성이다. 그리고 그것만이 유일한 생성이다.

들뢰즈와 가따리의 명령어의 맥락으로 되돌아가자. 우리는 명령어의 두 가지 용법이 있다는 것을 인식해야 한다. 이중에서 다수적 용법은 지령 혹은 명령이다—'너는 이것을 해야만 한다. 너는 그것을 하면 안 된다.' 들뢰즈와 가따리에 따르면 이들 각각은 거의 죽은 문장이다. 명령어의 다수적 용법은 항상 평결이다. 물론 그것만이 유일하게 가능한 용법은 아니다. "명령어는 항상 그 자신과 분리할 수 없는 어떤 다른 것이기도 하다. 그것은 놀람의 외침이나 도주하라는 메시지와 같은 것이다"(p. 107). 명령어의 소수자적 용법은 탈주선의 일부분이다.

우리는 이러한 탈주선들이 정치적인 대안으로 설정되었다는 것을 앞에서 보았다. 하지만 여기서 내가 흥미롭게 생각하는 것은 탈주 혹은 도주로는 충분하지 않다는 것이다. "명령어 속에서 삶은 항상 죽음의 부름에 응답해야만 한다. 탈주함으로써가 아니라 탈주가 작용하고 창조하게 만듦으로써. 즉 명령의 구성물을 이행[통과]의 성분으로 변형시킴으로써"(p. 110). 탈주는 창조적이어야만 한다. 그것은 다수적 용법, 표준, 규범, 법에 대한 거부여야 할뿐만 아니라 또한 대안의 창조이어야만 한다. 다시 말해서 탈주는 단순히 탈주—부정적이고 공허한 것일지 모르는—일 수는 없다. 탈주는 긍정적이고 창조적이어야만 한다. 즉 제헌적(constituent) 탈주.7 이제 내가 제헌에 관해 말할 때, 이것은 새로운 질서, 새로운 규범, 새로운 다수파의 제헌을 의미하지는 않는다. 내가 인용한 구절에서 들뢰즈와 가따리가 말하듯이, 그것은 '질서의 합성을 이행의 구성요소로' 변형하는 것을 포함한다. 여기서의 이행은 내가 제헌적 탈주라고 부르고 있는 것이다. 이것에 접근하는 또 다른 방식은 들뢰즈와 가따리가 새로운 질서, 새로운 표준이 아니라 새로운 용법, 어쩌면 새로운 삶의 방식, 새로운 삶의 양식을 제안하고 있다고 말하는 것이다. 따라서 다음은 여기에서 정치학은 무엇을 의미하는가라는 물음에 대한 나의 가장 요약적인 형식의 답변이다. 대안적 용법, 이행, 제헌적 탈주.

보충해서 말하자면, 소수자 정치학에 관한 이러한 논의의 맥락에서 나는 들뢰즈와 가따리가 '여성-되기'라는 용어를 짜증날 정도로 손쉽게 사용하는 것에 대해 문제제기 하고 싶다. (여성-되기라는 용어는 이미 『안티-오이디푸스』에서, 슈레버 판사의 맥락에서 사용되었음을 상기할 수 있다. 슈레버 판사는 여성으로 되어가던 사람이었다.) 이 용어는 여기에서 원칙적으로 소수자적 용법은 창조적이지만 다수자적 용법은 그렇지 않다는 것, 혹은 다시 말해서 소수자적 용법은 되기[생성]들이라는 사실을 조명하기 위해서 사용되었다. "다수자-되기란 없다. 다수파는 결코 되기가 아니다. 모든 되기는 소수자이다. 여성은, 그 수와는 무관하게, 소수파이며, 하나의 상태 혹은 하

---

7. [옮긴이 주] constituent flight를 '구성적 탈주'가 아니라, '제헌적 탈주'로 옮긴 것과 관련해서는, constituent의 번역어 선택을 다루고 있는 이 책의 1부 「서론」의 각주1을 참고하기 바란다.

위집단으로 정의될 수 있다. 하지만 여성이 인간 전체와 관련해서 여성-되기를 창조할 수 있는 것은 어떤 생성을 가능케 할 때뿐이다. 여성이 이 생성을 소유하고 있는 것은 아니고 자기 자신이 이 생성 속으로 들어가야만 한다. 이것은 모든 인류, 남성과 여성 모두를 변용시키는 여성-되기이다"(p. 106). 남성은 다수파이며 여성은 소수파이다. 남성보다 여성이 많다고 하더라도 말이다. 왜냐하면 표준은 남성을 통해서 정의되기 때문이다. 여성/소수파는 따라서 하나의 상태 혹은 하나의 하위집단이며, 이것은 그 자체로는 창조적이지도, 전복적이지도 않다. 창조적인 것은 소수파로 존재한다는 사실이 아니라 소수자적 용법, 되기이다. 여성-되기는 과정이며, 이 되기는 여성을 그 궁극점으로 삼지 않는다. 그것은 더 여성적으로 되는 과정이 아니며, 또한 종국적인 이상적 정체성에 도달하는 것도 아니다. (그리고 이러한 의미에서 슈레버 판사의 여성-되기는 단순히 그가 성별만을 변화시키는 한에선 여전히 오도된 것이다.) 여성-되기는 그 궁극점으로서 정체성을 지니지 않으며 또한 실제로 어떤 종류의 것이든 간에 궁극점을 가지지 않는다. 오히려 대안, 이행을 창조해내는 것은 남성이라는 표준으로부터 일탈하거나 혹은 탈주하는 데에 있다. 이런 의미에서, 이것이 들뢰즈와 가따리가 페미니스트적 실천, 페미니스트적 용법을 명명하는 방식이다.[8]

---

8. 들뢰즈와 가따리에게 있어서 '여성-되기'라는 이 용어를 둘러싼 여러 흥미로운 논쟁들이 있었다는 것을 지적하고 싶다. 앨리스 자딘(Allice Jardine)과 로지 브레도티(Rosi Braidotti)는 들뢰즈와 가따리의 용법에 반대하는 글을 썼으며, 카밀라 그리거(Camilla Griggers)는 그것을 유용한 페미니스트적 개념으로 발전시키려고 노력했다.

여성-되기에 관해서 내가 인용했던 구절에서 생겨나는 소수자 정치학에 관해서 또 다른 첨언을 하고 싶다. 이러한 여성-되기는 모든 인류, 남성과 여성을 마찬가지로 변용시킨다고 이들은 말했다. 들뢰즈와 가따리는 처음부터 다수파는 좀 더 적은 수의 사람들을 지칭할 수 있고 소수파는 좀 더 많은 수의 사람들을 지칭할 수 있다는 의미에서 다수와 소수가 수와는 아무런 관련이 없다고 말했다. 일단 우리가 다수와 소수를 두 개의 정치적 용법으로 생각을 하게 되면, 다수자와 소수자는 역전된 방식으로, 절대적 방식으로 수와 관련을 맺게 된다.

"하지만 바로 이 지점에서, 모든 것은 역전된다. 다수파는 추상적인 표준 속에 분석적으로 포함되는 한은 결코 그 누구도 아니며, 그것은 항상 아무도 아닌 자이다. … 반면 소수파는 그가 모델로부터 일탈하는 한에서 모든 사람 되기이며 모든 사람의 잠재적 역량을 갖게 되기이다. 다수자라는 '사실'은 존재하지만, 그것은 아무도 아닌 자의 분석적 사실이며 모든 사람의 소수자-되기에 대립되는 것이다"(p. 105).

"연속적인 변주는 모든 사람의 소수자-되기를 구성하며, 이것은 아무도 아닌 자의 다수자적 사실과 대립한다. 의식의 보편적 형상으로서의 소수자-되기는 자율이라고 불려진다"(p. 106).

나는 이 설명의 집단적 차원에 흥미를 느낀다. 이 설명은 때로 탈주에 관한 개체주의적 통념과 아주 비슷한 것을 용인한다. 하지만 소수자적 정치학은 집합적일 뿐만 아니라 또한 보편적이다. 혹은 적어도 잠재적으로 보편적이다. 그것은 잠재적으로 만인의 정치학이다.

추상화

나는 여전히 추상화에 대한 들뢰즈와 가따리의 용법을 개괄하려고 한다. 이것은 추상기계들에 관한 이들의 대부분의 분석을 둘러싸고 있다. 일반적인 상황에서 우리는 빈번히 너무 추상적이라고, 특히 정치적 논의에 있어서는 너무 추상적이라고 비판받을 수 있다. 나는 종종 이런 식의 반응을 접한다. 그 이유는 추상적이라는 것이 관념적 영역에 속해 있다고 가정되는 반면, 실천적인 것은 항상 추상화의 최소치를 포함하고 있다고, 구체적이라고 가정되기 때문이다. 하지만 들뢰즈와 가따리는 실천적 정치학에서 추상적인 것의 [일정한] 역할을 주장한다. 이를 위한 설명의 첫 번째 수준은 이들이 추상적인 것을 관념적인 것이 아니라 잠재적인 것으로 생각한다는 것이다. 이제 이러한 변동이 우리에게 중요한 까닭은 실재성과 관련해서 이 두 가지 개념들이 갖는 위치 때문이다. 관념적인 것은 실재적인 것에 대립하지만 잠재적인 것은 실재적인 것에 대립하지 않는다. 잠재적인 것은 현실적인 것에 대립하지만 그것은 또한 완전히 실재적이다. (맑스에게 친숙한 사람들에게는 '실재적 추상화'에 관한 맑스의 논의가 이것에 아주 가까울 것이다.) 하지만 들뢰즈와 가따리의 작업틀 안에 머물면서도 이러한 잠재성 개념을 이해하는 데 근접할 수 있는 최선의 방법은 무엇이 현실적이지 않는가를 생각하는 것으로부터 시작하는 것이다. 혹은 프랑스어의 의미에서 현행적[actuel, 현실적]이 아닌 것은 공간적으로 현재적이지도 시간적으로 현재적이지도 않는 것이다. 잠재적인 것은 비현실적인 것이지만 실재적이다. 이에 대해 들뢰즈가 가장 좋아하는 예는 프루스트의 기억[회상]이다. 기억은 실재적이지만 현실적이지는 않다. 따라서 추상기계 혹은 도표는 그것이 비록 현실적이지는 않지만, 잠재적이며 완벽히 실재적이다. (판옵티콘에 관한 푸코의 이해가 하나의 도표라는 것을 기억하라. 판옵티콘은 잠재적, 실재적이지만 현실적이지는 않다.) 그러므로 만일 우리가 이러한 추상화의 수준에서 그것을 주장하려고 한다면, 문제는 어떻게 이 잠재적이고 추상기계가 현실적인 것, 여기 지금 있는 것과 관련되는가 하는 것이다.

"이러한 방식에서 도표장치(diagrammatic)에 의해 정의되는 추상기계는 최종심급에서 결정하는 하부구조도 아니고 최상 심급에서 결정하는 초월적(transcendental) 이념도 아니다. 오히려 추상기계는 선도적인 역할을 한다. 도표적인 기계 혹은 추상기계는 어떤 것(심지어 그것이 실재적인 어떤 것이라 할지라도)을 재현하는 기능을 하는 것이 아니라 오히려 아직은 도래하지 않았으나 도래할 실재적인 것, 새로운 유형의 실재성을 구성한다. 따라서 이것이 창조의 점들 혹은 잠재성(potentiality)의 점들을 구성할 때마다, 그것은 역사의 외부에 서 있는 것이 아니라 항상 역사'에 선행'한다. 모든 것은 도주하며 모든 것은 창조한다. 하지만 결코 혼자서가 아니라 강렬함의 연속체들을 생산하고, 탈영토화의 통접들(conjunctions)을 실행하며, 내용과 표현의 추출물들을 산출해 내는 추상기계와 더불어"(p. 142).

그러므로 정치 토론에서 당신더러 너무 추상적이라고 말하는 사람들에 대해 반응할 때는, 오히려 그와 반대로 우리는 결코 충분히 추상적이지 않다고 말해야 할 것이다. 정치행동은 추상기계로부터 혹은 전적으로 비현실적인 추상기계를 통해서 흘러나온다. 말하자면, 내가 몇 주 전에 주장했듯이, 추상기계가 다른 무엇에 비해 선행하며, 또한 추상기계는 생산적이다. 나는 이러한 '선도적인' 역할에 관해서, 혹은 추상기계에 의해 실행되는 결정의 종류에 관해서 아직도 약간 불명확하지만, 그럼에도 나는 얼마 후에는 더 명료해질 것이라고 생각한다.

마조히스트

나는 추상화와 정치에 관한 이러한 물음이 스스로를 기관들 없는 신체로 만들려는 기획에 중심적이라고 생각한다. (물론 추상기계, 일관성의 구도(plane of consistency), 기관들 없는 신체 사이에는 더 밀접한 관계가 있다.) 이제 우리는 기관들 없는 신체를 만들기 위해서 이러한 '추상적인' 혹은 '잠재적인' 기획에 관해 두 가지 질문을 던져야만 한다. 그것은 어떻게 행하며, 무엇보다도 왜 그것을 행하는가? 들뢰즈와 가따리는 욕망이라는 관점에서 왜라는 질문에 대해 답한다. 기관들 없는 신체는 욕망의 내재성의 장이며, 욕망에 고유한 일관성의 구도이다. (욕망은 그것을 부셔버릴 수 있는 결핍[결여], 혹은 욕망을 끝낼 수 있는 쾌락 같은 어떤 외재적 심급도 지시하지 않는, 생산의 과정으로 정의된다.)[9] 따라서 기관들 없는 신체는 욕망이 아무런 목적 없이 자유롭게 생산할 수 있는 장이다. 우리는 또한

---

[9] 들뢰즈가 몇 주 전에 보낸 편지에서 푸코 및 푸코의 쾌락 개념의 사용에 관해 행한 비판이 이 대목에서, 그리고 이 책의 각주에서 글자 하나 다르지 않고 똑같이 사용된다는 점에 유의하라.

기관들 없는 신체가 장이라고, 강렬도들이 가장 잘 나타나고 성장하는 장이라고 말할 수 있다. 기관들 없는 신체는 강렬도 = 0 자체이지만 강렬도를 위한 적합한 매개(medium, 환경)이다. 따라서 그것은 또 다른 언어로 번역할 수 있다고, 즉 우리 자신의 활동 역량과 사유 역량을 증가시키기 위해서, 그리고 변용[촉발]될 수 있는 우리의 역량을 증가시키기 위해서 기관들 없는 신체를 만들어야 한다고 말할 수 있다. 들뢰즈와 가따리는 두 번째 절반부분에만, 변용될 수 있는 역량에만, 즉 가장 고조된 강렬도들에만 초점을 맞추고 있다.

기관들 없는 신체의 마조히스트적 구성은 우리의 변용될 수 있는 역량의 증가에 관한 훌륭한 예이다. 마조히스트는 실제로 고통에 대해 무관심하다. 고통은 단지 수단일 뿐이다.

"마조히스트는 하나의 기관들 없는 신체로 구성해서 욕망의 일관성의 구도를 뽑아내기 위한 수단으로 고통을 이용하는 것이다"(p. 155).

"마조히스트는 욕망의 내재성의 장을 이끌면서 동시에 채우는 전체적 배치를 구성한다. 그는 자신과 말과 여주인을 이용해 기관 없는 신체 혹은 일관성의 구도를 구성한다"(p. 156).

따라서 들뢰즈와 가따리는 하나의 사례를 인용한다. 이 사례에서 마조히스트는 자신의 신체에 자국을 남길 정도로 강렬함을 얻기 위해서 어떻게 하면 자기 파트너가 자신 위에 올라타서 승마용 구두로 자신을 걷어차게 할 수 있을까를 계획한다.

"다리들은 여전히 기관들이다. 하지만 승마용 구두는 기관들 없는 신체 위의 하나의 자국 또는 지대로서 강렬도의 지대를 규정하고 있을 뿐이다"(156).

마조히스트는 그/녀의 변용될 수 있는 역량을 증가시키기 위해서, 강렬도의 지대들을 육성하기 위해서 기관들 없는 신체를 만든다. 하지만 이러한 관점에서 이것은 완전히 무정치적(unpolitical)이고 개별적인 실천으로 보일 수 있다. 나는 기관들 없는 신체를 구성하는 프로그램을 정치적 실천으로 인식하기 위해서는 다른 측면들이 강조되어야만 한다고 말하고 싶다. 즉 변용될 수 있는 우리 역량의 증가에 상응하여 우리의 활동 역량과 사유 역량에서의 증가가 있게 된다. 여기에서 마조히스트에 관한 예로는 충분하지 않을지 모른다. 그래서 나는 이것을 보다 적합한 예로 보충하고 싶다. 우리는 기관들 없는 신체 만들기라는 이러한 개념을 이들이 언어학에 관한 장(章)에서 제출했던 소수자적 생성이라는 통념의 보편성 및 창조성과 연결시킬 수 있는 방식에 관해서 사고해야만 한다.

3. 얼굴의 정치학과 국가

얼굴성

얼굴성은 쉽게 파악될 수 있는 개념이 아니다. 나는 가장 좋은 출발점은 이 개념을 정체성과 정체성 형성에 관한 변증법적 개념과 대조해보는 것이라고 생각한다. 다시 말해서 들뢰즈와 가따리의 얼굴성에 대한 배경으로서 인종 및 인종적 정체성을 변증법적으로 개념화한 사르트르와 파농의 개념을 제안하고 싶다. 사르트르/파농의 변증법은 다음과 같이 작동한다. 첫째, 지배적인 주체(백인 유럽인)는 피지배 주체를 일관된 정체성으로 창조한다. 사르트르가 말했듯이, 유대인을 만든 것은 바로 반-유대주의자들이다. 혹은 파농의 경우, 아프리카 '원주민'을 고정된 정체성으로 창조한 것은 바로 유럽 식민지 지배자들이다. 그리고 오리엔탈리즘에 관한 사이드의 작업은 거칠게 말해서 동일한 노선을 따라 간다. 즉 '오리엔탈'은 유럽의 학제에서, 유럽 예술, 여행일지 등에서 창조되었다. 이들 중 어느 누구도 문제로 되고 있는 하위주체들(subalterns)(유대인, 아프리카인, 동양인)이 지배적인 유럽의 상상계에 의해서 창조되기 전에는 존재하지 않았다고 주장하지 않는다. 오히려 이들의 주장은 이러한 정체성, 즉 현존하는 주체성들을 과잉결정하는 이러한 정체성이 식민 권력에 의해 창조되고 강제로 부과되었다는 것이다. 유대인들(jews)은 존재했지만 반-유대주의자들이 '유대인'(the jew)을 창조했다. 아프리카인들은 존재했지만 '원주민'(the native)을 창조한 것은 식민지 권력이었으며, '동양인'(the oriental)도 마찬가지이다. 식민지 지배자와 인종주의자들은 이러한 부정적 정체성을 창조했으며, 타자(Other)를 발명하고 세계의 중간을 통해서 배제의 견고한 경계선을 설정하면서 이타성(alterity=異他性)을 극단으로 밀어붙였다. 파농이 말하듯이, 식민지 도시는 두 개, 즉 유럽이라는 자아와 원주민이라는 타자로 나누어진 세계이다. 하지만 변증법적 개념화는 이러한 최초의 창조행위에서 멈추지 않는다. 그리고 이것이 사르트르와 파농의 걸출함이라고 나는 생각한다.

백인 유럽의 자아는 이러한 창조적 마주침, 이러한 타자의 발명 이전에는 현실적으로 존재하지 않았다. 유럽적 자아는 오히려 그 과정의 마지막 결과이다. 백인 유럽 자아는 타자에 대한 그 대립을 통해서만 도달될 수 있으며, 유대인(the Jew), 원주민(the Native), 동양인(the Oriental)과의 차이를 통해서만 도달될 수 있다. 부정적 정체성, 즉 타자를 창조한 이후에 자아는 그러한 부정의 부정으로서 생겨났으며, 따라서 변증법적 구조로서 생겨났다. 백인 유럽 자아는 그 부정적 타자에 의존한다. 그러한 타자에 대한 부정을 통해서만 백인 유럽의 자아는 자신의 정체성을 발명하고 유지할 수 있기 때문이다.

이제 정체성에 관한 이러한 변증법적 이론은 들뢰즈와 가따리의 얼굴성 개념을 이해하기 위한 좋은 출발점이라고 나는 생각한다. 왜냐하면 얼굴성은 무엇보다도 결정적으로 비변증법적이기 때문이다. 다시 말해서 얼굴성은 (다른 무엇보다도) 인종주의 이론이지만, 그것은 인종적 타자의 이론이 아니다.

"만약 얼굴이 예수, 즉 어떤 보통의 백인이라면 최초의 이탈, 최초의 유형별 격차는 인종적이다. 황인종, 흑인종, 두 번째나 세 번째 범주의 인종들. 그들 역시 벽 위에 기입되어 있고 구멍에 의해 분포되어 있다. 백인의 자만인 유럽의 인종주의는 배제한다든가 누군가를 타자로 지적함으로써 진행된 것이 결코 아니었던 것이다… 인종주의는 점점 더 특이해지고 지체되는 파동 속에서 부적합한 특징들을 통합하려고 노력하는 백색인(the White-Man)의 얼굴에 의해 이탈의 격차들을 결정함으로써 작동되었다… 인종주의의 관점에서 외부는 없다, 바깥의 사람은 없다"(p. 178).

따라서 이처럼 비변증법적 인종주의 개념에서는 타자들이란 없으며, 그 누구도 외부에 있지 않다. 다시 말해서 인종적 차이 혹은 이타성은 타자, 극단적인 차이를 통해서 배치(configure)되는 것이 아니라 오히려 백색인 얼굴의 표준에서 어느 수준이나 이탈했느냐에 따라 배치된다. 더 적합하게 말하자면 어떠한 배제도 없다. 오히려 그와 반대로 유럽의 인종주의는 모든 이들을 백색의 스크린 위와 검은 구멍 속에 포함시킴으로써—지배적인 표준으로부터의 이탈의 수준에 의해 정의되는 위계 속에 그들을 포함하고 정렬시킴으로써—기능한다. 그러므로 이것이 얼굴성에 대해 이해해야 할 첫 번째의 것이다. 이것은 정체성들에 관한 부정적 변증법이 아니라 이탈의 수준에 토대를 두고 있다. 그리고 그것이 배제를 통해서 기능하지는 않는다고 하더라도 그럼에도 그것은 유형들의 위계를 정립한다. (얼굴성은 정체성과 무관한가? 얼굴은 정체성인가?)

그렇다면 얼굴성이란 무엇인가? 지금까지 우리는 단지 그것이 위계 혹은 지배에 관한 비변증법적 기계라는 것만을 알았다.

"이러한 기계는 얼굴성 기계라고 불린다. 왜냐하면 이 기계는 얼굴의 사회적 생산이기 때문이며, 모든 신체와 그 윤곽들과 그 대상들의 얼굴화를, 전 세계와 모든 환경의 풍경화를 작동시키기 때문이다"(p. 181).

기계는 신체에 얼굴을, 혹은 세계에 풍경을 강제로 부과한다. 우선 얼굴이나 풍경이 신체나 세계에 각인된 정체성이라고, 그리고 정체성-생산 기계로서의 얼굴화라는 개념이 상당히 정확한 것으로 귀결

될 것이라고 가정할 수 있다. 하지만 들뢰즈와 가따리는 다른 방향을 취한다. 이러한 기계에 의해 만들어진 얼굴은 하얀 벽이나 스크린과 검은 구멍의 조합이다. 하얀 스크린은 의미가 나타나는 표면이다. 그것은 의미작용의 체계이다. 다른 한편 검은 구멍은 정념과 주체화(subjectification)의 점들이다. 바로 이 지점에서 우리는 다시 몇 장(章)을 거슬러 올라가서, 「몇 가지 기호 체제에 대하여」에서 들뢰즈와 가따리가 의미작용을 둘러싸고 중심화된 네 가지 체제에 대해 묘사한 것을 기억해내야 한다. 원시적 전-기표작용적 체제, 반-기표작용적 체제, 기표작용적 체제, 그리고 후-기표작용적 체제. 이것은 또한 주체적이고 정념적인 체제이다. 그러므로 얼굴은 이러한 마지막 두 가지 체제, 즉 의미작용과 주체화의 조율된 배열(coordinated arrangement)이다.

특히 이들은 이 장에서 다시 얼굴성은 표현의 실체라고 말한다. 얼굴성은 의미작용과 주체화를 위한 물질적인 장소(locus)이다.

"얼굴성은 의미작용들과 해석들의 성좌 위에 물질적으로 군림한다. (심리학자들은 어머니의 얼굴과 아기의 관계에 대해 많은 글을 썼으며, 사회학자들은 매스미디어 또는 광고에서 얼굴의 역할에 대해 많은 글을 썼다). 전제군주-신은 자신의 얼굴을 결코 감추지 않는다. 반대로 그는 하나 또는 여러 얼굴을 한다"(p. 115).

따라서 얼굴은 의미작용이나 주체화가 발생할 수 있는 장 혹은 환경이다. 하지만 얼굴은 중립적인 장이나 환경이 아니다. 얼굴은 특정한 의미와 주체성들이 나타나도록 하기 위해서 구성된다. 어머니의 얼굴에 대한 아이의 관계는 흥미로운 예이며, 아마도 이러한 얼굴을 요청할 수 있는 이유를 우리에게 제시해줄 것이다. 하지만 분명하게 말해서 이것은 우리가 보통 얼굴이라고 부르는 것과 아무런 관계가 없다. 이러한 얼굴 일반은 가능한 의미작용과 주체화를 결정하는 구성된 장이나 환경이다. 따라서 우리는 기 드보르(Guy Debord)가 스펙터클이라고 불렀던 것이 얼굴과 더 가깝다고 이해하는 것이 나을 것이다.10 스펙터클처럼 얼굴은 어떤 것이 나타날 수 있는지, 어떤 의미일지, 어떤 주체성들일지를 결정한다. 그리고 스펙터클처럼 얼굴은 지배형식에 상응하거나 지배형식을 결정한다. "얼굴은 정치이다"(p. 181). 전제적인 얼굴 기계는 하얀 벽과 의미작용에 우선성을 부여한다. 반면 권위주의적 얼굴 기계는 검은 구멍과 주체화에 우선성을 부여한다. 물론 두 가지는 서로 혼합되어서 기능한다. 모든 얼굴은 전제적 체제와 권위주의적 체제, 의미작용과 주체화의 혼합이다. 이것에 대항하거나 반대하는 혁명적 정치학은 따라서 모든 원시적인, 전(前)-얼굴 체제로 돌아가는 것이 아니다. 게다가 그것은 정체성(나는 이것이 새로운 얼굴을 창조하는 것이라고 생각한다)을 창조하는 것도 아니다. 대신 들뢰즈와 가따리가 제안하는 과정은 얼굴을 망가뜨리는(unmake) 것이다.

"얼굴이 정치라면, 얼굴을 와해하는 것 역시 실재적 생성들, 전적인 잠

---

10. [옮긴이 주] 기 드보르, 『스펙터클의 사회』, 이경숙 옮김, 현실문화연구, 1996 참조.

행자-되기를 포함하는 정치이다. 얼굴을 와해하는 것은 기표의 벽을 관통하기, 주체화의 검은 구멍을 빠져나오기와 같은 것이다. 분열분석의 프로그램, 슬로건은 이렇게 된다. 당신의 검은 구멍들과 하얀 벽들을 찾아라, 그것들을 알라, 당신 얼굴들을 알라. 이것이 당신이 그것을 와해할 수 있는 유일한 길이며, 당신의 탈주선들을 그릴 수 있는 유일한 길이다"(p. 188).

나는 여기에서 얼굴과 스펙터클의 차이가 더욱 분명해진다고 생각한다. 드보르에게 스펙터클은 항상 우리에게 외재적인 어떤 것이자 우리에게 투사되는 어떤 것, 극한에서 우리에게 투사될 수 있는 어떤 것이다. 다른 한편 얼굴들은 우리들이다. 얼굴들은 우리를, 우리의 검은 구멍들과 흰 벽들을 구성하는 것이다. 우리의 얼굴을 와해하는 것은 엄청난 규모로 우리 자신을 와해하는 것일 것이다. 우리는 우리의 탈주선에서 우리의 얼굴에서 출발할 수밖에 없다.

사랑

얼굴을 와해하는 이 문제와 여기에 포함되어 있는 탈주선들의 문제는 또 다시 이러한 탈주가 순전히 부정적인 것으로 오인될 수 있는 문제를 제기한다. (그리고 와해라는 용어가 분명히 그렇지 않을 수 있다는 것에 도움을 주는 것도 아니다). 들뢰즈와 가따리는 이러한 와해가 실제적 생성을 포함한다고, 더 중요하게는 이러한 와해가 긍정적이며 창조적인 탈주—내가 지난주에 제헌적 탈주라고 부르기 위해 노력했던 것—라고 주장한다. 하지만 그러한 긍정적 측면이 항상 가장 인식하기 쉬운 것은 아니다. 나는 이러한 긍정적 측면, 이러한 창조적인 탈주가 이 책의 이 부분에서, 특히「세 개의 단편소설」이라는 고원에서 어떤 방식으로 작동하고 있는지를 볼 것이다. 하지만 나는 초점을 얼굴의 정치학에서 사랑으로 바꿀 것이다. 들뢰즈와 가따리는 여기에서 사랑에 대한 몇 가지 묘사들을 제시한다. 나는 이것이 상당히 근사하다고 생각한다. 내가 보기에 사랑, 그것은 정확하게 제헌적 탈주이다. 이것을 들뢰즈와 가따리가 말했던 것에서 도출하기 위해 노력해보자. 여기에서 들뢰즈와 가따리는 얼굴을 와해하기에 관해 말하고 있으며, 또한 우리가 가지고 있는 얼굴(그것의 흰 벽과 검은 구멍)에서부터 시작해야 한다고, 거기에서부터 움직여야 한다고 말한다.

"오직 주체적 의식과 주체적 열정의 검은 구멍 안에서만 우리는 변형되고 뜨거워지고 포획된 입자들을, 주체적이지 않은, 살아있는 사랑을 위해 다시 활력을 주어야만 하는 입자들을 발견할 수 있다. 이 사랑 안에서 각자는 타인의 미지의 공간들로 들어가거나 그것들을 정복하지 않고서도 거기에 접속되며, 이 사랑 안에서 선들은 깨진 선들처럼 구성된다"(p. 189).

여기에서 살아있는 사랑은 부부의 죽어버린 사랑과 대립된다고, 혹은 그것은 살아있는 노동에 대한 참조(reference)일 것이라고 나는 생각한다. 그리고 얼굴을 와해하는 과정에서만, 얼굴의 하얀 벽과 단절하고 얼굴의 검은 구멍들로부터 도주하는 과정들에서만 살아있는 사랑에 도달할 수 있다. 그것이 이러한 사랑의 첫 번째 단계이며, 얼굴로부터의 탈주 혹은 실제적인 포기이다. "나는 사랑과 자아를 포기함으로써 … 사랑할 수 있게 되어간다"(p. 199).

얼굴의 와해를 작동시키는 탈주선들은 여기에서 자아의 포기이며, 자아를 비워버리는 것이며, 사랑은 이것과 결합된다. 이러한 자아의 비워버림을 나는 노출(exposure)이라고 부른다. 하지만 이러한 노출은 은폐된 비밀을 드러내는 것이라거나 아무도 보지 못한 실제적인 나를 드러내는 것이 아니라, 어떤 정체성도 남겨두지 않는, 드러내야 할 어떤 비밀도 남아있지 않는 드러냄(revelation)이다.

"왜냐하면 우리에게는 우리가 더 이상 파악될 수 없다는 것을 감출 그 어떤 것도 없기 때문이다. 자기 자신을 지각할 수 없게 되기, 사랑할 수 있게 되기 위해 사랑을 와해해 버리기. 자기 자신의 자아를 와해해 버리기 … "(p. 197).

지각불가능하게 되기, 얼굴을 와해하기, 자신을 비워버리기, 노출. 바로 이런 것들이 사랑의 조건이다. 드러내야 할 비밀도 없으며, 사랑해야 할 자아도 더 이상 없다. 하지만 그것은 단지 첫 번째 단계, 전제조건일 뿐이다. 사랑하기의 첫 번째 단계는 탈주, 자신을 포기하기이다. 하지만 두 번째 단계는 합성(composition) 혹은 구성(constitution)이다. 선들 혹은 공간들은 서로 구성되며, 혹은 내가 앞에서 읽었던 구절에서 인용하면 "각자는 타인의 미지의 공간들로 들어가거나 그것들을 정복하지 않고서도 거기에 접속되며, 이 사랑 안에서 선들은 깨진 선들처럼 구성된다." 따라서 얼굴의 조직화를 벗어난 요소들은 사랑 속에서 접촉하게 된다. 여기에는 더 이상 사랑해야 할 자아도 혹은 자아들도, 자아와 타자도 없다. 오히려 얼굴과 자아를 벗어났던 선들과 공간의 이러함 마주침은 새로운 합성, 새로운 관계를 발생시킬 수 있는 잠재력을 가지고 있다. 얼굴에서 벗어난, 자아에서 벗어난 요소들의 이러한 새로운 합성이 바로 사랑이다. 사랑에 관한 질문은 이러한 요소들의 양립가능성(compatability), 들뢰즈와 가따리가 공가능성(共可能性, compossibility)이라고 부르는 것에 관한 것이다. 즉 이것들이 어떻게 새로운 합성, 새로운 구성을 만들 수 있는가에 관한 것. 이러한 새로운 합성은 창조성, 즉 탈주선들의 긍정성이다. (여기에서 들뢰즈와 가따리는 탈주선들, 와해하기, 포기는 단지 부정적인 것만은 아니라는 훌륭한 주장을 펼치고 있다.) 여기에서, 항상 그러하듯이, 위험 혹은 우려가 있다. 하지만 위험은 과정 자체가 어떤 것인가를 분명하게 하는 데 도움을 줄 수 있다고 나는 생각한다.

"사랑에서조차도 누군가의 창조적인 선이 다른 이에겐 감옥에 가둬버리는 것이기도 하다. 심지어 같은 유형의 두 가지 선들에 있어서도 선들의 합성, 한 선과 다른 선의 합성은 문제이다. 두 개의 탈주선들이 양립가능하고 공가능한지를 입증할 수 있는 것은 없다. 기관들 없는 신체가 용이하게 합성될 수 있는지는 확실치 않다. 사랑이 그것을 견뎌낼지도, 정치가 그것을 견뎌낼지도 확실치 않다"(p. 205).

탈주선들은 만나야만 하며, 마주침에 있어서 새로운 관계를 서로 합성해야 한다. 이러한 마주침과 이러한 합성은 주어지는 것이 아니다. (어떠한 보장도 없다.) 이것은 오히려 사랑의 과제이다. 양립가능하고 공가능한 선들을 발견하라.

마지막으로 그것은 사랑에서도 그러하듯이 정치에서도 그러하다. 탈주선들과 함께 혹은 그 이후에 도래하는 긍정적, 창조적 정치적 접근방법이야말로 사랑을 통해서 작동한다. 혹은 오히려 사랑에 의해서 정의되는 마주침과 합성의 동일한 논리를 통해서 작동한다. 그것은 분명히 더 나아가야만 하는 도약이다. (사랑에서 정치로) 하지만 그러한 경로는 「세 개의 단편 소설」이라는 고원에서 들뢰즈와 가따리가 말하고 있다고 내가 보고 있는 전략이다.

국가

국가는 필연적으로 추상적인 개념이다. 무엇보다 국가는 일련의 상이한 신체들 혹은 기능들—전통적으로는 적어도 경찰, 군대, 입법, 사법, 행정부 등— 의 합체(coalescence, 합생)이나 일치(coincidence)를 가리키기 때문이다. 국가 개념은 이러한 신체 혹은 기능들의 통일을 상상한다. 실제로 국가에 관해서는 거의 쓰지 않았던 맑스와 엥겔스는 『공산주의자 선언』의 유명한 구절에서 국가를 부르주아지의 이해관계를 추구하는 집행위원회라고 규정했다. 또 엥겔스는 국가를 이상적인 집합적 자본가라고 불렀다. 국가는 지배계급의 무기이며, 가장 중요하게는, 국가는 단일화된(unitary) 무기이다. 국가는 지배 기능들의 다양한 대오로부터 추상되고 묶여지는 이상적인 점이다. 국가는 정치권력의 잠재적 점이다. 이러한 통일성, 그리고 지배계급에 봉사하는 이러한 관계 때문에, 혁명은 맑스주의적 틀에서는 국가의 폐지로 간주될 수 있었다. 20세기에 맑스주의적 국가 이론의 일차적인 관심과 논쟁은 두 가지 문제를 둘러싸고 집중된다. 첫째, 지배계급에 대한 국가의 관계 문제 (어떤 의미에서, 혹은 어떤 메커니즘에 의해서 부르주아지는 국가를 실제로 통제하는가, 혹은 국가의 행동은 필연적으로 지배계급의 이해관계에 상응하는가). 둘째, 국가와 국가권력의 통일성 혹은 중심성 문제.

나는 이 중 두 번째 문제를 들뢰즈와 가따리의 국가 개념의 필수적인 배경이라고 생각한다. 또한 나는 이들이 알튀세르에서 푸코로 움직이는 일련의 논점들을 제기했다고 생각한다. 내가 말했듯이, 국가를 권력의 단일한 원천 혹은 중심(장소)이라고 간주하는 것은 명백히 추상화이다. 국가의 모든 행동을 직접적으로 명령하는 단일한 개인이나 사무실이란 없다. 국가의 중심은 실제로 대통령, 의회, 경찰서장, 장군의 사무실에 있는 것이 아니다. 나는 국가 장치들에 대한 알튀세르의 개념이 이러한 문제를 제기하기 위한 단계라고 생각한다.

결국 알튀세르는 국가 자체를 중심적인 점이라고 말하고 싶어 하지는 않았으며, 오히려 그는 단지 다양한 국가 장치들에만 초점을 맞추고 싶어 했다. 이처럼 다양한 장치들은 분석 대상들 뒤에 있거나 그 위에 있을 수 있는 단일한 추상적 점이라기보다는 권력의 거점으로서의 적합한 분석 대상들이다. 다시 말해서 국가를 권력의 단일한 거점으로서 보는 것이 아니라 국가 장치들을 다양한 거점들로 보는 것이다. 그리고 이러한 다양한 위치들, 장치들은 군대에서 학교, 교회에 이르기까지 공적인 동시에 사적이며, 억압적인 동시에 이데올로기적이다.

  푸코는 권력의 어떤 거점도, 어떤 중심도 존재하지 않는다고 주장하면서 [알튀세르의] 이 움직임을 한 발짝 더 내디뎠다. "합리성을 관장하는 합리성의 사령부는 존재하지 않는다"(『성의 역사』 1권, p. 95). 심지어 제도들의 다양한 중심들도 없다. 푸코에게서 권력의 중심들은 사회적 장 전체로 뻗어나간 권력의 모든 응용 지점들이다. 푸코가 국가는 존재한다고 말하든 말하지 않았든 간에 그는 국가가 권력 연구를 위한 적합한 대상은 아니라고 주장했다. 이러한 맥락에서 들뢰즈와 가따리의 국가 개념은 맑스/엥겔스의 문제틀로의 복귀를 대표한다. 이 속에서 또 다시 국가는 잠재적인 단일한 점으로서의 권력에 대한 분석의 대상이다. 들뢰즈와 가따리가 말하는 국가의 중심화된 권력을 이해하기 위해서 우리는 국가 없는 원시사회들의 권력에 관한 이들의 분석에서부터 우선 출발해야 한다.

  들뢰즈와 가따리는 원시사회들이 몇 개의 탈-중심화된 권위의 절편들로 구성되어 있는 반면 근대 사회는 그러한 절편들을 가지고 있지 않으며, 대신 국가 속에서 하나의 중심화된 권위를 가지고 있다고 하는 인류학적 통념에 도전하면서 시작한다. 이들은 대신 절편적인 것과 중심화된 것 사이에는 어떠한 대립도 없다고 주장했다. 즉 절편적인 것과 중심화된 것은 근대 국가에서 동시에 존재하며 함께 작동한다. 원시사회와 근대 사회에서 권력의 차이는 중심화의 문제일 뿐만 아니라 일차적으로는 중심화의 문제가 아니라 오히려 이러한 절편화의 매끈함 혹은 견고성이다. 따라서 들뢰즈와 가따리의 개념에 따르면 근대 국가는 견고한 절편성과 중심화에 의해서 규정된다.

(그리고 이러한 중심화가 내가 알튀세르/푸코의 경향에서 맑스/엥겔스로의 복귀라고 설정한 바로 그 점이다.)

이제 국가는 중심화된 권력이지만, 그렇다고 해서 국가가 사회 전체를 통해서 권력의 다양한 절편들에 대해 직접적으로 명령한다는 의미가 아니며, 또한 푸코가 말했듯이 '권력의 합리성을 관장하는 사령본부'라는 의미도 아니다. 나는 대신 맑스/엥겔스에게서 이미 국가는 잠재적인 것으로 인식되었다고 주장하고 싶다. 이들은 국가의 중심화된 권력을 '마치 ~처럼'(as if) 작동한다고 정식화한다. 국가는 마치 이상적인 집합적 자본가인 것처럼 작동한다, 혹은 더 낫게 말해서, 권력은 사회 속에서 마치 사회를 지휘하는(orchestrate) 이상적 집합적 자본가처럼 기능한다. 들뢰즈와 가따리는 국가에 실재성과 잠재성이 동시에 있다는 사실을 파악하는 길을 제시하고 있다. 이들의 말에 따르면, 국가는 다양한 사회적 권력들이 서로 반향하는 공명 상자의 일종이다.

"모든 중심들이 공명하고 모든 검은 구멍들이 눈들 뒤의 어떤 교차점과도 같은 단 하나의 축적점으로 모여드는 한에서 절편성은 견고하게 된다. 아버지의 얼굴, 교사의 얼굴, 연대장의 얼굴, 사장의 얼굴은 잉여를 만들어내며, 다양한 원들을 가로지르고 모든 절편들을 다시 지나가는 의미작용의 중심과 결부된다"(p. 211).

국가 자체는 이러한 잠재적인 잉여 지점 혹은 공명 지점으로 구성된다. 이제 실제로 이것만으로는 푸코와 그렇게 다르지 않다. 내가 몇 주 전에 인용했던 『감시와 처벌』의 한 구절을 기억할지 모르겠다.11 이 구절에서 푸코는 다음과 같이 쓴다. 학교가 병영을 닮았고, 병영은 공장을 닮았고, 이 모든 것이 감옥을 닮았다는 것은 놀랍지 않은가? 훈육 사회의 모든 제도들 사이에는 잉여 혹은 공명이 있으며, 이러한 잠재적 중심성을 들뢰즈와 가따리는 바로 국가라고 부른다. 그리고 들뢰즈와 가따리는 절편적 부분들(교회, 학교, 군대)과 중심화된 장치들 사이에는 어떠한 모순도 없다고 주장한다. "국가는 다른 점들을 받아들이는 하나의 점이 아니라 모든 점들의 공명 상자이다"(p. 224). 다음으로 설명할 것은 국가와 전쟁기계의 차이, 전체주의적 국가와 파시스트적 국가의 차이이다.

4. 생성, 일관성, 합성

어떤 차이가 그것을 인간적인 것으로 만들어주는가? 나는 여전히 세 번째 고원의 챌린저 교수와 씨름하고 있으며, 이 책의 생물학에 관한 부문과 정치학에 관한 부문을 독해하는 나의 접근방법상의 차이와 씨름하고 있다. 릭(Rick)이 이번 주에 이메일로 물어봤듯이, 나 혹은 우리는 생물학의 문제보다는 파시즘의 문제에 관해서 왜 그렇게 훨씬 더 관심을 보이는가? 아니 나는 이런 질문을 공표해야 할 것이다. 우리는 어째서 한편으로는 세포, 바위 혹은 새들의 배치와 홈 패임(striation), 이것들의 조직화와 탈주의 대안을 다루는 구절과, 다

---

11. [옮긴이 주] 이 책의 376~377쪽을 보라.

른 한편으로는 인간의 배치들과 홈패임, 인간의 조직화와 탈주의 대안을 다루고 있는 구절들을 그토록 상이하게 다루는 것일까?

충분하게 추상적인 수준에서, 이러한 배치와 홈패임, 이러한 조직화의 대안들은 실제로는 같은 것이다. 이것은 실제로 들뢰즈와 가따리의 반-인간주의이며, 나는 이것을 절대적인 것으로 받아들인다. 그리고 여기에서 나는 반-인간주의란 인간 본성의 법칙이 자연 전체의 법칙이라는 것을 의미한다고 이해한다.

이에 관해서 스피노자를 또 다시 인용해보자. 스피노자야말로 그것을 가장 분명하게 언급한 사람이라고 생각되기 때문이다. "정서에 대해서, 인간의 생활방식에 대해서 쓴 대부분의 사람들은 이것들을 공통적인 자연법칙을 따르는 자연적인 것으로 다루는 것이 아니라 자연 바깥에 있는 것으로 다루는 것처럼 보인다. 심지어 이들은 자연 속의 인간을 왕국 속의 왕국으로 인식하는 것처럼 보인다." 마치 인간 본성이 자연 전체와 분리되어 있다는 듯이. 그와 반대로 우리는 "그에 상응하여 모든 것들이 일어나게 되고 한 형태에서 다른 형태로 변화하게 되는 자연의 법칙과 규칙들이 항상 그리고 어디에서나 똑 같은 것이라는 점을 알아야만 한다. 어떤 것, 어떤 종류의 것이든 간에 자연을 이해하는 방식은 똑같아야만 한다… 그러므로… 나는 인간의 행동과 욕구(appetites)가 선들, 면들, 신체들의 문제라는 듯이 이러한 것들을 사고할 것이다"(『에티카』 3부 서문).

자연의 모든 것(인간, 세포, 바위, 새, 나무)은 똑같은 법칙에 따라 작동하며, 따라서 똑같은 홈패임, 배치들, 조직 대안들 등등을 통해서 작동한다. 따라서 예를 들어 들뢰즈와 가따리가 식물의 생장이나 새의 교미 혹은 지질 형성에서 다양체들에 대해 분석을 할 때, 그것은 인간 사회의 다양체와 은유적으로 관련되어 있는 것이 아니다. 이것들은 바로 그 동일한 다양체들이다. 스피노자가 말하듯이, 자연의 법칙들은 항상 그리고 어디에서나 똑같은 것이기 때문에, 우리는 자연 속의 어느 곳에서든 그러한 다양체들이 작동하는 방식, 이중 분절이 작동하는 방식, 배치들이 작동하는 방식을 이해할 수 있으며, 그리고 이런 방식들 사이에 어떠한 대안들이 존재하는가 등을 이해할 수 있다. 인간의 정치적 조직화의 법칙을 이해하고 싶다면, 세포 생물학이나 식물 재생산을 연구해도 무방하다. 바로 그러한 수준에서, 자연법칙에 관한 분석의 수준을 나는 반-인간주의라고 이해한다. 하지만 분석적 수준에 덧붙여서, 들뢰즈와 가따리의 텍스트에는 또 다른 수준들이 있으며, 나는 이것이 인간을 필연적으로 특권화한다고 생각한다. 나는 내가 말한 바대로 (적어도 때때로) 그 텍스트를 자연법칙에 대한 분석일 뿐만 아니라 또한 행동이나 실천에의 권고로 읽는다. 그것은 우리가 바위, 식물이나 새가 아니라 인간이라고 하는 차이를 만들어낸다. 우리는 갑각류의 분절과 새의 반복구에 관해 배울 수 있다. 하지만 우리가 행위하려고 노력할 때면, 우리는 이것들을 인간의 조직화 및 인간 사회에 관한 물음과 대안들로 번역하게 된다. 바위와 식물도 욕망을 가지고 있으며, 실천의 대안들을 가지고 있을 것이다. 그리고 들뢰즈와 가따리의 틀 안에서 보자면, 이것들은 틀림없이 탈주선을 가지고 있다. 릭(Rick)에게 보내는 이메일 답신에서 욘(Jon)이 잘 지적했듯이, 들뢰즈와 가따리가 퀴비에(Cuvier) 보다는 제프리(Geoffrey)가 어느 정도 유용하다고 보는 까닭은 제프리가 자연 세계에서 현존하는 대안들을 인식했다는 데에 있다. 하지만 이것은 텍스트가 하지 않은 것을 말하는 것이며, 더 일반적으로 말해서 우리는 그것들에 대해 말할 수 없다. 비인간적 자연에서의 대안들도 있을 것이지만 이것들은 우리가 이에 대해서 무언가 행동을 할 수 있는 대안들은 아니다.

들뢰즈와 가따리는 필연적으로 인간으로서의 우리에게 권고한다. 다시 말해서 들뢰즈와 가따리는 참새에게 설교하는 것이 아니며, 다른 유형의 다양체에 비해 한 가지 유형의 다양체를 선호해야 한다고 새들과 논쟁하는 것도 아니다. 이들은 나무가 풀잎과 같아야 한다고 나무에게 말하려는 것이 아니다. 인간이야말로 이러한 윤리학 혹은 실천의 문제에 몰두할 수 있는 유일한 존재라는 것이다. 그것은 아마도 세계에 대한 한계설정이 아니라 우리 자신에 대한 한계설정과 관계되어 있다. 하지만 그러한 한계설정은 그럼에도 불구하고 실재적이다. (스피노자가 말하기를 무한한 속성들이 있지만 우리는 단지 사유와 연장만을 인식할 수 있다고 한 것과 마찬가지다. 즉 그것은 세계에 관한 진술이 아니라 우리 자신의 한계설정에 관한 진술이다.) 따라서 나는 이것을, 왜 우리가 생물학이나 지질학을 다루고 있는 논의와 (파시즘과 같은) 인간 사회 및 조직화를 다루고 있는 논의에 관해서 그렇게 상이하게 반응하는지를 설명하려는 노력에서 이것을 하나의 시도로서 제안하려고 한다.

우리가 이것들을 분석적으로 사고하는 한, 자연법칙에 관한 연구의 일부분으로 생각하는 한, 우리는 이것들을 똑같이 다루어야 한다. 텍스트의 이런 측면에 따르면, 인간이라는 것은 어떠한 차이도 만들지 않는다. 하지만 우리가 이러한 문제들을 윤리학적으로 혹은 실천적으로 사고하는 한 우리는 이것들을 상이하게 다루어야만 한다. 왜냐하면 인간 사회나 인간 활동의 문제만이 우리에게 실천의 장을 열어 놓기 때문이다. 이런 점에서 그것은 인간을 상이하게[차이나게] 만든다.

반-모방

마침내 나는 이 장(章)에서야 『안티-오이디푸스』의 첫 페이지 이후로 들뢰즈와 가따리가 이끌어온 은유에 대한 공격을 보다 잘 다룰 수 있게 되었다고 생각한다. 나는 은유에 대한 공격이, 실제로는, 보다 일반적으로 말해서, 모방(mimesis)에 대한 공격이라고 이해하며, 이러한 점에서 우리는 이 주장, 이 반-모방(anti-mimesis)을 들뢰즈가 플라톤주의를 전복하기 위해서 일찍부터 선언했던 기획의 일부분이라고 여길 것이다. (하지만 그것은 한동안 미학 이론에서 더 분명해질 것이다.) 여기서 반-모방이라는 것은 들뢰즈와 가따리가 닮음(resemblance), 무엇보다도 자연의 조직화의 논리로서 그 닮음을 거부했다는 것을 의미한다.

박물학자[자연학 연구자]의 기억들은 이런 논점을 분명하게 한다. 자연사의 근본[원리] 문제 중 하나는 상이한 동물들 사이의 관계를 이해하는 것이라고 이들은 말한다. 이것이 이해되어 왔던 원리적 방법의 하나는 계열들의 관계이다. 여기에서 동물과 동물의 기능은 유비에 의해서 서로 관련되게 된다. 물고기의 아가미는 포유동물의 폐와 같다는 식으로 말이다. (이들은 융(Jung)의 원형(archetype)을 사회적 혹은 문화적 관점에서 이러한 종류의 계열 닮음의 예로 든다.) 동물들 사이의 관계가 이해되어온 다른 원리적 방식은 구조의 관점에서였다. 여기에서 각각의 동물이나 기능은 (또 다시 유비에 의해) 초재적인 것과 관련되며, 예시들 사이의 내적인 동질성들을 통해서 구조를 정의한다. (레비-스트로스의 구조주의는 사회적 분석에서 이러한 두 번째 대안의 예로서 계열을 이룬다.)

"… 두 가지 경우 모두 자연은 거대한 모방으로 여겨진다. 한편으로 자연은 단계적인 닮음에 의해 계열의 모델과 근거로서 존재자들 모두가 모방의 대상으로 삼는 신이라는 최고 항을 향해 나아가면서 진보적이거나 퇴행적으로 끊임없이 서로를 모방하는 존재자들의 사슬이라는 형식으로 고려된다. 다른 한편으로 자연은 이번엔 질서 잡힌 차이에 의해, 모든 것이 모방하는 모델 자체가 되기 때문에 더 이상 모방해야 할 그 무엇도 갖고 있지 않다는 거울 속의 모방이라는 형식으로 고려된다"(pp. 234~235).

여기에서 일반적인 주장은 자연과학과 사회과학의 지배적인 조류가 세계를 내적으로 조직된 것으로 이해했다는 것, 그리고 세계를 모방이나 거대한 은유의 메커니즘을 통해서 닮음에 토대를 두고 있는 것으로 이해했다는 것이다. 들뢰즈와 가따리는 자연이 조직화된 것도, 모방을 통해 기능하는 것도 아니며, 생성을 통해서 기능한다고 주장한다. "생성은 결코 모방하는 것이 아니다"(p. 305). 생성은 어떤 특정한 귀결점이나 모델에 도달하는 것을 포함하지 않는다. 오히려 생성은 운동의 일종 혹은 스타일이다. 예를 들어 쥐-되기는 쥐와 닮게 되는 것을 의미하지 않는다. 쥐-되기는 쥐가 기능하는 방식으로 기능한다는 것, 쥐의 무리의 일부분으로서 기능한다는 것을 의미한다. 쥐도 역시 쥐-되기를 추구한다. 따라서 나는 생성이라는 것이 박물학자들의 질문, 즉 동물과 식물들이 어떻게 서로 관련되며 이것들이 어떻게 진화하는지에 관한 질문에 대한 들뢰즈와 가따리의 답변이라고 생각한다. 이것들은 생성을 통해서 서로 관련되며 진화한다.

이제 생성들이 항상 다수파 혹은 표준으로부터의 이탈이다라는 의미에서 생성들은 항상 소수자이다.[12] 다시 말해서 패러다임은 계열적 혹은 구조적 닮음과 차이에서 표준으로부터의 이탈이라는 질문으로 변동된다. 생성은 항상 다수파로부터 이탈한다. 이것은 인간을 포함한 모든 자연에서 그것이 작동하는 방식이다. 그러므로 특히 인간의 생성들을 사고할 때, 우리는 들뢰즈와 가따리가 어째서 남성-되기와 같은 것은 없다고 말했는지를 알 수 있다. "남성은 특히 다수자인 반면, 생성은 소수자이기 때문이다. 모든 생성은 소수자-되기이다"(p. 291). 남성은 일차적인 표준이기 때문에, (심지어 여성을 포함하고 있을 때에도) 모든 생성은 (표준으로서의) 남성이라는 점을 벗어나며, 나아가 여성-되기는 일차적인 생성으로서의 특권화된 역할을 지니게 된다. 이것이 바로 내가 "여성은 여성-되기를 해야만 한다. 하지만 모든 남성의 여성-되기 속에서 그래야 한다"(p. 292)와

---

12. [옮긴이 주] 하트의 원문에는 "Now, becomings are always minoritarian in the sense that they are always departures *for* the majority or the standard"(이탤릭체는 옮긴이의 것)이라고 되어 있으나 맥락상 for가 아니라 from, 즉 "다수파나 표준으로부터의 이탈이다"로 해석해야 한다.

같은 진술을 이해하는 방식이다. 남성과 여성 모두에게 표준적인 남성이 출발점이며, 여성-되기는 일차적인 생성이다. 들뢰즈와 가따리에 따르면, 똑같은 정식화가 모든 다른 소수자적 생성들, 즉 유대인-되기, 흑인-되기 등등에서 유지된다. 이러한 모든 소수자-되기는, 적어도 인간에 관해서 생각할 때에는, 정치적이다.

"소수자-되기는 정치적 사태이며, 역량의 작업 전체에, 작용적인 미시정치학을 필요로 한다. 이것은 거시정치학의 대립물이며, 심지어 역사의 대립물이다. 사실 거기에서 문제가 되는 것은 어떻게 다수파를 정복하고 장악할지를 아는 일이다. 포크너(Faulkner)가 말했듯이, 파시스트가 되지 않으려면 흑인-되기 외에 다른 선택은 없었다"(p. 292).

이제 여기서 정치가 의미하는 바는 정확히 무엇인가? 이 구절을 살펴보자. 내게 권력은 두 가지 요소들을, 즉 역량과 선택, 혹은 우리가 실행할 수 있는 역량과 선택지를 포함하고 있는 것처럼 보인다. 우리는 되거나 되지 않을 수 있는 선택지를, 표준으로 남아있거나 표준으로부터 이탈하는 선택지를 가지고 있다. 좋다. 이제 내가 출발했던 곳, 즉 생성이 들뢰즈와 가따리에게 있어서 닮음과 모방에 대한 대안으로서 자리매김 되었던 곳으로, 자연, 종, 인간 사회의 조직과 변이에 관한 대안적 설명으로 자리매김 되었던 곳으로 다시 돌아가 보자. 생성은 이러한 분석에서 일차적이다. 왜냐하면 생성은 (계열이나 닮음의 구조가 아니라) 자연의 조직화를 결정하는 것이기 때문이다. 반-모방은 미학적 영역에서도 또한 작동한다. 물론 이것은 실제로 어떤 의미에서는 자연사와 인간 사회에서 작동하는 것과 다르다기보다는 똑같다고 느껴진다. 여기에서 우리는 들뢰즈와 가따리의 반-모방이 플라톤주의의 전복이라는 것을 분명하게 알 수 있다― 정확히 말해서 플라톤이 예술을 외양상의 세계의 복사물로 이해하는 한에서, 그리고 다시 외양의 세계를 이데아적 형상들의 복사물로 이해하는 한에서. 그리고 다른 영역에서, 또한 예술의 영역에서, 그것은 흉내내기, 모방의 문제가 아니라 생성의 문제라고 들뢰즈와 가따리는 주장한다. "어떠한 예술도 모방적이지 않으며, 모방적이거나 구상적일 수 없다. 어떤 화가가 새를 '재현'한다고 해보자. 하지만 이것은 실제로는 새-되기로, 새 자신이 다른 어떤 것, 즉 순수한 선과 순수한 색으로 되어가는 중일 때야만 비로소 행해질 수 있다"(p. 304).

그러므로 예술은 결코 재생산에 관한 것이 아니다. 예술을 재생산으로 생각하는 것, 즉 자연을 고정된 것으로 생각하는 것, 예술의 경우에는 복사들인데, 이것은 자연과 예술 양자의 역동적인 성격을 잘못 생각하는 것이다. 그려진 새는 새가 또한 선과 색으로 되어가는 한에 있어서만 새-되기이다. 예술은 생산이며, 이는 모든 자연이 생산인 것과 같다. 혹은 오히려 예술은 생성이며, 이것은 모든 자연이 생성인 것과 같다. "먼 옛날부터 회화는 언제나 가시적인 것을 재현하는 것이 아니라 무언가를 가시적으로 만들려고 해왔으며, 음악도 소리를 재생하는 것이 아니라 무언가를 음으로 만드는 것을 목적으로 해왔다"(p. 346). 이 구절에서 나는 은유에 대한 반대 명령을 가장 잘 이해할 수 있다. 그려진 새는 새와 같은 것이 아니며, 재현도 아니다. 그것은 새의 새 되기, 혹은 새의 색과 선 되기와 같은 똑 같은 지위를 지니고 있는 하나의 새-되기인 것이다. 이것들은 모두 가시적으로 만들어진다.

일관성과 합성

몇 주 동안 나는 『천 개의 고원』의 일차적인 목표가 사회의 문제, 즉 사회가 어떻게 존재하지 않는가가 아니라 어떻게 존재하는가를 제기하는 것이었다고 말해왔다. 혹은 실제로, 나는 그것을 더 일반적인 수준에서 설정해야했다. 자연은 어떻게 함께 유지되는가? 그리고 자연은 왜 그렇게 근본적으로 이질적이거나[heterogeneous, 다질적이거나] 파편화되지 않은 채 있는가? "이것은 일관성(consistency)의 문제이다. 다질적인 요소들의 '동시적인 성립'. 이러한 요소들은 처음에는 퍼지 집합이나 이산 집합을 이루고 말지만 마침내 일관성을 획득하게 된다"(p. 323).

이제 일관성이라는 단어는 나에게는 다소 수동적인 어떤 것을 주장하는 것으로 보이며, 일관성의 구도 또한 일종의 배경막 혹은 공통성 혹은 교차점으로 보인다. 예를 들어 들뢰즈와 가따리가 다음과 같이 말할 때를 생각하자. "일관성의 구도는 모든 구체적인 형태들의 교차점이다"(p. 251). 하지만 나는 대신 우리가 일관성을 요소들이 동시적으로 성립되게 하는 어떤 작용적인 것으로 이해해야 한다고 생각한다. "일관성은 공고화[consolidation, 다지기]와 같은 것으로, 계기적인 것이나 공존하는 것의 공고화된[다져진] 응집체를 산출하는 행위이다…"(p. 329). 그러므로 일관성은 요소들의 공통적인 상태, 동질적 요소들의 집합을 지칭하는 것이 아니라 오히려 이질적인 요소들을 일관되게[정합적으로, 고르게] 만드는 과정을 지칭하는 것이다. "일관성은 필연적으로 이질적인 것들 사이에서 일어나는 것이다. 그것이 미분의 산출이기 때문이 아니라 이질적인 것들이 그 공존과 계기들의 '공고화'[다지기]를 통해서 서로 묶여지기 때문이다"(p. 330). 따라서 일관성과 일관성의 구도는 동질성과 아무 관련이 없다. 오히려 일관성은 이질적 요소들의 공고화[다지기]의 과정이다. 이 때문에 나는 들뢰즈와 가따리가 스피노자에 관해서 말하기 시작했을 때 일관성에서 합성(composition)으로의 변동을 좋아하는 것이다.

내가 보기에 일관성보다는 오히려 합성이 보다 분명하게 이질적인 요소들을 조직하거나 합성하는 것을 포함하는 과정들을 보여준다. 이 과정은 스피노자에 관한 부문의 두 가지 기억들의 주제이다. 이러한 합성과정의 한 쪽 끝에 있는 것이 바로 개체원리(haecceities, 이것임)라고 말하는 것이 더 정확하다고 생각한다. 개체원리들은 다소간 원재료이며, 합성 과정으로 진입하는 이질적인 요소들이다. 개체원리라는 용어는 스코틀랜드의 (14세기?) 스콜라철학자인 둔스 스코투스의 책에 나오는 것이며, 특히 개체화에 관한 그의 책에 나오는 것이다. 나는 개체원리가 스콜라철학의 맥락에서는 적어도 단독성(singularity)이라는 용어와 교환 가능한 것으로 사용되었다고 생각한다. 개체원리는 개인, 주체, 사물, 혹은 실체와는 아주 다른 개체화의 양식이라고 들뢰즈와 가따리는 설명한다. 개체원리는 오히려 어느 계절, 하루의 시간, 바람을 가리키는 것이다. 그 시간의 빛, 혹은 그 색깔은 특이하다. 그것은 어떤 것과의 차이에서 포획될 수 없으며, 단지 그것의 이것임(thisness)에서만 정의된다. ('이것임'에 대한 의존,

혹은 '지금 여기'에의 의존은 종종 둔스 스코투스의 용법을 이해하기 위해 사용되었다.) 물론 들뢰즈와 가따리는 이것을 다소 상이하게 설명한다.

"이것들은 전적으로 분자들이나 입자들 간의 운동과 정지의 관계로 이루어져 있다는 의미에서, 모든 것은 변용시키는 능력과 변용되는 능력으로 이루어져 있다는 의미에서 개체원리들이다"(p. 261). 혹은, 이들의 용어에 따르면, 이것들은 경도(운동과 정지의 관계)와 위도(변용의 역량들)로 이루어져 있다. (나는 경도와 위도라는 단어가 사용된 이유에 관해서는 모르겠다). 개체원리들을 경도와 위도로 이처럼 정의하는 것은 이것들이 어떻게 합성 과정에서 이용될 수 있는가 혹은 합성과정을 쉽게 할 수 있는가를 증명한다. 다른 한편, 그리고 『에티카』에서 개체[개별자]에 대한 스피노자의 이러한 정의를 따라서, 하나의 개체는 운동과 정지의 공통적인 관계를 지니고 있는 신체들로 합성되어 있다. (운동과 정지는 경도의 일부분이다). 그리고 다른 한편으로, (또 이제는 위도의 관점에서) 각 신체의 변용은 자신의 활동[작용] 역량과 변용될 수 있는 역량을 모두 포함하여, 합성의 상이한 축을 결정한다. 이것은 들뢰즈가 그토록 좋아했던 스피노자적 노선과 관련되어 있다. 우리는 여전히 신체가 무엇을 할 수 있는지 모른다. 신체가 할 수 있는 것은 신체가 어떻게 합성될 수 있는지를 가리키는 일이다.

"우리는 신체가 무엇을 할 수 있는지를 알기 전에는, 즉 신체의 변용들이 무엇이며 신체들이 어떻게 그러한 신체를 파괴하거나 그러한 신체에 의해서 파괴될 수도 있는 다른 변용들, 다른 신체의 변용들과 합성 관계로 들어설 수 있거나 들어설 수 없는지를 알기 전까지는 신체에 관해서 아무것도 모른다"(p. 257).

이러한 두 가지 축, 즉 경도와 위도에서 나의 흥미를 끄는 것은 합성과정이 어떻게 발생할 수 있는가를 그것들이 명료화하기 시작한다는 것이다.

이제 나는 이러한 똑같은 스피노자적 논리를 확장하고 리토르넬로를 일종의 합성으로 생각하거나 혹은 실제로 합성 과정이라고 생각하고 싶다. 특히 나는 리토르넬로를 시간을 다루는 합성 과정으로 이해한다. 들뢰즈와 가따리가 말하듯이, 리토르넬로는 프리즘, 시간-공간의 결정체이다. 그것은 시간을 만든다. "시간은 선험적 형식이 아니다. 오히려 리토르넬로가 시간의 선험적 형식이다. 그것은 매번 다른 시간을 만들어낸다"(p. 349). 리토르넬로는 일종의 구성, 시간적 구성이다.

5. 국가와 전쟁기계의 정치학

이 두 개의 고원은 (문제 및 공리와 더불어서) 명제로서 조직화되어 있다. 나는 세 그룹의 명제들을 본다. 첫 번째 그룹(네 가지 명제, 유목론의 첫 번째 절반 부분)은 국가와 전쟁기계의 차이를 주장하며, 혹은 들뢰즈와 가따리가 주장하듯이, 국가에 대한 전쟁기계의 외재성을 주장한다. 명제의 두 번째 그룹(또 다른 네 다섯 개의 명제,[13]

유목론의 두 번째 절반 부분)은 유목적 운동에 대한 전쟁기계의 관계에, 혹은 오히려 유목주의에서 전쟁기계가 출현하는 것에 대해 초점을 맞춘다. 명제의 마지막 세 번째 가장 큰 그룹(포획 장치라는 고원의 전체)은 전쟁기계가 국가 장치에 의해서 전유되거나 포획되는 수단에 대해 다룬다.

국가와 전쟁기계

국가와 전쟁기계는 서로 대비해서 정의된다. 하지만 우선 국가 자체에서부터 출발하자. "국가는 주권이다"(p. 360). 그리고 정치적 주권 자체는 두 극을 가지고 있다. 한편으로는 전제적인 극과 다른 한편으로는 입법자의 극, 혹은 오히려 한편으로는 권력(혹은 강권 might)과 다른 한편으로는 권리(혹은 법). 이것들은 우리가 사유학(noology)에 관한 부문에서 얻을 수 있는 국가에 관한 두 가지 주된 이미지이다.

"이미지는 주권의 두 극에 상응하는 두 개의 머리를 가지고 있다. 먼저 참된 사유의 제국. 이것은 마법적 포획, 장악 내지 속박에 의해 작동하며, 근거의 효용성을 구성한다(mythos, 뮈토스). 그리고 자유로운 정신들의 공화국. 이것은 맹약 내지 계약에 의해 진행되며, 입법 조직과 법률 조직을 구성하고 근거를 정당화해준다(logos, 로고스)"(pp. 374~375).

---

13. [옮긴이 주] 명제 5부터 명제 9까지를 가리킨다.

보통 주권의 이러한 두 극, 즉 제국과 그 권력, 그리고 공화국과 그 권리(혹은 사법적 형성체)는 국가의 대안적 가능성들로 간주된다. 하지만 들뢰즈와 가따리는 국가-형태가 이러한 두 극들을 제한하거나 오히려 배분하는 것으로 설정한다. 국가는 제국과 공화국, 권력과 권리의 이중 분절이다. 이러한 이중 분절은 국가 장치들을 지층(stratum)으로 만드는 것이다. 국가 장치의 공간은 따라서 항상 홈패인 공간, 정확히 말하자면 주권의 이러한 두 극들의 배분에 의해서 홈패인 공간이다. 정치적 주권(권위와 규칙)은 지층들 안에 위치지어진다.

이제 우리는 미시정치학과 절편성에 관한 고원에서 이미 언급했던 국가에 관한 정의를 기억해야만 한다. 거기에서 국가는 사회적 절편성의 (유연성이 아니라) 견고함에 의해서, 그리고 권력의 (분산이 아니라) 집중화에 의해서 규정된다. 견고한 절편성과 중심화는 국가를 다양한 사회적 역량들과 절편들이 서로 반향하는 일종의 공명상자로 설정함으로써 인식된다. 따라서 국가 자체는 우리가 (판옵티콘과 같은) 공통적인 도표의 반복을 통해서, 학교, 감옥, 병영, 공장 등과 같은 다양한 사회적 제도들을 통해서 인식할 수 있는 잠재적인 잉여점 혹은 공명점이었다. 국가에 관한 이러한 두 가지 정의는 함께 가야 마땅하다. 주권의 두 개의 머리의 배분을 통해서 작동하는 홈패임은 똑 같은 것이어야만 하거나 적어도 공명 상자의 중심화 및 견고한 절편성과 일관되어야 한다.

마지막으로, 들뢰즈와 가따리는 다음 세 가지 요소로 국가를 정의한다. "모든 국가는 (국지적이 아니라) 전면적인 통합[중심화]이며,

(빈도가 아니라) 공명의 잉여 작용이며, (환경의 양극화가 아니라) 영토의 홈패임의 작동이다"(p. 433). 따라서 나는 국가에 관한 이처럼 상이한 정의를 하나 이상의 완전한 정의의 조정된 요소들로 이해한다. 국가의 중심화 혹은 전면적 통합은 잉여작용에 의해서 혹은 다양한 견고한 사회적 절편들에 공통적인 도표의 반복에 의해서 성취된다. 그리고 특히 권력의 중심부 각각(감옥, 병영, 학교)에서 반복되고 있는 것은 사회적 공간의 공통적인 성층작용, 주권의 두 극들인 권력과 권리 사이의 공통적인 이중 분절이다. 따라서 국가는, 이제 다시 뒤로 돌아가서, 성층작용, 잉여작용, 중심화이다. 중심화는 지층들의 반복에 의해서 성취된다. 이것은 서로 반복되거나 서로 잉여적으로 공명하기 때문이다.

이렇게 물을 수 있다. 사회적 공간을 통해 작동하며 주권을 배분하는 이러한 지층들은 무엇인가? 음, 나는 지층들을 제도들 자체라고 읽는다. 말하자면 학교는 사회의 성층작용이며, 감옥도 성층작용이다 등등. 사실 나는 제도를 사회적 흐름들을 조직하고 명령한다는 의미에서 성층들이라고 이해한다. 마지막으로, 나는 주권을 사회적 장에서 분리된 권력의 심급으로, 사회에 대해 초재적인 권력의 심급으로 이해한다. 예를 들어 홉스는 주권이란 사회의 가교를 이루는 권력이라고 말했다. 그러므로 주권은 성층작용이다. 지층들이 사회의 표면 위에서 자라나는 한에서는 말이다. 이러한 지층들로 이해될 수 있는 제도들의 벽들은 사회적 장에 대해 초재적이다. (벽들의 높이가 그것들의 초재이다.) 그러므로 이러한 모든 것을 생각할 때, 제도들의 지층들은 국가라는 중심적인 (아니면 잠재적인) 방 안에서 공명하는 주권의 잉여적 심급들이다. 하지만 전쟁기계는 이와는 전적으로 다른 어떤 것이며, 유목론에 관한 고원의 첫 번째 절반 부분의 주요 논점은 바로 이러한 차이이다.

"… 전쟁기계는 유목민이 발명한 것이었다. 전쟁기계는 그 본질에 있어서, 매끈한 공간의 구성요소이며, 이러한 공간의 점거, 이 공간 안에서의 대체, 그리고 이 공간에 대응하는 인간의 합성이기 때문이다. 바로 이것이 전쟁기계의 유일하고 진정한 적극적인 목표이다"(p. 417).

따라서 전쟁기계는 매끈한 공간을 가로지는 운동과 이 공간 속에 있는 사람들의 배분을 모두 포함하는, 매끈한 공간의 구성으로 정의된다. 전쟁기계는 국가와 다르며, 보다 정확하게 말하면 전쟁기계의 매끈한 공간이 국가의 홈패인 공간에 반대되는 한에서 전쟁기계는 국가에 반대된다. 그러므로 '전쟁기계'는 실제로는 오해되기 쉬운 용어이다. 전쟁기계의 본질은 전쟁과는 아무런 관련이 없기 때문이다. 오히려 전쟁기계는 매끈한 공간, 혹은 유목적 기계라고 불리는 것이 낫지 않을까 싶다. 어쨌든 우리가 이러한 정의로부터 출발할 때, 들뢰즈와 가따리가 여러 번 주장하듯이, 전쟁기계는 전쟁을 목표로 삼지 않고 있음이 분명하다.

"전쟁이 필연적으로 초래된다면 그것은 전쟁기계가 이 기계의 적극적 목적에 대립하는 (홈을 파는) 세력으로서의 국가와 도시들과 충돌하기 때문이다 … 바로 이 지점에서 전쟁기계는 전쟁이 되어간다"(p. 417).

전쟁기계는 홈패인 공간, 즉 국가와 접촉하게 될 때에만 전쟁에 대한 관계를 발전시킨다. (이것은 전쟁기계가 지닌 본질적 관계가 아니라 우연한 관계이다.) 전쟁기계가 이후 전쟁에 도달할 때라도, 국가의 폭력은 항상 이미 있는 것이다. 전사들의 폭력이 아니라 경찰과 교도관들의 폭력인 국가 폭력의 원인을 정확히 규명하기는 힘들다고 들뢰즈와 가따리는 말한다. 이것은 국가의 폭력이 항상 스스로를 이미 이루어진 것으로, 이미 행해진 것으로, 마치 매일 되풀이되고 있는 것처럼 제시하기 때문이다.

"국가 경찰 또는 법의 폭력은…[권리를] 포획할 수 있는 권리를 구성하는 동시에 [권력을] 포획하는 것으로 이루어져 있다. 그것은 통합되고 구조적인 폭력으로 모든 종류의 직접적인 폭력과는 구별된다"(p. 448).

국가의 이러한 간접적, 구조적 폭력을 설명하기 위해 들뢰즈와 가따리가 지적하고 있는 패러다임은 두 계급을 만들어낸, 맑스가 원시적 축적이라고 부르고 있는 것이다. 계급 분할을 재창조하는 폭력이 항상 매일 실행된다고 하더라도 프롤레타리아트는 항상 이미 프롤레타리아트화되었다. 나는 홈패임 자체는 이처럼 항상 이미-존재하는 폭력이었다고 생각한다는 점에서 들뢰즈와 가따리에 동의한다고 말하고 싶고, 또 그렇게 생각한다. 감옥과 학교의 벽 자체는 권력과 권리를 결합시키는 폭력이며, 국가 사회의 관점 내부에서 보았을 때에는 항상 이미 존재하는 것이다. 따라서 역설적으로 보일지는 몰라도, 국가(그리고 국가의 홈패임)는 폭력과 본질적인 관계를 가지고 있으며 전쟁기계(와 전쟁기계의 매끈한 공간)는 어떤 특정한, 우연한 조건하에서만, 전쟁기계가 홈패임으로 달려갈 때에만 폭력적이 된다.

국가와 전쟁기계가 이토록 다른 것이라고 한다면, 이것들이 서로에 대해 그토록 외부적이라고 한다면, 들뢰즈와 가따리가 말하듯이, 이것들이 어떻게 서로 관련되고 어떻게 서로 통합될 수 있는 것일까? 우선 전쟁기계의 관점에서 보면, 이것들은 통합될 수 없다. 전쟁기계가 국가와 접촉하게 될 때 혹은 어떤 홈패인 공간과 접촉하게 될 때, 전쟁기계의 유일한 목표는 국가를 파괴하는 것이기 때문이다. 전쟁기계는 결코 국가를 사용하지 않는다. 반대로 국가가 전쟁기계와 접촉하게 될 때, 국가는 전쟁기계를 파괴하려고 하지 않으며, 오히려 전쟁기계를 전유해서 작동시키려고 한다. 이것이 포획의 과정이며, 국가가 전쟁기계를 전유하는 과정이다.

"국가의 근본적인 임무 중의 하나는 국가가 통치하는 공간에 홈을 파는 것, 혹은 매끈한 공간을 홈패인 공간을 위한 교통수단으로 이용하는 데 있다. 단순히 유목민을 정복할 뿐만 아니라 이주를 통제하는 것은 모든 국가의 사활적인 관심사이다… 국가가 이것을 할 수 있다면, 국가는 온갖 종류의 흐름을, 즉 인구, 상품 또는 상업, 자본 또는 자본 등의 흐름을 어디서라도 포획하는 과정과 분리될 수 없다"(pp. 385~386).

따라서 국가는 단순히 매끈한 공간을 파괴하고 매끈한 공간을 홈패이게 하는 것을 원할 뿐만 아니라 또한 매끈한 공간을 교통수단으로 사용하고자 한다. 국가는 유목민을 정착민으로 만들고자 할뿐만 아니라 유목민의 경로를 국가의 권력에 봉사하는 이주로 변형시키고

자 한다. 국가는 흐름들의 포획에 의해 작동한다. 이때의 포획은 흐름들의 운동을 보존하지만 규정된 경로로 그 운동들을 수로(channel) 화하는 것을 의미한다.14 내가 보기에 국가는 국가에 종속되는 매끈한 공간과 유목주의가 없이는 존재할 수 없다. 국가의 홈패임은 그 자체로 정적이며 고립되어 있다. 홈들 사이의 운동과 교통은 이것들 사이에 놓여있고 이것들에 종속되어 있는 매끈한 공간으로부터만 나올 수 있다. (아마 똑 같은 맥락에서 우리는 정착민의 국가 생산이 노동 이주에 의존한다고 말할 수 있을 것이다. 일종의 포획된 유목주의로서의 노동 이주.)

포획과 노동

들뢰즈와 가따리는 세 가지 포획 장치들을 제시한다. 하나는 토지로부터 도출되는 지대이며, 다른 하나는 노동으로부터 도출되는 이윤이며, 세 번째는 화폐로부터 도출되는 이자 혹은 세금이다. 이러한 모든 포획 장치들은 스톡(stock)의 창조와 관련되어 있다. 지주는 땅의 스톡을 통해 지대를 얻는다. 더 분명하게, 기업가는 노동의 축적 혹은 잉여 노동을 통해서 이윤을 얻는다. 이제 나는 이러한 축적이

---

14. [옮긴이 주] channeled라는 표현은 channel(수로, 해협)이라는 단어에서 유추해낼 수 있듯이, (수로를 만들기 위해) '홈을 파다', (수로를 만들어서 강물의) '흐름을 바꾸다'라는 의미를 동시에 가지고 있다. 그러나 흐름의 방향이 바뀐다는 표현에만 국한되어 번역할 경우, 1) '포획 장치'가 개입되는 측면이 잘 드러나지 않을 수 있으며, 2) 흐름의 방향은 흐름들 간의 마주침으로도 바꿀 수 있음을 배제할 수 없으므로, 이 글에서는 3) 다수자의 규준과 체제—우리는 이것을 '홈'이라고 바꿔 부를 수 있을 것이다—에 맞게 변경한다는 의미에서 '수로화하다'로 일관되게 번역한다.

실제로 정적인 것이 아니라는 점을 인식하는 것이 중요하다고 생각한다. 다시 말해서 스톡은 흐름이 멎게 되는 것이 아니라 오히려 수로화되는 것이며, 예를 들어 유목적 운동이 이주로 수로화되는 방식이다. 국가는 그 자신이 수로화된 역동주의면서도 이러한 역동주의에 의존한다.

나는 이러한 포획 장치들 중에서 단지 하나에만, 즉 노동과 관련되어 있는 것에만 초점을 맞추고 싶다. 하지만 우선 나는『안티-오이디푸스』의 네 번째 장에서, 내가 상이한 방식으로 여러 곳에서 또 다시 제기하고 반박하고 있는 노동에 관한 논의로 다시 돌아가고 싶다.『안티-오이디푸스』의 해당 부분에서 들뢰즈와 가따리는 노동을 직접적으로 욕망과 연결시켰다. "욕망과 노동의 동일성은 신화가 아니라 오히려 욕망하는 생산을 통해서 자본주의적 한계가 극복될 수 있다는 것을 지적하는, 아주 탁월한 작용적[능동적] 유토피아이다"(『안티-오이디푸스』, p. 302). 따라서 욕망과 노동은 설령 동형적(isomorphic)이라고 하더라도 같은 것은 아니다. 욕망과 노동은 모두 흐름들에 의해 정의된다. 게다가 이것들은 자본주의 사회에서 추상화와 재현에 의해서 똑같은 방식으로 포획된다. "주체적인 추상적 노동은 사적 소유에서 재현되며, 그 상관자로서 주체적인 추상적 욕망은 사유화된 가정에서 재현된다. 정치경제학이 사적 소유를 분석하듯이 정신분석학은 두 번째 항목에 대한 분석에 착수한다"(pp. 303~304). 따라서 노동은 욕망과 똑같은 종류의 생산적, 창조적 힘이다. 하지만 욕망이 오이디푸스에 의해 통치되듯이 노동은 자본주의에 의해 통치된다. 분명히『안티-오이디푸스』에서 언급되고 있는 노동은 임금노동이 아니다. 임금 노동은 형태에서 통치된다. (들뢰즈 와 가따리가 욕망에 일치시키는) 이 노동은 맑스가 살아있는 노동이 라고 부른 것이다. "노동은 살아있는 것, 불과 같은 형태를 가지고 있는 것이며, 그것은 사물들의 임시성, 그 시간성이며, 살아있는 시 간에 의한 형성체와 같은 것이다"(『그린트리세』, p. 361). 산 노동은 자본의 죽은 노동으로 변형된다. 혹은 실제로 아직 죽지 않은 노동, 좀비의 노동으로 변형된다.

하지만 『천 개의 고원』에서 들뢰즈와 가따리는 자본주의에서 이 와 똑 같은 노동의 포획을 서술하기 위해서 이들의 용어를 변동시킨 다. 이제 '자유로운 활동'이 살아있는 노동을 대체하며, '노동'이 임 금노동을 대체한다. 그리고 『안티-오이디푸스』에서 재현의 관점에 서 서술되었던 과정은 축적하기를 통해서 규정된다. "'자유로운 행 위' 같은 유형의 활동들은…축적 덕분에 노동이라 불리는 동질적이 고 공통적인 양과 비교되고, 연결되고 종속되어가는 것이다. … 노동 자체는 축적된 인간 활동이다"(p. 442).

여기에서 축적하기가 의미하는 바는 활동에 반복을 강제한다는 것이며, 따라서 본질적으로 이질적인 자유로운 활동을 동질적인 노 동으로 변형한다는 것이다. 따라서 노동은 활동의 포획 장치이다. 반 복과 동질화 과정을 통해서 노동[포획 장치 - 지은이]은 산 노동을 죽은 노동으로 변형시키거나 자유로운 활동을 산-죽은 활동으로 만 든다. 이 때문에 들뢰즈와 가따리는 좀비의 신화는 노동의 신화이며, 살아있으나 죽은 자의 운동이라고 주장한다(p. 425). 여기에서 자유 로운 활동은 그 무제한적인 흐름이 임금 노동이라는 홈에 의해서 수로화되어 왔다는 의미에서 홈이 패어있는 것이라고도 말할 수 있을 것이다.

국가에 의한 노동자의 포획은 일(work)에서 활동의 동질화를 통해서만이 아니라 또한 노동자 운동의 수로화나 제약을 통해서 성취되었다. 프롤레타리아트는 근본적으로 유목적이다. 혹은 심지어 '유목민화의 힘'이다. 그리고 자본은 그 흐름들을 차단하거나 지휘해야만 한다.

"맑스는 심지어 프롤레타리아트를 소외된 (노동) 뿐 아니라, 탈영토화된 (노동)에 의해서 정의했다. [맑스가 원시적 축적에 대해서, 토지로부터 농민들을 쓸어내는 과정을 통한 영국 프롤레타리아트의 형성과 나중에 새로운 공장에서 노동하는 데 이용되었던 방랑자 계급의 창출에 대해서 쓴 것과 마찬가지로 이것을 이해할 수 있다. – 지은이] 이러한 두 번째 관점에서 볼 때 프롤레타리아트는 서구 사회에서 유목민의 상속인으로 나타난다. 많은 아나키스트들은 동방에서 기원하는 유목민이라는 주체들에게 호소했을 뿐만 아니라 무엇보다도 부르주아지들은 프롤레타리아트와 유목민을 재빨리 등치시켰으며, 파리를 유목민이 출몰하는 도시와 비교했다"(p. 558, n. 61).

그러므로 첫 번째 경우, 자유로운 활동은 이질적이다. 그리고 자유로운 활동은 노동 속에서 동질화되어야만 한다. 둘째, 프롤레타리아트는 탈영토화되었으며, 정주민으로 만들어져야만 하거나 노동을 통해 이주민이 되어야만 하는 유목민화의 힘이다. 속도에 중력이 부과되어야만 한다. 이것들은 포획 장치로서 노동이 갖는 두 가지 측면들이다. 즉 활동과 통제의 동질화 혹은 운동의 수로화. 포획으로서의 자본주의적 노동의 이러한 측면들 모두는 매끈한 공간의 성층화[홈 패임]를 포함한다.

지구적 전쟁기계의 공리계들

이러한 고원들에서 우리가 일반적으로 얻을 수 있는 것은 국가에 의한 전쟁기계의 전유이며, 따라서 매끈한 공간의 홈패임이다. (혹은 오히려 홈패임들 사이에서 매끈한 공간의 활용이다). 하지만 이러한 관계는, 들뢰즈와 가따리가 현재의 상황을 생각할 때, 즉 세계가 주권을 지닌 국민-국가에 의해 조직되는 것이 아니라 국가가 오히려 어떤 방식으로든 지구적 질서에 종속되어 있다고 생각할 때 변화하는 것처럼 보인다. 이들은 다양한 국민-국가들 위에 서 있는 일종의 지구적 국가가 출현할 가능성이 있다는 것을 즉각 거부한다. "최종 결정을 내리는 세계 규모의 초정부를 상정하는 것은 어처구니없다"(p. 461). 다양한 국가들은 따라서 내가 매끈한 지구 제국(global Empire)이라고 부르고 있는 것에 의해 대체된다.

"전쟁기계는 대지 전체를 통제하고 이를 둘러싸고 있는 매끈한 공간을 개혁한다. 총력전 자체를 초월해 훨씬 무시무시한 형태의 평화로 나아가고 있다. 전쟁기계는 목적, 즉 세계 질서를 스스로 받아들이며, 이제 국가들은 이 새로운 전쟁기계의 목표나 수단밖에 갖고 있지 않게 된다. …[적은] 더 이상 국가나 심지어 또 다른 체제가 아니라 '임의의 적' [l'ennemi quelconque]이다"(pp. 421~422).

임의의 적—카다피, 노리에가, 사담 후세인 등 어느 누구나. 나는 이것이 현대의 지구적 질서에 대한 아주 흥미로운 서술이라고 생각한다. 하지만 이 텍스트의 논리 속에서 어떻게 들뢰즈와 가따리는 전쟁기계를 지속적으로 통제하고 있는 국가로부터 [역으로] 전쟁기계가 국가들을 자신의 질서 속에 종속시키는 상황으로 이동할 수 있는가? 그리고 창조 및 자유로운 활동과 결합되어 왔던 전쟁기계와 그 자유로운 공간이 이제 어떻게 그 목표를 위해 지구적 질서를 받아들이게 되는 것일까? 혹은 내가 보기에 질문은 주권이라는 관점에서 더 분명하게 제기되는 것 같다. 우리가 주권을 사회적 장에 초재적인 권력의 심급으로 이해한다면, 그리고 특히 국가 공간의 홈에 머무르고 있는 것으로 이해한다면, (정의상 매끈한 공간에 있는) 이러한 지구적 전쟁기계가 어떻게 주권적이라고 말할 수 있는 것일까? 전쟁기계는 어떻게 지배할 수 있을까? 이에 대한 답변은 우리가『안티-오이디푸스』에서 처음 보았고 이 고원들에서 다시 나타나고 있는 공리계에 대한 질문으로 다시 돌아가는 것에 있다고 생각한다.

여러분들도 기억하겠지만, 공리계는 자본주의의 내재성과 그 통제된 분열증을 이해하기 위한 방식으로 도입되었다. 현재의 상황에서, 공리계와 정치의 관계는 점점 더 긴밀해진다고 들뢰즈와 가따리는 말한다. "공리계는 실험과 직관에 대립하는 초재적, 자율적, 의사-결정적 역량이 결코 아니다"(p. 461). 공리계는 때로 결정불가능한 명제들에 반대하게 되는 미결정적 변수들의 조합을 포함한다. 예를 들어 '임의의 적'이라는 체계는 하나의 공리계를 참조한다. (그리고 이것은 들뢰즈와 가따리가 자신의 시대에 대해 작업했던 것보다 냉전이 끝난 후의 세계를 훨씬 더 잘 서술해준다.) 임의의 적이라는 것은 다른 해결책을 내놓는 다른 다양한 항들에 의해 만들어진 등식 속에서만 메워질 수 있는 하나의 변수이다. 지구적 전쟁기계는 고정된 관계도, 초재적 권력에 의해 지배되는 홈패인 공간도 필요로 하지 않는다. 그것은 그 내재적 법칙을 통해서 그 다양한 짜임새(configurations)를 다룰 수 있다. 지구적 전쟁기계가 자본이 아니라고 한다면, 적어도 우리는 자본이 공리계에 의해서 구성되듯이 전반적인 전쟁기계도 공리계에 의해 구성된다고 말할 수 있다. 새로운 주권. 자본주의적 주권.

6. 국가와 자본주의-내재성의 정치학을 위하여

내재성, 삶

『자본주의와 분열증』전체[『안티-오이디푸스』와 『천 개의 고원』]를 관통하고 있는 것은 바로 내재성에 관한 물음이며, 그 최초의 기획은 내재성의 평면을 발견하는 것이라고 설정할 수 있을 것이다. 우리는 이러한 문제틀을 초재적인 것에 대해 내재적인 것을 긍정하는 것, 플라톤주의의 전복, 존재의 내재성을 주장하는 스피노자의 범신론, (들뢰즈가 영화에 관한 두 번째 책15에서 말하고 있듯이) 이 세상에 대한 믿음이라고 이해하는 것에서 시작할 수 있다. 혹은 사회적, 정치적 용어로 말하자면, 이러한 지도 그리기는 주체와 에고의

---

15. [옮긴이 주] 『시간-이미지』를 일컫는다.

초재에 대해 욕망의 내재성을 긍정하는 것이며, 더 분명하게는 국가의 초재에 대해 사회적 배치들의 내재성을 긍정하는 것이라고 할 수 있다. 이것은 아주 좋은 출발이다. 하지만 문제는 재빨리 훨씬 복잡해진다.

내재성 개념은 그리 단순하지 않으며, 또한 그것에 대한 우리의 가치평가도 그렇게 단순하지 않고, 이 개념에 대한 우리의 긍정 — 철학적 난제이며, 정치적인 자격 부여하기 — 은 여전히 제자리를 찾지 못하고 있다. 들뢰즈는 그가 살아있을 때 마지막으로 발간된 글, 아주 간략하고 압축적인 문장으로 쓰인 글에서, 내재성이라는 문제틀로 다시 돌아간다.16 이 글을 요약하면 다음과 같다.

이 글은 직접적으로 내재성에서 시작하는 것이 아니라 초월적 장(transcendental field)이란 무엇인가라는 질문을 던지는 것에서 시작한다. 그리고 그는 즉시 초월과 초재를 구별한다. (이것은 여러분이 기억하고 있다면 『안티-오이디푸스』에서 나온 주장이다.)17 경험에서

---

16. [옮긴이 주] "L'immanence : une vie", *Philosophie*, n°47, septembre 1995, pp. 3~7. 이 텍스트는 하트가 지적한 바와 같이 들뢰즈가 1995년 11월 4일 자살로 생을 마감하기 이전에 들뢰즈에 의해 출판된 마지막 텍스트이다. 이 텍스트의 후속편인 "L'actuel et le virtuel"['현실적인 것과 잠재적인 것」]은 클레르 파르네와 공동 편집한 책인 『대화』의 1996년 증보판의 부록으로 실렸다. (Gilles Deleuze, Claire Parnet, *Dialogues*, Paris, Flammarion, 1996, coll. "Champ", rééd., pp. 177~185) 이 두 텍스트들은 '집합들과 다양체들'(Ensembles et multiplicités)이라는 기획에 속하는 유일하게 존재하는 텍스트들이라고 한다. 들뢰즈는 거기에서 지금까지 그다지 설명되지 않았다고 평가한 잠재성 개념을 심화시키길 원했다. 「내재성 : 하나의 삶」은 라푸쟈드의 편집본 두 번째 권인 *Deux régimes de fous : Textes et entretiens* 1975~1995, Paris, Éd. Minuit, 2003, pp. 359~363 에 재수록되어 있다. 영역본은 John Rajchman이 서문을 쓴 *Pure Immanence : Essays on A Life*, trans., Anne Moyman, New York : Zone Books, 2001, pp. 25~33을 보라. 이하에서는 위 글이 처음 실린 *Philosophie* 誌의 페이지에 준거하여 인용 표시를 한다.

초재적인 것은 주체와 대상이다. 초월적 장은 어떤 대상도 지칭하지 않으며, 어떤 주체에도 속하지 않는다는 점에서 경험과 구별되거나 경험적 재현과 구별된다. 오히려 그것은 순수한 비주체적 흐름이다. (나는 가따리가 바로 이 지점에서 초월적 장은 그러므로 기계적이라고 덧붙였을 것이라고 생각한다. 정확히 이 때문에 우리는 처음부터 기계적이라는 것이 의미하는 바를 이해해온 셈이다. 어떤 대상도 지칭하지 않으며, 어떤 주체에도 속하지 않는 것.) 따라서 "초월적 장은 내재성의 순수 평면으로 정의될 수 있을 것이다. 왜냐하면 그것은 주체나 대상 같은 모든 초재로부터 벗어나기 때문이다."18

초월적이라는 것은 내재성의 관점에서 정의된다. 왜냐하면 이 두 가지는 초재적인 것에 반대하여 설정되었기 때문이다. 특히 주체와 대상의 초재에 반대하여 설정되었기 때문이다. 바로 이 지점에서 들뢰즈는 내재성 자체에 대해 물을 수 있었다. 내재성은 어떤 것 안에 있는(in) 내재적인 존재를 지칭하지도, 어떤 것에 대해(to) 내재적인 존재를 지칭하지도 않는다. 내재성은 대상에 의존하지도, 주체에 속하지도 않는다. 들뢰즈는 세계에 대해 내재적인 것에 관해 말하지 않았으며, 언어에 대해 내재적인 것, 심지어 삶에 대해 내재적인 것에 관해서도 말하지 않는다. "절대적 내재성은 그 자체로 있다."19 그 자체로 절대적인 이러한 순수 내재성을 어떻게 이해할 수 있을까? 들뢰즈는 내재성을 하나의 삶으로 설명한다. "순수 내재성은 하나의

---

17. [옮긴이 주] 특히 이 책의 340~345쪽을 보라.
18. [옮긴이 주] "L'immanence : une vie", *Philosophie*, n°47, septembre 1995, pp. 3~4.
19. [옮긴이 주] 같은 책, p. 4.

삶(A LIFE)이라고, 그 밖의 아무것도 아니라고 말할 수 있다. 그것은 삶에 대한 내재성이 아니며, 어떤 것 내에 있는 내재성도 아니다. 순수 내재성은 이미 그 자체로 삶이다. 삶은 내재성의 내재성, 절대적 내재성이다. 그것은 완전한 역량, 완전한 지복이다."[20] 하지만 이러한 순수 내재성인 삶이란 무엇인가? (여기서 이 명확하지 않은 아티클은 아주 중요하다.)

우리는 이것을 우리가 『안티-오이디푸스』의 첫 부분에서 보았던 발생적 삶과 결합시켜야 하는 것일까? 심지어 우리는 이것을 임의의 삶(la vie quelconque)에 관한 통념과 결합시켜야 하는 것일까? 들뢰즈는 『우리의 공통의 친구』(*Our Common Friend*)라는 디킨스(Dickens)의 소설에서 따온, 삶에 관한 예를 제공한다. 이 소설에서 모든 사람들이 욕하는 건달이 죽음의 지점에 이르게 되자, 바로 그 순간, 그를 염려한 사람들은 그에게 공감을 느끼며, 그를 구하기 위해 할 수 있는 모든 일을 다 한다. 하지만 그가 회복되었을 때, 이들은 또 다시 왜 자신들이 그를 경멸했는지를 인식하게 된다. 죽음의 바로 그 순간에, 주인공은 단지 하나의 삶으로만 드러난다고 들뢰즈는 주장한다.

"개인의 삶은 내적 삶과 외적 삶의 사고들(accidents)로부터 해방된, 즉 발생한 것의 주관성과 객관성의 사고들로부터 해방된 순수사건을 되찾는, 비인격적[비인칭적]이지만, 단독적인 삶에 그것의 자리를 내어준다. 모든 사람들과 공감할 수 있는, 일종의 지복에 도달하는 지점에 이른 '유일한 인간'(Homo tantum ; only man), 그것은 더 이상 개별화가

---

20. [옮긴이 주] 같은 책, p. 4.

아니라 단독화인 이것임[haecceity, 개체원리]이다. 순수 내재성의 삶, 중성적인 삶, 선과 악을 넘어선 삶. 왜냐하면 사물들 사이에서 이것을 구현한 주체만이 삶을 좋음(good)이나 나쁨(bad)으로 만들 수 있기 때문이다. 이러한 개별성의 삶은, 더 이상의 이름을 갖지 않는—그럼에도 그는 다른 어떤 누구와도 혼동되지 않는다— 사람의 단독적인 내재적 삶을 위해 사라진다. 단독적인 본질, 하나의 삶…."[21]

이제 디킨스가 제시하는 죽어가는 건달의 예는 그리 좋게 보이지는 않는다. 왜냐하면 이러한 단독적인 내재성, 하나의 삶은 결코 죽음과 대면하는 순간으로 제한되지 않기 때문이다. 삶은 도처에 있으며, 그 모든 순간에 이러저러한 살아있는 주체와 이러저러하게 살았던 대상에 의해 경험되기 때문이다. 여기에서 들뢰즈가 내재성의 평면에 대한 이러한 성찰을 초월적 장에 대한 기술에서 시작하는 까닭을 이해할 수 있을 것이다. 내재성의 평면은 단순히 현실적으로 존재하는 사물들과 주체들의 총합이 아니다. 반대로 순수 내재성 자체, 삶은 완전히 잠재적이다. "그것은 잠재성들, 사건들, 단독성들로 이루어져 있다."[22] 여기에서 우리는 내재성의 평면과 초월적 장 사이의 개념적 통일을 인식할 수 있다. 이 점에서 이것들은 모두 주체들과 대상들의 경험과는 판이하다. 삶, 순수한 잠재성은 이것들이 현실화되는 삶들과는 판이하다. 그 잠재성에 있어서 삶은 현실적인 삶들과 마주보고 있으며(subtend), 따라서 현실적인 삶들을 통해서 작동한다.

---

21. [옮긴이 주] 같은 책, p. 5.
22. [옮긴이 주] 같은 책, p. 6.

마지막으로, 들뢰즈는 내재성의 평면과 초월적인 장을 초재적인 주체들 및 대상들과 대립시키는 애초의 지점으로 다시 오게 된다. 하지만 그러한 대조는 우선성, 생산성을 통해서 정의된다. "우리는 항상 내재성의 평면 외부에 속하게 되는, 심지어 내재성의 평면에 귀속되는 초재적인 것을 내세울 수 있다. 하지만 모든 초재는 그럼에도 불구하고 이러한 평면에 고유한 내재적인 의식의 흐름 속에서만 계속해서 구성된다. 초재는 항상 내재성의 산물이다."[23] 내재성의 평면은 모든 초재를 생산하는 것, 특히 여기에서는 모든 주체나 객체를 생산하는 것과 마주할 뿐 아니라, 이것에 선행한다. 따라서 나는 내재성 개념의 정립을 세 가지 단계에서 바라본다.

첫째, 내재성은 플라톤적 형상이나 전통적인 유대-기독교적 신의 초재에 대립되는 이-세계임이다. 두 번째, 우리는 이 세계의 현실성들(이 세계에 거주하는 개별적 주체들과 대상들, 그 자체로 초재적인 심급들)을 그 잠재성들로부터 구별해야만 한다. 순수한 내재성은 정확히 말해서 이 세계의 잠재성이며, 단독성으로서, 사건으로서의 이 세계이다. 마지막으로, 그리고 이것이 세 번째 정립의 계기인데, 이 순수 내재성은 창조적인 중핵으로서, 존재하는 모든 것의 생산적 동력으로서 설정된다. 우리는 왜 초재에 대해 내재성을 귀중하게 생각해야 하는가? 내재성은 모든 창조성의 원천이기 때문이다. 그것은 생산성의 관점에서 우선한다.

---

23 [옮긴이 주] 같은 책, p. 6.

사회의 내재성

유럽 철학사에서, 내재/초재의 문제틀은 형이상학적(이거나 신학적) 영역에 속하는 동시에 이와 똑같이 정치적인 영역에도 속한다. 그리고 들뢰즈가 정립한 내재성 개념의 이 세 가지 요소들 혹은 단계들은 정확하게 정치적인 영역에 대한 지도를 그린다. 근대 철학에서는, 적어도 홉스 이후로, 국가는 사회적 평면에 대한 그 초재의 관점에서 이해되어 왔다. 그리고 사회적 평면에 대한 국가의 초재와 자연의 평면에 대한 신의 초재 사이의 동종성은 확실히 우연이 아니다. 초재적 주권은 초재적 신과 똑 같은 공간을 점유한다. 국가를 우월성에 대한 이러한 공간적 은유를 통해서 이해하는 것은 상당히 흔한 것이다. 예를 들어 엥겔스는, 그 고전적 정의에서, 국가를 '분명히 사회 위에 서 있는 권력'이라고 규정한다(『가족의 기원』 등). 홉스의 리바이어던, 마키아벨리의 군주, 그리고 심지어 근대 자본주의 국가도 이것들이 초재적인 한에서, 즉 이것들이 사회 위에 서 있는 한에서 모두 주권적이다. 그러므로 내재성을 정치적으로 정립하기 위한 첫 번째 단계는 국가에 반대하여 사회를 긍정하는 것이며, 초재에 대해 내재성을 긍정하는 것이다. 하지만 근대 사회 내부에서조차도 여전히 초재의 요소들이 있다. 혹은 국가의 요소들이 있다. 이러한 정립의 두 번째 계기는 사회의 이-세계임 내부에서 내재적인 것과 초재적인 것을 구별하는 것이다. 여기에서 나는 매끈한 것과 홈패인 것에 관한 들뢰즈와 가따리의 논의가 정치적인 중요성을 가지고 있다고 생각한다. 홈패임은 사회적 장 자체에 속하는, 사회적 장을 구조화하는 초재의 요소들이다. 내재성의 매끈한 평면은 순수한 비주체적 흐름이다.

반면 홈패임은 흐름들을 수로화하는 운하를 형성한다. 내가 감옥, 학교, 가족과 같은 다양한 사회적 제도와 연결시키고 싶어 하는 홈패임은 예속과 주체화의 메커니즘이다. 주체들은 이러한 홈패임 내부에 존재하며, 홈패임 내부에서 우리는 주체로서 외에는 존재할 수 없다.

마지막으로, 그리고 이것이 정립의 세 번째 계기인데, 내재성의 평면 혹은 매끈한 공간은 생산과 창조성의 장소이다. 형이상학적 맥락에서 들뢰즈가 모든 초재는 내재성의 산물이라고 말했듯이, 또한 이러한 정치적인 논쟁에서 들뢰즈와 가따리는 매끈한 공간이 모든 홈패인 공간에 연료를 제공하는 생산적 동력이라고 주장한다. 특히 생산의 관점에서 또 다시 우선성은 내재성의 측면에 있게 된다. 매끈한 공간, 자유로운 활동, 그리고 다양하게 상관되어 있는 요소들이 초재와 홈패임에 비해 더 가치 있는 것이 된다. 왜냐하면 이것들이 창조성의 원천이기 때문에, 그리고 생산의 관점에서는 우선적이기 때문이다. 국가와 홈패임은 단지 산물일 뿐이다.

공리계들

내재성에 관한 이러한 정립의 뉘앙스가 아무리 복잡하다고 하더라도 초재와 내재성의 구별, 그리고 초재에 대한 내재성의 우선성은 바로 이 지점에 이르기까지 상대적으로 직선적이며 비문제적이다. 정확하게 말해서 각 지점에서 내재성이 초재에 비해 선호할만한 것으로, 창조성과 생산성의 관점에서도 우선적인 것으로 가치평가될 수 있기 때문이다. 각 계기에서 내재성은 창조성 혹은 생산성과 자유에 결합되어 있는 반면, 초재는 그 종속과 통제를 산출하는 산물일 뿐이기 때문이다. 바로 이 지점에서 우리는 초재에 대한 내재성의 가치평가를, 들뢰즈가 가치평가의 기준으로서 니체의 작용적 힘과 반작용적 힘들을 분석했던 것과 쉽게 상호관련시킬 수 있다. 내재성은 항상 작용적, 창조적, 생산적이다. 반면 초재(국가, 홈패임, 주체, 객체)는 항상 반작용적, 억압적, 타성적이다. 따라서 내가 말했듯이, 내재성을 정의하는 것은 어쩌면 복잡한 일이지만, 그것을 가치평가하는 것은 바로 이 지점에서 상당히 명백하다. 사실 나는 이것을 들뢰즈와 가따리의 모든 정치학에 작동하는 기준이라고 지적하고 싶다. (반작용적 힘들에 대해 작용적인 힘들을 높이 평가하는 것과 같은 맥락에서) 모든 심급에서 초재에 대해 내재성을 가치있게 평가하는 것. 하지만 『자본주의와 분열증』에서 이처럼 명확한 가치평가는 일차적인 방해물인 자본주의에 의해, 아마도 또한 파시즘에 의해 의문에 부쳐지게 된다. (나는 여기서 파시즘의 문제를 옆으로 젖혀 두고 싶다. 어쨌든 문제는 파시즘이 과연 지배의 내재적 형식인가이며, 만일 그러하다면 그것이 어떻게 민주주의와 구별되는가하는 것이다. 그렇지 않다고 한다면, 그것은 실제로 이러한 가치평가의 기준에 대한 방해물이 아니다.) 자본주의는 내재성의 평면 위에서 작동하기 때문에, 맑스가 말했듯이 자본은 내재적 법칙을 통해 작동하기 때문에, 또한 들뢰즈와 가따리가 말하듯이 일반적인 탈영토화와 흐름의 탈코드화를 통해서 작동하기 때문에 방해물이다. 그리고 자본주의는 종속과 통제의 가장 엄격한 형태를 전개한다. 내재성의 그러한 기계가 그토록 억압적이라고 한다면, 우리는 내재성이 중심적인 정치적 기준이라고 하는 개념을 어떻게 유지할 수 있을 것인가? 내재성의 평면 위에서 발전하는 혹은 실제로는 내재성의 평면 위에 남아있는 억압 기계로서의 자본주의의 이러한 역설을 이해하기 위해서 들뢰즈와 가따리는 공리계를 자본주의의 중핵으로 설정한다. 자본주의는 탈코드화되고 탈영토화된 흐름들의 일반적인 공리계이다. 나는 여기에서 공리계를 변수들 사이의 고정된 관계를 설정하는 개방된 등식들의 집합이라고 하는 수학적 정의를 통해서 이해한다. (예를 들어 자본주의의 한 공리는 이윤율의 경향적 하락이다.) 공리계는 새로운 공리가 끊임없이 덧붙여질 수 있다는 의미에서 개방적이다. (따라서 [자본주의 공리계가] 이윤율의 경향적 하락의 공리에 맞서기 위해서는 핵심 경제의 특정 부문들, 예를 들어 중공업을 주변 경제로 이전하는 것이 덧붙여져야만 할 것이다.) 공리계의 개방성과 다원적 성격은 공리계가 때로 어떠한 문제에 대한 다양한 해결책을 제안할 수 있다거나, 혹은 해결할 수 없는 문제들과 부딪히고 그것을 처리해낼 수 있다는 것을 의미한다. 이러한 상황들 중 어떠한 것도 공리계에 재앙적이지 않다. 공리계는 그 등식에 대해 부분적이고, 시험적이며, 심지어 과잉결정된 해결책을 통해 기능하는 데 익숙해있다. (이것은 들뢰즈와 가따리가 자본주의는 그 몰락을 통해서 기능한다고 말했을 때 의미하려고 했던 것을 이해하는 최선의 방식일 것이다.) 하지만 내가 말하는 요점은 내재성에 관한 것이다. 공리계는 고정된 진술의 계열들이 아니라 변수들의 등식의 집합이라는 점에서 정확하게 내재적이다. 변수들은 임의의(le quelconque) 요소들이다. 예를 들어 자본주의적 가치실현의 등식으로 접속되는 노동을 맑스는 추상적 노동이라고 불렀지만, 우리는 또한 그것을 임의의 노동(travail quelconque)

으로 부를 수 있을 것이다. 여기서 추상적이라는 것이 의미하는 바가 바로 이것이다. 임의의 노동, 즉 재단사의 노동, 직물공의 노동, 목수의 노동, 어떤 것이든 간의 노동. 변수들은 공리계를 매끈하고 내재적인 것으로 만드는 것이다. 실제로 공리계 자체에는 어떤 주체들도 객체들도 없다. 오히려 변수들만이 있으며, 이 변수들을 위해 주체들과 객체들은 자본주의의 각 전개 속에서 대체될 수 있을 뿐이다. 공리계의 변수들은 임의의 주체성들, 임의의 객체성들이다. 이러한 방식으로 공리계는 내재성의 평면으로 남아있다. 왜냐하면 그것은 주체와 객체의 모든 초재로부터 분리되기 때문이다.

국가에 반대하는 자본주의

자본주의 공리계가 내재성의 평면이라는 이러한 개념은 자본주의가 국가와 갈등하고 있는 것으로, 홈패임의 모든 상관된 힘들과 갈등하고 있는 것으로 설정하는 것처럼 보인다. 이제 나는 이것이 사실이기는 하지만 그렇다고 해서 자본주의가 때때로 국가 홈패임으로 수렴되지 않는다는 것을 뜻하지는 않는다고 생각한다. 나는 들뢰즈와 가따리의 분석에서 관계의 두 가지 국면들이 출현하고 있는 것을 본다. 첫 번째 국면 속에서 자본주의는 국가-형태와 국가-형태의 홈패임을 사용하며, 두 번째 국면 속에서 자본주의는 국가를 넘어서는 매끈한 지배형태를 발견한다. (이러한 국면들은 그들이 의도하는 것 이상으로 나의 의도일 것이다). 들뢰즈와 가따리가 일(Work)을 홈패임으로 기술하는 것 속에서 우리는 첫 번째 국면의 관계를 볼 수 있을 것이다.

"물리-사회적 일 모델은 두 가지 이유에서 국가 장치의 발명품으로서 이 장치에 속한다고 할 수 있다. … 둘째, 노동은 시간-공간의 홈패임이라는 일반화된 작동, 자유로운 행위의 예속, 매끈한 공간들의 소멸[무화] 등을 수행하는데, 바로 국가의 핵심적인 기획 즉 전쟁기계를 정복하려는 기획은 노동의 기원과 수단도 되기 때문이다"(pp. 490~491).

자본주의적 임금 노동의 엄격한 체제화(regimentation)를 공간-시간의 홈패임으로 인식하는 것은 쉬운 일이다. 예를 들어 공장의 구성에서, 그리고 그 공간의 코드화(예를 들어 일관생산 라인을 따라 이루어지는 노동의 과제들과 더불어)에서 공간을 인식하는 것, 그리고 하루를 일(work)과 여가로 분리하는 것으로, 또 시간을 노동시간들에 대한 정교한 코드화로 인식하는 것. 이 국면은 또한 자본주의의 작동을 위한 지배적 구조로서 국민-국가에 의해 규정된다. (이것은 설명되어야 하지만 나는 논의의 속도를 높이기 위해서 이것을 생략하겠다.) 하지만 이러한 홈패임은 자본주의에 고유한 것이 아니며, 홈패인 자본이 자본의 유일한 형태인 것도 아니다. 매끈한 자본도 있다. 현실적으로 나는 이것을 자본주의의 국면들로 설정하고 싶으며, 자본주의는 오늘날 홈패인 국면에서 매끈한 국면으로 나아가고 있다.

"오늘날 점점 가속화되고 있는 자본 유통의 형태들은 불변자본과 가변자본의 구별, 심지어 고정자본과 유동자본의 구별조차 점점 상대적인 것으로 만들고 있다. 본질적인 것은 오히려 홈패인 자본과 매끈한 자본 간의 구별이며, 심지어 홈패인 자본이 매끈한 자본을 생겨나게 하는 방법이다 … "(p. 492).

전자는 후자에 길을 내주고 있다, 즉 홈패인 자본은 매끈한 자본에 자리를 양보하고 있다고 나는 주장하고 싶다. 왜냐하면 자본주의는 그 핵심에 있어서 공리계이며, 그러므로 내재성의 평면, 매끈한 공간이기 때문이다. 자본의 매끈한 국면으로의 이행은 현실적으로 자본주의의 실현이며, 자본주의의 매끈한 본질의 실현이다.

이제 이렇게 실현된 매끈한 자본의 지배형태는 국가-형태도, 어떠한 종류의 초재도 아니다. 통합된 세계 자본주의는 국가가 아니라 지구적 전쟁기계에 상응해야 한다. 지구적 전쟁기계는 그 어떤 전쟁보다 무시무시한 평화와 더불어 매끈한 공간을 지배한다. 그리고 여기서 나에게 가장 중요한 것은 그것이 정확하게 공리계를 통해서 작동한다는 것이다. 들뢰즈와 가따리는 지구적 전쟁기계가 임의의 적(l'ennemi quelconque)을 통해 기능한다는 것을 말함으로써만, 이 지구적 전쟁기계의 공리계에 대해 암시하고 있을 뿐이다. 이 부분에서 내가 말하려는 요점은 아주 단순 명확하다. 즉 그 어떤 것이든 간에 국가가 아니라 이 지구적 전쟁기계가 자본주의에 실제로 적합한 지배형태라는 것이다. 왜냐하면 자본주의와 마찬가지로 지구적 전쟁기계는 공리계를 통해서 내재성의 평면 위에서 작동하기 때문이다.

이제 자본주의와 지구적 전쟁기계 양자의 공리계들에 관한 이 모든 논의가 제기하는 문제는, 공리계가 내재성과 억압을 조합한다는 점이 실제로 중심적인 정치적 기준으로서의 내재성 범주의 효용성을 탈선시키는 것일까 하는 것이다. (공리계가 그런 식으로 기능한다고 나는 주장했다.) 아니면 이 양자의 공리계가 내재성을 긍정하고 싶어

2장 『천 개의 고원』 읽기 449

하는 것이라면 이 공리계들의 내재성은 어떤 방식으로 판이하게 구별될 수 있는 것일까? 공리계는 실제로는 일종의 가짜 내재성, 억제되고 제한된 내재성이 아닐까?

□ 참고문헌

Alquié, Ferdinand, *Nature et verité dans la philosphie de Spinoza*, Les cours de Sorbonne, Paris, 1958.

_____, *Servitude et liberté selon Spinoza*, Les cours de Sorbonne, Paris, 1959.

Althusser, Louis, *Essays in Self-Criticism*, translated by Grahame Lock, New Left Books, London, 1976.

_____, *For Marx*, translated by Ben Brewster, Vintage Books, New York, 1969.

_____, *Reading Capital*, translated by Ben Brewster, New Left Books, London, 1970.

Aristotle, *Metaphysics*, translated by Hippocrates Apostle, Indiana University Press, Bollmington, 1973.

Balestrini, Nanni, *Vogliamo tutto*, Feltrinelli, Milan, 1971.

Barthélemy-Madaule, Madeleine, "Lire Bergson", *Les études bergsoniennes*, no. 9, 1968, pp. 83~120.

Bergson, Henri, *Ecrits et paroles*, textes rassemblés par Rose-Marie Mossé-Bastide, vol. 3, Presses Universitaires de France, Paris, 1959.

_____, *La Pensée et le Mouvant*, Presses Universitaires de France, Paris, 1941.

Bianquis, Geneviève, "Nietzsche et la philosophie", *Bulletin de la société française d'études nietschéennes*, no. 2, 1963, p. 37.

Butler, Judith, *Subjects of Desire*, Seuil, Paris, 1968.

Châtelet, François, *Hegel*, Seuil, Paris, 1968.

Deleuze, Gilles, "Bergson", *Les philosophes célèbres*, edited by Maurice Merleau-Ponty, Editions d'Art Lucien Mazendo, Paris, 1956, pp. 292~299.

_____, *Bergsonism*, translated by Hugh Tomlinson and Barbara Habberjam, Zone Books, New York, 1988.

_____, "La conception de la différence chez Bergson", *Les études bergsoniennes*, no. 4, 1956, pp. 77~112.

_____, "Le devenir révolutionnaire et les créations politiques", *Futur Antérieur*, no. 1, Spring, 1990.

_____, *Dialogues*, with Claire Parnet, translated by Hugh Tomlinson and Barbara Habberjam, Columbia University Press, New York, 1987.

_____, *Différence et répétition*, Presses Universitaires de France, Paris, 1968.

_____, "Du Christ à la bourgeoisie", *Espace*, 1946, pp. 93~106.

_____, *Empiricism and Subjectivity*, translated by Constantin Boundas, Columbia University Press, New York, 1991.

_____, *Expressionism in Philosophy : Spinoza,* translated by Martin Joughin, Zone Books, New York, 1990.

_____, *Foucault*, translated by Seán Hand, University of Minnesota Press, Minneapolis, 1988.

_____, *Instincts et institutions, Textes et documents philosphiques*, Hachette, Paris, 1953.

_____, "Intellectuals and Power", with Michel Foucault, in Michel

Foucault, *Language, Counter-Memory, Practice*, Cornell University Press, Ithaca, N. Y., 1977

_____, "Lettre à Michel Cressole", in Michel Cressoles, Deleuze, Editions Universitaires, Paris, 1973.

_____, *The Logic of Sense*, translated by Mark Lester with Charles Stivale, Colimbia University Press, New York, 1990.

_____, *Mémoire et vie : textes choisis*, Henri Bergson, Presses Universitaires de France, Paris, 1957.

_____, "La méthode de dramatisation", *Bulletin de la société française de philosophie*, 28 January 1967, pp. 90~118.

_____, "Mystère d'Ariane", *Bulletin de la société française d'études nietzschéennes*, no. 2, March 1963, pp. 12~15.

_____, *Neitzsche and Philosophy*, translated by Hugh Tomlinson, Columbia University Press, New York, 1983.

_____, "Signes et événements", *Magazine Littéraire*, no. 257, September 1988, pp. 16~25.

_____, "Spinoza et la méthode générale de M. Guéroult", *Revue de métaphysique et de morale*, no. 4, 1969, pp. 426~437.

_____, *Spinoza : Practical Philosophy*, translated by Robert Hurley, City Lights Books, San Francisco, 1988.

Deleuze, Gilles · Félix Guattari, *A Thousand Plateaus*, translated by Brian Massumi, University of Minnesota Press, Minneapolis, 1987.

Descartes, René, *Dicours de la méthode*, edited by Etienne Gilson, Vrin, Paris, 1925.

Descombes, Vincent, *Modern French Philosophy*, translated by L. Scott-Fox · J. M. Harding, Cambridge University Press, Cambridge, 1980.

Duns Scotus, *Philosophical Writings*, translated by Allan Wolter, Nelson, New York, 1962.

Gilson, Etienne, *La philosophie au Moyen Age*, Payot, Paris, 1986.

Grumley, John, *History and Totality : Radical Historicism from Hegel to Foucault*, Routledge, New York, 1989.

Gueroult, Martial, *Spinoza : Dieu(Ethique 1)*, Aubier-Montaigne, Paris, 1968.

Hardt, Michael, "The Anatomy of power", Foreword to Antonio Negri, *The Savage Anomaly*, University of Minnesota Press, Minneapolis, 1991, pp. xi~xvi.

―――, "La renaissance hégélienne américaine et l'intériorisation du conflit", *Futur Antérieur*, no. 2, Spring 1990, pp. 133~146.

Hegel, G. W. F, *Lectures on the History of Philosophy*, translated by E. S. Haldane and Frances Simson, Routledge & Kegan Paul, London, 1968.

―――, *Phenomenology of Spirit*, translated by A. V. Miller, Oxford University Press, Oxford, 1977.

―――, *Science of Logic*, translated by A. V. Miller, Humanities Press, Atlantic Highlands, N. J., 1969.

Houlgate, Stephen, *Hegel, Nketzsche and the Criticism of Metaphysics*, Cambridge University Press, Cambridge, 1986.

Klossowski, Pierre, *Nietzsche et le cercle vicieux*, Mercure de France, Paris, 1969.

Kojève, Alexandre, *Introduction to the Reading of Hegel*, translated by James Nichols, Jr., Basic Books, New York, 1969.

Macherey, Pierre, *Hegel ou Spinoza*, Maspero, Paris, 1979.

Marcuse, Herbert, *Reason and Revolution : Hegel and the Rise of Social Theory*, Beacon Press, Boston, 1960.

Mark, Thomas, *Spinoza's Theory of Truth*, Columbia University Press, New York, 1972.

Marx, Karl, *Capital*, vol. 1, translated by Ben Fowkes, Vintage Books, New York, 1977.

_____, "Critique of Hegel's Philosophy of Right", *The Marx-Engels Reader*, edited by Robert Tucker, Norton, New York, 1978.

Massumi, Brian, "Pleasures of Philosphy", Foreword to *A Thousand Plateaus* by Deleuze and Guattari, University of Minnesota Press, Minneapolis, 1987.

Mossé-Bastide, Rose-Marie, "Bergson et Spinoza", *Revue de métaphysique et de morale*, 1949, pp. 67~82.

Negri, Antonio, *La fabbrica della stategia : 33 lezioni su Lenin*(1972), CLEUP and Libri Rossi, Padua, 1976.

_____, *The Savage Anomaly : The Power of Spinoa's Metaphysics and Politics*, University of Minnesota Press, Minneapolic, 1991.

Nietzsche, Friedrich, *The Portable Nietzsche*, edited and translated by Walter Kaufmann, Penguin Books, New York, 1954.

_____, *Twilight of the Idols*, translated by R. J. Hollingdale, Penguin Books, New York, 1968.

Ockham, William, *Philosophical Writings*, edited by p. Boehner, Nelson, New York, 1957.

Rose, Gillian, "The New Bergsonism", *Dialectic of Nihilism*, Basil Blackwell, New York, 1984, pp. 87~108.

Roth, Michael, *Knowing and History : Appropriations of Hegel in Twentieth-Century France*, Cornell University Press, Ithaca, N. Y., 1988.

Spinoza, Baruch, *Complete Works*, vol. 1, edited and translated by Edwin Curley, Princeton University Press, Princeton, 1985.

_____, *Opera*, edited by Carl Gebhardt, 4 vols., Carl Winter, Heidelberg, 1925.

Suárez, Francisco, Disputaciones metafisicas, 4 vols., Editorial Gredos, Madrid, 1960.

Taylor, Charles, *Hegel*, Cambridge University Press, Cambridge, 1975.

Tronti, Mario, *Operai a capitale*, Einaudi, Turin, 1966.

Wahl, Jean, "Nietzsche et la philosophie", *Revue de métaphysique et de morale*, no. 3, 1963, pp. 352~379.

Zac, Sylvain, *La morale de Spinoza*, Presses Universitaires de Prance, Paris, 1959.

_____, "Les thèmes spinozistes dans la philosophie de Bergson", *Les études bergsoniennes*, no. 8, 1968, pp. 121~158.

_____, *L'idée de vie dans la philosophie de Spinoza*, Presses Universitaires de France, Paris, 1963.

□ 옮긴이 후기

　이 책은 주로 들뢰즈의 초기 사상을 다루고 있는 『들뢰즈의 철학사상』(Michael Hardt, *Gilles Deleuze : An Apprenticeship in Philosophy*, Minnesota, 1993 ; 한국어판, 이성민·서창현 옮김, 갈무리, 1996)을 원문과의 대조를 통해 재번역 또는 재교정하여 1부로 배치하고, 거기에 들뢰즈·가따리의 중·후기 작품인 『안티-오이디푸스』와 『천 개의 고원』에 관한 마이클 하트의 독해를 2부로 배치하여, 하트의 들뢰즈 독해를 좀 더 총체적으로 볼 수 있도록 만든 책이다.

　이 책의 1부에 해당하는 『들뢰즈의 철학사상』이 처음 번역되어 소개된 때에는 이정우가 번역한 로널드 보그의 『들뢰즈와 가따리』(새길, 1995)가 이들에 대해 가장 체계적으로 소개한 유일무이한 상황이었다. 물론 이들의 주저인 『앙띠 오이디푸스』(최명관 옮김, 민음사, 1994)가 출간되기는 했지만 예나 제나 오역으로 점철되어 제대로 이해되기는 힘들었던 상황이었다. 게다가 로널드 보그의 책은 지금도 여전히 훌륭한 책이긴 하지만, 저자가 문화에 대한 관심에 경사된 나머지 들뢰즈의 핵심적 사유에 접근하는 데에는 일정한 한계를 보였다.

그런 점에서 1996년에 『들뢰즈의 철학사상』이 번역 출간된 것은 한국에서 들뢰즈와 가따리에 관한 논의의 지평을 변화시킨 일종의 사건이라고도 할 수 있다. 이 책을 통해서 들뢰즈-가따리에 관한 연구자들은 물론이고 이들에 대한 관심을 키우고 있던 사람들도, 비록 들뢰즈에게 국한된 것이기는 했지만, 이들의 사유에 보다 쉽게 접근할 수 있었기 때문이다.

그럼에도 『들뢰즈의 철학사상』이 번역 출간된 지 이제 거의 8년이 되어가고, 또 그때와는 달리 들뢰즈의 책이 거의 대부분 번역되거나 번역 준비 중에 있는 상황이므로, 앞선 두 역자가 고심하여 선택한 역어들이 현재적 맥락에서 소통되는 용어들과는 어느 정도 거리가 있는 등 수정의 필요가 발생하여 이렇게 새로운 모습으로 선을 보이게 되었다.

다른 한편 이 책을 지금 다시 읽을 경우, 과거에는 주목받지 못했던 부분들을 새롭게 읽을 수 있지 않을까 하는 생각도 든다. 이 책이 소개되던 당시 지은이인 마이클 하트는 대개 들뢰즈에 대한 한 명의 독자 정도로 이해되었을 뿐, (이 책의 1부 3장에서 특히 두드러지게 드러나는) 아우또노미즘(또는 자율주의)에서 들뢰즈를 어떻게 전유하는가 하는 문제에 관해서는 제대로 주목받지 못했고, 그저 들뢰즈의 스피노자 독해에 관한 하나의 친절한 해명서 또는 입문서 정도로

만 이해되었다. 그러므로 지금 현재의 관점에서 볼 때, 당시에는 쉽게 지나쳤던 측면들, 소위 아우또노미아나 자율주의적 경향이라고 불리는 관점에서 들뢰즈를 어떻게 전유하는가 하는 문제, 또는 더 넓게 말해서 들뢰즈와 맑스의 관계 문제가 지금에 와서야 새삼 중요한 것으로 다시 떠올랐다는 것도 이 책을『들뢰즈 사상의 진화』라는 새로운 이름과 체제로 출간하게 된 주된 이유이기도 하다. 실제로 마이클 하트는, 이후 안또니오 네그리와 공동으로 집필한 두 권의 역서인 『디오니소스의 노동:국가형태 비판』(조정환 옮김, 갈무리, 1996)과 『제국』(윤수종 옮김, 이학사, 2001)에서 보여주듯이, 아우또노미아와의 마주침을 통해 자신의 작업을 풍부하게 전개하고 있으며, 독자들은 이러한 경향의 단초를 들뢰즈의 초기 저작에 관한 독해인 바로 이 책을 통해서도 충분히 파악할 수 있을 것이다.[1]

이 책의 1부 '들뢰즈의 철학사상'이 철학적인 관점에서 정치적인 관점으로 나아가는 독해 방식을 취하고 있다면, 즉 철학의 정치적 함의를 추적하는 과정을 보이고 있다면, 이 책의 2부 '들뢰즈의 사회사상'은 상대적으로 정치적 함의의 문제로 곧장 나아가는 것처럼 보인

---

1. 가령 지오반나 보라도리(Giovanna Borradori)는 베르그송-니체-스피노자로의 진화에 관해서는 자신의 판단이 하트의 것과 일치하지만, 들뢰즈의 니체에게 있어서 베르그송의 역할이 과연 무엇인가에 관해서는 다른 독해들도 가능하다고 주장한다. 그에 따르면, 하트는 "베르그송의 가치전환에 관한 들뢰즈의 사용법을 존재론적 차원으로만 한정하며 … 존재론적 차원이 (그가 니체와 올바르게 연결시켰던) 정치-윤리적 차원을 통해서는 여과되지 않는다고 믿는 것 같다"고 지적한다. Giovanna Borradori, "The temporalization of difference : Reflections on Deleuze's interpretation of Bergson", *Continental Philosophy Review* 34 : 1~20, 2001과 Giovanna Borradori, "The Presence of Bergson In Deleuze's Nietzsche" 등을 보라.

다. 물론 이것은 2부가 정치학적 주제를 다룬다는 의미에서가 아니라, 들뢰즈와 맑스(주의)가 어떻게 마주칠 수 있는지, 서로 어떤 자양분을 제공할 수 있는지를 설명하고 있다는 의미에서이다. 또한 그 과정에서 우리가 무엇을 고찰하고 살펴야 하며, 이를 위해 들뢰즈-가따리의 주요한 두 개의 저작을 어떻게 읽을 것인가를 고심하게 한다는 점에서 정치적이기도 하다. 이 점에서 우리는 이 책과 더불어 (앞에서 언급한) 하트의 다른 책들을 같이 살펴보라고 권하고 싶다. 또한 들뢰즈와 정치 혹은 들뢰즈와 맑스주의 등등의 무한하게 접속될 수 있는 계열들(페미니즘, 생태주의 등)에 관한 작업들에 대해서도 함께 독해할 것을 권하고 싶다.

따라서 우리는 들뢰즈의 몇몇 초기 논문과 글들만을 제외하고는 거의 대부분이 번역되어 있는 우리의 현실에 비추어 볼 때 독자들에게 다음과 같은 방향으로 독서를 진행하라고 권하고 싶다. 그것은 이 중의 방향을 띤다. 하나는 들뢰즈 자신으로 파고 들어가 이를 꼼꼼하게 살피는 것이다. 여기에는 들뢰즈-가따리의 책만이 아니라 앞에서 언급한 로날드 보그를 비롯해 『천 개의 고원』의 영역자로 더 잘 알려진 브라이언 마수미의 책들,[2] 베르그송과 들뢰즈를 생명이라는 문제를 중심으로 엮어내는 피어슨(Keith Ansell Pearson)의 책들,[3] 그

---

2. 브라이언 마수미는 다양한 각도에서 들뢰즈-가따리에게 접근하고 있으나 우리는 널리 인정되듯이 *A User's Guide to Capitalism and Schizophrenia*(New York : The MIT Press, 1992)와 그가 편집한 *A Shock to Thought - Expression After Deleuze and Guattari*(London : Routledge, 2002) 등에 주목하라고 말하고 싶다. 이 두 권의 책 중에서 특히 전자는 『자본주의와 분열증』의 2권에 해당하는 『천 개의 고원』에 대한 독해에 상대적으로 치중하고 있으면서도 이를 빼어나게 종합하고 있다는 점에서, 여전히 읽어야만 하는 훌륭한 책이다.
3. 특히 *Germinal Life : The Difference and Repetition of Deleuze*(London : Routledge, 1999)를 비롯

리고 푸코에 대한 훌륭한 글 때문에 주목을 받았던 라슈만(John Rajchman)의 *The Deleuze Connections*(Cambridge, MA : MIT Press, 2000)를 비롯해 카우프만(Kaufman, E.)과 헬러(Heller, K.J.)가 편집한 *Deleuze and Guattari : New Mappings in Politics, Philosophy and Culture* (Minneapolis : Minnesota University Press, 1998), 들뢰즈의 철학 전체를 정치이론과 관련하여 풍부하고 일목요연하게 정리하고 있는 폴 패튼(Paul Patton)의 *Deleuze and the Political*(London : Routledge, 2000) 등을 읽어보는 것이 필요하다고 생각한다. 물론 여기에는 이진경의 『노마디즘1·2』(휴머니스트, 2002)나 서울사회과학연구소의 『탈주의 공간을 위하여』(푸른숲, 1997), 이정우의 『시뮬라르크의 시대 : 들뢰즈와 사건의 철학』(거름, 1999), 박성수의 『들뢰즈와 영화』(문화과학사, 1998) 등이 빠질 수는 없다.

다른 하나의 독해는 마주침 또는 계속적인 접속의 관계에서의 독해이다. 여기에는 당연히 들뢰즈에 대한 비판적 독해도 포함되는데, 그 중 가장 유명한 것이 이미 번역 출간된 알랭 바디우의 『들뢰즈 : 존재의 함성』(박정태 옮김, 이학사, 2001)과 슬라보예 지젝의 *Organs Without Bodies - on Deleuze and Consequences*(London : Routledge, 2004)이다. 또한 여기에는 서동욱의 『차이와 타자』(문학과 지성사, 2002)가 빠질 수 없으며, 『안티-오이디푸스』만을 주제로 삼아 분석하고 있으면서도 다양한 갈래와 접속을 (시도)하는 홀랜드(Eugene W. Holland)의 *Deleuze and Guattari's Anti-Oedipus : An Intorduction to*

해 그가 편집한 *Deleuze and Philosophy : The Difference Engineer*(London : Routledge, 1997)를 일독하라고 권하고 싶다.

Schizoanalysis(London : Routledge, 1999)와 들뢰즈가 죽음으로 인해 다 완성하지 못했던 소위 "맑스의 유산"이라는 글을 중심 모티브로 삼아 들뢰즈와 맑스, 그리고 아우또노미아와의 관계를 탁월하게 설명하는 니콜라스 쏘번의 『들뢰즈, 맑스, 그리고 정치학』(조정환 옮김, 갈무리, 2004 근간 예정) 등을 꼭 읽어볼 것을 권하고 싶다. 특히 이런 관점에서 볼 때 제네스코(Gery Genesko)가 편집한 *Deleuze and Guattari 1·2·3* (London : Routledge, 2001)은 분량의 방대함만이 아니라 모아 놓은 글들의 깊이와 다양함으로 인해 들뢰즈-가따리와 함께 고민하고 새로운 길을 열어가는 데에, 새롭고 다양한 삶들을 우리가 발 딛고 있는 '바로 이곳에서' 만들어가는 데에 큰 도움이 될 것이라고 믿어 의심치 않는다.

물론 이 두 번째의 독해에는 도대체 "어떤 들뢰즈(와 가따리)"를 읽을 것인가 하는 방향의 문제가 강하게 개입되어 있다. 이를 이 책의 저자인 마이클 하트와 관련해서 보다 깊이 있게 천착하려면, 안또니오 네그리의 『혁명의 시간』(정남영 옮김, 갈무리, 2004)을 병행하여 독해하는 것도 유용할 것이다.

이 책을 번역하면서 우리는 들뢰즈와 가따리의 용어법과 관련해서 아직 정착되거나 합의되지 않은 역어들에 대해 새로운 역어를 시도하고 때로는 그 이유를 각주에 상세하게 설명하는 노력을 기울였다. 또한 지나친 각주의 개입으로 인해 독자들의 눈의 피로를 더할까봐 중의적인 의미로 받아들여질 수 있는 곳에는 [ ] 표시를 사용하기도 했으나, 이 역시 독자들의 피로를 가중시키는 것은 아닌지 걱정된다.

'power'라는 말 많은 용어를 여기에서는 거의 대부분 '역량'으로 옮겼다. 때로는 '역능'이나 '권력'으로 옮겨지곤 하는 이 용어를 이렇게 옮긴 것은 힘을 강조하기 위함이고 따라서 접근의 용이성을 위한 선택이었음을 밝혀둔다. 그러나 지배권력이나 국가권력 등의 의미가 강할 때에는 권력으로 옮기기도 했다. 맥락과 내용에 따라 상이하게 사용했다.

또한 'virtual'과 'potential'을 각각 '잠재', '잠재적인 것'과 '잠재력이 있는' 등의 의미로 옮겼으나, 본문에서 보듯이 아리스토텔레스적인 의미로 'potentiality'가 사용되었을 때에는 '가능성'으로 옮겼다. 실제로 콘티탄틴 V. 바운다스의 경우는 이 때문에 마이클 하트가 '잠재'/'현실', '가능'/'실재'의 구별을 올바르게 정립하고 있기는 하나, 때로는 지나치게 아리스토텔레스적인 의미에 접근시킨다고 지적하고 있기도 하다.[4]

여기에서 우리는 'singnalarity'를 '단독성'으로 옮겼다. '특이성'이라는 번역어는 수학적인 표현에는 적합하지만, 철학적·정치적 맥락에는 적합하지 않다. 'singalar'는 '다수'(plural)에 대립되는 '개체적인'(individual) 대상이나 인물과 관련된다. 그런데 '개별'이나 '특수'가 '일반'에 포섭되는 '일반'의 한 사례라고 한다면 'singalar'는 '개별적'이지만 '일반'에 포섭되지 않는 예외적인 것이다. 우리는 이런 점에서 '단독성'이 존재의 생산과 관련되는 발생원리의 하나이며, 이것은 '개체원리'나 '특개성'으로 옮겨지는 'haecceities'나 '개체화 원리'

---

4. Constantin V. Boundas, "Deleuze-Bergson : an Ontology of the Virtual", Paul Patton (eds.), *Deleuze : a Critical Reader*, Blackwell, 1996, 특히 주석 23을 보라.

에 의해 해명될 수 있다고 본다. 한편, '특이성'(特異性)이라는 단어는 '異'만 강조하기에 무엇의 다름인지가 애매하고 '개체'와 관련되면서도 달라지는 것을 포착하지 못하기 때문이다.

스피노자의 용어인 'affectus'와 'affectio'를 각각 영어로 옮긴 단어인 'affect'와 'affection'은 '정서' / '변용태'와 '변용'으로 번역했다. 그러나 'affect'를 활용한 동사의 변화형이 사용될 경우에는 '변용'과 '촉발'을 병기해서 사용했다. 유한 양태에 관한 언급에서는 '촉발'이라는 번역어가 때로는 적합하기 때문이다. 그리고 때로는 영어와 불어의 어감차이가 크다고 여겨지는 경우에는 불어나 원어를 우선시하여 번역해 두었고, 그 이유를 각주에서 설명했다.

우리는 'transcendent'와 'transcendental'을 각각 '초재적', '초월적'이라고 옮겼다. 원래 전자는 거의 대개 '초월적'으로 옮겨지며 간혹 이를 '초재적'이라고 하는 이들도 있다. 또한 후자의 경우는 전자와 구별하기 위해서 '초월론적', '초험적'이라고 옮겨지기도 하나, 한국어로 사실상 이 두 용어를 제대로 짝짓기는 무척이나 어렵다. 따라서 나름의 근거에 토대를 두고 새로운 번역어를 선택하기는 했으나, 그럼에도 불구하고 이것은 여전히 '조작적 번역어'이다.

또한 이 책에서 인용되고 있는 글귀의 경우 한국어 번역본이 있을 때에는 한국어 번역본을 각주에 병기해 두었다. 다만, 한국어 번역본과 옮긴이들의 해석이 크게 차이가 나지 않는 경우에는 책 제목과 쪽수를 표기했다.

한편, 용어에 대한 설명이 들뢰즈·가따리에 관한 다른 책에서 아주 훌륭하게 펼쳐져 있는 경우에는 염치불구하고 이들의 설명을 각주에 옮겨 놓기도 했다. 독자들의 이해편의를 위한 것이니 널리 용서와 양해를 구한다.

항상 그렇듯이, 책 한 권이 나오는 데는 많은 협력적(cooperative) 노동이 들어간다. 이성민과 서창현의 고된 노동의 결과이자 이 책의 초판본이 없었다면 이 작업은 더욱 더 지연되었을 것이다. 또한 2부의 초벌번역본을 『자율평론』에 게재하여 주고 용기를 북돋아주었던 『자율평론』 편집진들이 없었다면 수정하여 출판할 기회를 얻지도 못했을 것이다. 또한 이 책에 오역이 남아있다면 그 책임은 모두 역자의 것이다.

지구화 시대임에도 불구하고 여전히 지도상의 공간에서 볼 때 머나먼 곳인 프랑스에서 같이 번역에 들어간 양창렬, 그의 인생과 지적 동지인 홍미숙에게 역자를 대표해 고마움을 전하고 싶다. 삶의 물질적·지적 토대를 활성화하고 윤택하게 하는 데 늘 지지와 지원을 아끼지 않은 제정은을 비롯한 '민중의 땅에 나무를 심는 사람들'의 회원들에게 감사드린다. 이 책이 또한 독자들에게도 새로운 삶의 기회와 '다른 방식의' 삶과 세계를 개척할 수 있는 무기가 되기를 진심으로 바란다.

2004년 5월 31일
역자를 대표해 김상운

주요 용어 대조표

abstract machine 추상 기계
acosmism 비우주론
act 행위
action 행동, 작용
action / passion 능동 / 수동
action / reaction 작용 - 반작용
active 작용적, 능동적, 적극적
active / reactive 작용적 / 반작용적
activity 활동
actual 현실적
actualization 현실화
adequate 적합한, 적실한
affect 정서, 변용태
affection 변용
affectivity 변용성, 촉발성
affirmation 긍정
aggregation 집계, 집적, 집합체
alliance 결연관계
articulation 마디, 분절
  cf. double articulation 이중 분절
assemblage 배치
  cf. agancement 배치
    configuration 짜임새, 조형
    dispositif (푸코) 장치, 계치
    apparatus (알튀세르) 기구
axiomatic 공리계

becoming 생성, 되기

being-for-one 대-단일자존재
body without organs 기관들 없는 신체

causae per se 자기에 의한 원인들
  cf. causae per accidens 우연에 의한 원인들
coherence theory 일관이론, 정합이론
common notion 공통 개념
complicare 함축하다
  cf. explicare, unfold 펼치다
composition 합성, 조성
compossibility 공가능성(共可能性)
consistency 고름, 정합성, 일관성
constituent 제헌적
constitution 구축
  cf. construction 구성
constitutive 구성적
  cf. constructive 구축적
coordination 등위결합, 좌표, 조율
corporeal 물체적, 육체적

Darstellung 서술, 제시
  cf. Forschung 연구
devalorization 탈가치화, 가치절하
differential 변별적인, 미분적인
differenciation 분화, 차이화
differentiation 미분(微分)
dislocation 탈구, 전위
distinctive 뚜렷이 구별되는, 독특한

double-bind 이중구속

efficient 내활적인, 효과적인
efficient cause 작용인
emanation 유출
en acte 행동 속에서, 현동적으로
ens in actu 현실적 실존, 현실적 존재자
ens in potentia 잠재적 실존, 가능적 존재자
ens realissimum 실재적 존재자
envelope 감싸 안다, 접다
　cf. explain / express
equivocity 다의성, 다성성
essence per se 본질 그 자체
exteriority 외면성, 외향성, 외부성
extrapolation 외삽(外揷)
extrinsic 외생적, 외래적

faciality 얼굴성
filiation 친자관계
flux 흐름

haecceities 개체원리, 이것임

immanence 내재성, 내재
　cf.transcendence 초재
　cf. immanent 내재적인
　　　transcendent 초재적인
　　　transcendental 초월적인
imperative 명령적인
　cf. indicative 지시적인
inclusive 포함적인
indifference 비차이, 무관심
indifferential 비변별적인

instantiation 구체사물들, 예시들
intensity 강렬도
interiority 내면성, 내부성
intergrity 완전무결함
intrinsic 본래적, 내래적

juridicism 사법주의
knowledge 지식, 앎, 인식
legalism 법률주의, 율법주의
line of flight 탈주선

machinic assemblage 기계적 배치
manifest 표방하다, 표명하다
miraculating-machine 기적을 일으키는-기계
mise en cause 소환하다
mots d'ordre 명령어, 슬로건
multiplicity 다양체
multitude 다중

natura naturans 능산적 자연
near-death 근사-죽음
nomadism 유목주의
nomadology 유목론
non opposita sed diversa
　　　　대립이 아니라 다양성
noology 사유학

operation 작동, 연산
　cf. operator 작동자, 연산자

paranoiac machine 편집증적 기계
pars construens 구성적 부분[계기],
　　　　일면에서는 구성

pars destruens 파괴적 부분[계기], 일면에서는 파괴
perspecive 관점, 퍼스펙티브
perspectivism 투시주의, 관점주의, 원근법주의
plan 평면, 구도, 판
plane of consistency 일관성의 구도, 고른판, 정합면
plane of immanence 내재성의 평면
pluralism 복수주의, 다원주의
power 권력, 역량
power to affect 변용[촉발]할 수 있는 역량
power to be affected 변용[촉발]될 수 있는 역량
presentation 현전, 제시

quelconque 임의의

ratio cognoscendi 인식 근거(이유)
ratio essendi 존재 근거(이유)
register 언어사용역, 등록기
remarkable 범상치 않은, 두드러진
representation 재현, 표상
ritorno ai principi 처음으로의 회귀

schizophrenia 분열증
schizophrenic 분열증자
semiology 기호학
semiotics 기호계
singularity 단독성, 특이성, 독자성
smooth space 매끈한 공간
standing negation 상존적 부정

stratum, strata 지층, 지층들
striation 홈패임
striated space 홈패인 공간
subjectification 주체화
subsistent exteriority 잔존적 외면성
 cf.substantial interiority 실체적 내면성
survol 활공, 미끄러지듯 날기, 훑어보기
synthesis 종합
 cf. connective ~ 접속적 종합
 cf. disjunctive ~ 이접적 종합
 cf. conjunctive ~ 통접적 종합

the actual 현실[적인 것]
the indefinite 무한정적인 것, 무한정자
the Multiple 다자
the One 일자
the real 실재[적인 것]
the virtual 잠재[적인 것]
transmutation 변이

undifferential 미분적이지 않은
undifferentiated 미분되지 않은, 분화되지 않은
univocity 일의성, 단성성

variation 변주
virtuality 잠재성
vocality 발성, 발성 능력

war machine 전쟁기계
will to power 힘에의 의지

찾아보기

ㄱ

가치절하(devalorization) 290~1
가치평가 63, 85, 123~5, 127, 129, 131, 162, 343, 386, 438, 444~5
가치화 281
강렬도 39, 281, 319, 331, 355, 361~2, 397~8
개체원리 422~3, 440
결연관계 353~4, 356~8
공가능성(compossibility) 407~8
공동체 15, 95, 295
공리계 364~7, 435~7, 444, 446~7, 449~50
공산주의자 선언 408
공통 개념 103, 173, 194, 264, 266~76, 278~81, 287~9, 294~5, 310
공통적인 것 76, 266, 269~72, 310
구성 16, 21~7, 29~30, 34~7, 46, 50, 52, 57, 61, 63, 66, 68, 70, 76, 82, 87~8, 94~5, 97, 99, 103, 108, 110~1, 133, 144, 148, 154, 157~8, 164, 166, 173, 176~80, 182, 193, 195, 197, 199~200, 202~3, 206~8, 211, 213~4, 216, 220, 222, 226~7, 229~32, 236, 238~9, 242, 244~5, 251, 255, 259, 262, 264~6, 269~70, 272~5, 278~83, 287~91, 294~5, 298, 304, 307, 310~2, 314~6, 340, 346, 354, 358, 367, 372, 375, 378, 384, 390~1, 393, 395, 397~8, 403~7, 410~1, 424~5, 428~9, 437, 442, 448
구성적 계기 24, 26, 144, 148, 154, 164, 304
구조주의 195, 371, 375, 379~80, 382, 385, 417
구축적 계기 155, 180
국가기계 358
권력 16, 30, 113~4, 125, 127, 143, 150, 153, 171, 212, 312, 328, 371, 376, 380~1, 399, 408~11, 419, 425~7, 429~30, 436~7, 443
그람시 17, 113
근친상간 355~6, 358~9
긍정 16~7, 23, 28~31, 33~9, 45, 47, 51~2, 66, 71, 75, 77, 81, 86, 88~9, 94, 96~7, 105~6, 110, 112~3, 120~6, 130, 135, 137~8, 141, 144~5, 147~9, 154~5, 157~62, 164~5, 169~70, 173, 175, 178, 180~1, 183~4, 188~90, 192, 195~9, 202, 204, 206~7, 212, 225, 232, 237, 246, 257, 264, 279, 281, 291, 298~301, 303~7, 313, 315~6, 326, 341, 343, 346, 349, 385, 390, 404~5, 407~8, 437~8, 443, 449
기 드보르 403~4
기계론 53~4, 57~61, 64, 187, 298
기관들 없는 신체 319, 330~4, 350, 353, 362, 396~8, 407
기록 319, 331~4

기쁨 30, 144, 149, 153~5, 164, 169, 171~3, 175, 180~1, 261, 264~6, 269~71, 273, 275, 307, 310~1, 315, 319, 343, 362
기적을 만드는-기계 331
기표작용적 354, 386, 402
기호계 383, 385~7
기호학 195, 336, 385
길리안 로즈 97~102
꼬제브 17, 122, 141

ㄴ

내면성 121, 132, 134~5, 143~4, 163~4, 169, 238
내부성 161
내용과 표현 371, 375, 377~81, 395
내재성 193, 195~6, 203~5, 340~1, 350, 353, 360, 364~7, 436~46, 449~50
내재성의 평면 114, 322, 364~5, 437, 441~2, 444~5, 447, 449
내활적 60, 81, 117, 128, 162, 165, 187, 190
내활적 역량 102, 105, 119, 127, 129, 144, 161
내활적 의지 155, 160~1
내활적 차이 49, 57~8, 161, 300~1
네그리 16, 25, 94, 103, 127, 150, 232, 242~4
노동 22, 131, 136, 138~42, 144~5, 147~55, 194, 276, 303, 316, 319~20, 332~4, 363~5, 405, 431~5, 446~8
노동거부 149
능동 18, 30, 34, 50~1, 95, 109, 157, 181, 191, 207, 211~4, 234, 257~9, 262~4, 268, 270~5, 280, 286~7, 289, 291~2, 294, 307, 309~11
능동성 208, 307, 325
능산성 31, 55, 127, 129, 181, 272, 290, 301, 303, 308, 315

ㄷ

다수자 391, 393, 418, 431
다양성 29, 62, 73~5, 97, 188, 300
다양체 29, 46, 66, 72~7, 79, 81~2, 86~7, 89~92, 155~9, 171, 292~4, 301, 312, 315~6, 346, 369, 372, 376~7, 414~5, 438
다의성 196
다의적 192, 361~2
다자 68, 70, 75, 156
다중 29, 293~5, 315~6,
단독성 61~2, 68, 70, 72, 75, 120, 138, 161, 182~3, 187, 189~90, 193, 195, 198, 200~2, 206~7, 215, 225, 252~3, 298~9, 301, 369, 422, 441~2
대립이 아닌 다양성 188, 300
대-일자-존재(being-for-one) 71
대자존재(being-for-self) 67, 136~8
덧코드화 358~9, 365
데카르트 56, 82, 171, 179~80, 183~4, 186~7, 196, 208~9, 211, 216, 229~30, 242, 247~50, 253, 268, 281, 287
동성애 370
동일자 221, 305
되기 289, 309, 337, 374, 390~3, 406
둔스 스코투스 37~8, 55, 59, 91, 101~2, 196~8, 303, 422~3

등록 319, 331, 351, 358~9, 362
디오니소스 110~1, 161~2, 306
딕 헵디지 389

ㄹ

라깡 248, 329, 359
라이프니쯔 116, 180, 229
레닌 149~50, 283~4
레비-스트로스 417
로저 베이컨 23, 55
루크레티우스 25, 37, 171, 302, 320
르꾸쁘망(recoupement) 90~1
리좀 31, 372~4
리토르넬로 424

ㅁ

마들렌느 95, 97, 99
마디 58, 72, 76, 80, 88, 90~1, 256
마르샬 게루 176, 207, 217~8
마리오 뜨론띠 131, 150
마주침 32, 136, 255, 260~2, 265~6, 269~71, 278, 287, 289, 292~4, 309~11, 314, 400, 407~8, 431
맑스 18, 25, 108, 127, 131, 147~50, 182, 216, 221~2, 243~4, 282~4, 287, 316, 320, 332~3, 339, 363~4, 366, 394, 408~11, 429, 433~4, 445~6
매끈한 공간 428, 430~1, 435~6, 444, 448~9
메를로-뽕띠 182
모든 결정은 부정이다 49, 133, 201, 300

목적론 24, 31, 40, 58, 60, 81, 87, 89, 312~3
무한 26, 71, 162, 182~6, 188~90, 196, 201~3, 209~10, 212, 236~8, 252, 254, 259, 324, 327, 352, 415
무한정 166, 183, 189
물체적 26, 169, 170, 172, 216, 228, 230, 253, 271, 274, 276, 278, 282, 295, 302
미분 29, 213, 330, 364~5, 369~70, 422

ㅂ

반-기표작용 386, 402
반복구 280, 414
반작용 34, 52, 103, 109~10, 130, 181, 287, 308, 330, 339, 445
반헤겔주의 18~21, 35, 107~8, 110, 165, 168
배치 75, 85, 155, 167, 260, 264, 272~3, 275, 279~81, 289~90, 295, 311~2, 314~6, 371~2, 378~80, 382, 397, 401, 412~4, 438
베르길리우스 67
변용 56, 169~71, 181, 211~4, 232, 234, 256~63, 269~71, 273, 275, 280, 289~92, 294, 303, 308~10, 313, 316, 392~3, 397~8, 423~4
변용될 수 있는 역량 169~70, 211~4, 256~9, 262, 291~2, 303, 308~9, 313, 316, 397~8, 423
변용성 170~1, 181, 212, 257, 259, 309
변용할 수 있는 역량 170, 211
변용할 수 있는 역량 170, 211~2
변이 78 116, 154~5, 162, 164, 182, 214, 222,

찾아보기 471

225~6, 243, 258, 264, 283, 305, 307, 391, 418~9
변주 78, 258, 355, 384, 387~8, 393
변증법 17~20, 22, 29, 40, 47, 52~3, 60~5, 67, 69~75, 77, 89, 97, 107~8, 110~1, 116, 120, 122, 124~5, 131~3, 136~7, 140, 143~5, 155~6, 163, 165~8, 199~200, 202~4, 281, 284, 287, 293, 301, 305, 398~401
부적실 56, 69, 251~2, 254, 270~2, 275~6, 278, 294, 308~9
분열분석 335, 341~4, 368, 404
분열증 319, 322, 350, 367, 436~7, 445
분열증자 321~2, 326, 330, 349~50, 362
분절 16, 245, 256, 282, 298, 313, 352, 373, 414
분화 29, 65, 76~7, 79~82, 86~8, 90, 93, 117, 298~9, 309
브라이언 마수미 36~37, 460
비변증법 21~5, 27, 111, 134, 167, 304~5, 400~1
비우주론 52, 189, 200
비차이 51~2, 64, 76, 201

ㅅ

사르트르 17, 399
사법주의 100, 103, 130
사변 17, 24, 29~30, 121~2, 179~82, 198~200, 206~8, 210, 214~15, 221~3, 225~7, 232, 243~6, 254, 257, 263~4, 269, 272~5, 281~3, 286, 300, 302, 307
사이비-현실성 85, 87

상상 67, 147, 152, 243, 275, 277~81, 287, 289, 292~4, 371, 399, 408
상상력 27, 51, 152
상존적 부정 23, 145, 164, 166
상호작용 26, 50, 141, 172, 255, 260, 314
새-되기 420~1
생성 29, 68, 70~1, 88~9, 94, 96, 155, 157~9, 161~2, 171, 203, 289, 313, 320, 326, 389~92, 398, 403~4, 412, 417~20
생성의 존재 29, 89, 155, 159, 161~2
소산성 31, 55, 127, 272, 301, 303, 308, 310, 313, 315
소수자 388~93, 398, 418~9
소크라테스 110~1
속성 25, 35, 47, 65, 167~8, 170, 172, 182, 184~5, 190~200, 202~3, 205, 215~24, 226, 228~46, 250~1, 253, 259, 287, 327, 335, 358, 415
수동 34, 152, 170, 181, 212, 234, 273, 275
수동적 50~1, 109~10, 113, 157, 212~4, 257~62, 269~73, 280, 289~90, 292, 294, 303, 309~10, 325, 421
수동정서 170~3, 212, 259~60, 262~3, 265~6, 269~72, 276~7, 280, 287, 291~2, 309~10
스콜라철학 23~4, 28, 55~6, 59, 61, 63~4, 83~4, 91, 127, 144, 159, 161~3, 180, 186~7, 224, 301, 304, 313, 422
스티븐 홀게이트 19, 132~5
슬픔 171, 181, 261, 265, 273
신체 26, 154, 169~2, 212, 215, 228~32, 234, 238, 245, 253~62, 265~74, 276, 278, 281, 286~9, 291~2, 294~5, 301~2, 309~10, 315~6, 353~5, 357,

377, 385~6, 397, 401, 408, 413, 423~4
실뱅 자끄 176, 183, 190, 229, 238
실재성 46, 50, 63~5, 69, 83~5, 91, 124, 185, 200, 202, 207~9, 223, 301, 322, 325, 337, 340, 380, 394~5, 411
실재적 존재자 84, 185
실재적인 것 85, 202, 247, 394~5
실존할 수 있는 역량 210, 212~3, 236~7, 240, 254, 262, 309
실천 16, 17, 21~2, 25~7, 30, 103, 106, 121~2, 130, 144, 150, 153, 155, 160, 169, 171~3, 175, 177~82, 208, 213~4, 221, 226~8, 232, 244~5, 251, 254, 263~9, 272~89, 294~5, 298, 307~11, 315~6, 337~9, 367, 377, 387, 392, 394, 398, 414~6
실체 26~7, 36, 47, 51~9, 61, 64, 78~9, 129, 133, 137, 159, 161, 182~6, 189~95, 199~203, 206~7, 216~20, 223, 226, 231~3, 281, 311, 377, 402, 422
실현 19, 71~2, 77, 83~7, 138, 140, 167, 212, 307, 333, 360, 365, 446, 449

ㅇ

아나키 101~2, 292, 294, 372, 434
아르또 330, 361
아리스토텔레스 23, 28, 55, 64, 84, 127~8, 320
아리아드네 110, 161~2, 165, 306
아폴론 110~1
알튀세르 26, 38, 176, 214, 222~7, 282~6, 288, 379, 409~11

앎 128, 163~5, 218
양립가능성 255, 261, 266, 407
양태 37, 78~9, 128, 170, 184, 193~5, 197, 212, 218, 231~2, 234~5, 239~40, 243~4, 266~7, 336, 387
얼굴성 398, 400~2
에띠엔느 발리바르 176
에띠엔느 질송 55~6, 197
엥겔스 408, 410~1, 443
여성-되기 391~3, 418~9
역량 16, 18, 20, 26, 30, 37, 55, 70, 72, 93, 103, 105~6, 112, 114, 117~9, 125~31, 135, 142~6, 148, 150, 152~5, 161~4, 169~71, 178, 181~2, 189, 208~15, 225~7, 233~4, 236~41, 245, 248~54, 256~64, 266~8, 270, 273~4, 276, 280, 285, 287~93, 301, 303, 305~9, 312~4, 316, 388, 393, 397~8, 419, 423, 426, 436, 440
영원회귀 154, 157~63, 173
영토기계 358, 362
예수 33, 110~1, 400
예측불가능 66, 87, 157
오페라이스모 150
오이디푸스 319, 322, 334~6, 338~41, 343, 345~6, 350~6, 359~60, 366~7, 370~3, 381~3, 391, 416, 432~3, 436~8, 440
외면성 54, 59~61, 74, 79, 121, 125, 135, 137, 143, 164~5, 169~70, 247, 299
외부성 73, 205
외삽 65, 131, 343, 351~2, 385,
욕망 36, 126, 139, 142, 151, 153~4, 165, 169, 172, 263, 273, 287, 290, 315~6,

319~22, 324, 327~31, 334, 337~9, 343~4, 346~7, 355~6, 358~9, 368~71, 381, 396~7, 414, 432~3, 438
욕망하는-기계 320, 322, 327~31, 344, 369~70,
욕망하는-생산 343, 347
우발성 61, 279~81
윌리엄 오캄 55, 127~8, 143
유목론 424, 428
유목적 101, 361~2, 425, 428, 432, 434
유목주의 425, 431
유물론 25~6, 31, 112, 116, 118, 127, 161, 187, 211, 215~6, 219, 221, 226, 228, 275, 286, 288, 300~3, 338~9, 341~4
윤리학 29, 30~1, 36, 40~1, 96, 101~2, 105~6, 121, 129~31, 141, 159~61, 165, 177~8, 181, 254~6, 263, 273, 307, 310, 387, 415~6
의미작용 331, 336, 343, 359, 368, 374, 402~3, 411,
이것임 326, 422, 440
이성 26~7, 62, 66, 112~3, 184, 240~1, 271, 274~7, 279~81, 289, 292~4, 370, 388
이성에 의한 구별 184, 240~1
이접적 종합 319, 334, 350, 352, 356~8
이중 긍정 161~2, 306
이중 분절 371, 373, 378~9, 382~4, 414, 426~7
이중-구속 343, 350, 356~7
이타성 399, 401
인과성 28, 31, 55~7, 61~4, 83~4, 118, 124, 126, 148, 163, 181, 184, 187, 190, 204, 225, 246, 248~50, 272, 298~9, 335
인식 이유 162~5, 217, 219, 222~3, 238, 242
인식론 26, 31, 236~7, 242, 245~7, 250~2, 254, 269, 271, 274~5, 277, 280~2, 294
인식론적 평행 233~6, 246
인종주의 399~401
일관성 37, 86~7, 95, 98, 109, 142, 146, 210, 216, 243, 279, 303, 351, 396~7, 412, 421~2
일관성의 구도 396~7, 421~2
일관성의 평면 293
일면에서는 파괴, 일면에서는 구성 35, 180
일의성 38, 55, 91, 101~2, 161, 190~2, 195~8, 200, 203, 205~7, 215, 225, 228~9, 231, 233, 241~2, 245
일자 68, 71~3, 75, 155
일자와 다자 19, 29, 47, 67~8, 70, 73~5, 155~6, 168
잉여작용 427

ㅈ

자기-가치화 148
자본주의 149, 222, 320, 330, 350, 360, 362~8, 432~3, 435~7, 443, 445~9
자연권 290~3
자연법 413~5
자율성 19, 24, 30, 132, 199~200, 202, 229~30, 287~8
작용 28, 30~1, 34, 55~7, 64, 82, 86, 103, 109, 114, 118, 124, 130, 143, 145, 152, 164, 181, 201, 211, 236, 248~9, 251, 254, 267, 278, 290, 301, 308, 325, 334, 376, 380, 390, 419, 421, 427, 432, 445

작용인과성 28, 230, 299
잠재 27, 29, 73, 76~7, 80~4, 86~7, 90~3, 127, 129, 275, 310, 312, 327, 347, 389, 393, 395~6, 407~8, 410~2, 426~7, 441
잠재성 77, 80~1, 83~4, 86, 190, 394~5, 411, 438, 441~2
잠재적인 것 394, 411, 438
재영토화 365, 367
재현 70, 126, 219, 236, 247~8, 336~7, 356, 359, 395, 420, 432,~3, 439
재현작용 356, 359
쟝 발 122, 134, 136, 162
적대 17, 21, 30, 35~6, 46, 50, 62, 64~6, 106~8, 134, 152, 163, 180, 293, 304~5, 315
적실 94, 97, 156, 245~6, 249~54, 267~8, 270~3, 275, 278~9, 294~5, 308, 310, 316
적실성 180, 246, 253, 271~3, 252~5, 309
적실한 것 245~6, 250, 253, 289, 308, 311
적용 72, 88, 132, 225, 229, 233, 240, 250, 253, 279, 343, 350, 356, 360~1, 369
전쟁기계 412, 424~5, 428~30, 435~7, 448~9
절대자 88, 182, 187, 206, 218, 299
접속적 종합 319, 326, 330, 334, 351~3, 355~6, 362
정념 263, 170~1, 386, 402
정서 169~71, 234, 258, 261, 272, 279~80, 308, 316, 413
정신분석 335~6, 359, 432
정신의학 339, 341, 344
정치적 행동 179, 387, 395

정합성 27, 251
제1종의 인식 276~8, 280~1
제2종의 인식 244, 276~7, 280
제3종의 인식 244, 276~7
제헌 290, 312, 391
제헌권력 16
제헌적 탈주 391, 404~5
조율 32, 378, 402
존재 17, 19, 24~31, 35~8, 40~1, 45~7, 50~1
존재 이유 162~3, 165, 217, 219, 238, 242
존재론 24~6, 28~31, 35~8, 40, 45~7, 51~8, 63~4, 66~7, 69, 72~4, 76~8, 80~4, 89, 96~7, 101~2, 106, 120~1, 123, 127, 158~61, 163, 165, 175, 177~8, 181, 187~8, 191, 195, 197, 199, 204~8, 214~6, 218~22, 224~8, 231~3, 235~7, 239, 241~2, 245~7, 249~51, 258~9, 272~3, 282~3, 289~90, 294, 298~303, 307~8, 310~4, 320~2, 337, 340, 342
존재론적 기반 25, 56, 106, 181, 195, 218, 236, 245
존재론적 평면 127
존재론적 평행론 229, 231, 233~6, 241~2, 245, 253, 294~5
주권 425~8, 435~7, 443
주인과 노예 122, 131, 135~6, 140~2, 144, 168
주체성 34, 41, 138, 399, 403, 447
주체화 402~4, 444
쥐-되기 417~8
쥬디스 버틀러 20, 22, 165~7
지배권력 16, 113, 305

찾아보기 475

지식 55, 113~4, 136, 162~5, 218, 222~6, 249, 294
지층 376, 378~9, 426~7
집계 368~9
집합체 368, 370
짜라투스트라 95, 111, 165
짜임새 74, 145, 437

ㅊ

차이가 없는 189, 198
차이화 29, 76, 241
창조행위 28, 399
처음으로의 회귀 290, 314
초월적 26~7, 84, 112, 115, 167, 213, 304, 312, 322, 341~2, 395, 438~9, 441
초월적 평면 113, 115, 167
초재적 26~7, 30, 83, 114~7, 126, 148, 163, 192, 291, 340~3, 345~6, 352, 372, 417, 427, 436~9, 441~3
추상기계 376~81, 394~6
친자관계 353~8

ㅋ

칸트 26~7, 53, 101, 108, 110, 112~6, 119, 145, 162~3, 167, 219, 304, 340~2, 374
칼리클레스 103, 129~30
코나투스 76, 172, 258~9, 273, 292, 320~1
코드화 319, 331~3, 354~5, 358~9, 365~6, 448
콩트 98, 101
퀴디타스(quidditas) 46~7, 66, 79, 117, 197

ㅌ

탈구 202
탈영토화 363~5, 367, 371, 384, 388~9, 395, 434, 445~6
탈주선 38, 390, 404, 406~8, 414
탈코드화 358, 363~7, 445~6
토마스 마크 250~1
통일성 46, 71~2, 79, 82, 89~91, 155~8, 160, 229, 233, 240, 301, 353, 387, 408~9
통접적 종합 319, 334, 350, 352, 355, 360~2
투시주의 115~6
특이성 62, 370
특정성 30, 37, 52, 68, 72, 75, 226, 385

ㅍ

파괴적 계기 24~5, 114, 144, 146, 148, 151, 154, 163, 167, 180, 304
파시스트 152, 412, 419
파시즘 412, 415, 445
페르디낭 알뛰에 37, 116, 176, 179, 211
페미니스트 392
편집증적 기계 329~30
평면 21, 24, 266, 36~8, 46, 69, 87, 91, 93~6, 98, 114, 158, 167~8, 173, 253, 273~4, 278~9, 281, 293~4, 300, 307, 314~5, 322, 353, 364~5, 437, 439, 441~5, 447, 449
포스트구조주의 15~22, 30, 32, 46, 100, 311
포스트-헤겔주의 166~7
포획 405, 422, 425, 429~35

표상 219, 225, 267, 279, 336, 355~6, 359
푸코 43, 150~1, 283, 370~1, 375~8, 381, 395~6, 409~12
프란시스코 수아레즈 55, 196
프랑수아 샤뜰레 17~8
프레드릭 제임슨 375
프로이트 221, 329
프롤레타리아 149, 363, 429, 434
프루스트 83, 388, 394
플라톤 17, 37, 53, 57~62, 64, 72, 80~1, 87, 115~6, 119, 123, 251, 299, 302, 313, 416, 420, 437, 442
피에르 마슈레 49, 176
필연성 54~5, 57~9, 61, 64, 77, 124, 157, 159, 161, 190~1, 240, 280~1

ㅎ

하위주체 399
하위체계 388~9
하이데거 24~5, 43, 300, 302
합성 32, 87, 154, 206, 254~8, 260, 266~7, 272, 281, 294, 310, 314~6, 391, 406~8, 412, 421~4, 428
합성가능 255, 260~1, 264, 272, 278, 292~3, 310, 316
행동 26, 56, 109, 126, 150, 155, 179, 234, 307, 311, 315, 324, 328, 387, 409, 413~5
행위 109, 125, 162, 164, 172, 201, 222, 232, 287, 306, 326~7, 338, 421, 433, 448
행위자 118, 140, 146, 172, 324, 332, 360, 414
헤겔 15~24, 30~1, 35, 37, 45~7, 49, 51~3, 59~61, 63~7, 70, 72~5, 77, 87~9, 96, 106~8, 110, 116, 119~23, 131~41, 143~9, 155~6, 163~8, 199~200, 202~6, 208, 216, 218 221, 288, 299~304, 311, 313, 374
헤겔주의 17~21, 23, 31, 35, 59, 70, 132, 140, 165~8, 303, 313
혁명 199, 222, 250, 281, 283~4, 287, 340, 345~7, 367, 370, 403, 408
현실성 23, 81, 86, 88, 189, 128, 442
현실적인 것 83, 89~90, 92, 394~5, 438
현실주의 252, 259, 262~4, 277, 309
현실태 84, 211
현실화 29, 77, 80~7, 90, 93~4, 128, 155, 170, 441
홈패인 공간 426, 428~30, 437, 444
홈패임 412~3, 426~7, 429~31, 435, 443~5, 447~8
홉스 211, 268, 290, 427, 443
화용론 384, 387
환원불가능 156 234~5
활공 126, 154, 349~50
활동 10, 24, 147, 152, 178, 209~10, 225, 233~4, 237, 253, 256~9, 261, 268, 270, 286, 303, 308, 316, 397~8, 416, 423, 433~6, 444
회복불가능 88, 203
횡단 283, 349~50, 369
후-기표작용적 386, 402
흄 34, 42, 101
힘에의 의지 16, 76, 119, 143, 148, 150, 159~60, 162~5, 169, 172~3, 212, 320~1, 328

찾아보기 477

갈무리 신서

1. **오늘의 세계경제 : 위기와 전망**
   크리스 하먼 지음 / 이원영 편역
   1990년대에 자본주의 세계경제가 직면한 위기의 성격과 그 내적 동력을 이론적·실증적으로 해부한 경제 분석서.

2. **동유럽에서의 계급투쟁 : 1945~1983**
   크리스 하먼 지음 / 김형주 옮김
   1945~1983년에 걸쳐 스딸린주의 관료정권에 대항하는 동유럽 노동자계급의 투쟁이 어떻게 전개되어 왔는가를 실증적으로 분석한 역사서.

7. **소련의 해체와 그 이후의 동유럽**
   크리스 하먼·마이크 헤인즈 지음 / 이원영 편역
   소련 해체 과정의 저변에서 작용하고 있는 사회적 동력을 분석하고 그 이후 동유럽 사회가 처해 있는 심각한 위기와 그 성격을 해부한 역사 분석서.

8. **현대 철학의 두 가지 전통과 마르크스주의**
   알렉스 캘리니코스 지음 / 정남영 옮김
   현대 철학의 역사에 대한 비판적 분석을 통해 철학에서 마르크스주의의 역할은 무엇인가를 집중적으로 탐구한 철학개론서.

9. **현대 프랑스 철학의 성격 논쟁**
   알렉스 캘리니코스 외 지음 / 이원영 편역·해제
   알뛰세의 구조주의 철학과 포스트구조주의의 성격 문제를 둘러싸고 영국의 국제사회주의자들 내부에서 벌어졌던 논쟁을 묶은 책.

11. **안토니오 그람시의 단층들**
    페리 앤더슨·칼 보그 외 지음 / 김현우·신진욱·허준석 편역
    마르크스주의 내에서 그리고 밖에서 그람시에게 미친 지적 영향의 다양성을 강조하면서 정치적 위기들과 대격변들, 숨가쁘게 변화하는 상황에 대한 그람시의 개입을 다각도로 탐구하고 있는 책.

12. **배반당한 혁명**
    레온 뜨로츠키 지음 / 김성훈 옮김
    혁명적 마르크스주의의 입장에서 통계수치와 신문기사 등 구체적인 자료를 바탕으로 소련 사회와 스딸린주의 정치 체제의 성격을 파헤치고 그 미래를 전망한 뜨로츠키의 대표적 정치분석서.

14. 포스트모더니즘 이후의 정치와 문화
    마이클 라이언 지음 / 나병철·이경훈 옮김
    마르크스주의와 해체론의 연계문제를 다양한 현대사상의 문맥에서 보다 확장시키는 한편, 실제의 정치와 문화에 구체적으로 적용시키는 철학적 문화 분석서.

15. 디오니소스의 노동·I
    안토니오 네그리·마이클 하트 지음 / 이원영 옮김
    '시간에 의한 사물들의 형성'이자 '살아 있는 형식부여적 불'로서의 '디오니소스의 노동', 즉 '기쁨의 실천'을 서술한 책.

16. 디오니소스의 노동·II
    안토니오 네그리·마이클 하트 지음 / 이원영 옮김
    이딸리아 아우토노미아 운동의 지도적 이론가였으며 『제국』의 저자인 안토니오 네그리와 그의 제자이자 가장 긴밀한 협력자이면서 듀크대학 교수인 마이클 하트가 공동집필한 정치철학서.

17. 이딸리아 자율주의 정치철학·1
    쎄르지오 볼로냐·안또니오 네그리 외 지음 / 이원영 편역
    이딸리아 아우또노미아 운동의 이론적 표현물 중의 하나인 자율주의 정치철학이 형성된 역사적 배경과 맑스주의 전통 속에서 자율주의 철학의 독특성 및 그것의 발전적 성과를 집약한 책.

19. 사빠띠스따
    해리 클리버 지음 / 이원영·서창현 옮김
    미국의 대표적인 자율주의적 맑스주의자이며 사빠띠스따 행동위원회의 활동적 일원인 해리 클리버 교수(미국 텍사스 대학 정치경제학 교수)의 진지하면서도 읽기 쉬운 정치논문 모음집.

20. 신자유주의와 화폐의 정치
    워너 본펠드·존 홀러웨이 편저 / 이원영 옮김
    사회 관계의 한 형식으로서의, 계급투쟁의 한 형식으로서의 화폐에 대한 탐구, 이 책 전체에 중심적인 것은, 화폐적 불안정성의 이면은 노동의 불복종적 권력이라는 것을 이해하는 것이다.

21. 정보시대의 노동전략 : 슘페터 추종자의 자본전략을 넘어서
    이상락 지음
    슘페터 추종자들의 자본주의 발전전략을 정치적으로 해석하여 자본의 전략을 좀더 밀도있게 노동의 관점에서 분석하고 또 이로부터 자본주의를 넘어서려는 새로운 노동전략을 추출해 낸다.

22. 미래로 돌아가다
    안토니오 네그리·펠릭스 가따리 지음 / 조정환 편역
    1968년 이후 등장한 새로운 집단적 주체와 전복적 정치 그리고 연합의 새로운 노선을 제시한 철학·정치학 입문서.

23. 안토니오 그람시 옥중수고 이전
리처드 벨라미 엮음 / 김현우·장석준 옮김
『옥중수고』 이전에 씌어진 그람시의 초기저작. 평의회 운동, 파시즘 분석, 인간의 의지와 윤리에 대한 독특한 해석 등을 중심으로 그람시의 정치철학의 숨겨져 온 면모를 보여준다.

24. 리얼리즘과 그 너머 : 디킨즈 소설 연구
정남영 지음
디킨즈의 작품들에 대한 치밀한 분석을 통해 새로운 리얼리즘론의 가능성을 모색한 문학이론서.

31. 풀뿌리는 느리게 질주한다
시민자치정책센터
시민스스로가 공동체의 주체가 되고 공존하는 길을 모색한다.

32. 권력으로 세상을 바꿀 수 있는가
존 홀러웨이 지음 / 조정환 옮김
사빠띠스따 봉기 이후의 다양한 사회적 투쟁들에서, 특히 씨애틀 이후의 지구화에 대항하는 투쟁들에서 등장하고 있는 좌파 정치학의 새로운 경향을 정식화하고자 하는 책.

피닉스 문예

1. 시지프의 신화일기
석제연 지음
오늘날의 한 여성이 역사와 성 차별의 상처로부터 새살을 틔우는 미래적 '신화에세이'이다.

2. 숭어의 꿈
김하경 지음
미끼를 물지 않는 숭어의 눈, 노동자의 눈으로 바라본 세상! 민주노조운동의 주역들과 87년 세대, 그리고 우리 시대에 사랑과 희망의 꿈을 찾는 모든 이들에게 보내는 인간 존엄의 초대장!

3. 볼프
이 헌 지음
신예 작가 이헌이 1년여에 걸친 자료 수집과 하루 12시간씩 6개월간의 집필기간, 그리고 3개월간의 퇴고 기간을 거쳐 탈고한 '내 안의 히틀러와의 투쟁'을 긴장감 있게 써내려간 첫 장편소설!

4. 길 밖의 길
백무산 지음
1980년대의 '불꽃의 시간'에서 1990년대에 '대지의 시간'으로 나아갔던 백무산이 '바람의 시간'을 통해 그의 시적 발전의 제3기를 보여주는 신작 시집.